NTJ
新約聖書注解

ルカ福音書
1章〜9章50節

嶺重　淑●著

Novum Testamentum Japonicum

日本キリスト教団出版局

嶺重 知 牧師に献ぐ

「NTJ 新約聖書注解」の刊行にあたって

　古代教会の時代以来、あらゆるキリスト教会にとって、聖書を読むことはすべての宗教的実践の源泉であり、その手引きとなる聖書釈義ないし注解は、キリスト教信仰の基盤となる不可欠の取り組みであった。

＊

　現代聖書学は、とりわけ聖書の権威を教会より上におく 16 世紀西欧の宗教改革の原理が、後の西欧近代の啓蒙主義や歴史主義と結びつくことで誕生した。聖書解釈は、文献学や言語学といった一般の人文諸学の手法を取り入れることにより、教会共同体や個人の信仰的敬虔と並んで、ときにはそれと対立しつつ、理性による検討対象となった。プロテスタント教会のみならず、伝統的に教会の教導権を聖書に並ぶ権威と見なすカトリック教会においても、とりわけ前世紀から続くエキュメニズムの進展の結果、現代聖書学の研究方法と成果は広く受け入れられている。また 19 世紀以降、ユダヤ教学者による新約聖書理解への貢献も著しくなってきている。このように聖書研究は、特定の教派や信仰に偏るものではないし、またキリスト教信仰の有無をも越えて、他宗教の信者や無宗教者にも開かれたものである。このことを反映し、本注解シリーズの執筆者の信仰的背景も多彩なものとなったことを喜びたい。

　なお、本シリーズ監修者たちの教会宣教に関する理解の一端については、本シリーズに先立って公開された中野実（他）著『共同研究　新約聖書学と現代の宣教──学問と実践の協働を目指して』（2015 年、http://bp-uccj.jp/tokusetsu/2015sympo.pdf）を、また現代の新約研究における方法論上の多様性については、同様に本シリーズ監修者を中心とする浅野淳博（他）著『新約聖書解釈の手引き』（日本キリスト教団出版局、2016 年）を、それぞれ参照していただきたい。

＊

「NTJ 新約聖書注解」の刊行にあたって

　本年 2017 年は、くしくも宗教改革 500 周年に当たる。当時の激烈な社会変動に応答し、同時にこれを先導するかたちで生じた宗教改革のひとつの重要な側面に、聖書の民衆語への翻訳と普及があったことはよく知られている。このことは、新しい時代が聖書の新しい理解を求めると同時に、聖書には新しい時代を切り開く力が宿っていることを、聖書の「民主化」がその端緒になりうることを意味する。

　それゆえ本注解シリーズは、今日、日本語を使って生き、また考えている人々に、この聖書の力を明らかにすることを願って、日本語による書き下ろしとして企画された。これが最大の特徴である。シリーズの名称 Novum Testamentum Japonicum（NTJ）がそのことを示す。

　もちろん日本には、現代聖書研究の成果をよく踏まえた英米独語による優れた注解シリーズの翻訳が、すでに複数存在する。とりわけ『ATD 旧約聖書註解』と『NTD 新約聖書註解』（ともに ATD・NTD 聖書註解刊行会、1973 年以降）がドイツ語圏を、『ニューセンチュリー聖書注解』（日本キリスト教団出版局、2004 年以降）が英国圏を、そして『現代聖書注解』（日本キリスト教団出版局、1986 年以降）が米国圏をそれぞれ代表している。

　さらに日本語による書き下ろしも、本シリーズが最初ではない。すでに『現代新約注解全書』（新教出版社、1969 年以降）と『新共同訳 新約聖書注解』（日本キリスト教団出版局、1991 年以降）がある。どちらも優れたシリーズである。とりわけ前者は学問的に本格的なものであるが、それだけに初学者や一般読者には詳細すぎる印象があり、他方で後者は説教準備や教会での聖書研究にはよく適しているが、コンパクトであるがゆえに釈義の結論にいたる論証プロセスを丁寧に追うことが必ずしも容易でない。

　これに対して本シリーズは、分量的にも学術的な水準の点でも、上述の二つの日本語による注解シリーズのいわば中間あたりを目指している。これが本シリーズの第二の特徴である。したがって古代ギリシア語（その他の古代語）を用いはするが、その知識は前提しない一方で、脚注による二次文献との詳細な折衝を基本的に行わない。

*

　具体的には本シリーズは以下のような〈共通フォーマット〉を採用する。
　各注解書の冒頭に「緒論」を置き、当該文書の成立にまつわる歴史的問題と文書全体の構成および単元の区分について説明する。

これに続く本体部分では、各単元に区切って注解がなされる。そのステップは以下のとおりである（Word Biblical Commentary シリーズから着想を得ている）。

　まず「**翻訳**」は、各文書に特徴的な文体上の個性を尊重しつつ、古代ギリシア語を解さない読者にも、原典本文の〈手ざわり〉を伝えることを目指す。もっとも翻訳は釈義の出発点であると同時に到達点でもあり、これに以下のステップが続く。

　「**形態／構造／背景**」は、当該単元の様式（ないし文脈）上の特徴と構成、および必要な背景情報について述べる。

　これを受けて「**注解**」が、上掲の「翻訳」に至った理由を含めて、当該単元がどのような歴史的・文化的・社会的状況を背景に、どのような内容を、どのような受け手に向かって、どのような仕方で表現および伝達しようとしているかを、既存の別訳との異同も含め、抑制された分量による諸学説との対話を踏まえつつ説明する。

　最後に「**解説／考察**」は当該単元の要約的な解説、あるいは当該テクストで提起された問題が現代の私たちにとって持ちうる意味について、場合によっては特定の時代状況への適用も含めて考察する。とりわけこのステップに、21世紀の東北アジアで生きるそれぞれの著者（および読者）の視点が、より明示的に反映されるであろう。

＊

　聖書の新しい読解は、キリスト教信仰と教会に新しい自己理解を与え、それにより社会と時代精神の革新をもたらしてきた。この対話的で創造的な営みに、読者の皆さんがともに参加して下さることを願ってやまない。

2017 年 8 月
「NTJ 新約聖書注解」監修者
　　　　　須藤伊知郎（西南学院大学神学部教授）
　　　　　伊東　寿泰（立命館大学産業社会学部教授）
　　　　　浅野　淳博（関西学院大学神学部教授）
　　　　　廣石　　望（立教大学文学部教授）
　　　　　中野　　実（東京神学大学教授）
　　　　　辻　　　学（広島大学大学院総合科学研究科教授）

凡　例

1、聖書の書名の略語は基本的に『聖書　新共同訳　旧約聖書続編つき』
に準拠した。ただし第4エズラ記は「Ⅳエズラ」と略した。

その他は以下のとおり。

〈外典、偽典〉
　　エチオピア語エノク書　　　エチオピア・エノク
　　十二族長の遺訓
　　　　ユダの遺訓　　　　　　十二遺訓ユダ
　　　　レビの遺訓　　　　　　十二遺訓レビ
　　シリア語バルク黙示録　　　シリア・バルク
　　ソロモンの詩編　　　　　　ソロモン詩
　　ペトロの黙示録　　　　　　ペトロ黙
　　ヤコブ原福音書　　　　　　ヤコブ原福
　　ヨベル書　　　　　　　　　ヨベル
　　第3マカバイ記　　　　　　Ⅲマカ
　　第2エスドラス書　　　　　ⅡエズラLXX

〈ナグ・ハマディ文書〉
　　トマスによる福音書　　　　トマス福

〈使徒教父文書〉
　　第1クレメンス書　　　　　Ⅰクレメンス
　　十二使徒の教訓　　　　　　ディダケー

凡例

2、事典類の略記については以下のとおり。

Bauer	*Wörterbuch zum Neuen Testament* (Bauer)
BDR	*Grammatik des neutestamentlichen Griechisch* (Blass & Debrunner, bearbeitet von F Rehkopf)
Bill.	*Kommentar zum Neuen Testament* (Strack & Billerbeck, Hg.)
ThWNT	*Theologisches Wörterbuch zum Neuen Testament* (Kittel et al, Hg.)

3、テクストの略記については以下のとおり。

LXX	七十人訳ギリシア語聖書

4、その他

- 【翻訳】の〔　〕は訳者による補足を、［　］は写本によっては存在する語句を示す。
- （　）内の「＜」は、その直後のギリシア語動詞が基本形（直説法現在一人称単数形）であることを示す。
- 聖書箇所を示す（　）内ではルカ福音書の略語（ルカ）は原則として省略している。

NTJ 新約聖書注解

ルカ福音書
1章〜9章50節

目　次

「NTJ 新約聖書注解」の刊行にあたって　3
凡　例　7

緒　論
A.　著者　17
B.　読者　19
C.　執筆状況　20
D.　全体構成　21
E.　資料と編集　23
F.　思想的特質　24

注　解
序文（1:1–4）　30
　　トピック　ルカ福音書の序文はルカ文書全体の序文なのか　37

序章　イエスの誕生・幼少期物語（1:5–2:52）　40
1. ヨハネの誕生告知（1:5–25）　43
2. イエスの誕生告知（1:26–38）　54
3. マリアとエリサベトの出会い（1:39–56）　64
4. ヨハネの誕生（1:57–80）　74
5. イエスの誕生（2:1–21）　86
6. 神殿奉献（2:22–40）　100

7. 神殿における少年イエス（2:41–52） 113
 トピック　イエスの誕生・幼少期物語の中心的主題と文脈的機能　123

第I部
イエスの宣教準備とガリラヤ宣教（3:1–9:50） 126

I. ヨハネの宣教と最初期のイエスの宣教（3:1–4:44） 127
1. 洗礼者ヨハネの宣教（3:1–20）　128
2. イエスの受洗（3:21–22）　143
 トピック　ルカにおける祈り　147
3. イエスの系図（3:23–38）　149
4. 荒れ野での誘惑（4:1–13）　155
5. ガリラヤでの宣教開始（4:14–15）　166
6. ナザレ説教（4:16–30）　169
7. カファルナウムにおける宣教（4:31–44）　183

II. 弟子の召命と敵対者との対立（5:1–6:11） 197
1. 最初の弟子の召命（5:1–11）　198
2. 皮膚病患者の清め（5:12–16）　207
 トピック　重い皮膚病（λέπρα）　214
3. 中風患者の癒し（5:17–26）　214
 トピック　ルカにおけるファリサイ派と律法学者　223
4. レビの召命と宴席での問答（5:27–39）　224
5. 安息日の麦穂摘み（6:1–5）　238
6. 手の萎えた人の癒し（6:6–11）　244

Ⅲ. 十二人の選定と平地の説教（6:12–49） 250
1. 十二人の選定（6:12–16） 253
2. 多くの病人の癒し（6:17–19） 259
3. 幸いと禍いの言葉（6:20–26） 263
4. 愛敵の教え（6:27–38） 274
5. 譬えによる教え（6:39–49） 286

Ⅳ. 弱者への視点と民の分化の始まり（7:1–50） 297
1. 百人隊長の信仰（7:1–10） 298
2. やもめの息子の蘇生（7:11–17） 307
3. 洗礼者ヨハネとイエス（7:18–35） 315
4. 罪深い女性の赦し（7:36–50） 329

Ⅴ. 言葉と業によるイエスの活動（8:1–56） 342
1. イエスの宣教活動と女性たちの奉仕（8:1–3） 343
2. 種まきの譬え（8:4–15） 348
3. ともし火の譬え（8:16–18） 360
4. イエスの母と兄弟（8:19–21） 364
5. 嵐を静める奇跡（8:22–25） 369
6. 悪霊に取りつかれたゲラサ人の癒し（8:26–39） 374
7. ヤイロの娘の蘇生と長血の女性の癒し（8:40–56） 386

Ⅵ. イエスと弟子（9:1–50） 399
1. 十二人の派遣（9:1–6） 400
2. ヘロデの問い（9:7–9） 408
3. 十二人の帰還と五千人の供食（9:10–17） 412

4. ペトロのキリスト告白と第一回受難予告（9:18–22）　423
　5. 信従の道（9:23–27）　430
　6. イエスの変貌（9:28–36）　438
　7. 悪霊に取りつかれた子どもの癒し（9:37–43a）　448
　8. 第二回受難予告（9:43b–45）　455
　9. 最も偉大な者（9:46–48）　459
　10. 逆らわない者は味方（9:49–50）　464

参考文献　469

あとがき　485

装丁　　熊谷博人

緒 論

ルカ福音書　緒論

A. 著者

　新約聖書に含まれる「第三福音書」と「使徒行伝」はいずれも匿名の著作であるが、文体、語彙及び思想内容等において多くの共通点が認められることに加えて、双方の序文（ルカ 1:1–4; 使 1:1–2）は明らかに対応していることから、両者は元来、同一著者による一続きの著作の前篇と後篇であったと考えられる。両文書はその後、相互に切り離され、紀元 2 世紀中頃には、前者には「福音書」、後者には「使徒行伝」という表題がつけられ、正統派教会における新約聖書正典化の過程において別個の文書として扱われるようになった。

　紀元 2 世紀末の「ムラトリ正典目録」によると、第三福音書の著者は「医者ルカ」であり（コロ 4:14 参照）、ほぼ同時期に教父エイレナイオスは、この福音書の著者を「パウロの同行者のルカ」と表現している（『異端反駁』3:11 ［エウセビオス『教会史』5:8:3 による］。さらに II テモ 4:11; フィレ 24 参照）。このように、第三福音書及び使徒行伝の著者をパウロの同伴者であった（医者）ルカと見なす「ルカ説」は、使徒行伝の著者がパウロの同行者であることを示唆する旅行記事における「われら章句」（一人称複数形で記されている箇所［使 16:10–17; 20:5–15; 21:1–18; 27:1–28:16］）の存在や、福音書の由来をできるだけ使徒に遡らせようとする傾向が強かった状況の中で使徒ではない人物（ルカ）を著者と見なす伝承はそれだけ信憑性が高いという理由から、長らく定説として認められてきた。

　しかしながら、今日ではこのルカ説は多くの研究者によって批判されている。その根拠としてはまず、両文書（とりわけ使徒行伝）の記述とパウロ自身によって記された真正パウロ書簡の内容が多くの点で食い違っている点が挙げられる。例えば、パウロ神学の中心内容である信仰義認の教説は両文書にはほとんど見られず（使 13:38–39 のみ参照）、使徒行伝のパウロは律法に忠実である（使 16:3; 21:21 以下）。また使徒行伝は、エルサレ

A・著者

ム会議で決定されたキリスト教への入信に際して異邦人に課されるべき幾つかの条件（偶像に献げられたもの、血、絞め殺した動物の肉、みだらな行いの回避）を挙げているのに対し（使15:20, 29）、パウロ書簡にはそのような条件は一切言及されていない（ガラ2:3–6）。さらに、使徒行伝は使徒を十二人に限定し、パウロを使徒とは見なしていないのに対し（使14:4, 14のみ参照）、パウロ自身は書簡において自らの使徒性を強調している（Iコリ9:1以下; 15:9; ガラ2:8他）。

　確かに、これらの理由だけで両文書の著者はパウロの同行者ではなかったと結論づけることはできないが、以上のことからも、この著者は少なくともパウロ書簡の存在を知らなかったと考えられ、また、使徒行伝の旅行記事における「われら章句」についても、臨場感を高めるための航海文学の常套手段として説明することが可能である。さらに、第三福音書の序文（1:1–4）は本書の著者が第三世代の人物であったことを示唆しているが、そうだとするとパウロとは世代的に開きがある。今日においても、両文書の著者をパウロの同行者と見なす研究者は少なくないが（Harnack 1906; トロクメ1969:188–227; ヘンゲル1994:113f; イェルヴェル1999:4f; 田川2011b:675–681他）、以上のことからも、この著者をパウロの同行者と断定することはできないであろう。なお、この著者が医者であったかどうかという点についても、ルカ文書に用いられている医学用語は常識的なものに限られていることから確実とは言えないであろう（Cadbury 1920:39–51）。一方で、ルカという名前そのものについては完全に否定する根拠も見出せないことから、本書ではこの福音書の著者が「ルカ」であることを前提とし、第三福音書を「ルカ福音書」と称し、これと続篇の使徒行伝と併せて「ルカ文書」と称することになる。そこで、著者ルカについて知りえることは以下の点である。

1. イエスの直弟子でもユダヤ人でもなく（Ellis 1987:53に反対）、また、アンティオキアのセム人（シリア人）でもなく（Fitzmyer 1983:44–47に反対）、第三世代に属する異邦人である。なお、最初の「われら章句」が、パウロの夢の中に幻として現れるマケドニア人がマケドニアに渡って来るように要請する場面で用いられていることから（使16:9–10）、ルカがマケドニア人であった可能性も考えられる（Bovon 1989:22f; 田川

2011b:429; 荒井 2014:345)。

2. 教養層に属し、テオフィロへの序文（ルカ 1:1–4; 使 1:1–2）にも示されているように、ローマの有力者と親交があって社会的地位が比較的高く、そのギリシア語の質の高さ（語彙、修辞文、擬古調）からもヘレニズム的著作家である。
3. その一方で、ギリシア語七十人訳聖書に精通し、ユダヤ的資料を採用していることから、ユダヤ教の習慣に通じ、ユダヤ人キリスト教と親密な関係にあり、改宗以前にユダヤ教に接近していた人物である。そこから、異邦人でありながらユダヤ教に同調する「神を畏れる者」（使 13:16, 26 他参照）であり、後にキリスト者になったとも考えられる（Bovon 1989:22; 荒井 2016:439）。

B．読者

　ルカ福音書及び使徒行伝の直接の宛名は、献呈の対象であるテオフィロという（おそらく実在の）高位の人物であるが、それだけに念頭に置かれていた主要な読者層も、ヘレニズム世界における社会的地位の高い教養層であったと想定される。実質的な意味での本書の読者は、ルカが属していた教会（共同体）の成員であると考えられるが、その多くはユダヤ人ではなく（イェルヴェル 1999:16–22 に反対）、異邦人キリスト者であったと考えられる。このことは、ユダヤ人にしか適用されない祭儀律法に関わる諸伝承が省略されたり（マコ 7:1–23; マタ 15:1–20）、資料におけるセム語的表現がしばしばギリシア語的表現に書き換えられている点（例えば、「熱心党」：Καναναῖος［マコ 3:18］→ ζηλωτής［ルカ 6:15］、「先生」：ῥαββί［マコ 9:5］→ ἐπιστάτης［ルカ 9:33］）、系図の普遍性が強調され（3:23–38）、異邦人伝道が前提とされている点（使 1:8; 10 章; 28:28 他）などからも確認できる。もっとも、その中にはユダヤ教に接近していた「神を畏れる者」も相当数含まれていたと考えられ、さらにルカの共同体の中には、多数ではないにしても相当数のユダヤ人も存在したであろう（荒井 1999:259–264 参照）。
　また、ルカ福音書には富と貧困に関する記述の他、施しの要求が頻繁に見られることからも（11:41; 12:33 他）、ルカの教会には貧困者のみならず、

多少の資産家も属していたと考えられ（嶺重 2012:101–108）、同様にルカ福音書にはしばしば女性が登場することからも（7:36–50; 8:2–3; 10:38–42; 15:8–10; 18:1–8 他）、教会内には比較的多くの女性信徒も存在したであろう。以上のことからも、ルカ文書の主な読者はギリシア・ローマ世界の知識層、富裕層であったと考えられる。

C．執筆状況

ルカ福音書は紀元 70 年頃の執筆と考えられるマルコ福音書を資料として用いており、紀元 70 年のエルサレム陥落に関するイエスの預言についてマルコ以上に明確に記され（19:43–44; 21:20–24）、さらに、終末待望の後退（終末遅延）等、神学的発展の跡が見られることから、執筆時期の上限は 70 年代後半であろう。一方でその下限は、紀元 1 世紀末頃から普及し始めるパウロ書簡について知らず、ドミティアヌス帝（在 81–96）晩年の大迫害を知らない使徒行伝の成立時期（90–95 年頃？）よりも前であり、ルカ自身は第三世代に属すキリスト者（1:1–4）であることから 90 年頃である。それゆえ、ルカ福音書の執筆時期は紀元 80–90 年と考えるべきであろう。

執筆場所については、著者がパレスチナの地理に疎いことからパレスチナ以外の地域であり、想定されている著者や読者の知的水準の高さや「町」（πόλις）という語が頻出することから都市的環境であることも明らかであるが、厳密には特定できず、ヘレニズム地域のいずれかの都市（地中海沿岸もしくはエーゲ海沿岸、あるいはローマ？）であろう。

執筆意図としては、テオフィロに宛てた序文に記されているように、イエス・キリストの出来事について歴史的に信頼できる記録を伝え、イエスの言葉と業について確実な情報を与えるという点がまず挙げられる。さらに、本書がそのようにテオフィロという高位の人物に宛てられた体裁をとっているのみならず、ローマ総督ピラトが尋問の場面でイエスを無罪と見なしていたように記されている等（23:4, 14–15, 22）、イエスの十字架の責任をローマ人よりもユダヤ人に負わせようとする傾向が見られることから（20:20–26; 使 2:36; 4:10; 7:51–53）、ローマ帝国側の好感を得つつ、キリ

スト教は邪悪な宗教でないことを訴えようとする護教的意図が看取される。それと共にこれと連動する形で、イエスの出来事を歴史上の出来事として世界史の文脈に位置づけようとする意図が確認できる（2:1; 3:1; 使 26:26）。

D．全体構成

　前述したように、ルカ福音書と使徒行伝は同一著者による一貫した構想によって書き上げられた書物であり、著者の全体構想に従えば、前者は全二巻のルカ文書の一巻目に当たる。ルカ福音書は、冒頭の序文（1:1–4）と序章（前史）としての機能を果たしているイエスの誕生・幼少期物語（1:5–2:52）を除くと、［第Ⅰ部］イエスの宣教準備とガリラヤ宣教（3:1–9:50）、［第Ⅱ部］エルサレムへの旅（9:51–19:27）、［第Ⅲ部］エルサレムにおけるイエス（19:28–24:53）というように地理的観点から三つの大きなまとまりに区分することができる。ルカ福音書の全体構成は以下の通りである。

序　文：献呈の辞（1:1–4）
序　章：イエスの誕生・幼少期物語（1:5–2:52）
第Ⅰ部：イエスの宣教準備とガリラヤ宣教（3:1–9:50）
　1．ヨハネの宣教と最初期のイエスの宣教（3:1–4:44）
　2．弟子の召命と敵対者との対立（5:1–6:11）
　3．十二人の選定と平地の説教（6:12–49）
　4．弱者への視点と民の分化の始まり（7:1–50）
　5．言葉と業によるイエスの活動（8:1–56）
　6．イエスと弟子（9:1–50）
第Ⅱ部：エルサレムへの旅（9:51–19:27）
　1．エルサレムへの旅の第一期（9:51–13:21）
　2．エルサレムへの旅の第二期（13:22–17:10）
　3．エルサレムへの旅の第三期（17:11–19:27）
第Ⅲ部：エルサレムにおけるイエス（19:28–24:53）
　1．エルサレムでの活動（19:28–21:38）

2．受難物語（22:1–23:56）
   3．復活・昇天物語（24:1–53）

　ルカ福音書は、マルコ福音書に依拠しながらも、序文によって始められ、その直後に誕生物語、末尾に復活顕現物語を含んでいる点でマルコ福音書とは異なり、それだけ伝記的性格が強められている。また、ルカ福音書の記述は、エルサレム神殿において始まり（1:5）、エルサレム神殿の場面で終わっており（24:53）、エルサレム（神殿）によって枠付けられている。このことは、ルカ福音書が特にエルサレム（神殿）を重視していたことのみならず、この都が救済史的意義をもっていたことを示している。

　第Ⅰ部については、マルコ福音書の場合と同様、誘惑の記事までを「宣教前史」（3:1–4:13）として一構成単位と見なし、ガリラヤでの宣教開始を示す 4:14–15 以降を「ガリラヤ宣教」（4:14–9:50）として両者を明確に区分することが多い。しかしながら、これはマルコ福音書に準じた区分であり、ルカ福音書の場合は、冒頭の誕生物語（1:5–2:40）と同様、3–4 章全体も洗礼者ヨハネとイエスの並行的記述によって有機的に結合していることからも（時期的にも連続）、むしろ本格的なイエスの宣教活動は、5:1 以下の弟子召命の記述から始まると見なすべきであろう（Schürmann 1990:146; H. Klein 2006:51f）。また、6:20–8:3 はマルコ以外の資料から構成されており（いわゆる小挿入）、この中にマタイの山上の説教（マタ 5–7 章）に対応する平地の説教（6:20–49）が含まれている。

　第Ⅱ部はルカに特徴的な箇所であり、マルコにおけるエルサレムへの旅の記述（マコ 8:27–10:52）が大きく拡大された形で、イエス一行がエルサレムに向かうという設定のもとに描かれているが（9:51; 10:38; 13:22; 14:25; 17:11; 18:35; 19:28 参照）、エルサレム行きについて言及する箇所（13:22; 17:11）に基づいて三つのセクションに区分される。なお、この箇所の大部分を占める 9:51–18:14 はマルコ以外の資料から構成されているが（いわゆる大挿入）、ここには、譬え等による種々の倫理的勧告が含まれており、読者の現在の状況への語りかけがなされている。

　エルサレムにおけるイエスについて記述する第Ⅲ部に関しては、全体の枠組みにおいてマルコの記事に並行しており、エルサレムでのイエスの活動記事、それに直結する受難物語、さらには復活・昇天物語から構成され

ている。

E．資料と編集

　今日ではほぼ定説として認められている「二文書資料仮説」によれば、ルカ福音書は、マタイ福音書と同様、マルコ福音書を主な資料とし、基本的にその筋と内容に従っており、これに加えて、マタイとの共通資料であるイエスの語録資料（Q資料）及びルカ福音書に特有のルカ特殊資料を用いている。ルカはまた、自らの福音書全体を、1:5–2:52（ルカ特殊資料）、3:1–6:19（マルコ資料）、6:20–8:3（Q／ルカ特殊資料［＝小挿入］）、8:4–9:50（マルコ資料：ただしマコ 6:45–8:26 及び同 9:42–10:12 等は欠如）、9:51–18:14（Q／ルカ特殊資料［＝大挿入］）、18:15–24:12（マルコ資料）、24:13–53（ルカ特殊資料）というように、マルコ資料と非マルコ資料をブロックごとに交互に用いつつ構成している。

　もっとも、上記の資料については多少の厳密化が必要である。まず、マタイとルカが明らかにマルコに依拠している箇所であっても、細部において両者の記述が共通してマルコとは異なっている「弱小一致」（マイナー・アグリーメント）が数多く確認されるが（Neirynck 1974; 辻 2016:57–59 参照）、その際には、両福音書記者が同様の編集的処置を行ったことが明確に跡付けられない限り、両者が用いたマルコ資料は現行のものとは異なる改訂版であったと考えるべきであろう（ルツ 1990:37f; Ennulat 1994; Schnelle 2012:213–216 参照）。

　またQ資料に関して、総じてルカはマタイよりもQの順序を保持していると考えられる一方で、本文に関してはマタイの方が原初的であると考えられるが、マタイとルカの双方が明らかにQ資料に依拠している場合においても、両者間に少なからぬ差異が見られることが多い。それらの相違点を両者の編集作業として説明できない場合は、両者が相異なるQ資料（マタイ版Qとルカ版Q）を用いていた可能性を想定すべきであろう（Sato 1988:16–65; ルツ 1990:35f 参照）。

　さらに、ルカ特殊資料には口頭あるいは文書で伝承された種々の伝承素材が含まれているが、統一性をもった完結した資料集であったとは考え

にくく、その全体像を見極めるのは困難である。この特殊資料に由来する記事としては、誕生物語（1:5–2:52）をはじめ、様々な箇所が挙げられる（3:23–38; 5:4–7; 7:11–16, 36–47; 9:51–56; 10:17–20, 29–37, 38–42; 11:5–8, 27–28; 12:16–20, 35–38; 13:1–5, 6–9, 10–17; 14:1–6, 7–14, 28–32; 15:8–10, 11–32; 16:1–12, 19–31; 17:7–10, 12–19; 18:1–8, 9–14; 19:2–10; 22:35–38; 23:6–16, 27–31, 39–43; 24:13–35, 36–53 等）。これらの個々の記述に統一的な観点を見出すことは難しいが、多くの譬え話や奇跡物語等の説話が含まれ、ある程度の思想的傾向が確認される（貧者への視点と富者への批判、罪人や女性とのイエスの交わり、謙遜な態度の重視等）。なお、ルカ特殊資料はしばしばQ資料と結合しているが、上述の異なるQ資料の存在を前提にするなら、従来はルカ特殊資料に由来すると見なされていたテキストの中にはルカ版Q資料に由来するものが少なからず含まれていると考えられる（例えば6:24–26）。

もっともルカは、これらの伝承資料を機械的につなぎ合わせたわけではない。むしろルカは、自らの神学的視点から適宜編集の手を加えつつ福音書全体を構成している。

F. 思想的特質

ルカ福音書の思想内容として特徴的なのは、その救済史及び終末論に関する理解である。H. コンツェルマンの『時の中心』によると、間近に迫っていると考えられていた終末がエルサレム神殿破壊後もなかなか訪れないという状況の中で信徒間には疑念や絶望感が広がっていったが、このような危機的な状況において信仰者はいかに生きていくべきなのかという問いが生じた。この問いに答えるために、ルカはイスラエルの救済史を、救いの約束と待望の時としての ① イスラエルの時（律法と預言の時）、イエスの活動において救いが現在化する ② イエスの時（歴史の中心）、教会を通して聖霊が働く終末までの ③ 教会の時という三段階に区分した。ここからも明らかなように、ルカは福音書に記されているイエスの活動を歴史化して捉えており、また、ルカにおいては、終末（キリストの再臨）はすぐには訪れないという「終末遅延」の視点が認められ、性急な終末待望や

切迫した終末思想は退けられている。しかし、終末そのものが否定されているわけではなく、終末はすぐには訪れないが将来必ず訪れるのであり (3:9, 17; 12:45–46; 17:24 以下; 18:7–8; 使 1:11)、それも突然到来するのだから、不意に訪れる終末に対して常に備えておくべきである (12:35–40)。事実、神の国の実体は未だ現れていないが、その像（しるし）はすでに現存しており (9:27)、教会の時を生きるキリスト者は、この終末の時を覚え、この世で信仰を保ちつつ生きていくべきなのである。

ルカのキリスト論も特徴的である。ルカにおいては、「神の子」(ὁ υἱὸς τοῦ θεοῦ)、「主」(κύριος)、「救い主」(σωτήρ)、「キリスト／メシア（油注がれた者)」(χριστός) 他、「(ユダヤ人の) 王」、「ダビデの子」、「人の子」等々、様々な称号がイエスに対して用いられている（カルペパー 2012:13–19 参照）。また、ルカによると、イエスは神に従属し、神から遣わされた存在であり (4:18, 43)、イエスの奇跡はイエス固有の力によるのでなく、イエスを通して神の力が働いているのであり (使 2:22; 10:38)、イエスの復活も神の力によっており、イエスによる救済行為も神の立てた計画をイエスが実行したに過ぎず、イエスが苦難を受けるのも神の定めた計画にイエスが服従したために他ならない。またそれだけに、イエスと神の関係はより緊密であり、イエスは神に直接「父よ」と呼びかけている (10:21; 22:42; 23:34, 46)。

ルカのイエスはまた殉教者の模範であり、マルコにおけるゲツセマネの祈りの場面（マコ 14:33–36）に描かれているイエス像とは大きく異なり、ルカのイエスは苦しみの声をあげずに従容として死に赴いている。事実、ルカのイエスの十字架上での叫びは「あなたの両手に私の霊を委ねます」(23:46) であり、神を信頼しつつ死にゆく義人として描かれている（使 7:59–60 参照）。このような義人イエスの姿は、「この人こそは義人だった」(23:47) と述べるイエスの死に際する百人隊長の言葉にも示されており、イエスの犠牲の死により罪の赦しが得られるとする救済的・贖罪的意義は希薄である（マコ 10:45 参照）。ルカによると、イエスは受難・復活を経て栄光のキリストとなるのであり、キリスト者はイエスに倣って「教会の時」を生きていくように要求されている（終末遅延の解決）。

ルカはまた聖霊を重視しており、マリアは聖霊によってイエスを身ごもり (1:35)、イエスは受洗の際に聖霊を受け (3:22; 4:1)、聖霊に満たさ

F・思想的特質

れてガリラヤでの宣教活動を始め（4:14–15; 18–19）、昇天の際には弟子たちに聖霊が送られることが約束される（使2:1–4 参照）。この他、ルカは社会倫理思想（富と貧困の問題）に強い関心をもち、しばしば貧者を肯定的に描き（4:18; 6:20b; 7:22）、富者を批判しており（1:53b; 6:24; 12:13 以下; 16:19 以下）、貧者に対する施し行為をしばしば要求している（11:41; 12:33–34 他）。さらに、福音書記者の中でもルカは女性を高く評価しており、さらに祈りを重視している。そして、以上のようなルカにおける倫理的特質は、彼の時代の教会の状況を反映しているものと考えられる。

注 解

序　文

(1:1–4)

序　文 (1:1–4)

【翻訳】

¹:¹⁻² ⁽¹ᵇ⁾ 私たちの間で成就した事柄について、⁽²⁾ 最初から目撃し、御言葉の仕え手となった人々が私たちに伝えたとおりに、⁽¹ᵃ⁾ 物語をまとめようと多くの人々がすでに着手していますので、³ テオフィロ閣下、私もすべてのことを初めから詳しく調べた上で、順序正しくあなたに書き記そうと決心しました。⁴ 学ばれた言葉について確実なことを確認していただけますように。

【形態／構造／背景】

　マルコ福音書が「(神の子) イエス・キリストの福音」という表題によって始められ、マタイ福音書が旧約聖書の形式に倣うイエス・キリストの系図によって、また、ヨハネ福音書が言葉の受肉に関するプロローグによって始められているのに対し、ルカ福音書の冒頭には、本文に先立って献呈の辞の体裁をとった序文が記されている。ルカはこの福音書をテオフィロという人物に宛てて記しているが、著者が自らの作品の冒頭に献呈の言葉を付すのは、当時のギリシア・ローマ世界において一般に見られたヘレニズム的慣習であった (ヨセフス『アピオーンへの反論』1:1 等参照)。なお、ルカ福音書の続篇である使徒行伝にも序文が付されており (使 1:1–2)、そこでは、イエスの名に言及しつつルカ福音書の内容が極めて簡潔に要約されている。

　ルカ福音書の執筆の動機と目的について簡潔に記したこの序文は、技巧を凝らした格調の高いギリシア語で構成されており、この文書の文学的資質を示すと共に、著者ルカが教養のあるヘレニストであったことを明らかにしている。当時のギリシア・ローマ世界の著作の序文にはしばしば、① 先駆者の作品への言及、② 作品の主題、③ 著者の資格、④ 作品の概要または構成、⑤ 著者の意図、⑥ 著者の名前、⑦ 著者の意図する読者等

の要素が見られ、ルカの序文にも⑥の著者名以外の要素が含まれている（Talbert 2002:7–10; カルペパー 2002:35 参照）。もっともルカの序文は、当時の多くの著作の序文とは異なり、極めて簡潔に構成されており、内容的に必ずしも明瞭ではなく、また競合する文書を直接批判する記述も見られない。Alexander（1993）は、ギリシア・ローマ時代の歴史的著作の序文はルカの序文に比べて極めて長く、慣習的に序文を三人称で記し、二人称の呼びかけは用いていないという理由から、ルカの序文は歴史的著作の序文ではなく科学的著作の序文と見なしているが、ルカの序文の主要な語彙は歴史的著作の序文の語彙と共通することからも、この主張は受け入れられない（山田 2008:238–240 参照）。

この序文（1:1–4）は、5節以下の誕生物語の部分とは文体的にも内容的にも明らかに異なっており、一つの独立した部分を形作っている。この序文そのものは文法的に切れ目のない一文で構成された拡張された掉尾文（文尾において初めて文意が完成する文）であり、前半の1–2節が条件節を、後半の3–4節が帰結節を構成している。内容的にこの序文は、この書物の執筆の前提について、すなわち福音書記者の先駆者たち（1節）及び彼らの先達である目撃者ら（2節）について述べた前半部と、著者の決意（3節）及び目的（4節）について記した後半部から構成されており、多くの先駆者たちの試みと著者自身の意図とが対立的に描かれている。この箇所全体は以下のように区分できる。

（1）先駆者たちの試み（1–2節）
　　(a) 多くの人々の物語執筆（1節）
　　(b) 目撃者たちの伝承（2節）
（2）著者自身の意図（3–4節）
　　(a) 執筆の決意（3節）
　　(b) 執筆の目的（4節）

この序文に関しては直接の伝承資料は存在せず、全体としてルカ自身の手によるものと考えられる。もっとも前述したように、この序文は、その形式のみならず、先行する文書や執筆動機に言及するなど、内容的にも当時のヘレニズム文献の序文に対応している（Alexander 1993:213–229;

Eckey 2004:56–58; Wolter 2008:58f 参照）。また、この序文に用いられている ἐπειδήπερ［～ので］、ἀνατάσσομαι［まとめる］、διήγησις［物語］（1節）、αὐτόπτης［目撃者］（2節）はいずれもハパクス・レゴメノン（Hapax Legomenon）、つまり、新約ではこの箇所にのみ見られる語であり、さらに、ἐπιχειρέω［着手する］（1節及び使 9:29; 19:13）、καθεξῆς［順序正しく］（3節及び 8:1; 使 3:24; 11:4; 18:23）、κράτιστος［閣下］（3節及び使 23:26; 24:3; 26:25）は新約ではルカ文書にのみ見られる語である。おそらくルカは、ギリシア・ローマ時代の歴史的文献等に見られた序文の形式に準じてこの箇所を構成したのであろう。

【注解】

1節

　ルカはまず福音書の冒頭部分で、すでに多くの人々が、「**私たちの間で成就した事柄について**」（περὶ τῶν πεπληροφορημένων ἐν ἡμῖν πραγμάτων）物語を書き記そうと試みていた状況について記している。πεπληροφορημένων（πληροφορέω の完了分詞受動態中性複数属格）は、ここでは「確信されている／確信された」ではなく（山田 2008:244 に反対；レングストルフ 1976:28も参照）、「**成就した**」（成し遂げられた）の意で用いられており、単に歴史的に完結されたということではなく、むしろ（神による）救済史的意味での成就を意味しているのであろう（Lohse 1974:70–82）。その意味でも、成就した「**事柄**」（πράγματα［複数形］）とは、福音書に記されているイエスの教えと業、そして十字架と復活を頂点とする一連のイエス・キリストの出来事を指し、旧約聖書に予示されていた神の計画がイエスにおいて実現したことを示している（24:44 参照）。

　ここにはまた、「**多くの人々**」（πολλοί）が物語の執筆を試みたと述べられているが、実際に存在が確認されている文書は、ルカ自身が資料として用いたマルコ福音書及びイエスの語録資料（Q 資料）、さらにはルカ特殊資料くらいのものであり、当時から数多くの物語が存在していたとは考えにくいことからも、これは修辞学的技法と見なすべきであろう（Bauer 1960:263–266; 山田 2008:245f）。あるいは、実在した文書は僅かだったが、何らかの形で文書を構成しようとした人々は少なからず存在したという意

味かもしれない（土屋 1992:71）。また、ἐπιχειρέω（着手する）は、他の箇所では「企てる」等の否定的な意味で用いられているが（使 9:29; 19:13）、この「**多くの人々**」は直後の「私」（3 節）と並列されていることからも、ここでは中立的な意味で解すべきであろう（Wolter 2008:61）。διήγησις（物語）は口頭／文書による物語を指すが、歴史記述の意味でも用いられる（Ⅱマカ 2:32; 6:17 参照）。また、ἀνατάσσομαι は「配列する」／「（順序正しく）再現する」という意味をもち、ここでは物語の再構成が意味されているが、口頭伝承の文書化を示しているのかもしれない（Bovon 1989:34）。

冒頭の ἐπειδήπερ は譲歩の意味（「～ではあるが」）ではなく理由の意味（「～ので」）で用いられており（cf. ヨセフス『ユダヤ戦記』1:17：ἐπειδήπερ ... πολλοί）、その意味でもルカは、同時代の他の作品の序文の場合とは異なり（ヨセフス『ユダヤ戦記』1:1–3 参照）、それらの先駆者たちの試みを頭から批判する意図はもっておらず、彼自身がそれらの著作を利用したことからも明らかなように、むしろ自らの著作に資するものとして肯定的に捉えている。とはいえ、ルカの目から見てそれらの作品はなお不十分であり、それゆえルカは、それらの作品に優るものを執筆しようと試みたのである。彼がいかに、イエス伝承を完全な形で叙述することにこだわっていたかということは、後続の 3 節の記述からも明らかであり、ルカはそれらの作品の情報を精査すると共に、さらに新しい情報を付け加えようとしたのである。

2 節

ルカはまた、このイエス物語を書き記した先駆者たちと共に、その「成就した事柄」を伝えた彼らの先達たちについても言及している。彼らは最初からの目撃者であり、神の言葉に仕える者たちであった。この「**最初から目撃し**」た者と「**御言葉の仕え手となった人々**」は、同一の定冠詞を共有していることからも同一集団と考えるべきであろう。ここでは何よりイエスの直弟子たち、具体的には、洗礼者ヨハネの時からイエスの昇天に至るまでイエスと共におり（使 1:21–22）、ペンテコステ以来のイエスの言葉の宣教者である（使 6:2, 4）十二使徒のことが主に考えられていると想定されるが（G. Klein 1969:249）、事実彼らは、イエスの復活の証人であるだけでなく、イエスの活動の目撃証人であった（使 1:8, 22; 5:32; 13:31）。

なお、παραδίδωμι（伝える）は（口頭・文書）資料の伝承を意味しているが、単なる伝達ではなく、権威ある教えとして正確に伝えることを意味している（Ⅰコリ 11:2, 23; 15:3）。

　以上のことからも明らかなように、ルカは冒頭の 1–2 節において三つの世代に言及している。すなわち、イエスが活動していた最初の時期からの目撃者であった直弟子たち（十二使徒）は第一世代に当たり、彼らから伝えられた事柄について物語を記そうとした多くの人々が第二世代、そして、すでに存在したそれらの物語をもとに自らの物語をまとめ上げようとする彼自身は第三世代に位置づけられる。

3 節

　そこでルカ自身も、先駆者たちによって伝承された事柄を踏まえて、**「すべてのことを」「初めから」「詳しく」**調べて、その出来事について**「順序正しく」**書き記そうと決心するが、以上の四つの要素はルカの作業及び作品自体の特質を示している。ここには κἀμοί（私にも）が用いられていることからも明らかなように、著者は自らを 1 節で言及された「多くの人々」（πολλοί）から区別しておらず、自らもそれに継続していることを示しており、またヨセフスとは異なり（『ユダヤ戦記』1:3 参照）、自分自身のことについては語ろうとしていない。

　ここでは完了分詞形で表現されている παρακολουθέω は、本来的には「従う」／「同行する」という意味をもっていることから、「参与する」（Cadbury 1922:501f）、「追う」（トロクメ 1969:193–95; 田川 2011a:92f）、「随伴する」（上村 2013:14f）等の翻訳も提案されているが、ここでは文脈からも「（詳しく）調べる」の意で解すべきであろう（Haenchen 1961:364f; Bovon 1989:38）。**「すべてのことを」**とは、目撃者の伝承や先駆者の物語等、イエスの言葉と業に関するあらゆる資料のことを指しており、すなわちルカは、それらの伝承を受け取るだけでなく、それを精査したというのである。次の**「初めから」**（ἄνωθεν）という表現は、ルカ福音書にはイエスの誕生物語（1:5–2:20）が含まれており、さらにルカによるイエスの系図（3:23–38）が、アブラハムから始まるマタイの系図（マタ 1:1–17）とは異なり、アダム、そして神にまで至ることに対応しており、2 節における「最初から」（ἀπ᾽ ἀρχῆς）以上に広範な意味で用いられている。これに

続く「**詳しく**」(ἀκριβῶς) という表現は、ルカ福音書には、マルコとは異なり、それ以外の資料に由来するエルサレムへの旅物語や復活や昇天の記述等が含まれていることに対応している。最後の「**順序正しく**」(καθεξῆς) は叙述の仕方を意味し（使11:4参照）、もちろん歴史的な視点に関わっているが（1:5; 2:1; 3:1参照）、ただ単に個々の出来事を厳密に年代順に羅列することを意味するのではなく、また、諸資料を完全にくまなく利用し尽くすという意味でもなく（Mußner 1975:253–255 に反対）、「事柄に即して構成された」という意味で解すべきであり、具体的には、ルカによるイエス物語の時代区分に基づく叙述（イエスの降誕、ガリラヤでの宣教、エルサレムへの旅、エルサレムでの活動及び復活）のことを指しているのであろう（Ernst 1977:51f; 山田 2008:246–248 参照）。

ルカはこの序文を記した時点ですでに、イエス物語の続編としての「使徒行伝」の構想をもっていたと想定されるが、この序文の「**すべてのことを**」(πᾶσιν) が、当福音書に言及する使徒行伝の序文の「すべてのことについて (περὶ πάντων) 書き記しました」(使1:1) に対応しているとすれば、それは、誕生から昇天に至るイエスの出来事のすべてを指していると考えられる（加山 1997:13f）。

献呈の対象であるテオフィロ（使1:1参照）はおそらく歴史上実在した人物であり、少なくともキリスト教に関心をもっていた人物であると想定される。それゆえ彼の名は、例えば、この語の原意（=「神の友」）との関連から、神を愛するあらゆる信者というように象徴的に解されるべきではなく、実際にこの書物は、キリスト教の福音の本質について実在の人物に伝えようとしている。その根拠としては、古代において架空の人物に献呈の辞がささげられる例は認められない点（Alexander 1993:188）、テオフィロという名は紀元前3世紀より確認されている点、尊称がつけられている点、この種の象徴的献辞はルカの時代の周辺世界に類例がない点等が挙げられる（Green 1997:44）。その一方で、「**閣下**」に相当する尊称κράτιστοςはしばしば高位高官の人物に対して用いられるが（使23:26; 24:3; 26:25; ヨセフス『自伝』430; 同『アピオーンへの反論』1:1）、文学作品の献呈においては必ずしも高位の人物に対してのみ用いられているわけではなく、ある程度の社会的地位は想定できるとしても、彼が高位の役人（高官）であったかどうかは断言できないであろう（Bovon 1989:39; 山田 2008:251f）。な

お、彼が実際にキリスト者になっていたかどうか、あるいは、この著作の普及を気にかけていたかどうかは明らかではないが、それでもルカが、この受け手を通してこの著作が普及することを期待していた可能性は否定できないであろう。

4節

　最後の節では本書の執筆の本来の目的が明らかにされる。ἐπιγινώσκωは「十分に知る」／「正確に認識する」ことを意味する。また、κατηχέω（[口頭で] 伝える、教える）は、新約聖書の福音書・行伝においてはルカ文書にのみ用いられ（使18:25; 21:21, 24）、後代の「カテキズム」（教理問答）につながる概念であるが、ここではアオリスト形受動態で表現されており、「教えられた」、すなわち「学んだ」を意味している。またλόγοιは「言葉」とも「事柄」とも解しうるが、複数形で記されているのは、ルカがここでキリスト教の福音のことではなく、様々な種類の教えのことを念頭に置いているためであろう。なお、末尾のτὴν ἀσφάλειαν（**確実なことを**）について多くの研究者は、ルカはここで（テオフィロが）学んだ言葉（事柄）が確実なものであること（言葉の確実さ）を彼に確認させようとしたというように解しているが、ここはむしろ、学んだ言葉について（περὶ ὧν κατηχήθης λόγων）確実なことを確認させようとしたと解すべきであろう（Nolland 1989:4; 田川 2011a:95f; 上村 2013:14f）。すなわち、伝えられた言葉のすべてが確実であることが前提とされているのではなく、伝えられた言葉の中で何が実際に確かであるかをルカはテオフィロに知らしめようとしているのであり（Marshall 1995:44 参照）、まさにここに本書執筆の最大の目的が示されている。

【解説／考察】

　ルカは、当時のヘレニズム的慣習を受け継ぎつつ、緻密に構成されたこの序文によって福音書を書き始めている。この序文は極めて簡潔に構成されており、また、神やイエスに全く言及していないという意味でも、ここからルカの神学的プログラム全体を読み取ることは容易ではないが、それでもこの序文はルカの神学的意図の一端を示していると見なしうる（G.

Klein 1969:237–261; Schneider 1984:40f; 加山 1997:9f)。本書で記されている出来事との時間的隔たりを自覚するルカは、自らを直接の証人とは見なさずに彼の先駆者たちの伝承に依拠し、それらを使徒的宣教の資料として用いているが、同時にそれらを越えて独自の視点から彼自身のイエス物語を著そうとしている。ルカはこの著作を順序正しく記そうとしているが、これは救済史的な時代区分に関わっており、何よりもこの点に歴史家としての彼の特質が示されている。

　福音書記者の中でもルカのみが序文を記していることの意味は決して小さくはない。何より、この序文が今日においても用いられている献呈の辞という体裁をとっていることは、2000 年前に記されたこの書物と私たちとの隔たりを取り去り、親近感をもたらしている。また、この序文において著者ルカはテオフィロという具体的な人物に語りかけているが、いわばこの人物を媒介として、私たち自身もルカの物語世界の中に導き入れられ、自らも直接語りかけられていることを実感するのである。その意味でもこの序文は、著者ルカと現代の読者を結びつける機能を果たしており、それによって今日の読者も、「私たちの間で成就した事柄」、すなわちイエス・キリストの出来事と出会うことができる。

トピック
ルカ福音書の序文はルカ文書全体の序文なのか

　この序文が果たしてルカ福音書のみに関わる序文なのか（コンツェルマン 1965:23f 注 4; Conzelmann 1972:24f; Haenchen 1977:143 n. 3; Nolland 1989:12; Schürmann 1990:4; H. Klein 2006:72 等）、それとも使徒行伝を含めた双方の文書に関わるものなのか（Cadbury 1922:489–510 [特に 492]; Creed 1953:1; Fitzmyer 1983:290; Zahn 1988:50; Marshall 1995:39; Wolter 2008:60f; 山田 2008:235; 田川 2011a:90 等）という点については長らく論争されてきた。例えば Cadbury は、ルカ福音書の序文の「私たち」（1:1–2）と使徒行伝の「われら章句」の「私たち」を関連づけて、ルカ文書の著者をパウロの同行者と見なし、この序文が双方のルカ文書に関わるものであると主張しているが、そのように解する

と、「最初に目撃した人々」とルカ文書の著者とを明確に区別している序文の記述内容と矛盾を来たすことになる。確かに、ルカ福音書・使徒行伝の連続性を考慮するなら、この序文は使徒行伝にも関わっていると見なしうるが、その際に問題となるのは、使徒行伝の冒頭（使 1:1–2）にも序文が付されている点である。トロクメ（1969:47f）は、ルカ福音書結部（24:50–53）及び使徒行伝の冒頭部（使 1:1–5）を後代の付加と見なしているが、確かにそのように考えるとこの難点は解消するかもしれない。もっとも、そのように解さなくても、ギリシア・ローマ時代の著作においては、著作が数巻に及ぶ場合には、第一巻に全体の序文が記され、第二巻以降の各巻に短い序文が付せられる慣習があったという点を勘案するなら（例えば、ヨセフス『アピオーンへの反論』1:1–4; 2:1–2）、一応の説明がつくであろう（Cadbury 1922:491f; Bovon 1989:32 参照）。しかしその一方で、序文における「成就した事柄」（1節）は、地上におけるイエスの生涯を指していると想定されることからも、この序文は使徒行伝を視野に入れながらも、主として福音書に関わっていると見なすべきであろう。

序　章
イエスの誕生・幼少期物語
（1:5–2:52）

序章 イエスの誕生・幼少期物語（1:5—2:52）

　直前の序文（1:1–4）において著者ルカは、すべてのことを初めから詳しく調べた上で、「順序正しく」（1:3）書き記す意向を明らかにしていたが、このことは、彼が福音書の記述を、マタイと同様、イエス誕生の記述から始めている点にも示されている。

　この誕生・幼少期物語は、将来のイエスの働きを暗示すると共に、3 章以降の記述を導入する機能を果たしている。この物語は前後の文脈から明らかに区別されており、独立した一単位を構成しているが、このことは、この物語が神殿における場面で始まり（1:5）、神殿における場面で結ばれている（2:46–50）ことからも確かめられる。さらに注目すべきことに、ルカはマタイとは異なり、イエスの誕生を洗礼者ヨハネの誕生と関連づけ、両者の誕生の記述を並列させつつこの物語を展開させている。確かに、他の福音書においてもヨハネはイエスのために道備えをする先駆者として描かれているが（マタ 3:1 以下；マコ 1:2 以下；ヨハ 1:6 以下参照）、公的活動以前のヨハネについてはルカ福音書以外の新約文書においては一切記されておらず、このようなルカの記述は独特である。

　この誕生・幼少期物語全体は内容的に以下のように区分できる。

1．ヨハネの誕生告知（1:5–25）
2．イエスの誕生告知（1:26–38）
3．マリアとエリサベトの出会い（1:39–56）
4．ヨハネの誕生（1:57–80）
5．イエスの誕生（2:1–21）
6．神殿奉献（2:22–40）
7．神殿における少年イエス（2:41–52）

　このように、ルカの誕生物語においては洗礼者ヨハネとイエスの誕生の出来事が交互に折り重なるように描かれており、この箇所全体は統一性をもっている。事実、この物語は両者の誕生告知（1、2）と誕生の記述（4、5）を軸に構成されており、また、その誕生告知と誕生の記述の間に挟まれた、両者の母親の出会いについて語るエピソード（3）は、双方の誕生告知と誕生の記述を結びつけると共に、ヨハネとイエスの関係性を強化する機能を果たしている。さらに、両者の誕生告知及び誕生の記述の間には、

次頁の表に示されているように、個々の点に至るまで顕著な並行関係が確認できる（タルバート 1980:96–99; Schweizer 1982:14–27 も参照）。

とはいえ、両者の並行関係は必ずしも厳密なものではない。特に、イエスの誕生の場面（5）はヨハネのそれ（4）よりもかなり詳細に記されている点や、イエスの神殿奉献に関する記述（6）についてはヨハネの物語に対応する部分があまり見られない点にも示されているように、後半部分の対応関係は明瞭ではない。もっともこの点は、両者を対比しつつも最終的にはイエスの優位性を示そうとするこの物語の主旨からある程度は説明できるであろう。因みに、このように二人の人物を対比させて描く手法は、エリヤとエリシャ等、旧約聖書にも見られるが、一方を他方に対して優位に描くのはヘレニズム文学の特徴である（タルバート 1980:138 以下参照）。

この物語の起源は明らかではない。マタイの誕生物語（マタ 1:18–2:23）とは内容的に明らかに異なっており、両者間に依存関係を認めることはできない。事実、両者の誕生物語が一致して伝えているのは、ヘロデの時代のベツレヘムにおいて、ダビデの子孫であるヨセフと婚約していた処女マリアが、天使の予告通りに聖霊によって神の御子を身ごもり、イエスと名付けられる男児を生んだという点のみである。

ルカの誕生物語の起源に関する研究者の見解は、大きく分けて以下の三つの立場に分類される。第一の立場は、この物語の背後に単一の資料を想定しようとするものであるが、1章と2章の間には明らかな不整合が確認できることから、現代ではこの見解をとる研究者は稀である。第二の立場は、この物語を旧約章句に範をとったルカの書き下ろしと見なすものであるが、この箇所とルカ文書の他の箇所との間には思想的・神学的観点の相違が見られ、さらにこの箇所には非ルカ的な表現が多く認められることから、この見解も受け入れ難い。その意味でも最も蓋然性が高いのは、口伝、成文にかかわらず、この物語の背後に複数の資料の存在を想定し、ルカはそれらの資料を用いてこの箇所を編集的に構成したとする第三の立場であり、多くの研究者はこの見解をとっている（ブルトマン 1987:157–170; Marshall 1995:47–49 参照）。

誕生物語に用いられている個々の資料の範囲を厳密に確定することは難しいが、各段落の核となる部分は総じて伝承に遡ると想定できるであろう。もっとも、ルカ2章は処女降誕を前提とする1章の内容を必ずしも

【ルカ 1:5–2:40 における並行群】

1．ヨハネの誕生告知（1:5–25）	2．イエスの誕生告知（1:26–38）
・両親の紹介（5–7）	・両親の紹介（26–27）
・天使の出現（8–11）	・天使の出現（28）
・ザカリアの不安（12）	・マリアの不安（29）
・「恐れるな」との天使の言葉、男児誕生の告知と命名の指示（13）	・「恐れるな」との天使の言葉、男児誕生の告知と命名の指示（30–31）
・生まれる子の使命（14–17）	・生まれる子の使命（32–33）
・ザカリアの反論とその理由（18）「何によって私はそのことを知ることができるのでしょうか」	・マリアの反論とその理由（34）「どうしてそのようなことがありえましょうか」
・天使の返答（19–20）	・天使の返答（35–37）
・エリサベトの反応（24–25）	・マリアの反応（38）
3．マリアとエリサベトの出会い（1:39–56） 二人の母親の出会い（39–41） エリサベトの祝福の言葉（42–45） マリアの賛歌（46–55） マリアの帰宅（56）	
4．ヨハネの誕生（1:57–80）	5．イエスの誕生（2:1–21）
・ヨハネ誕生（57）	・イエスの誕生（6–7）
	・天使の出現と羊飼いたちの恐れ（9）
	・「恐れるな」との天使の言葉、救い主誕生の告知（10–11）
・親族らの喜び（58）	・羊飼いたちの喜び、賛美（20）
・出来事への反応、出来事の伝播、聞いた人々が心に留める（65–66）	・出来事への反応、出来事の伝播、マリアが心に留める（17–19）
・幼子は8日目に割礼を受け、天使が命じたように命名（59–64）	・幼子は8日目に割礼を受け、天使が命じたように命名（21）
	6．神殿奉献（2:22–40）
・幼子の役割に関する預言的賛歌（67–79）[＝ザカリアの賛歌]	・幼子の役割に関する預言的賛歌（29–32）[＝シメオンの賛歌]
・幼子の成長（80）	・幼子の成長（40, cf. 52）

踏まえていないことからも伺えるように、ルカ1-2章の資料的背景は複雑である。ヨハネに関する記述（1:8-23, 57-66ab）とイエスに関する記述（1:28-35, 38）は、もともと一つの伝承であったのではなく（吉田 2012:24に反対）、元来は相互に独立して存在していたと考えられる［第一段階］。一部の研究者は、ルカが両者を結合したと考えているが（例えば、タルバート 1980:99; Bovon 1989:48; Lüdemann 1997:91f）、両者の結合を前提としているマリアのエリサベト訪問のエピソード（1:40-45）がルカ以前の伝承と見なされることから（本書66頁参照）、むしろルカ以前の段階で両者の記述は結合し、これに、二人の母親の出会いのエピソード（1:40-45）、さらに羊飼いのエピソード（2:8-12, 15-18）等が付加されたのであろう［第二段階］。この状態で伝承を受け取ったルカは、別の資料から得た、マリア、ザカリア、シメオンの三つの賛歌（1:46-47, 49-55／1:68-69, 71-79／2:29-32）、住民登録のエピソード（2:1-5）、神殿奉献の記事（2:22-24, 25-27, 34-38）及び少年イエスのエピソード（2:41-46, 48-50）等を付加し、全体を編集的に構成していくことにより、一つのまとまりをもった物語をつくり上げていったのであろう［第三段階］（Petzke 1990: 63-67 も参照）。

*　*　*

1. ヨハネの誕生告知（1:5-25）

【翻訳】

1:5 ユダヤの王ヘロデの時代に、ザカリアという名のアビヤ組の祭司がいた。また彼の妻は、アロン家の女子孫で、その名をエリサベトといった。6 そして二人とも神の前に義しく、あらゆる主の掟と義の定めにもとることなく歩んでいた。7 しかし、彼らには子どもがなかった。エリサベトが不妊の女性であったためであり、そして二人ともすでに年老いていた。

8 さて、彼（ザカリア）の組が当番で、彼が神の前で祭司の務めを果たしていたとき、9 祭司職のしきたりに従ってくじを引いたところ、主の

聖所に入って香をたく役目が彼に当たった。[10] そして香がたかれている間、大勢の民は皆、外で祈っていた。[11] すると、主の天使が彼に現れて香壇の右に立った。[12] それでザカリアはそれを見て動揺し、恐怖が彼を襲った。[13] すると、天使は彼に言った。「恐れるな、ザカリア。あなたの願いは聞き入れられたのだから。すなわち、あなたの妻エリサベトはあなたに男の子を産む、その子をヨハネと名付けなさい。[14] そして、その子はあなたの喜びとなり、歓喜となり、多くの人もその誕生を喜ぶ。[15] その子は主の前に偉大な者となり、ぶどう酒や強い酒を飲まず、すでに彼の母の胎内にいるときから聖霊に満たされており、[16] 多くのイスラエルの子らを主なる彼らの神のもとに立ち帰らせるからである。[17] 彼はまた、エリヤの霊と力で彼（主）の前に先立って行き、父たちの心を子らに立ち帰らせ、逆らう者たちを義しい人々の考えに至らせ、整えられた民を主のために準備する」。[18] そこで、ザカリアは天使に言った。「何によって私はそのことを知ることができるのでしょうか。私は老人ですし、私の妻も年老いておりますのに」。[19] すると天使は彼に答えて言った。「私はガブリエル、神の前に立つ者である。そして、あなたに語りかけ、これらのことをあなたに福音として告げ知らせるために遣わされたのである。[20] そして見よ、あなたはしゃべれなくなり、この事が起こる日まで話すことができなくなる。その時が来れば成就する私の言葉を信じなかったからである」。

[21] さて、民はザカリアを待っており、彼が聖所の中で手間取っているのを不審に思っていた。[22] やがて彼は出て来たが、彼らに話すことができなかった。それで彼らは、彼が聖所の中で幻を見たのだと悟った。また、彼自身は彼らにうなずくだけで、口がきけないままだった。[23] やがて彼の務めの期間が終わり、彼は自分の家に帰って行った。

[24] その後、彼の妻エリサベトは身ごもり、5ヶ月の間身を隠していたが、このように語っていた。[25]「主は、人々の間から私の恥を取り去ろうと目を留めてくださったその日に、私にそのようにしてくださった」。

【形態／構造／背景】

　ルカ福音書冒頭の序文（1:1–4）に続く誕生・幼少期物語（1:5–2:52）は、天使による洗礼者ヨハネの誕生告知の場面から始まるが、この段落は直後

のイエスの誕生告知へと導く序章として機能している。このヨハネの誕生告知は神殿の聖所においてなされるが、このことはエルサレム及び神殿を重視するルカの傾向と一致しており、事実ルカ福音書全体は、この神殿での告知に始まり、弟子たちによる神殿での神賛美の場面（24:53）で結ばれている。

この段落全体（1:5–25）は以下のように区分され、天使ガブリエルがヨハネの父親になるザカリアの前に現れてヨハネの誕生を告知する中心部分（8–20節）が、ザカリアとその妻エリサベトに関する前後の記述（5–7節及び21–25節）によって囲い込まれる構造になっている。

（１）序：登場人物の紹介（5–7節）
（２）天使の出現とザカリアの恐れ（8–12節）
（３）天使によるヨハネ誕生告知（13–17節）
（４）ザカリアの反論と天使の答え（18–20節）
（５）ザカリアの神殿退出と帰宅（21–23節）
（６）結び：エリサベトの懐妊（24–25節）

この段落は、ユダヤ教社会の慣習に関する知識を前提とすると共に旧約聖書の定型句を多く含んでおり、さらにキリスト教的特質が特に強調されていないことから、全体としてパレスチナ地域で成立したと考えられる。天使による誕生告知は旧約聖書に頻出し、それらは通常、① 天使の出現、② 天使と対面した者の恐れ、③ 天使からの「恐れるな」との言葉と使信、④ 反論（拒絶やしるしの求め）、⑤ しるしの提供もしくは保証という五つの要素から構成されており（イシュマエル［創 16:7–13］、イサク［創 17:1–21; 18:1–15］、サムソン［士 13:3–20］等の例を参照）、ヨハネとイエスの誕生告知物語も同様の構造をもっている。この他、夕べの献げ物の際にダニエルが祈りをささげていたとき、天使ガブリエルが幻の中に現れ、恐怖に襲われたダニエルが天使から「恐れるな」と声をかけられて一時的に言葉を失ったというダニエル書 9–10 章のエピソードとの関連性も指摘されている（三好 1991:265; Brown 1993:270f）。

この物語の起源をユダヤ人キリスト教に見ようとする主張も見られるが（Wiefel 1988:46; 吉田 2012:24）、おそらくこの箇所はパレスチナの洗礼

者教団に遡り、元来、後続のルカ 1:57 以下のヨハネの誕生の記述と直接結びついていたのであろう（ブルトマン 1987:158f 参照）。その一方で一部の研究者は、この箇所が多くの点でダニエル書やマラキ書等の旧約章句と並行していることから、特定の資料を想定する必要はなく、この箇所全体はルカが自ら構成したと主張しているが（Schmithals 1980:20; Brown 1993:247, 283）、後述するように、1 章と 2 章との間には明らかなずれが認められることからも、それは考えにくい。もっとも、《名詞＋形容詞的 τις ＋ ὀνόματι ＋人名》という表現（1:5; 10:38; 16:20; 使 8:9; 9:33; 10:1; 16:1 参照）や理由を表す接続詞 καθότι（1:7; 19:9; 使 2:24, 45; 4:35; 17:31）等、新約ではルカ文書にしか見られない語句を含み、旧約章句との関連も強い冒頭の 5–7 節（ルカ 1:5 とサム上 1:1、ルカ 1:7 と創 18:11 を比較参照）と、後続の段落と自然に接合する末尾の 24–25 節（24 節の「5 ヶ月の間」と 26 節及び 36 節の「6 ヶ月目に」を比較参照）に関しては、ルカが編集的に構成した可能性が高い。おそらくルカは、洗礼者ヨハネに関する伝承をもとに、それを自らの視点から編集していくことにより、この箇所全体を構成したのであろう。

【注解】

5 節

　冒頭部分では、洗礼者ヨハネの誕生のエピソードにおいて中心的な役割を果たす父ザカリアと母エリサベトの夫妻が紹介される（5–7 節）。まず、このヨハネ（及びイエス）の誕生の出来事がユダヤのヘロデ王（＝ヘロデ大王）の時代（前 37– 前 4）に起こったことが示されるが（マタ 2:1 参照）、この「～の時代に」（ἐν ταῖς ἡμέραις ...）という表現は七十人訳聖書の預言書の書き出しの形式に準じている（エレ 1:1–3; ホセ 1:1; アモ 1:1）。また、ここでの「**ユダヤ**」は狭義の意味でのユダヤ地方のことではなく（1:65; 2:4; 21:21 参照）、ヘロデの支配下にあったパレスチナ全域を指している（4:44; 6:17; 23:5 参照）。

　ザカリア（「ヤハウェは覚えている」の意）はアビヤ組に属する祭司であった。アビヤ組はダビデ王が制定したとされる計二十四組からなるイスラエルの神殿祭司のグループの第八組であり（代上 24:10 参照）、各組が年に

二度、1週間ずつ交代で神殿祭儀の務めに従事していた（Bill. II:55–68; サフライ 1992:15–22 参照）。また、ザカリアの妻のエリサベト（「神は誓いである」の意）は祭司の家系であるアロン家の女子孫であった。祭司が祭司の家系に属する女性を妻にすることは、祭司は一族から妻をめとらねばならないと規定するレビ 21:14 にも拘らず、義務ではなかったようであるが（出 6:23 参照）、それでも望ましいこととされていた（Bill. II:69–71; サフライ 1992:23–25）。いずれにせよ、この夫妻が共に祭司の家系に属していたということは、洗礼者ヨハネが純粋な祭司の血を引く者であって、祭司職を継ぐために必要とされるあらゆる条件を満たしていたことを示している。

6 節

両者の家系に関する前節の記述からも期待されるように、彼らは神の前に「義しく」（δίκαιος）、あらゆる主の「掟」（ἐντολή）と「義の定め」（δικαίωμα）を遵守していたと、夫妻ともに敬虔な人物として描かれている。なお、ルカ文書において δίκαιος（義しい）は、しばしば人物を描写する際に用いられる（1:17; 2:25; 14:14; 15:7; 18:9; 20:20; 23:47, 50; 使 10:22; 24:15 他）。

7 節

このようにザカリアとエリサベトは模範的な夫婦であったが、エリサベトは不妊の女性であり、彼らには子どもがなかった。多くの子ども（特に男児）に恵まれることは当時のユダヤ社会において神の祝福のしるしと考えられていたが（創 1:28; ヨブ 42:13–16; 詩 127:3–4; 128:3–6 他参照）、その一方で、子どもに恵まれないことは当時のユダヤ人女性にとってはこの上ない恥辱を意味し（25 節参照）、それは呪い、裁き、罰とさえ考えられていた（創 16:4, 11; 29:32; 30:1–6; レビ 20:20–21; サム上 1:5–6; サム下 6:23; イザ 4:1 他参照）。そしてまた、この夫妻がすでに年老いていたという事実は、その恥を拭う機会が実質的に失われていたことを示している。不妊の女性の懐妊は、アブラハムの妻サラ、イサクの妻リベカ、ヤコブの妻ラケル、マノアの妻、エルカナの妻ハンナ等の例に見られるように、旧約聖書における重要なモチーフであるが、このヨハネ誕生の出来事も、これらの旧約の先例と同様、神の特別の介入によってもたらされた奇跡として描かれて

いる。

8–10 節

さて、ザカリアの属していたアビヤ組が神殿祭儀を執り行う当番に当たっていたとき、くじによってザカリアが主の聖所で香をたく任務に就くことになった。神殿祭儀の務めに当たる祭司たちは、くじによってそれぞれの任務が割り当てられていたが（ミシュナ「ヨーマ」2:1–4;　同「タミード」3:1）、犠牲の最後に主の聖所で香をたく務め（出 30:7–8 参照）は極めて重要視され、多数の祭司がいる中にあって、この役に選ばれることは特に名誉なことと見なされていた。事実、この務めを一度経験した祭司は、それ以降はこのくじに参加できず（ミシュナ「タミード」5:2）、ザカリアにとってもこのような名誉な務めに従事するのは一世一代の貴重な機会であったと考えられる。犠牲の奉献は、毎日二度、夜明けと夕方に行われた（出 29:38–43;　民 28:3–8. 儀式の流れについてはミシュナ「タミード」5:4–6:3; シラ 50:11–12 を参照）。ダニエル書には夕べの献げ物の頃に天使ガブリエルが現れたという記述が見られ（ダニ 9:21）、またユディトは夕べの香が献げられる時刻に敵軍から解放されるように神に嘆願していることからも（ユディ 9:1 以下）、夕方の奉献の方が重要視されており、多くの民が集まっていたと記されている点を考慮するなら、ここでも夕方の奉献の状況が想定されているのであろう（サフライ 1992:32–34; 土屋 1992:88）。

聖所の中で香がたかれている間、大勢の民の群れは外で、すなわち神殿の中庭で祈っていたが、彼らは最後に祭司から祝福を受けるために、彼が聖所から出て来るまで祈ってそこで待っていたのである（21 節及びシラ 50:17–21 参照）。

11–12 節

ところが、ザカリアが香をたいていたとき、主の天使が現れて香壇の右側に立った。神殿の聖所で香をたいている際に起こった不可思議な現象（幻）については、様々なユダヤ教文書が伝えている（ヨセフス『ユダヤ古代誌』13:282;　さらにサフライ 1992:30–32 参照）。ザカリアは突然姿を現した天使を見て動揺し、**「恐怖が彼を襲った」**（直訳：「恐怖が彼の上に降りかかった」）が、恐れは神的な存在の出現に対する典型的な反応である（士

6:22–23; ダニ 8:17; トビ 12:16 参照)。

13 節

　恐れを抱くザカリアに対して、天使はまず「**恐れるな**」と語りかけ、ザカリアの恐れを取り除こうとする。この「**恐れるな**」（μὴ φοβοῦ）という表現は旧約聖書に頻出し（創 15:1; 21:17; 士 6:23; ルツ 3:11; イザ 41:10, 13; 43:1, 5; 44:2; ダニ 10:12, 19）、ルカ福音書にもしばしば用いられている（1:30; 2:10; 5:10; 8:50; 12:7, 32 参照）。続いて天使は、ザカリアの願いが神に聞き届けられたことを伝え、彼の妻エリサベトが男児を出産することを予告し、その子にヨハネ（「ヤハウェは恵み深い」の意）と名付けるように指示する（創 17:19 参照）。ここでのザカリアの願いの具体的な内容について、一部の研究者は、ザカリアが年老いてからもなお、子どもが与えられることを真剣に願い求めていたとは考えられず（1:18）、ましてや彼が聖所の中でそのような個人的な祈りを唱えていたとは考えにくいことから、むしろここでは、イスラエルの民の救いに関わるザカリアの願いが意味されていると主張している（レングストルフ 1976:43; H. Klein 2006:88）。ヨハネがイスラエルの多くの民を主のもとに立ち帰らせる存在であるなら（16 節）、彼の誕生はその願いの成就を意味しうるというのである。しかしながら、願いは聞き届けられたと述べる天使の言葉の直後にヨハネ誕生の天使の予告が続いていることからも、ここでのザカリアの願いは、やはり子どもが与えられることを指していると解すべきであろう。なお、生まれてくる子の神による命名は、イシュマエル（創 16:11）、イサク（創 17:19）、インマヌエル（イザ 7:14）及びヨシヤ（王上 13:2）等の旧約の先例に倣うものである。

14 節

　次いで天使は、生まれてくるその幼子の将来の働きについて予告する。第一に、その子の誕生は、ただ単に父親のザカリアにとって「**喜び**」（χαρά）や「**歓喜**」（ἀγαλλίασις）となるだけに留まらず、多くの人々に喜びをもたらす（2:10 参照）。この予告は、生まれて来る幼子が救い主の先駆者となることをすでに暗示している。

15–16 節

　第二に、その子は神の前に「**偉大な者**」（μέγας）となる（1:32; 7:28 参照）。ここでの「**偉大な者**」とはエリヤのような偉大な預言者を指していると考えられるが（7:16 参照）、具体的には、彼がぶどう酒等の酒類を飲まず（7:33 参照）、すでに母親の胎内にいるときから（士 13:5; エレ 1:5 参照）聖霊に満たされており、さらには多くのイスラエルの子らを彼らの神のもとに立ち帰らせる（3:3 参照）ことを意味している。「**ぶどう酒や強い酒を飲まず**」（οἶνον καὶ σίκερα οὐ μὴ πίῃ）という表現は、臨在の幕屋に入る際に「ぶどう酒や強い酒」を飲むことを禁じる祭司の規定（レビ 10:9）のみならず、「ぶどう酒や強い酒」を絶つことを求められたナジル人の誓願を思い起こさせる（民 6:2–3 参照）。事実、サムソンの母となるマノアの妻は天使から男児誕生の告知を受けたとき、その子はナジル人として神に献げられているので、「ぶどう酒や強い酒を飲まず、汚れた物も一切食べないように」（士 13:4, 7）気をつけるよう指示されている（さらにサム上 1:11 も参照）。ここから多くの研究者は洗礼者ヨハネをナジル人との関連で捉えようとしているが（サフライ 1992:35–41 参照）、ここでは、髪にかみそりを当てたり、死体に近づくことに対する禁令（民 6:5–6）については触れられていないことからも、両者の関連性を過大評価すべきではないであろう（Bovon 1989:55f; Marshall 1995:57）。

17 節

　第三に、彼はエリヤの「**霊と力**」（1:35; 4:14; 使 1:8; 10:38; 死海文書「感謝の詩編」7:6–7 参照）を伴って主に先立ち、「**父たちの心を子らに立ち帰らせ、逆らう者たちを義しい人々の考えに至らせて、整えられた民を主のために準備する**」（3:4–6 参照）。この節はマラキ書 3 章と密接に関わっており、そこでは、預言者エリヤが主の日が来る前に遣わされ、「父たちの心を子らに、子らの心を父たちに向けさせ」（マラ 3:24; さらにシラ 48:10 参照）、民に主を迎える準備をさせ（マラ 3:1 = マタ 11:10 // ルカ 7:27）、「そのとき、あなたたちはもう一度、義しい人と悪しき者……との区別を見るであろう」（マラ 3:18）と記されている（さらに三好 1991:266 参照）。

　事実、当時の人々は、預言者エリヤが神に先立ってその到来を準備するために現れることを期待していたが（マラ 3:23; シラ 48:10 参照）、ここ

でも元来の文脈においては（引用文そのもののみならず伝承の段階でも）ヨハネは神に先立つ者として捉えられていた。これに対してルカは、元来の意味を踏まえつつ、ここに出てくる「**主**」をイエスの意味で捉え直し、ヨハネの誕生をイエスの誕生の直前に位置づけることにより、洗礼者ヨハネをイエスの道を準備するエリヤのイメージで描き出そうとしている（1:76–77; 3:4 参照）。もっともルカは、マルコやマタイとは異なり（マタ 11:14 及びマコ 9:13 // マタ 17:12 参照）、必ずしもヨハネとエリヤを同一視しようとしていない。

なお、ここでの「**父たち**」と「**子ら**」がどのような意味で用いられているかという点は明らかではない。両者がそれぞれ後続の「**逆らう者たち**」と「**義しい人々**」に対応しているとするなら、「**父たち**」は、ルカ 6:23 及び 11:47, 48 の「先祖」と同様（使 7:51–52; 28:25 参照）、否定的な意味に解されることになる（Bovon 1989:57f; Brown 1993:278f）。一方で、これらの部分が後続の部分と交差配列的に構成されている可能性も否定できず、そうだとすると、むしろ「**子ら**」が「**逆らう者たち**」の意味で解されることになる（Schmithals 1980:24 参照）。しかしながら、そのように、「**父たち**」と「**子ら**」のいずれか一方を肯定的に、他方を否定的に解する根拠は曖昧であり（Wolter 2008:80）、むしろここではマラキ 3:24 と同様、「**父たち**」と「**子ら**」の関係を相互的（双方向的）に理解し（12:53 参照）、父子相互の関係が意味されていると見なすべきであろう（Marshall 1995:60）。

18 節

このような天使の言葉に対して、その男児誕生の告知を受け入れられないザカリアは、何によってそのことを知ることができるのかと（創 15:8 参照）、その告知の内容を裏付けるしるしを天使に求める（士 6:36–40; 王下 20:8–11 参照）。そして、その告知を容易に受け入れられない根拠として、自分も妻もすでに年老いている点を挙げている（創 17:17 参照）。

19–20 節

これに対して天使は、「**ガブリエル**」（「神の人」の意）という自分の名をここで初めて明らかにする。ガブリエルはユダヤの七大天使の一人であり、ダニエル書においてイスラエルに対する神の計画と命令の伝達者

として現れる（ダニ 8:16; 9:21; さらにエチオピア・エノク 9:1; 20:7; 40:9 参照）。天使はまた、自分が神の前に立つ存在（ヨブ 1:6 参照）であることを伝え、これらのことをザカリアに福音（良き知らせ）として告げ知らせる（εὐαγγελίζομαι）ために神から遣わされてきたことを告げる。さらに天使は、**「その時が来れば成就する」**彼の言葉を受け入れなかったザカリアは、いわばその不信仰に対する罰として、その事が起こるまで口がきけなくなると告げるが、まさにそれこそが、「しるし」を求めたザカリアに対して与えられた「しるし」であった。なお、口がきけなくなる例としては、エゼキエル 3:26（しるしとして）やⅡマカバイ 3:29（罰として）が挙げられる。

21 節

民の群れは聖所の外で祈りつつザカリアが出て来るのを待っていたが、彼がなかなか聖所から出て来ないのを不審に思っていた。事実、ミシュナの記述によると、祭司は民に心配をかけないために、祈りを長引かせて聖所で手間取ってはならなかった（ミシュナ「ヨーマ」5:1）。

22–23 節

かなり時間がたってからザカリアは漸く現れたが、**「話すことができなかった」**。この様子を見た人々は、彼が聖所の中で幻を見たことを悟った（ヨセフス『ユダヤ古代誌』13:282–283 参照）。口のきけないザカリアはうなずくだけで、聖所の中で起こったその幻の内容を人々の前で明らかにすることはできなかった。そのように、天使による告知成就のしるしは、皮肉にも告知を受けたザカリアがそれを誰にも伝えることができないという形で与えられた。また本来なら、ここで祭司は民に祝福を与えることになっていたが（民 6:24–26; ミシュナ「タミード」7:2 参照）、ザカリアには当然それが実行できなかった。ある意味で、このときになされなかった祝福は、ルカ福音書の最後の場面で復活したイエスによって果たされることになる（24:50）。やがて 1 週間の務めの期間が終わり、ザカリアはそのように口が閉ざされたままの状態で自分の家に帰って行った。

24–25 節

さて、天使の告知通りにエリサベトは懐妊し、5 ヶ月間身を隠した。こ

のエリサベトの5ヶ月間の引きこもりは、自らの恥が拭い去られたことに対して彼女が神を賛美していることからも、老齢での懐妊を恥じたためとは考えられない。むしろ、彼女の懐妊から6ヶ月後にこのエリサベト懐妊の事実がまずマリアに知らされることになる（1:36）点を考慮するなら、ザカリアが話せなくされたのと同様、彼女の妊娠の事実は天使の告知を通して初めてマリアにもたらされるという状況を作り出すための設定と考えるべきであろう（Brown 1993:282）。あるいは、そのように設定することにより、マリアがエリサベト懐妊の事実を知る術はなかったという点を示し、マリアに対する天使の告知の信憑性を高めようとしたのかもしれない。そしてこの「不妊の女性」の懐妊は、マリアにとっては自らが男児を出産することの「しるし」としての意味をもつことになる。

自分の妊娠を知ったエリサベトは、神が自分の「恥」を取り去ったことに関して神を讃えるが、この言葉は、ラケルが男児を出産したときに発した「神が私の恥を取り去ってくださった」（創 30:23）という言葉を思い起こさせる。なお、エリサベトの賛美の言葉は部分的に後出のマリアの賛歌（1:46–55）に対応しており、両者とも神に目を留められ（1:25, 48）、幼子を授けられたことに対して神を賛美している。

【解説／考察】

ルカ福音書の本文は、エルサレムの神殿における天使ガブリエルによる洗礼者ヨハネの誕生告知の物語から始められる。このことはルカがヨハネを特に重視していたことを示しており、事実、このルカ 1–2 章の誕生物語全体を通して、ヨハネとイエスの誕生について交互に折り重なるように語られている。もっとも、この誕生物語における両者の対応・並行関係は必ずしも厳密ではなく、むしろルカはヨハネとイエスの物語を照らし合わせて叙述しつつ、最終的にはヨハネに対するイエスの優位性を示そうとしており（三好 1991:264; クロッサン 1998:29）、その意味でもルカは、イエスの先駆者としてのヨハネの姿をより鮮明な形で描き出している。

このヨハネの誕生告知の記述は旧約における神あるいは天使の出現形式に則っており、また多くの旧約章句の引用や暗示を含んでいるが、このことは、ヨハネの誕生が神の計画によっており、彼の使命が神からのもので

あることを示している。事実、不妊の高齢女性エリサベトの懐妊の出来事は何よりもその背後にある神の働きを裏付けるものであり、その点は処女マリアの懐妊の出来事も同様である。その意味でも、ルカ福音書のこの冒頭の場面は、何より神の介入によって始められる新しい時代の到来を指し示している。

　この物語はまた、エルサレム神殿を舞台として展開し、祭司であるザカリアが中心人物であることからも、旧約聖書のみならずユダヤ的伝統とも明らかに連続しており、ここでは、イスラエルの終わりではなく、イスラエルの希望について語られている。またザカリアは、希望をもって待ち続けることができず、時が来れば成就する天使の言葉を信じなかった人物としてやや否定的に描かれており、神への信頼をもち続け、祈りに対する神の応答に備えておくことの大切さが強調されている。情報通信機器等の飛躍的な発達により、様々な意味で「待つこと」から解放されるようになった半面、日々時間に追われて、あくせく生活している現代人にとっては、「待つこと」はもはや否定的な意味しかもたなくなったようにも思えるが、この物語は私たちに希望をもって待ち続けることの大切さを教えてくれる。

2.　イエスの誕生告知（1:26–38）

【翻訳】

[1:26–27] さて6ヶ月目に、天使ガブリエルはナザレという名のガリラヤの町に、ダビデ家出身のヨセフという名の男性と婚約していたおとめのところに神から遣わされた。そのおとめの名はマリアといった。[28] そして彼（天使）は彼女のところに入って来て言った。「こんにちは、恵まれた女性。主はあなたと共におられる」。[29] しかし彼女はこの言葉に戸惑い、いったいこの挨拶は何ごとかと思いめぐらした。[30] すると天使は彼女に言った。「恐れるな、マリア。あなたは神のもとで恵みを見出したのだから。[31] そして見よ、あなたは身ごもって男の子を産む。そして、その子をイエスと名付けなさい。[32] その子こそは偉大な者となり、また至高者の子と称せら

れる。そして、主なる神は彼にその父祖ダビデの王座を与えられる。[33] 彼はまた、永遠にヤコブの家を王として支配し、その王的支配には終わりがない」。[34] そこでマリアは天使に言った。「どうしてそのようなことがありえましょうか。私は男の人を知りませんのに」。[35] すると天使は彼女に答えて言った。「聖霊があなたの上に臨み、至高者の力があなたを覆う。だから生まれてくる子は聖なる者、神の子と称せられる。[36] そして見よ、あなたの親族のエリサベト、彼女もあの年齢で男の子を身ごもっている。不妊の女と言われていた彼女であるが、もう６ヶ月になっている。[37] 神のもとではどんなことも不可能ではないからである」。[38] そこでマリアは言った。「ご覧ください。〔私は〕主のはしため〔です〕。あなたのお言葉通りに私に成りますように」。すると天使は彼女から離れ去った。

【形態／構造／背景】

　直前の洗礼者ヨハネの誕生告知物語（1:5–25）と同様、このイエスの誕生告知物語も天使ガブリエルによる男児誕生の告知を主題としており、両者は多くの点で共通している。もっとも、告知がなされる場所や告知を受ける人物の立場や状況等、両者間には相違点も少なからず認められ、全体としてヨハネを凌駕するイエスの存在が浮き彫りにされている。

　この箇所は、天使の誕生告知（30–33節）を中心として、それがマリアと天使の対話（28–29節及び34–37節）によって囲い込まれ、さらに天使の出現及び退去に関する記述（26–27節／38節）によって段落全体が枠付けられる構成になっている。この箇所全体は以下のように区分できる。

　　　（１）序：天使ガブリエルのマリア訪問（26–27節）
　　　（２）天使の挨拶とマリアの戸惑い（28–29節）
　　　（３）天使によるイエス誕生告知（30–33節）
　　　（４）マリアの反論と天使の答え（34–37節）
　　　（５）結び：マリアの従順と天使の退去（38節）

　このイエスの誕生告知物語は、その全体的な構成や用いられている表現等において先行するヨハネの誕生告知物語に細部に至るまで対応しており、

内容的にも密接に結びついている（【ルカ 1:5–2:40 における並行群】［本書 42 頁］参照）。もっともこの物語そのものは、元来ヨハネの誕生告知の物語とは無関係で、独立した伝承であったと考えられる。すなわち、双方の物語の間に依存関係はなく、両者とも全体的な枠組みにおいて旧約の誕生告知物語に準じている点で類型的であるに過ぎない。

　この物語は全体としてヘレニストのユダヤ人キリスト教において成立したと考えられるが（Schürmann 1990:59; Wolter 2008:87 他）、その一方でこの段落にはルカが編集的に構成した箇所も確認できる。特に冒頭の 26–27 節は、直前のヨハネの誕生告知の記述との接合点を作り上げており（段落冒頭の「6ヶ月目に」とエリサベトが「5ヶ月」身を隠していたという直前の記述［1:24］を比較参照）、双方の節に見られる《与格の関係代名詞 + ὄνομα + 固有名詞》という表現は新約ではルカ文書にのみ見られることから（2:25; 8:41; 24:13; 使 13:6 参照）、全体としてルカが構成したものと考えられる。またエリサベトに言及する段落後半の 36–37 節も、直前のヨハネの誕生告知物語を前提とし、幾つかのルカ的語彙（καὶ ἰδού、καὶ οὗτος、ῥῆμα 等［Jeremias 1980:52–54 参照］）を含んでいることから、ルカが編集的に構成した可能性が高い（Fitzmyer 1983:336f に反対）。

　なお一部の研究者は、天使による受胎告知（31–33 節）と、処女性の観点からこれに当惑する直後のマリアの言葉（34 節）とは厳密には対応しておらず、また、ヘレニズム的色彩の濃い 35 節も、ダビデ王朝を継ぐ者によるイスラエルの統治について述べる 32–33 節と調和していないことから、34–35 節を二次的付加（ルカの編集句）と見なし、38 節は元来 33 節に直結していたと主張している（Schneider 1984:48f; ブルトマン 1987:159f）。しかしながら、並行する旧約の誕生告知物語に照らしても、処女懐胎のモチーフを含まない誕生告知物語は想定しにくいのみならず、両節が後からルカによって付加された痕跡は特に認められず（Bovon 1989:65, 71f）、また、そもそも後続のイエス誕生の記事には処女懐胎のモチーフは全く見られないことからも、34–35 節は二次的付加ともルカによる編集的付加とも考えにくい（Nolland 1989:41f, 53f; Lüdemann 1997:101）。さらには 28–29 節も二次的付加と見なす主張も見られるが（Petzke 1990:30; H. Klein 2006:95）、この点についても確証はない。以上のことからも、おそらくルカは、イエスの誕生告知に関する伝承（29–35 節）をヨハネの誕生

告知物語に適合させつつ、この箇所全体を編集的に構成したのであろう。なお、マタイの誕生物語の場合と同様（マタ1:23参照）、ルカが用いた伝承にもイザヤ7:14の影響を指摘する主張も見られるが、両者間に明確な関連性は認められない。

【注解】

26–27節

　冒頭の「**6ヶ月目に**」という表現と、前段に続いての天使ガブリエルの登場は、このイエスの誕生告知物語を直前のヨハネの物語に結びつけている。すなわち、ヨハネの誕生告知（エリサベトの懐妊）から「**6ヶ月目に**」、天使ガブリエルはガリラヤの町ナザレ（マタ2:22f参照）へと神から遣わされる。直後の段落に示されているように、マリアは天使から男児誕生の告知を受けた直後に（エリサベトの懐妊から6ヶ月後に［36節も参照］）エリサベトを訪問し、彼女のもとに3ヶ月滞在して彼女の出産直前に帰ってくるが、これらの一連の記述は、懐妊から出産までが9ヶ月という理解に対応している。また、マタイの誕生物語においては、ヨセフとマリアは元々ユダヤのベツレヘムに住んでおり、ヘロデの迫害を逃れてエジプトに移住した後は、ユダヤには戻らずにガリラヤのナザレに移り住んだとされているのに対し、ルカにおいてはガリラヤのナザレが彼らの出身地と見なされている（本書91頁参照）。

　生まれて来る子の父親となる高齢のザカリアのもとに天使が遣わされる直前の物語とは対照的に、この天使はマリアというおとめのところに遣わされるが、マリアはダビデ家出身のヨセフと婚約していた。「**おとめ**」と訳したπαρθένοςは「処女」のみならず、より一般的に「若い女性」という意味も併せもつが、34節のマリアの発言からも明らかなように、マタイの誕生物語と同様（マタ1:23参照）、ここでも明らかに処女の意味で用いられている（廣石2011:159も同意見、山口2009:111に反対）。ヨセフとマリアは、この時点ではまだ同居していなかったが、当時のユダヤ社会においては、婚約した男女は法的にはすでに実質的な夫婦と見なされていた。ヨセフはダビデ家の出身とされるが（3:23–31; マタ1:1–17参照）、このことはマリアの息子もまたダビデ家の家系に属することを示している（32b

節参照）。因みに、オリゲネス以来、ヨセフではなくマリアがダビデ家の出身だったとする見解も打ち出されており（ヤコブ原福10:1参照）、近年でもDibelius（1959:121 n. 2）が、ヨセフとの婚約に関する記述を二次的付加と見なし、元来の伝承ではマリアがダビデ家の子孫と見なされていたと主張しているが、これはイエスが実質的な意味でダビデの血統に属していることを示そうとする意図から生じた主張であろう。

28節

マリアのもとを訪れた天使は、ザカリアに対する告知の場合とは異なり（1:13以下参照）、まず「**こんにちは、恵まれた女性**」（χαῖρε, κεχαριτωμένη）と彼女に語りかける（ダニ9:23参照）。χαίρωの原意が「喜ぶ」であることから、この語はしばしば「おめでとう」と訳されるが（新共同訳、口語訳等）、これはむしろ当時の一般的な挨拶の言葉である（Strobel 1962:108; 一方でBrown 1993:322は別意見）。なお、多くのカトリックの研究者は、七十人訳聖書に「娘シオン」に呼びかける類似表現が見られることから（cf. ゼファ3:14 LXX：χαῖρε σφόδρα θύγατερ Σιων［娘シオンよ、大いに喜べ］；さらにゼカ2:14 LXXも参照）、マリアを「シオンの娘」と同定しているが、その蓋然性は高くない。この語はまた、直後のκεχαριτωμένη（恵まれた女性）と語呂合わせになっており、後続の「**主はあなたと共におられる**」（士6:12; ルツ2:4; マタ1:23参照）という言葉と共に、マリアが神によって選ばれたことを強調している。なお一部の写本（A, C, D, Θ等）に見られる「あなたは女性の中で最も祝福されています」（1:42参照）という後続文は後代の付加と考えられるが、有名な祈祷文「アヴェ・マリア」はこの読みに基づいている。

29節

天使の言葉を聞いたマリアは戸惑い、その挨拶の意味について考え込んだ。この彼女の戸惑いには恐れの要素も含まれていたと考えられるが（30節参照）、マリアが戸惑ったのは、前段のザカリアの場合（1:12）とは異なり、天使が突然現れたためでも天使に挨拶されたためでもなく、その天使が発した不可解な言葉のためであった（Bovon 1989:74）。

30 節

　戸惑うマリアに対して天使は、ザカリアの場合（1:13）と同様、「**恐れるな**」と語りかける。その根拠として天使は、彼女が「**神のもとで恵みを見出した**」（創 6:8; 出 33:16 参照）、すなわち神から恵み（χάρις）を与えられたためと説明しているが、この発言は、天使がマリアに対して最初に発した「恵まれた女性」（28 節）という呼びかけの言葉を敷衍している。

31 節

　続いて天使は、マリアに与えられた恵みの具体的内容を明らかにする。すなわち天使はここで、ザカリアの場合（1:13）と同様、マリアに対して彼女が男児を出産することを告知し、その幼子にイエス（「ヤハウェは救い」の意）と名付けるように指示している（創 16:11; 士 13:3, 5; マタ 1:21 参照）。この箇所にイザヤ 7:14 からの影響を見る主張も見られるが（Schürmann 1990:46; Eckey 2004:86）、ここには「インマヌエル」という呼称は見られず、さらに七十人訳聖書では、名付けの指示が母親ではなく王アハズに向けられていることからも、その蓋然性は高くない。なお、ここで母親に命名が指示されているのは人間の父親が不在であったためと考える必要はなく（Schürmann 1990:46f に反対）、旧約においてもイシュマエルの母ハガルに対して命名の指示がなされており（創 16:11）、また、サムソンの母（士 13:24）やサムエルの母ハンナ（サム上 1:20）も自ら命名している。

32–33 節

　さらに天使は、その生まれて来る幼子の将来の働きについて述べる（1:14–17 参照）。この幼子もヨハネと同様、「**偉大な者**」（μέγας）になると予告されるが、「主の前に偉大な者となる」（1:15 参照）と予告されたヨハネの場合とは異なり、ここでは絶対的用法で表現されており、イエスの偉大さがヨハネのそれとは質的に異なっていることが示される。また、このマリアの子は「**至高者の子**」と称せられる。「至高者」（ὕψιστος）は神を指すヘレニズム的表現であり、神の称号としてルカ文書に頻繁に用いられているが（1:32, 35, 76; 6:35; 8:28; 19:38; 使 7:48; 16:17）、その一方で、ユダヤ教文献にも対応表現が見られる（詩 82 [LXX81] :6; シラ 4:10 LXX; 死海文書「宗規要覧」4:22–23 他参照）。

さらに、この幼子は「**主なる神**」（κύριος ὁ θεός）から父ダビデの王座（王上 2:33, 45 参照）を与えられ、ヤコブの家（創 32:29; 出 19:3; イザ 2:5 参照）、すなわちイスラエルの民を永遠に治め、その王的支配は終わらないと予告される。この箇所の背景には、ダビデの子が彼の王国と王座を永遠に堅く据えると述べるナタンの預言（サム下 7:8–16）があると考えられるが（使 2:30 参照）、ヨハネの使命がイスラエルの民を神のもとに立ち帰らせる点にあったのに対し、この幼子はダビデ家から出る（27 節参照）待望のメシアであり、永遠に支配する存在なのである（イザ 9:6; ダニ 7:14 参照）。このように、ヨハネとイエスはともに神の救済計画の中に位置づけられつつも、その計画の成就に際しての両者の役割の違いが明らかにされることにより、ヨハネに対するイエスの優位性が示されている。

34 節

　天使の誕生告知に対して、ザカリアの場合（18 節）と同様、マリアも最初は疑問を呈する。彼女は「**どうしてそのようなことがありえましょうか**」という修辞疑問文によってその可能性を疑問視し、その根拠として、自分はまだ男性を知らない、すなわち、男性と関係を持ったことがない点を挙げる。天使がその幼子誕生の時期を明示していない状況を考えるなら、このマリアの答えはむしろ奇異に感じられる。すでに婚約している女性なら、近い将来、子どもを産むことは別段不思議なことではなく、当然予期されることと考えられるからである。その意味でも物語の語り手は、先のヨハネの誕生告知の場合と同様（24 節参照）、直後の懐妊（現在の状況下での妊娠）を想定しているのであろう（Eckey 2004:90; H. Klein 2006:98）。

　このマリアの返答については、マリアは生涯処女で通すことを決心していたとする教会教父の解釈など、様々な心理的解釈が試みられてきた。また、近年の研究者の多くは、このマリアの言葉は彼女の処女性を読者に改めて確認させるための文学的手法と見なしているが（Schürmann 1990:49–51; Brown 1993:307f）、この返答はむしろ、その直後の天使の言葉を誘発し、その後の物語を展開していく機能を果たしていると見なすべきであろう（Petzke 1990:34）。

35節

　これに対して天使は、聖霊がマリアに臨み（1:15; 使 1:8; サム上 16:13; イザ 32:15 参照）、「**至高者**」（32 節参照）の力が彼女を覆うゆえに（9:34 参照）、彼女から生まれる子は「**聖なる者**」（4:34 の「神の聖者」参照）、すなわち「**神の子**」と称せられると返答し、この不可解な懐妊が何より神の力によってなされることを示し、処女懐妊と神の子性との関係を強調する。すなわち、確かにその子はマリアの胎から生まれるが、聖霊（至高者の力）によって生み出される神の子なのである。なお、「〜に臨む」（ἐπέρχομαι ἐπί ...）や「覆う」（ἐπισκιάζω）という表現の背景にヘレニズム的な「神的生殖」の観念を見ようとする主張も見られるが、これらの表現は性的な意味合いで用いられているのではなく、神の現存を示している。いずれにせよ、ここでは 32–33 節におけるユダヤ的なダビデの子としてのイエス理解に対して、神の子としてのイエス理解が打ち出されており（ロマ 1:3–4 参照）、この段落においては双方の要素が結合されて統合的に捉えられている（Brown 1993:315f; H. Klein 2005:91f 参照）。

36–37 節

　さらに天使は、ザカリアとは異なり、特にしるしを求めようとしなかったマリアに対して、この告知の信憑性を裏付けるしるしとして、すでに年老い、不妊の女と言われていたマリアの親族のエリサベトが妊娠して 6 ヶ月になっている事実を明らかにする（24, 26 節参照）。マリアがこの時点で親類のエリサベトの懐妊を知らなかったという不自然さは、エリサベトが 5 ヶ月間身を隠していたという記述（1:24）によって説明される。なお、マリアとエリサベトが従姉妹同士であったという解釈は J. ウィクリフ（1330 頃 –1384）に遡るが、ここでは彼女たちが親戚同士であったと述べられているに過ぎず、両者を出会わせるためにこのような設定がつくられたのであろう。その意味でも、この箇所を根拠にしてマリアもエリサベトと同様に祭司の家系であったとする主張は受け入れられない（Ernst 1977:74 に反対）。

　次いで天使は、「**神のもとではどんなことも不可能ではないからである**」（37 節）と、このエリサベトの懐妊を根拠づけてマリアに最終的な確信を与えて話を締めくくるが、この言葉は「人間にはできないことも神

にはできる」（18:27 並行）というイエスの言葉と響き合う。一部の研究者は、ῥῆμα を「（神の）言葉」の意味で解しているが（Grundmann 1961:59; Wolter 2008:94）、むしろ一般的な意味での「こと」を指しているのであろう。なお、これと類似する「主に不可能なことがあろうか」（創 18:14）という言葉がサラの懐妊に際して神から語られているが、これは旧約の信仰表現である（ヨブ 42:2; エレ 32:17 参照）。

38 節

　天使の言葉を聞いたマリアは、自らが神の「はしため」（ἡ δούλη）であることを表明し（1:48 参照）、天使の言葉通りに成るようにと、天使によって示された神の意志に対する従順な姿勢を言い表す。このマリアの返答は、男児が与えられることを願い求めていたハンナが発した「はしためが御厚意を得ますように」（サム上 1:18）という言葉を思い起こさせる（同 1:11 も参照）。なお、ここに描かれているマリアの従順な態度は、ザカリアの不従順な態度としばしば対比的に捉えられるが（1:18, 20）、事実マリアは、ルカの誕生物語全体を通して、崇拝の対象としてではなく、神に従順な信仰者として描かれている（1:39–56; 2:19, 51; さらに嶺重 2012:190–204 参照）。天使はこのマリアの言葉を聞いた後に立ち去るが、物語の語り手は、このマリアの従順な態度によって彼女に対する神の言葉が実現に至ることを示唆している。

【解説／考察】

　ヨハネとイエスの誕生告知物語（1:5–25, 26–38）は、天使ガブリエルの口を通して出産不可能な女性（不妊の老女と未婚の処女）からの男児誕生が告知され、命名が指示され、「偉大な者」となる幼子の将来の働きが予告されるという点で共通しているが、両者の並行関係は、双方の物語の共通の筋《登場人物紹介→天使出現→被告知者の戸惑い→「恐れるな」との言葉と誕生告知及び命名の指示→最初の反応とその根拠→天使の返答→改めての反応》によっても強化されている。

　その一方で、双方の物語は対比的にも語られており、ヨハネの父ザカリアが祭司、その妻エリサベトが祭司の家系に属する高齢の女性であるのに

対し、イエスの父となるヨセフはダビデ家出身の人物であり、母となるマリアは平凡な若い女性である。また、前者の場合は、エルサレムの神殿の聖所において父となるザカリアが誕生の告知を受けるのに対し、後者の場合は、母となるマリアが彼女の自宅において告知を受けており、また、ザカリアへの誕生告知が、前置きなしに突然なされているのに対し、マリアに対してはまず挨拶がなされ、次いで祝福の言葉が投げかけられている。さらに、ヨハネの将来の使命がイスラエルの民を神に立ち帰らせることであるのに対し、イエスの使命はダビデの王座を受け、永遠にイスラエルを支配する点にあるとされ、イエスに対しては「至高者の子」、「聖なる者」、「神の子」等の称号が付せられる。そしてまた、ザカリアが誕生告知を受け入れられなかったのに対し、マリアは即座にそれを受け入れている。このような両者間の相違点は、何よりヨハネに対するイエスの優位性を示すものとして説明できるであろう。もっとも、このイエス誕生告知物語は、ヨハネに対するイエスの優位性を示すだけに留まらず、この誕生告知の成就を告げる後続のイエスの誕生物語 (2:1–20) を準備し、さらにイエスを神のもとに位置づけ、イエスの神の子性が原初的なものであることを示す機能をも果たしている。

　この段落は、天使ガブリエルがおとめマリアに神の子の懐妊を告知する、いわゆる「受胎告知」の場面を描いているが、天使に「恵まれた女性」と呼びかけられ、「あなたは神のもとで恵みを見出した」と語られたマリアは、その恵みの真意について即座に理解できたのだろうか。常識的に考えて、未婚の母になることを意味するその告知の内容をマリアがそのまま恵みとして受け入れたとは考えにくい。しかしそれだけに、その不可解な神の恵みを信じ、受け入れようとしたマリアの従順な姿がここには描き出されており、彼女のこのような態度が、クリスマスの恵みをこの世にもたらしていくことになる。そしてまた、ここに描かれているのは、清らかで神々しい「聖母マリア」の姿ではなく、天使の言葉を従順に受け入れる素朴な一信仰者の姿であるが、その意味でもこの箇所は、従順に神の言葉を受け入れる姿勢の大切さを強調している。

3. マリアとエリサベトの出会い（1:39–56）

【翻訳】

^{1:39} さて、その頃、マリアは立ち上がって、急いで山地にあるユダの町に出かけて行き、⁴⁰ そしてザカリアの家に入り、エリサベトに挨拶した。⁴¹ そして、マリアの挨拶をエリサベトが聞いたとき、彼女の胎内の子が飛び跳ねた。するとエリサベトは聖霊に満たされて、⁴² 大声で叫んで言った。「あなたは女性の中で最も祝福されており、また、あなたの胎内の実も祝福されています。⁴³ 私の主のお母さまが私のところに来てくださるとは、どうしたことでしょう。⁴⁴ 事実、ご覧ください、あなたのご挨拶の声が私の耳に達したとき、私の胎内の子は喜びにあふれて飛び跳ねました。⁴⁵ そして幸いです、主のもとから自分に語られたことは実現すると信じた女性は」。

⁴⁶ そこでマリアは言った。「私の魂は主を崇め、⁴⁷ 私の霊は私の救い主である神を喜びます。⁴⁸ 彼（神）がご自分のはしための卑しさを顧みられたからです。まさにご覧ください、今から後、あらゆる世代〔の人々〕が私を幸いな者と言うでしょう、⁴⁹ 力ある方が、私に偉大なことをなさいましたから。そして、その御名は聖く、⁵⁰ その憐れみは幾世代にわたり、彼を畏れる者たちに〔臨みます〕。⁵¹ 彼はその腕で力ある業をなし、その心の思いが高慢な者たちを打ち散らされました。⁵² 権力者たちをその座から引き降ろし、卑しい者たちを高く上げられました。⁵³ 飢えた者たちを良いもので満たし、富める者たちを空手で追い返されました。⁵⁴ その僕イスラエルを受け入れて、憐れみをお忘れになりませんでした。⁵⁵ 私たちの先祖に語られた通りに、アブラハムとその子孫に対してとこしえに」。

⁵⁶ さてマリアは、3ヶ月ほど彼女（エリサベト）のもとに滞在してから、自分の家に帰って行った。

【形態／構造／背景】

　ここまでの段落においては洗礼者ヨハネとイエスの誕生告知について個

別に語られてきたが、この段落では、両者の母親であるマリアとエリサベトの出会い、さらには胎内の子ども同士の出会いについて語られることにより、双方の物語が合流することになる。この段落の直後にはそれぞれの誕生物語が続いているが、その意味でもこの段落は、ヨハネとイエスの物語を結びつけると共に、両者の誕生告知物語と誕生物語を結びつける機能を果たしている。

この箇所全体は、39節の「出かけて行き」(ἐπορεύθη < πορεύομαι) と56節の「帰って行った」(ὑπέστρεψεν < ὑποστρέφω) という対照的な二つの動詞によって枠付けられている。この段落はまた、末尾の56節を除くと、マリアのエリサベト訪問及びマリアに対するエリサベトの祝福について述べられた部分（39–45節）と、それに対する応答としてマリアの口から発せられた「マリアの賛歌」（46–55節）の二つの部分から構成されているが、エリサベトの祝福の言葉（42–45節）はマリアの賛歌における神賛美に対応しており、両者は「喜び」(ἀγαλλίασις/ἀγαλλιάω [44節／47節])、「幸い」(μακάριος/μακαρίζω [45節／48節]) 等のモチーフを共有している。

マリアの賛歌はラテン語訳（ウルガタ）の冒頭部分（Magnificat anima mea Dominum）にちなんで「マグニフィカート（マニフィカト）」と呼ばれている。この賛歌は統一的に構成されており（Tannehill 1974:263–275参照）、マリアの個人的な感謝について述べる前半部（第一連：46b–50節）とイスラエルに対する神の救いの業を主題とする後半部（第二連：51–55節）に区分できる。両者は多くの重要概念を共有し（ἐποίησεν [行なった。49節／51節]、τὴν ταπείνωσιν/ταπεινούς [卑しさ、卑しい者たち。48節／52節]、ὁ δυνατός/δυνάστας [力ある方、権力者たち。49節／52節]、τὸ ἔλεος/ἐλέους [憐れみ。50節／54節] 等）、双方とも神の憐れみのモチーフによって結ばれている（50節／54–55節）。その一方で、個人的救済に焦点が当てられている前半部に対し、後半部ではそれが一般化・普遍化され、信仰による終末待望が表明されており、さらに、アオリスト形によって叙述されている他、対照的並行、キアスムス、文末の押韻（52節／53節のθρόνων/ἀγαθῶν 及びταπεινούς/κενούς を参照）の使用等、形式的にも前半部とは異なる特徴を示している。この箇所全体は以下のような構成になっている。

（1）序：マリアのエリサベト訪問とエリサベトへの挨拶（39–40節）

（2）幼子の反応とエリサベトの祝福（41–45 節）
　　（3）マリアの賛歌（46–55 節）
　　　　(a) 導入句（46a 節）
　　　　(b) 第一連：マリアへの恵み（46b–50 節）
　　　　(c) 第二連：イスラエルの救い（51–55 節）
　　（4）結び：マリアの帰宅（56 節）

　このエピソードは、先行する二つの誕生告知物語を明らかに前提としており、双方の物語が結合した後に（もしくはその際に）この位置に挿入されたのであろう。

　マリアとエリサベトの出会いの場面を描写する前半部分（39–45 節）の伝承史的背景は明らかではない。例えば Brown（1993:343）は、特に 42–45 節についてはルカ 11:27–28 をもとにルカによって編集的に構成されたと主張しているが（三好 1987:39f, 45 も同意見）、この箇所には非ルカ的な文体や用語が多く認められ（Jeremias 1980:56–59 参照）、さらにパレスチナ的な特徴が確認できることから、単純にルカの編集的構成と見なすことはできず、全体として伝承に帰すべきであろう（Schürmann 1990:69; Marshall 1995:77）。その一方で、直前の段落との接合点を作り上げている冒頭の 39 節はルカ的表現を多く含んでいることからも（ἀνίστημι［立ち上がる］の分詞形 ἀναστᾶσα［新約用例 44 回中ルカ文書に 36 回使用］、ἐν ταῖς ἡμέραις ταύταις［その頃。新約ではルカ文書にのみ計 7 回使用］、πορεύομαι［行く。新約用例 154 回中ルカ文書に 89 回使用］等）、ルカが編集的に構成した可能性が高い。そして、ヨハネとイエスの双方の誕生告知物語を前提とするこのエピソードが全体として伝承に帰されるなら、ルカ自身が双方の物語を結合したとは考えられず（Lüdemann 1997:91 に反対）、両者はルカ以前に結合していたと考えるべきであろう（ブルトマン 1987:161; Schürmann 1990:69; Marshall 1995:77）。

　後半のマリアの賛歌（46–55 節）についても、一部の研究者はルカによる創作と見なしているが（Harnack 1931:75, 84f; Schmithals 1980:31）、この賛歌は前後の文脈に適合しておらず、ルカ的表現もほとんど含まれていないことから、全体としてルカ以前の資料に遡ると考えられる。事実この賛歌は、不妊女性による出産や社会的弱者の尊重等の主題をハンナ

の歌（サム上 2:1–10）や詩編 113:7–9 と共有しており、死海文書その他のユダヤ教文書にも並行箇所が認められることから（Mittmann-Richert 1996:8–28; H. Klein 2014:77–93 参照）、ユダヤ教もしくはユダヤ人キリスト教の環境において成立したと考えられる。なお、比較的多くの研究者は、この賛歌は元来ヘブライ語もしくはアラム語で記されていたと想定しているが（ブルトマン 1987:162f; Mittmann-Richert 1996:104–120）、この賛歌が元来セム語で記されていたことを示す明確な証拠は認められず（Fitzmyer 1983:359）、また、七十人訳聖書のハンナの歌との密接な関係に注目すれば、ヘレニズム・キリスト教の環境の中で生まれたという可能性も否定できないであろう。なお、この賛歌の起源については、マカバイ時代の詩（Winter 1954:328–347）、神殿での犠牲の奉献に際するユダヤ人女性の祈り（H. Klein 2005:96–102）、ユダヤ人キリスト教の「貧しい者」（アナヴィーム）の集団に由来する賛歌（Brown 1993:350–355）等、様々な見解が打ち出されているが、明らかではない。

その一方で、マリア個人の事柄に言及している 48 節（特に後半部）については、ルカ的表現が含まれており（ἰδοὺ γάρ [まさに見よ] や ἀπὸ τοῦ νῦν [今から後]、いずれも新約用例 6 回中ルカ文書に 5 回使用）、ルカの編集句である可能性が高い（Marshall 1995:83; H. Klein 2014:94 は別意見）。同様に、σύν（～と共に [新約用例 127 回中ルカ文書に 75 回使用]）や ὑποστρέφω（帰る [新約用例 35 回中ルカ文書に 32 回使用]）等のルカ的語彙を含む結びの 56 節もルカの編集句と考えられ、その意味でもこの賛歌を現在の文脈に配置したのはルカであろう。

以上のことからも、ルカはマリアのエリサベト訪問の伝承（40–45 節）に別の資料から得たマリアの賛歌（46–47, 49–55 節）を加え、さらに導入部（39 節）と結び（56 節）及び 48 節を付加する等、編集の手を加えつつ、この箇所全体を構成したのであろう。

【注解】

39–40 節

天使から親類のエリサベトの懐妊の知らせを聞いたマリアは、山地にある（65 節参照）ユダの町へと出かけて行き、ザカリアの家を訪れてエリサ

ベトに挨拶した。前段における天使の受胎告知からマリアのエリサベト訪問までの時間的経緯については、「**その頃**」（ἐν ταῖς ἡμέραις ταύταις）という漠然とした表現で示されているが、「**急いで**」（μετὰ σπουδῆς）という表現が直後に続いていることからも、時間的差異はほとんど想定されていないものと考えられる。

当時、祭司の多くはユダの田舎町（ネヘ 11:3 参照）、特に山地に住んでいたと考えられ、そこからこのザカリアの住んでいた「**ユダの町**」を確定しようとする試みがなされてきたが（ヘブロンの南方9キロに位置する祭司の町「ユッタ」やエルサレムの西方3キロの「アイン・カリム」等）、いずれも推測の域を出ない。なお、マリアはエリサベトのもとに約3ヶ月間滞在していることから（56節）、この訪問は単にエリサベト懐妊の事実を確かめるためのものであったとは考えにくく、また出産直前に帰って来ていることから、彼女のお産の手伝いをするためであったとも考えられない。むしろ、このようなマリアの行動は彼女の驚きと喜びの表現と見なすべきであろう。なお、当時の社会的慣習に照らして、身重の女性が単身で遠出するのは異常なことであるが、物語の語り手は、ここまで別々に語られていた二つの物語を結びつけ、両者の関係を改めて読者に確認させるために、このような二人の母親の出会いの場面を設定したのであろう。

41–42a 節

マリアがエリサベトに挨拶したとき、エリサベトが反応する前に彼女の胎内にいた子が「**飛び跳ねた**」という。この現象は、エリサベトの胎内の子がマリアの胎内の子の存在を認知していたことを示しており（44節参照）、エリサベトの子がすでに胎内にいるときから聖霊に満たされているという天使の告知（1:15）を裏付けると共に、イエスの先駆者としてのヨハネの将来の姿を暗示している（1:17 参照）。σκιρτάω（飛び跳ねる）という語は、イサクの妻リベカから生まれたエサウとヤコブが母の胎内にいるときに「押し合った」ことを描写する箇所にも用いられており（創 25:22 LXX）、そこでも胎内の子の将来の姿が暗示されている。

その直後にエリサベトは聖霊に満たされ（1:15, 67 参照）、自分の子が胎内で飛び跳ねたことの意味を悟る。すなわち、このときエリサベトは、聖霊の働きによってマリアの懐妊についてだけでなく、彼女が身ごもってい

る子がメシアであることを悟り、大きな声でマリアに賛美と祝福の言葉を語り始める。

42bc 節

　エリサベトはまず二重の祝福の言葉を発し、マリアはあらゆる女性の中で最も祝福されており、さらに「**胎内の実**」(哀 2:20 参照) も同様に祝福されていると述べる。冒頭の εὐλογημένη (祝福されている) は原級で記述されているが、ここでは《ἐν + 複数形名詞》という句を伴っており、最上級の意で解される (BDR § 245.2 参照)。このエリサベトの言葉は、イエスを宿した母胎は幸いだと述べるある女性の祝福の言葉 (11:27–28) と共鳴しているが、もっともそこでは、母性としてのマリアはイエスによってむしろ否定的に評価されている。この言葉はまた、イスラエルを危機から救ったユディトやカイン人ヘベルの妻ヤエルに対する祝福の言葉とも響き合う (ユディ 13:18–20; 士 5:24; さらに申 28:4; シリア・バルク 54:10 参照)。

43–44 節

　続いてエリサベトは、マリアの訪問が彼女にとっていかに光栄なことであるかを述べているが (サム下 24:21 参照)、その際マリアを「**私の主のお母さま**」と言い表すことにより、マリアの子がその誕生前から「主」(ὁ κύριος) であったことを証言している。ここには、イエスを主と見なす最初期のキリスト教会における信仰告白が反映されているのであろう。さらにエリサベトは、マリアの挨拶の声を聞いたときに彼女の胎内の子が飛び跳ねた (41 節) 事実に言及し、それが喜びの躍動であったことを証言している。

45 節

　最後にエリサベトは、主が語ったことは実現すると信じた者は幸いだと述べて、天使の告知を受け入れたマリアの信仰 (38 節参照) を讃える。一部の研究者は、接続詞 ὅτι を理由の意味にとり、「主が語ったことは実現するので、信じた女性は幸いです」という意で解しているが (Grundmann 1961:61f; Fitzmyer 1983:356, 365; Plummer 1989:30)、このような理解は文脈から難しい。いずれにせよ、マリアはここで神の言葉を受け入れる信仰

者の模範と見なされ、天使の告知を受け入れられなかったザカリアとは対照的に描かれている（18, 20 節参照）。

46a 節

　エリサベトの祝福の言葉を聞いたマリアは、神への賛歌でこれに応答する。この賛歌の主語をマリアではなくエリサベトとする写本（主にラテン語写本）も若干存在することから、この賛歌は元来、マリアではなくエリサベトによって発せられたという主張が今日に至るまで繰り返されてきた（Creed 1953:22f; Klostermann 1975:17 他）。主語をエリサベトとする読みそのものは本文批評によって容易に退けられるが、賛歌の内容や文脈（エリサベトとサムエルの母ハンナの並行性、夫ザカリアの賛歌との並行性、聖霊に満たされたエリサベトの言葉としての適切さ、56 節におけるマリアへの再言及の不自然さ）から考えても必ずしも荒唐無稽な説ではない。ただ、エリサベトがマリアを祝福した直後に自分への恵みに対する感謝を長々と述べるのは不自然である点、エリサベトがマリアの言葉に引き続いて賛歌を歌う際には新しい導入句は不要と考えられることなどから、少なくともルカの文脈ではマリアを主語と見なすべきである（蛭沼 1989:27–30; Brown 1993:335f; Marshall 1995:77f 等参照）。もっとも、ルカ以前の伝承のレベルにおいては、そのような可能性も完全には否定できないであろう。

46b–47 節

　そこでマリアは、「**私の魂は主を崇め、私の霊は私の救い主である神を喜びます**」と歌い始めるが（詩 34:3; 35:9; 69:31 参照）、この箇所は「主にあって私の心は喜び、……」（サム上 2:1）というハンナの歌の冒頭部と響き合う。「**魂**」（ἡ ψυχή）と「**霊**」（τὸ πνεῦμα）は通常は相異なる意味で用いられるが（イザ 26:9 参照）、ここでは並列され、同義的に用いられている。μεγαλύνω の原意は「大きくする」であるが（1:58 参照）、ここでは「崇める／賛美する」の意で用いられている（使 5:13; 10:46; 19:17 参照）。また、「**喜びます**」については ἀγαλλιάω のアオリスト形（ἠγαλλίασεν）が用いられているが、ここはセム語法と見なし、直前の「崇める」と同様、現在の意味で解すべきであろう。なお、「**救い主である神**」（ὁ θεὸς ὁ σωτήρ）という表現は七十人訳聖書に頻出する（詩 25［LXX24］:5; イザ 12:2 LXX; ハバ

3:18 LXX 他)。

48節

そのように神を崇める根拠として、マリアは神が「**ご自分のはしための卑しさを顧みられた**」(ἐπέβλεψεν ἐπὶ τὴν ταπείνωσιν τῆς δούλης αὐτοῦ) という点を挙げるが、この部分は自らを「主のはしため」と見なす前段のマリアの言葉 (1:38) と結びつき、さらに、男児を授かることを願い求めるハンナの祈りの「あなたのはしための卑しさを顧み」(ἐπιβλέψῃς ἐπὶ τὴν ταπείνωσιν τῆς δούλης σου [サム上 1:11 LXX]) という表現とも明らかに関連している。このように、マリアはここで自らを卑しい人々と同列に置き、賛歌の後半部における卑しい人々や貧しい人々への祝福の約束を予示している (52–53節)。さらにマリアは、今後はどの時代の人々も彼女を幸いな者と見なすだろうと予言的に語っている (45節；創 30:13 参照)。

49–50節

その理由は何より、「**力ある方**」(ὁ δυνατός) である神が彼女を用いて救い主の誕生という「**偉大なこと**」(μεγάλα [申 10:21 LXX; 詩 71 [LXX70] :19 参照]) をなしたためである。その神の御名は「**聖く**」(ἅγιος [詩 103 [LXX102] :1; 詩 111 [LXX110] :9 参照])、その神の憐れみ (54節参照) は幾世代にわたって (詩 103 [LXX102] :17 参照) 神を畏れる人々に及んでいく。すなわち、神の名とその憐れみは神とイスラエルの民とを結びつけると述べられるが、この言葉はマリアから生まれる子が永遠にヤコブの家を支配すると告げる天使の告知 (1:33) とも響き合う。

51–53節

賛歌の後半部では、まず対照的な人間集団の境遇の逆転について、それぞれ心的態度 (51節)、社会的・政治的地位 (52節) 及び経済的身分 (53節) に関連づけて記されている。もっとも、神の腕 (詩 89:11 参照) が力ある業をなし、高慢な者たちを打ち散らすと述べる51節では、一方の集団についてしか言及されていない。一部の研究者は、51節の前半部と後半部はそれぞれ救済と滅びについて述べられており、ここにも対照的な構図が認められると主張しているが (Tannehill 1974:266; Bovon 1989:90)、

むしろ、ここでの「**高慢な者たち**」は直前の 50 節の（神を）「畏れる者たち」と対置され、49b–50 節と 51 節で一対になっており、ここでも二組の集団が対照的に描写されている（Brown 1993:362; Petracca 2003:24）。

続く 52–53 節では、対照的な二つのグループの境遇の逆転がより明確に記され（サム上 2:5–10 参照）、「**権力者たち**」が引き降ろされる一方で「**卑しい者たち**」は高く上げられ（ヨブ 5:11; エゼ 21:31; シラ 10:14 参照）、「**飢えた者たち**」が良いもので満たされる一方で「**富める者たち**」は何も与えられずに追い返される（サム上 2:5 参照）と述べられ、《権力者たち（A）→卑しい者たち（B）→飢えた者たち（B´）→富める者たち（A´）》という順序においてキアスムス（交差配列）を構成している。

このように、この 51–53 節では明らかに、「高慢な者、権力者、富める者」が同一グループとして「（神を畏れる者、）卑しい者、飢えた者」のグループと対立的に捉えられ、対照的な二組の人間集団の現在の状況が将来逆転すると述べられている（6:20–26; 16:19–26; さらにエチオピア・エノク 92, 94–105 章参照）。その意味でも、賛歌の後半部におけるアオリスト形は神の過去の行為を表しているのでも（Brown 1993:363; Petracca 2003:27–29 に反対）、時称的意味を越えて普遍的に該当する状況を示す「金言のアオリスト」でもなく（Lohfink 1990:17–19 に反対）、終末時の観点に立って将来のことを過去のこととして表現しているのであろう（Gunkel 1921:53f; Klostermann 1975:20; Schürmann 1990:75）。その際、（神を）「畏れる者たち」や「**高慢な者たち**」という表現にも示されているように、ここでは両者の宗教的態度も問題にされており、敬虔な貧者と不敬虔な富者との対比が強調されている。

54–55 節

ここでは 51–53 節の内容を受けて、神の「**僕**」（イザ 41:8–10 参照）としてのイスラエルに対する神の憐れみについて語られるが、その憐れみによってアブラハムとその子孫に対する神の約束は成就される（創 17:9 参照）。一部の研究者は、この「**アブラハムとその子孫**」を直前の「**私たちの先祖**」と並列的に捉え、「私たちの先祖、アブラハムとその子孫に語られた通りにとこしえに」と訳出しているが（Creed 1953:24; Bovon 1989:91; Schürmann 1990:77）、前置詞 πρός に続く対格名詞と与格名詞が

目的語として並列されているとは考えにくい。最後の「**とこしえに**」(εἰς τὸν αἰῶνα) という表現は、イスラエルに対する神の憐れみ深い行為に関連づけられている（50a 節参照）。

56 節

　マリアは約 3 ヶ月間、エリサベトのところに滞在した後に帰宅する。この 3 ヶ月という時間的言及は、エリサベト懐妊の 6 ヶ月後（36 節参照）になされたマリアへの告知と後続の場面におけるエリサベトからのヨハネ誕生との時間的空白を埋める役割を果たしている。一部の研究者は、マリアはヨハネの誕生後に帰還したと解しているが（Fitzmyer 1983:369; Marshall 1995:77, 85)、Brown (1993:346) も指摘しているように、ヨハネ誕生の場面にマリアが居合わせることは、それぞれ並行しつつも独立して展開している両者の誕生物語の全体構成から見ても、不自然でバランスを欠いている。また、「**自分の家に帰って行った**」という表現は、マリアがまだヨセフと同居していなかったことを示しており、マリアの処女懐胎を裏付けている。

【解説／考察】

　マリアとエリサベトの出会いについて述べられたこの箇所は、ルカの誕生物語の二人の中心人物であるヨハネとイエスを結びつけ、さらには両者の誕生告知と誕生の記述を相互に結び合わせる機能を果たしている。また、この二人の母親の出会いに際してエリサベトの胎内でヨハネが示す反応は、イエスの先駆者としてのヨハネの将来の姿を暗示しており、このエピソードは、イエスとヨハネの関係を両者が母親の胎内にいた時点にまで遡らせている。このようなヨハネに対するイエスの優位性は、すでに両者の誕生告知の記述においても認められたが、エリサベトがマリアを「私の主のお母さま」と表現することにより決定的なものとなる。

　この出会いの場面の基調にあるのは二人の母親の喜びであり、その喜びは祝福と賛美の言葉として具現化されていく。そして、彼女たちの喜びは、子どもの誕生を感謝しつつ待ち望むすべての者の喜びであり、この点は少子化が進む今日の日本社会においても何ら変わらない。まさに、あらゆる

命の誕生が救いと恵みのしるしであり得るのであり、この箇所は改めて命の価値について思いを深めるきっかけを与えてくれる。

マリアの賛歌においては、自分自身に与えられた恵みとイスラエルの民への神の憐れみに対するマリアの賛美の言葉が連ねられているが、それと共に社会的・経済的境遇の終末論的逆転が強調されている（51–53 節）。富者と貧者の社会的境遇の逆転については、ルカの福音書の他の箇所にも言及されているが（6:20–26; 16:19–31 参照）、社会革命を示唆するこのような言葉を年若い未婚女性のマリアが発したとは考えにくく、極めて不自然である。しかしそれだけに、ここには著者ルカが特に伝えようとしたメッセージが強く打ち出されているとも解しうる。近年では日本においても「格差社会」という言葉が頻繁に聞かれるようになり、貧富の格差が社会問題化しているが、ここで特に強調されているのは、「卑しい者たち」や「飢えた者たち」等の社会的弱者に対する神の憐れみであり、そのことが「僕イスラエル」への神の恵みとの関連において語られている。事実、マリア自身も「卑しさ」をもつ「はしため」としてここでは描かれているが、後続のイエスの誕生の場面でも同様の仕方で、この神の憐れみが小さく貧しい存在である「羊飼いたち」に向けられていくことになる（2:8–14）。

4. ヨハネの誕生（1:57–80）

【翻訳】

1:57 さて、エリサベトにとって子を産む時が満ちて、彼女は男の子を産んだ。58 そこで彼女の近所の人々や親族は、主が彼女に対するその憐れみを増し加えられたと聞いて、彼女と共に喜んだ。59 そして 8 日目に、彼ら（人々）はその子に割礼を施すために訪れ、父親の名にちなんでその子をザカリアと名付けようとした。60 ところがその子の母親は、「いいえ、〔その子は〕ヨハネと名付けられねばなりません」と答えて言った。61 しかし彼らは彼女に「あなたの親族にはそんな名を付けられている人は誰もいません」と言い、62 そしてその子の父親に「この子に何と名付けたいのか」と身振り

で尋ねた。⁶³ すると彼（ザカリア）は文字を書く板を求め、「この子の名はヨハネ」と書いた。それですべての人々は驚いた。⁶⁴ すると突然、彼の口と彼の舌が開かれ、そして彼は神をほめたたえて語り出した。⁶⁵ それで、彼らの近所の人々すべてに恐れが生じた。そして、これらのことすべてがユダヤの山地全体で語り伝えられた。⁶⁶ また、〔このことを〕聞いた人々は皆、〔そのことを〕彼らの心に留め、「いったいこの子はどんな人になるのだろうか」と言った。そして実際、主の御手がこの子と共にあったのである。

⁶⁷ すると、その子の父ザカリアは聖霊に満たされ、預言して言った。⁶⁸「主なるイスラエルの神はほめたたえられよ。彼は〔その民を〕訪れ、その民に贖いをなされた。⁶⁹ また、私たちのために救いの角を、その僕ダビデの家に起こされた。⁷⁰ 古来、その聖なる預言者たちの口を通して語られた通りに。⁷¹〔それは、〕私たちの敵たちからの、すなわち私たちを憎むすべての者の手からの救い。⁷²〔神は〕私たちの先祖を憐れみ、その聖なる契約を覚えていてくださる。⁷³〔すなわちそれは、〕私たちの父アブラハムに立てられた誓い。こうして私たちは、⁷⁴ 敵たちの手から救われ、恐れなく彼（神）に仕える、⁷⁵ 私たちのすべての日々において、彼の前に清く義しく。⁷⁶ そして幼子よ、お前こそは至高者の預言者と呼ばれる。主に先立って行き、その道を備え、⁷⁷ その民に、彼らの罪の赦しにおいて救いの知識を与えるからである。⁷⁸ これは私たちの神の憐れみの心による。これ（この憐れみ）によって高い所から曙の光が私たちを訪れ、⁷⁹ 暗闇と死の陰に座している者たちを照らし、私たちの歩みを平和の道に導く」。

⁸⁰ さて、幼子は成長し、霊において強くなり、そして、イスラエルの人々の前に自らを現す日まで荒れ野にいた。

【形態／構造／背景】

　高齢のザカリアとエリサベトの夫妻に男児が与えられるという天使による告知（1:13）の成就は、すでにルカ 1:24–25 において予示されていたが、この段落においてそれは現実のものとなる。それと共に、ヨハネの誕生告知以来話すことができずにいたザカリアの口が突然開かれ、彼は神に対して賛美の声を上げる。この段落は、ヨハネの誕生及びその直後のヨハネの

割礼、命名に関する記述（57–66節）と、ヨハネ誕生後に父ザカリアが語った賛歌（67–79節）及びヨハネの成長に関する要約的報告（80節）から構成されている。

　後半のザカリアの賛歌は、先のマリアの賛歌がマグニフィカート（マニフィカト）と呼ばれているのと同様、そのラテン語訳の冒頭部分から「ベネディクトゥス」（Benedictus）と称せられる。マリアの賛歌とザカリアの賛歌は、いずれも多くの旧約章句の暗示を含み、終末論的特質をもち、さらに多くの表現を共有している等、共通点も多いが、全体的な構造は明らかに異なっている（H. Klein 2014:13f 参照）。ザカリアの賛歌は、イスラエルの救いに関して神を讃える前半部（第一連：68–75節）と、ヨハネの将来の使命（1:14–17 参照）について預言する後半部（第二連：76–79節）に区分されるが、両者は文体的にも内容的にも異なる特徴を示している。例えば、前半部は三人称で構成され、マリアの賛歌と同様、将来の出来事がアオリスト形で語られているのに対し、後半部は二人称で語られ、未来形が用いられている。さらに、政治的解放を主題とし、出エジプト記やダビデに関する旧約章句と響き合う前半部が賛歌の特質を強くもっているのに対し、霊的救いについて述べる後半部は預言的特質が顕著である。その一方で、この賛歌全体は ἐπισκέπτομαι（訪れる［68, 78節］）という語によって枠付けられ、σωτηρία（救い［69, 71節／77節］）、ἔλεος（憐れみ［72節／78節］）、τῷ λαῷ αὐτοῦ（その民に［68節／77節］）、προφήτης（預言者［70節／76節］）、δίδωμι（与える［73節／77節］）等の語句が前半部と後半部を結合している。また、前半部の 71, 74 節においては ἐχθροί（敵たち）及び χείρ（手）が、72, 73 節では πατήρ（先祖／父）が繰り返されている（この賛歌の構造については Mittmann-Richert 1996:170–181; 森 2007:52–54 参照）。この箇所全体は以下のような構成になっている。

　　（1）ヨハネの誕生と命名（57–66節）
　　　　(a) ヨハネの誕生（57–58節）
　　　　(b) 幼子の命名（59–64節）
　　　　(c) 人々の反応（65–66節）
　　（2）ザカリアの賛歌（67–79節）
　　　　(a) 導入句（67節）

    (b) 第一連：イスラエルの救いに対する神への賛美（68–75 節）
    (c) 第二連：幼子の将来の働きに関する預言（76–79 節）
（3）幼子の成長（80 節）

　先行するヨハネの誕生告知の記述（1:5–25）と同様、この箇所（1:57–80）も元来はイエスの誕生物語には含まれていなかったと考えられる。57–66 節については、先行する 26–56 節を前提としていないことからも、元来はヨハネの誕生告知物語に直結していたと考えられ、多くの研究者は、誕生告知物語と同様、洗礼者教団の伝承に遡ると考えている（レングストルフ 1976:73; Fitzmyer 1983:372, 376 他）。なお、多くのルカ的語彙を含み（Jeremias 1980:70–72 参照）、前後の文脈を乱している 65–66 節をルカが独自に構成した挿入句と見なし、64 節は元来 68 節以下の賛歌と接合していたという主張も見られるが（Nolland 1989:78; H. Klein 2006:116 参照）、ルカ自身がわざわざこの不整合を作り出したとは考えにくく、むしろこの箇所はルカ以前の伝承の段階でこの段落に組み込まれていたと見なすべきであろう。その一方で、要約的報告としての特徴をもつ末尾の 66c 節（καὶ γὰρ χεὶρ κυρίου ἦν μετ' αὐτοῦ［そして実際、主の御手がこの子と共にあった］）は使徒行伝 11:21 の記述（καὶ ἦν χεὶρ κυρίου μετ' αὐτῶν［そして主の御手が彼らと共にあった］）と近似しており、ルカの編集句と見なしうる。

　ザカリアの賛歌（68–79 節）は、マリアの賛歌と同様、旧約聖書及びユダヤ教文書に並行箇所が多く認められ（Mittmann-Richert 1996:28–33; H. Klein 2014:20–27 参照）、ユダヤ的・終末論的色彩が強いことから、ルカ自身が構成したとは考えられず（Schmithals 1980:34 に反対）、全体としてユダヤ教もしくはユダヤ人キリスト教の資料に遡ると考えられる。この賛歌はまた、元来この文脈に属しておらず、ルカによってこの位置に挿入されたのであろう。ただし、内容的に明らかに異なる賛歌の前半部（68–75 節）と後半部（76–79 節）は元来結びついておらず（Vielhauer 1952:255–272 に反対）、後半部は前半部とは異なる資料に遡り、ルカ以前に二次的に付加されたのであろう（後半部に前半部が付加されたとする Schürmann 1990:89, 93 に反対）。また、両者の起源は明らかではなく、前半部については、ユダヤ教の詩、ヨハネの弟子集団の賛歌、マカバイ時代の詩、キリ

スト教の詩等、様々な見解が見られる。後半部（特に 76–77 節）については、比較的多くの研究者はユダヤ人キリスト教に帰しているが（Gunkel 1921:57–60; Schweizer 1986:27f 他）、この箇所におけるキリスト教的特質は必ずしも明瞭ではなく（Vielhauer 1952:265f 参照）、同様に後半部（特に 76–77 節）をルカの編集的付加と見なす主張（Brown 1993:379–381, 389; カルペッパー 2002:62）も論拠に乏しい。

なお、「聖霊に満たされ」（πίμπλημι［満たす］は新約用例 24 回中ルカ文書に 22 回使用）等のルカ的表現を含む移行句の 67 節（Jeremias 1980:73 参照）、賛歌における唯一の従属節であり、使徒行伝 3:21 の記述と近似し、διὰ στόματος（口を通して［使 1:16; 3:18, 21; 4:25; 15:7]）、ἀπ' αἰῶνος（古来［使 15:18]）等のルカ的表現を含む 70 節は、ルカ自身が構成した可能性が高い（Jeremias 1980:73f; H. Klein 2014:31 参照）。さらに末尾の 80 節は、ヨハネの物語に不可欠な要素ではなく、むしろヨハネの宣教について述べる 3 章を導入する機能を果たしており、後出のイエスの成長に関する記述（2:40, 52）とも並行していることから、ルカの編集句と考えられる（Jeremias 1980:76f 参照）。以上のことからも、おそらくルカは、ヨハネの誕生に関わる資料（57–66ab 節）とザカリアの賛歌の資料等（68–69, 71–79 節）を用いつつ、さらにこれに 66c–67, 70, 80 節を付加する等、編集の手を加えることによってこの箇所全体を構成したのであろう。

【注解】

57–58 節

まず段落の冒頭部分で、**「子を産む時が満ちて」**（2:6; 創 25:24 参照）エリサベトは男児を出産したとヨハネの誕生について極めて簡潔に述べられ、これによりザカリアに対する天使の誕生告知（1:13）は成就する。エリサベトの出産の事実を知った近所の人々や彼女の親族は、神が高齢の不妊の女性エリサベトに憐れみを増し加えた（< μεγαλύνω [1:46 参照]）ことを喜び、懐妊当初は身を隠していたエリサベトも（1:24）、まさに天使が「多くの人もその誕生を喜ぶ」（1:14）と予告した通りに、人々と共に喜びを分かち合った。

59 節

　誕生して 8 日目に、人々は幼子（παιδίον）に割礼を施すためにエリサベトのもとを訪れた。割礼はユダヤ人のアイデンティティに関わるモーセ律法の最重要規定であり（レビ 12:3; さらに創 17:12; 21:4 参照）、割礼を受けることによって初めてイスラエルの民の一員と認められた。割礼を施しに来た人々は、前節の「近所の人々や親族」を指していると考えられるが、彼らはこの幼子に父親の名をとってザカリアと名付けようとした。両親以外の者が命名することは実際にはあり得なかったと考えられることからも、この描写は直後のザカリアの発言を導くための文学的設定であろう（Wolter 2008:108）。なお、旧約の記述によると命名はしばしば誕生後ただちに行われており（創 21:3; 25:25–26）、8 日目に割礼と併せて命名も行う慣習は後代のものと考えられるが（2:21 参照）、ルカの記述は生後数日後（7 日目もしくは 10 日目）に命名していたギリシア的慣習の影響を受けているのかもしれない（Bill. II:107 参照）。また、当時は父親の名をとって名付けられることは稀で（トビ 1:9 のみ参照）、祖父の名をとって名付けられることが多かった（I マカ 2:1–2; ヨベル 11:15 参照）。

60 節

　しかし、人々の意向に母親のエリサベトは異議を唱え、幼子の名はヨハネでなければならないと主張した。エリサベトがどのようにして天使からザカリアに示されたこの名を知り得たのかという点については明らかにされていない。たとえザカリアが話せなくても、後述の書き板等を用いて（63 節参照）、天使から告げられた幼子の命名についてエリサベトに伝えていた可能性も否定できないが（Nolland 1989:79; Eckey 2004:116）、その直後のザカリアの返答を聞いて人々が驚いていることからも（63 節）、語り手はむしろ、エリサベトが奇跡的な仕方で独自にその名を知り得たということを示そうとしているのであろう。

61–62 節

　親族に例のない名を付けることは極めて異例であったため、このエリサベトの発言を聞いて不審に思った人々は、彼女の親族にはヨハネという名の人はいないと指摘し、父親のザカリアに、幼子にどのような名を付けた

いかと身振りで尋ねた。この描写から、ザカリアはただ単に話せなかっただけでなく、耳も聞こえなかったことが初めて明らかになる。

63節

すると、ザカリアは文字を書く板を持って来させて、「**この子の名はヨハネ**」と書いたので、人々は皆、エリサベトが示した名前と一致していることに驚いた。ἔγραψεν λέγων という表現は直訳すれば「書いて言った」（田川 2011a:11）となるが、ザカリアはこの時点ではまだ話せない状況であったことからも、ここではヘブライ語法の影響を想定し、「～と書いた」の意で解すべきであろう（サム下 11:15 LXX; 王下 10:6 LXX 参照）。

64節

しかし、ここでさらに驚くべき出来事が続き、天使からヨハネ誕生の告知を受けて以来話せずにいたザカリアの口が突然開き、舌が解かれ、神をほめたたえた。もっともこの点については、「この事が起こる日まで話すことができなくなる」（1:20）とすでに天使の告知において予告されており、読者にとっては想定内の展開である。なお、παραχρῆμα（突然）という語はルカ的語彙であり（新約用例 18 回中ルカ文書に 16 回使用）、しばしば神の力を強調する機能を果たしている（4:39; 5:25; 8:44, 47, 55; 13:13; 18:43; 使 3:7; 16:26）。

65–66節

この不思議な出来事に対して近所の人々は皆、恐れを抱くが、「**恐れ**」（φόβος）はルカにおいて神の力の顕現に対する人々の典型的な反応である（5:26; 7:16; 使 5:5, 11 参照）。そして、この出来事はユダヤ（狭義）の山地全体（1:39 参照）に伝えられていった。

そして、この出来事を伝え聞いた人々は皆、そのことを心に留め、「**いったいこの子はどんな人になるのだろうか**」と、この幼子の将来について語り合った。この箇所は、（明記されていないが）ヨハネと並行して語られているイエスについても同様の問いが投げかけられていることを読者に暗示している。主の御手（＝力）がこの幼子と共にあったとする最後の言葉は、直前の問いを発した人々の発言とも見なしうるが（Schürmann

1990:82f; Wolter 2008:110; 田川 2011a:11 参照)、未完了過去形（ἦν）が用いられていることからも、語り手による注釈と見なすべきであろう。

67 節

そこでザカリアは、直前の段落における彼の妻エリサベトの場合と同様（1:41–43）、聖霊に満たされて預言し、神による救いの出来事について語り始める。この箇所は先行する 64 節と内容的に重複している。

68 節

賛歌の冒頭で、まず「**主なるイスラエルの神はほめたたえられよ**」と、イスラエルの神（使 13:17）に対する賛美の言葉が語られる（王上 1:48; 代上 16:36; 死海文書「戦いの書」14:4 参照）。すでに 64 節でザカリアの賛美（< εὐλογέω）について言及されていたが、εὐλογητός（ほめたたえられよ）という祝福の典礼的形式で始まる賛歌において、その具体的内容が示される。神への賛美の根拠は何より、神がイスラエルの民を訪れて彼らを贖った点にある。神が民を「訪れる」（ἐπισκέπτομαι）という表現は七十人訳聖書に頻出し、多くの場合、救いをもたらす神の働きを表現し（創 21:1; 50:24–25; 出 4:31; ルカ 1:78; 7:16）、終末論的意味を含んでいる（Bovon 1989:104）。

69–70 節

神賛美のもう一つの根拠は、神がイスラエルの民のために「**救いの角**」（κέρας σωτηρίας）を僕ダビデ（使 4:25 参照）の家から起こした点に置かれている。「角」は力を象徴し（申 33:17; サム上 2:10; 詩 89:18; エレ 48:25; エゼ 29:21; ゼカ 2:1–4)、「救いの角」は具体的に救い主・メシアを表している（サム下 22:3 LXX; 詩 18 [LXX17]:3 参照）。そして、この救いの角が「**僕ダビデの家に**」起こされたとあることからも、ここではヨハネよりもむしろメシアとしてのイエスの誕生について語られている。因みに Petzke (1990:46) は、この「**ダビデの家に**」（ἐν οἴκῳ Δαυίδ）という表現を、「ダビデの家（子孫）から」ではなく「ダビデの家（イスラエルの民）の中に」という意味で解することにより、ここではヨハネの誕生について語られていると見なしているが、説得的ではない。なお、ユダヤ教の十八祈禱文（シェモネ・エスレ）の第十五祈願にも、神がダビデの子孫から救いの角を

生じさせることを願うメシア待望の言葉が見られる。

　そして、このことはこれまで「**聖なる預言者たちの口を通して語られた**」（1:55; 使 3:21 参照）と指摘されることにより、この救いの出来事はその預言の成就として示される。なお ἀπ' αἰῶνος（直訳：「永遠から」）は、ここでは「原初から」ではなく「**古来**」の意で用いられている（Grundmann 1961:72; Fitzmyer 1983:384）。

71–72 節

　この神による救いの出来事（68–69 節）は、彼らの敵、すなわちイスラエルを憎むあらゆる者からの救いを意味している（74 節; 詩 18:18; 106:10 参照）。その意味でも、ここでは出エジプト記に見られるような政治的解放（救済）が意味されている。

　神はまた、イスラエルの先祖を「**憐れみ**」、彼らとの間に結ばれた「**聖なる契約**」（使 3:25; 7:8）を覚えている（1:54–55 参照）。「〜を憐れむ」（ἔλεος ποιεῖν μετά ...）という表現は旧約に頻出し（創 24:12; 士 1:24; サム上 20:8）、契約に対する神の誠実さを示す「契約を覚える」という表現もしばしば旧約に用いられている（出 2:24; レビ 26:42; 詩 105:8）。なお、ここでは敵からの解放による救いの業が強調されていることから、元来は敵としてのローマ帝国からのイスラエルの民の解放が考えられていたのかもしれない。

73–75 節

　続いて、この聖なる契約が神がアブラハム（1:55 参照）に対して立てた誓いであることが明らかにされる（創 12:2–3; 22:16–18; 26:3–4 参照）。もっとも、アブラハムへの誓いそれ自体は子孫への祝福を約束するものであって、神による解放に直接言及していない。さらに、神の救いの目的は政治的抑圧からの解放に尽きるのではなく、それと同時に、こうして敵の手から救われたイスラエルの民が、「**すべての日々において**」、すなわちその全生涯において、神の前に「**清く義しく**」あって、恐れることなく神に仕えることができる状況の創出にあると述べられる。

76–77 節

　続いてザカリアは「**幼子よ**」と呼びかけつつ、預言者的先駆者として

の息子の将来について預言するが、この箇所は先行する人々の問い（66節）への直接の答えとなっている。イエスが「至高者の子」と呼ばれるのに対し（1:32）、その幼子は**「至高者の預言者」**（十二遺訓レビ8:15参照）と呼ばれているが、この表現はメシア的意味を含んでおらず（Fitzmyer 1983:385）、ヨハネをイエスの直前に現れる最後の預言者のイメージで捉えるルカ16:16の記述にも適合している。

そして、ヨハネがそのように称せられる根拠として、彼が**「主に先立って行き」**（1:17参照）、**「その道を備え」**（3:4参照）、その民に**「罪の赦しにおいて救いの知識を与える」**点が挙げられる。この**「主」**は、直後の**「その民（＝主の民）」**（77節）という表現からも明らかなように、元来の文脈では預言者がその道を備える神を意味していたが（イザ40:3; マラ3:1）、ルカの文脈では、すでにルカ1:43でイエスが「主」と表現されていることからも、イエスをも指していると見なしうる。ただし、ルカの物語のレベルにおいて、ザカリアがメシアとしてのイエスの誕生についてどれだけ認識していたかは別問題である。なお、**「救いの知識」**（γνῶσις σωτηρίας）という表現は旧約には見られず、「救いの経験」ではなく（Brown 1993:373に反対）、救いへと導く知識を意味しているが、ここで表現されるその救いの内実は、前半部で強調されていた政治的な救い（71, 74節）よりもむしろ、罪の赦しによる霊的・根源的な救いであると考えられる。いずれにせよ、ここでは救いそのものではなく**「救いの知識」**が問題になっているが、おそらくルカは、γνῶσις（知識）を付加することによりヨハネの使命を相対化しようとしたのであろう（H. Klein 2014:34）。

注目すべきことに、ヨハネの活動に関する福音書の記述において中心的意味をもつ「洗礼」についてはここでは触れられていないが（使10:37; 13:24参照）、ヨハネの洗礼は何より罪の赦しへと導くものであり（3:3）、その本質はここに含意されていると見なしうるであろう。そのようにヨハネの使命は、神の子イエスを通してもたらされる、この罪の赦しによる救いへの道を備える点に存している。

78–79節

そして、この罪の赦しは**「神の憐れみの心」**によると述べられる（コロ3:12参照）。この憐れみによって**「高い所から曙の光」**が彼らを訪れ（68

節参照)、暗闇と死の陰に座っている人々を照らし出し(イザ 42:7; マタ 4:16 参照)、彼らの歩みを「**平和の道**」(19:42 参照)へと導くというのである。

「**曙の光**」と訳出した ἀνατολή は、元来の文脈ではヨハネを指していたと考えられるが、ルカの文脈においては、イエスを指しているのか、それともヨハネ (Vielhauer 1952:263f; 田川 2011a:118–121) あるいは神 (Nolland 1989:89f, 92) を指しているのかという点が問題となる。この語は本来「(日、月などの)上昇」や「(日の出の場所としての)東方」を意味するが、さらに「光」、「星」、「若枝」をも意味しうる。一部の研究者はこの語を、七十人訳聖書においてメシア的存在の比喩として用いられる「若枝」(エレ 23:5; ゼカ 3:8; 6:12 参照) の意で解しているが (例えば Mittmann-Richert 1996:124–127)、後続の「**高い所から……を訪れ、……を照らし**」という表現との関連からも、この語はやはり「曙の光」の意で理解すべきであろう。おそらくこの箇所の背景には、闇の中にある者に光と平和をもたらすメシアについて語る複数のイザヤ書の章句がある (イザ 9:1–2, 5–6; 42:6–7; 58:8, 10; 60:3 他; さらに詩 107:10, 14 参照)。また、すでに 69 節でダビデ家出身のメシアであるイエスの存在が言及され (1:32, 35 参照)、直前の 76 節でもイエスが「主」(κύριος) と表現されている点を勘案するなら、ルカが ἀνατολή においてメシアとしてのイエスの存在を暗示しているという推定は十分に成り立つであろう (Gnilka 1962:227–232 参照)。事実、ユダヤ教においてメシアの到来はしばしば星や太陽の上昇と結びつけられている (民 24:17; イザ 9:2; 60:1–3; マラ 3:20; 十二遺訓レビ 18:3; 同ユダ 24:1; 死海文書「戦いの書」11:6–7; 同「ダマスコ文書」7:18–19 等; さらに Bill. II:113; Schreiber 2009:73 参照)。その意味でも、少なくともルカの文脈においては、救いへと道備えする存在としてのヨハネよりも、むしろメシア・イエスに焦点が移っている。

80 節

最後の節は、幼子の身体と精神における成長について要約的に報告することにより、洗礼者ヨハネの誕生物語全体を締めくくっている。「**霊において強くなり**」の「**霊**」(πνεῦμα) は、聖霊ではなく、身体に対する精神の意味で用いられている。なお、この箇所は後述のイエスの成長に関する

要約的記述（2:40, 52）と密接に関わっており、サムソンやサムエルの成長の記事（士 13:24; サム上 2:21, 26）に倣ったものと考えられる。

ヨハネがイスラエルの人々の前に現れて公的活動を始めるまで荒れ野にいたという最後の記述は、神の言葉が荒れ野にいたヨハネに降ったことを述べる後続の記述（3:2）へと橋渡しする機能を果たしている。ヨハネがこの間、当時エルサレムの祭司集団と敵対関係にあったクムラン宗団に属していたという見解も見られるが（Fitzmyer 1983:388f 他）、ヨハネの思想と死海文書の思想とがかけ離れていることからも推測の域を出ない。

【解説／考察】

この洗礼者ヨハネ誕生の記述は、明らかに後続のイエス誕生の記述（2:1–21）に対応し、その前奏となるものである。また、ザカリアの賛歌（67–79 節）は、確かにイスラエルの救いについて語っている点やその旧約的特徴や終末論的性格においてマリアの賛歌（1:46–55）に近似しているが、ルカの誕生物語全体の枠組みにおいては、むしろイエス誕生後にシメオンの口から発せられた賛歌（2:29–32）に対応していると考えるべきであろう。

天使が語った神の言葉を信じなかったため、しばらく話すことができずにいたザカリアは、ヨハネの誕生直後に口を開かれ、聖霊に満たされて賛歌を歌い始める。まさに、彼は疑う者から賛美する者へと変えられていったのである。沈黙を余儀なくされていた期間に何が起こったのかという点についてはテキストには何も記されておらず、明らかではないが、ザカリアは話ができなかったこの間に神の言葉を聞き、悔い改めの思いを与えられたと想像することは十分に可能であろう。その意味では、沈黙の意義がここには示されているとも見なしうる。

このザカリアの賛歌の末尾の部分には、平和の道に人々を導く救い主の到来が示唆されているが（78–79 節）、事実この賛歌においては、平和という概念が救いの約束（69, 71, 74, 77 節）との関連において捉えられている。また、後続のイエス誕生の箇所では、天使たちの大軍による「地には御心に適う人々に平和」（2:14）という賛美が続いているが、その意味でもこの箇所全体はイエス誕生の記事を準備する役割を果たしている。

5. イエスの誕生（2:1–21）

【翻訳】

^{2:1} その頃、皇帝アウグストゥスから、全世界〔の人々〕は住民登録をするようにとの勅令が出た。² これは、キリニウスがシリア州の総督であったときに行われた最初の住民登録であった。³ そこで、人々は皆、住民登録をするためにそれぞれ自分の町へ出かけて行った。⁴ そして、ヨセフもまた、ガリラヤのナザレという町から、ユダヤの、ベツレヘムと呼ばれるダビデの町へ上って行った。彼はダビデの家系に属し、その一族であったからである。⁵ 身重であった彼の婚約者マリアと共に住民登録をするためにであった。⁶ ところが、彼らがそこに滞在しているうちに彼女（マリア）が子どもを産む日々が満ち、⁷ そして彼女はその最初の男の子を産み、彼（その子）を産着にくるみ、彼を飼い葉桶に寝かせた。宿には彼らのための居場所がなかったためである。

⁸ さて、その地方で羊飼いたちが野宿しており、夜通し彼らの羊の群れを見張っていた。⁹ すると、主の天使が彼らのそばに立ち、主の栄光が彼らの周りを照らした。それで、彼らは大きな恐れに襲われた。¹⁰ そこで天使は彼らに言った。「恐れるな。見よ、私は民全体にもたらされる大きな喜びをあなたたちに福音として告げ知らせるのだから。¹¹ 今日ダビデの町で、あなたたちのために救い主、主なるキリストがお生まれになった。¹² そして、これがあなたたちへのしるしである。あなたたちは産着にくるまれて飼い葉桶に寝かされている乳飲み子を見つけるであろう」。¹³ すると突然、天使と共に天の大軍が現れて、神を賛美して言った。¹⁴「至高所には神に栄光〔がある〕、そして地には御心に適う人々に平和〔がある〕」。

¹⁵ そして天使たちが彼らのもとから天へと離れ去ったとき、羊飼いたちは、「さあ、ベツレヘムまで行って、主が私たちに知らせてくださった、その起こった出来事を見て来ようではないか」と互いに語り合った。¹⁶ そして急いでやって来て、マリアとヨセフと飼い葉桶に寝かされている乳飲み子を探し当てた。¹⁷ 彼ら（羊飼いたち）はまた〔その様子を〕見て、この幼子に関して彼らに語られたことについて〔人々に〕知らせた。¹⁸ そし

て〔それを〕聞いたすべての人は、羊飼いたちが彼らに語ったことに驚いた。¹⁹ しかし、マリアはこれらのことをすべて記憶に留め、その心の中で思い巡らしていた。²⁰ そして羊飼いたちは、彼らが見聞きしたことがすべて彼らに語られた通りだったので、神を崇め、賛美しながら帰って行った。

²¹ さて、彼（幼子）に割礼を施すための 8 日間が満ちたとき、彼の名はイエスと付けられた。これは彼が胎内に宿される前に天使から付けられた名である。

【形態／構造／背景】

洗礼者ヨハネとイエスの誕生告知、さらにはヨハネの誕生告知の成就としてのヨハネの誕生について記されたあと、予想されるようにイエス誕生の記述が続き、ここに至って一連の誕生物語はその頂点に達する。ヨハネとイエスの誕生物語は、「誕生」、「割礼」、「命名」という順序で語られている点において一致しているが、前者においては命名に焦点が当てられているのに対し、後者は誕生前後の出来事を中心に語っている。なお、両者の誕生告知物語においてヨハネに対するイエスの優位性がすでに示されていたが、この点は両者の誕生の記述において決定的なものとなる。

イエス誕生の記述は、イエスの割礼及び命名について述べる最後の 21 節を除くと、（1）イエス誕生の出来事（1–7 節）、（2）羊飼いたちへの天使の告知（8–14 節）、（3）羊飼いたちの幼子訪問（15–20 節）に区分できる。これら三つの小段落は、「（産着にくるまれて）飼い葉桶に寝かされている乳飲み子」（7, 12, 16 節）及び「ベツレヘム（ダビデの町）」（4, 11, 15 節）という共通概念（モチーフ）によって相互に結びついている。また、天使の告知について述べる第二段落と羊飼いたちがその告知の内容を確認する第三段落は相互に対応しており、前者は天使たちの賛美によって（13–14 節）、後者は羊飼いたちの賛美によって（20 節）締めくくられ、両者は αἰνέω τὸν θεόν（神を賛美する）及び δόξα/δοξαζομαι（栄光／崇める）という表現を共有している。また第二段落（特に 9–12 節）は、天使の出現及びそれに対する恐れと「恐れるな」との天使の言葉等の要素を含み、前出の二つの誕生告知物語（1:5–25, 26–38）と類似した構造になっているが、「反論」に相当する部分が欠けている（【ルカ 1:5–2:40 における並行群】［本書 42

頁］参照）。なお第三段落には、ῥῆμα（出来事／こと [15, 17, 19 節]）、λαλέω（語る [15, 17, 18, 20 節]）、εἶδον（見た [15, 17, 20 節]）という語が頻出する。

　イエスの割礼と命名について述べる末尾の 21 節はルカ 1:59 以下の洗礼者ヨハネに関する記述に対応し、イエスの誕生告知の記述（特に 1:31）とも結びつくが、後続の神殿奉献の記事（2:22–40）の導入部と見なすことも可能であり、一部の注解者は 21 節を後続の段落に含めている（Fitzmyer 1983:419f; Schneider 1984:69f 他）。この段落全体は以下のような構成になっている。

　　（1）イエス誕生の出来事（1–7 節）
　　　　(a) 住民登録の勅令（1–3 節）
　　　　(b) ヨセフとマリアのベツレヘムへの旅と初子の誕生（4–7 節）
　　（2）羊飼いたちへの天使の告知（8–14 節）
　　　　(a) 天使の出現（8–9 節）
　　　　(b) 天使の告知（10–12 節）
　　　　(c) 天使らの賛美（13–14 節）
　　（3）羊飼いたちの幼子訪問（15–20 節）
　　　　(a) 羊飼いたちのベツレヘム行き（15–16 節）
　　　　(b) 羊飼いたちの証言と人々の反応（17–19 節）
　　　　(c) 羊飼いたちの賛美と帰還（20 節）
　　（4）幼子の割礼と命名（21 節）

　このイエス誕生の記述は、先行する洗礼者ヨハネの物語（1:5–25, 57–80）もイエスの誕生告知の記述（1:26–38）も前提にしていない。事実、ここで改めてヨセフがダビデ家の出身であることが述べられ、マリアはヨセフの婚約者として再度紹介され（4–5 節）、また、ここに描かれているマリアの態度は天使の誕生告知の内容を前提としていない。それゆえこの段落は元来、これに先行する箇所とは別個に存在していたと考えられる。

　この物語の起源は明らかではない。この物語をエジプトのオシリス神話に由来するユダヤ教の聖人伝に帰する H. グレスマンの主張は説得的でない（ブルトマン 1987:163–165 参照）。ブルトマン（同 166）はこの物語をヘレニズム・キリスト教に帰しているが、旧約的特徴が顕著である点を考え

れば、パレスチナのユダヤ人キリスト教に由来する可能性も否定できないであろう。一方で Brown（1993:411）は、この段落全体はルカが旧約章句をもとに編集的に構成したと主張しているが、そのように仮定した場合、この箇所が先行する記事を前提としていない点がうまく説明できない。

この箇所全体の統一性について言えば、羊飼いのエピソードについて述べる後半部分（8–20 節）が統一性をもった元来の物語であり、前半の 1–7 節は二次的に付加されたものと考えられる（Schweizer 1986:31 他多数）。なかでも住民登録のエピソードについて述べる 1–5 節は、「御子のベツレヘム誕生」の場面を作り上げるために、ルカが伝承をもとに編集的に構成したものと考えられるが、一部の研究者は、住民登録の年代の記載がテウダの反乱に関する使徒行伝 5:36 の記述と同様に誤っていることから、1–5 節全体をルカ自身による創作と見なしている（Fitzmyer 1983:392f; Brown 1993:411 他）。この他、この箇所におけるルカ的要素としては、冒頭の ἐγένετο δέ（新約ではルカ文書にのみ計 38 回使用）及びこの表現に導かれる《ἐγένετο δέ ＋前置詞を伴う時間設定＋定動詞》という構文（1:8; 2:1, 6; 11:27; 18:35 参照）、ἐν ταῖς ἡμέραις ἐκείναις（その頃［新約用例 15 回中ルカ文書に 8 回使用］）、パウロ書簡を除くと新約ではルカ文書にのみ見られる「（住民）登録させる」という意の ἀπογράφομαι（2:1, 3, 5）、同様にルカ文書に特徴的なローマ帝国を意味する οἰκουμένη（2:1; 使 17:6; 24:5 他）等が挙げられる（Jeremias 1980:77–79 参照）。なお、イエスの誕生について述べる 6–7 節は形式的に 1–5 節から区別され、伝承に由来すると考えられるが、前述の《ἐγένετο δέ ＋前置詞を伴う時間設定＋定動詞》という構文や διότι（～のゆえに［新約では書簡を除くとルカ文書にのみ計 8 回使用］）を含んでいることから、ルカが伝承をもとに構成した移行句と考えられる（H. Klein 2006:128）。

8 節以降におけるルカの編集箇所を見極めるのは容易ではないが、ルカ 2:51 と内容的に響き合う 19 節は、πάντα ... τὰ ῥήματα ταῦτα（これらのことをすべて［1:65 参照］）、συμβάλλω（思い巡らす［新約ではルカ文書にのみ使用］）等のルカ的語彙を含んでいることからルカの編集句と考えられる（Jeremias 1980:86f 参照）。おそらくこの節は、元来はマリアへの受胎告知を前提としていなかったこの物語を、それを前提とするルカ 1 章に接合させるために挿入されたのであろう。同様に、ὑποστρέφω（帰る［新約用例 35 回中ル

カ文書に32回使用])、δοξάζω τὸν θεόν（神を崇める [7:16; 13:13; 17:15; 18:43; 23:47]）、αἰνέω（賛美する［新約用例8回中ルカ文書に6回使用]）等のルカ的語彙を含む20節、さらには後続の段落への移行句として機能している段落末尾の21節もルカの編集句であろう（Jeremias 1980:88f; Nolland 1989:98 参照）。なお、14節の天使の賛美はルカ19:38bと部分的に並行しているが、前者の方がより完成された形態をとっていることから、この節とそれを導入する直前の13節はこのルカ19:38bをもとに編集的に構成されたのであろう（Jeremias 1980:83 参照）。

以上のことからも、ルカは伝承から受け取った羊飼いのエピソード（8–12, 15–18節）に自ら構成した住民登録のエピソード（1–5節）を結びつけ、さらに、それぞれ別個の伝承に由来する6–7節及び13–14節、自ら構成した19–21節を付加する等、適宜編集の手を加えることによって、この箇所全体を構成したのであろう。

【注解】

1–2節

　ヨハネの誕生の記述とは異なり、イエス誕生の出来事は、皇帝アウグストゥス（オクタヴィアヌス［前27–後14在位］）から全世界の住民に住民登録を命じる勅令（δόγμα）が出されたという歴史的状況に関わる記述によって始められる（3:1–2参照）。冒頭の「**その頃**」（ἐν ταῖς ἡμέραις ἐκείναις）は、マリアへの受胎告知がエリサベト懐妊の6ヶ月後であった点を考慮するなら（1:36参照）、直前の段落に記されているヨハネ誕生から6ヶ月後の時期を想定させ、ここまでユダヤのヘロデ王の時代（1:5）の出来事として語られてきた物語は、ここでその視点を拡大し、世界的視野をもつことになる。なおこの住民登録は、キリニウスのシリア州総督在任中に行われた最初の住民登録とされるが、ここには幾つかの問題が存在する。

　まず、アウグストゥスの時代に局地的な調査が行われたことは知られているが、「**全世界**」（＝ローマ帝国全域）を対象とする住民登録が行われたという記録は存在しない。さらに、キリニウスがシリア総督として在任していたのは紀元6–12年であり、紀元6/7年に住民登録（ただしガリラヤ以外のユダヤのみが対象）が実施されたことが確認されているものの（ヨセフ

ス『ユダヤ古代誌』17:355; 18:2, 26; さらに使5:37参照)、福音書の記述によるとイエスはヘロデ王の時代(前37–前4)に誕生したとされており(1:5; さらにマタ2:1も参照)、明らかに矛盾している。この点については、キリニウスはシリア総督着任以前よりこの地方の実力者であり、特別の任務を帯びてパレスチナ地方に対する人口調査を実施した可能性も指摘されているが、ユダヤがローマ帝国から直接支配を受けるようになる紀元6年以前に、ユダヤでローマ皇帝の勅令による住民調査が実施されたとは考えられず、ヘロデの晩年は勢力が衰えていたためにそれが可能になったという説も推測の域を出ない。その他、古代の戸籍調査は長期に亘って行われたために布告の時期と査定の時期の間に数年のずれが生じたとする説や、「キリニウス」は「サトゥルニヌス」(シリア総督[前9–前6在位])の誤写であったとする説も説得力に乏しい。以上のことからも、この住民登録の記述をそのまま史実と見なすことはできず、このような矛盾を含んだ記述は、ルカの誤解のために生じた(Brown 1993:413; H. Klein 2006:132f)のでなければ、彼の創作と見なすべきであろう。

　そこで問われるのは、ルカがこの住民登録に言及した理由である。マタイ、ルカ両福音書が共通して伝えているという事実からも推測できるように、イエス誕生の記述に際しては、イエスがナザレの出身であったという伝承と並んでベツレヘムにおけるイエス誕生を伝える有力な伝承が存在し、両福音書記者はそれを前提としていたのであろう。マタイにおいては、ベツレヘムに住んでいたヨセフとマリアがイエス誕生の後、迫害を逃れてエジプトに逃亡したことが(マタ2:13–15)、彼らが最終的にナザレに移動する直接の原因になっているが、ルカにおいては、ヨセフとマリアは元々ナザレに居住していたことが前提とされており(1:26–27; 2:4, 39)、彼らを一時的にナザレからベツレヘムに移動させるために、ルカは住民登録に言及したのであろう。

　また、ルカがこの住民登録について語る際にまず皇帝アウグストゥスに言及したのは、イエスの誕生物語全体を世界史の文脈に位置づけることにより、イエスの誕生に普遍的な意味を与え、イエスはイスラエルの民が待望したメシアに留まるものではなく、世界のあらゆる人々のために誕生した救い主であることを示すためであったと考えられる(3:1–2及び使26:26参照)。さらには、「全世界の救済者」と崇められ(Brown 1993:415 n. 21;

クロッサン 1998:21 参照)、強大な権力（軍事力）を背景に「アウグストゥスの平和」を築き上げた皇帝アウグストゥスと彼の治世下に貧しい環境のもとで生まれたイエスの両者を対照的に提示することにより、ルカは真の平和の確立者としての救い主の本質を示そうとしたのであろう（Schreiber 2009:63–83 参照)。

3 節

　この勅令によって、すべての住民がそれぞれの故郷に帰って行ったと記されているが、ローマの慣習に照らしても住民登録は居住している地域で行われるべきものであり、住民を出身地に帰還させて実施するような登録がローマ帝国領において行われていたことを示す記録は存在しない。これについては、居住地以外で土地を所有している場合はその場所で登録する義務があり、ダビデの子孫であるヨセフ（あるいはマリア）はベツレヘムに土地を所有していたためにベツレヘムに赴いたとする主張も見られるが（レングストルフ 1976:76; Marshall 1995:101）、推測の域を出ない。それゆえ、この節の記述もルカによる創作と見なすべきであろう。

4–5 節

　ヨセフはダビデ家の出身であったので（1:27 参照）、すでに身重であった婚約者のマリアと共に住民登録をするために、ガリラヤの町ナザレ（2:39 参照）からダビデの町であるベツレヘムへと旅立って行った。一部の写本においては、「妻マリア」と表記されているが（古ラテン語訳、エフライム写本の修正版、コリデティ写本等）、これは、「**婚約者**」を同行させるという不自然さを回避するための改変とも考えられる。もっとも、マリアがヨセフの妻であったとしても、夫の出身地に同行する必要があったとは考えにくく、マリアが身重であったためにヨセフは彼女一人を置いて旅立つことができなかったとする説明（Plummer 1989:53）も説得的でない。その一方で、元来の伝承では処女懐胎が前提とされておらず、元々「妻」と記載されていたものが、後の伝承の過程において 1 章の内容との関連から「婚約者」に書き換えられた可能性は十分に考えられる。

　ダビデの出身地ベツレヘムからメシアが現れるというメシア待望は、当時のユダヤ世界に広まっていた（ミカ 5:1; ヨハ 7:42 参照）。本来のダビデ

の町はエルサレムのシオンの要害であるが（サム下 5:7, 9; 6:10, 12, 16; ヨセフス『ユダヤ古代誌』7:65 参照）、ダビデの出生地であるベツレヘムもダビデの町と見なされていた（サム上 16:18; 17:12, 58; 20:6 参照）。

6–7 節

このベツレヘム滞在中にマリアはイエスを出産するが、その誕生の出来事については、マリアは「その最初の男の子を産み、彼（その子）を産着にくるみ、彼を飼い葉桶に寝かせた」とごく簡潔に語られ（1:57–58 参照）、奇跡や神の介入については一切触れられず、この出産がごく普通に行われたことが示されている。「最初の男の子」という表現は、イエスの兄弟の存在（マコ 6:3 参照）を前提にしているのではなく（レングストルフ 1976:78 に反対）、あくまでも「最初に生まれた息子」の意で用いられており、神の特別の祝福を受けた存在と見なされる長子の特別の立場が念頭に置かれているのであろう（出 13:2, 12; 民 3:12; 18:15–16 及びルカ 2:22–23 参照）。また、産着（布）にくるむという行為は当時の一般的な慣習であり（知 7:4–5; エゼ 16:4 参照）、ごく普通の人間の子どもとして生まれてきたことを示しているに過ぎず、ここにキリスト仮現論への拒絶等、特別の意味を読み込むべきではない。因みにルカ 23:53 には、十字架から降ろされたイエスの遺体が亜麻布に包まれたという記述が見られる。

その一方で、家畜の飼料入れである「飼い葉桶」（Hengel, ThWNT IX: 55f; さらに 13:15; イザ 1:3 参照）に幼子を寝かせるのは異常な行為であり（出 2:3 参照）、それだけにここでは、救い主であるイエスが特殊な環境のもとで誕生したことが印象深く語られている（Brown 1993:419 は別意見）。そしてまた、このように飼い葉桶に寝かせられていることが、イスラエルの民に大きな喜びをもたらす救い主を見出すためのしるしと見なされることになる（2:12, 16）。

「宿には彼らのための居場所がなかったためである」（7b 節）という記述は、ヨセフたちが泊まった場所には十分なスペースがなかったことを示しており、このように生後間もない幼子が飼い葉桶に寝かせられていた理由を説明している。一部の研究者は、住民登録のために多くの人がベツレヘムを訪れていたために宿屋はどこも満員で、ヨセフとマリアは粗末な家畜小屋しか見つからなかったという一般に知られているクリスマス物

語の筋を前提にしているが（クロッサン・ボーグ 2009:192; ロロフ 2011:79 他）、そのような状況をこの箇所から読み取ることはできない。また、ここで用いられている κατάλυμα（宿）は旅人のための宿泊場所を意味しているが、必ずしも独立したスペースを意味しておらず、ここでは家の客間（22:11 参照）、もしくは人と家畜が同居する一室からなるパレスチナの家屋の就寝用スペースを指しているのであろう（Plummer 1989:54; ベイリー 2010:40–42 参照）。なお、イエスが洞窟（洞穴）で生まれたという伝説は紀元 2 世紀半ばまでに広まっていたと考えられる（ヤコブ原福 19:2 参照）。

8 節

　ここから物語は新しい場面に入る。イエスが誕生したその夜、ベツレヘム界隈の地で羊飼いたちが夜通し羊の群れの番をしていたという。当時、多くの羊飼いは貧しい境遇に置かれ、また、周囲の人から蔑まれていたと考えられ、特にラビ文献においては彼らは「強盗や野蛮人」と同列に置かれ、明らかに否定的に描かれている（Bill. II:113f; ミシュナ「サンヘドリン」3:3; さらにマリーナ・ロアボー 2001:340 参照）。その一方で聖書においては、羊飼いはむしろ肯定的なイメージで描かれており、民を守り導く神はしばしば羊を守る牧者、羊飼いになぞらえられ（詩 23:1; エゼ 34:11–16 他）、イスラエルの民族指導者であるモーセやベツレヘムと関係が深いダビデも元々羊飼いであった（出 3:1; サム上 16:19; 17:34; 詩 78:70–71 参照）。さらにヨハネ 10:7–16 においては、イエスが良い羊飼いにたとえられ、ルカ文書においても羊飼いは望ましい指導者の比喩で用いられている（15:4; 使 20:28 等）。その意味でもルカは、ここで羊飼いを二重の意味で用いているのであろう。すなわち、一方でダビデ及びベツレヘムとの関係をさらに強化するために、他方では、誰よりもまず、小さく貧しい存在である羊飼いたちに対して救い主降誕が告知されたという点を強調するためである（カルペパー 2002:68）。

9 節

　すると、そこへ天使が現れ、主の栄光が闇の中にいる彼らの周囲を照らし出した（使 12:7 参照）。この「**主の天使**」（1:11, 19, 26 参照）が誰であるかは明示されていないが、ルカの文脈からは、ヨハネとイエスの誕生を

告知したガブリエルと見なしうるであろう (1:19, 26)。また、「**主の栄光**」は抽象的なものではなく、目に見える光を意味しており（イザ 9:1–2 参照）、その意味でも、羊飼いが野宿していた暗闇と天使の栄光とがここでは対照的に描かれている。羊飼いたちは天使の出現に際して、ザカリアやマリアの場合と同様（1:12–13, 29–30）、「**大きな恐れに襲われた**」（直訳：「大きな恐れを恐れた」）。

10–11 節

天使の出現に恐れを抱く羊飼いたちに対し、天使は、ザカリアやマリアの場合と同様 (1:13, 30)、「**恐れるな**」という慰めの言葉をもって語り始め、民全体に与えられる大きな喜びを、すなわち、今日ダビデの町ベツレヘムで彼らのために救い主が生まれたことを告げる（イザ 9:5 参照）。

λαός（民）は本来イスラエルの民を指す語であり、それゆえここでの「**民全体**」はイスラエルの民全体を意味していると考えられる（1:68, 77 参照）。もっとも、11 節の「**救い主、主なるキリスト**」という称号が皇帝アウグストゥスのそれと暗に関連づけられているとするなら、必ずしもユダヤ民族に限定されず、あらゆる民族を指している可能性も否定できない（2:31 参照）。いずれにせよ、9 節の「大きな恐れ」に対応する「**大きな喜び**」は、羊飼いたちだけでなくイスラエルの民全体に告げ知らされるものであり、ここで羊飼いたちはその仲介者としての役割を与えられている。この「**大きな喜び**」は、ルカ福音書末尾（24:52）の「大喜びで」（μετὰ χαρᾶς μεγάλης）という表現と共に福音書全体を枠付けており、ここでは福音の告知を言い表すルカ的な εὐαγγελίζομαι（共観福音書用例 11 回中ルカに 10 回使用）と共に用いられている。

また、「**今日**」（σήμερον）は単なる時間的意味にとどまらず、約束の成就としての救済史的意味を含んだ「今日」を意味しており（5:26; 19:5, 9; 23:43 参照）、そのメシアの誕生によって救いが現実になるという終末論的意味を含んでいる（Schürmann 1990:112）。なお、ルカ福音書全体はイエスの誕生及び死の場面における「今日」という言葉によって枠付けられており（2:11 及び 23:43）、この語はまたイエスの公的活動に際しても用いられ（4:21）、イエスの活動内容とその救済的意味を要約している。ここではまた、「**救い主、主なるキリスト**」という二重の称号が用いられている

が、冒頭の「**救い主**」(σωτήρ) は神々や支配者の意味で用いられてきたヘレニズム期の用語であり（士 3:9, 15 参照）、アウグストゥス帝に対しても用いられている。この語は共観福音書においてはルカにのみ用いられているが（ヨハ 4:42 も参照）、ルカ 1:47 では神を指し、使徒行伝 5:31; 13:23 ではイエスを指している。これに続く「**主**」(κύριος) も、通常聖書においては神もしくはイエスの意で用いられるが、ルカ福音書のここまでの箇所では、ルカ 1:43, 76 を除いて常に神の意で用いられている。この語は世俗的な主人をも意味し、「皇帝」の意でも用いられた（使 25:26; クロッサン・ボーグ 2009:196 参照）。因みに、マリアの賛歌の冒頭部分では、σωτήρ と κύριος がいずれも神の意で用いられている（1:46–47）。そして、「主」と「キリスト」が結合した「**主なるキリスト**」(χριστὸς κύριος) という称号は、新約聖書ではここにのみ見られる（2:26 の「主のキリスト」[τὸν χριστὸν κυρίου] 及び使 2:36 の「……イエスを神は主とし、キリストとされた」も参照）。

12 節

さらに天使は、その乳飲み子が産着にくるまれて飼い葉桶の中に寝かされており、そのことが、その幼子を認識する「**しるし**」になると告げる（7 節参照）。ここで改めて、「救い主・主なるキリスト」であるその幼子が、そのような貧しくみすぼらしい環境のもとで生まれたことが印象づけられる。

13–14 節

天使の告知は、天使と共に天の大軍が突然現れて神を賛美するというその直後に起こった現象によってさらに強められる。「**天の大軍**」(πλῆθος στρατιᾶς οὐρανίου) は天の星や異教の神々等の意味でも用いられているが（代下 33:3, 5; エレ 19:13; 使 7:42 参照）、ここでは神を賛美する存在として登場している（王上 22:19 参照）。この天使らの合唱は、ただ単に神を賛美するだけでなく、神と民との関係を示唆し、幼子に与えられた使命（10–11 節）に解釈を加えることにより幼子の誕生のより深遠な意味を示そうとしている。

二連から成るこの賛美はセム語的対句法によって構成されており、「**栄光**」(δόξα) は「**平和**」(εἰρήνη) に、「**至高所には**」(ἐν ὑψίστοις) は「**地**

には」(ἐπὶ γῆς) に、「神に」(θεῷ) は「御心に適う人々に」(ἀνθρώποις εὐδοκίας) にそれぞれ対応しているが、第一連《δόξα (A) → ἐν ὑψίστοις (B)》と第二連《ἐπὶ γῆς (B') → εἰρήνη (A')》は交差配列（キアスムス）になっている。また、ギリシア語本文に be 動詞（繋辞、連結詞）が欠如しているのはセム語に由来するためと考えられ、省略されている各連の動詞は命令法や祈願法にも解しうるが (Fitzmyer 1983:410 参照)、比較的多くの研究者は直接法の意で解しており、例えば Klostermann (1975:38) は、ここでは祈願が表現されているのではなく、御子の誕生に際する終末的状況が描かれていると主張している (BDR §128.5; 蛭沼 1989:58f; Brown 1993:404 参照)。すなわち、このイエスの誕生という出来事によって、「**至高所**」(1:32, 76, 78 参照)、すなわち天の神には栄光があり、地上の人々の間には平和（＝救い）が存在するというのである。なお、この箇所と並行するイエスのエルサレム入城に際しての弟子たちの神賛美は、平和の所在が地ではなく天になっている点で異なっているが (cf. 19:38b：「天には平和、至高所には栄光」)、ここでいう「**平和**」(1:79; 2:29 参照) も人間の業によるものではなく、神からの賜物としての平和を意味している。因みに、平和をもたらす救い主に関わる告知を伝えるこの一連の記述は、戦争を終わらせて平和をもたらす「救い主」(σωτήρ) としてこの世に遣わされ、その誕生が「良き知らせ」(εὐαγγέλια) の始まりとして記されている皇帝アウグストゥスに関する「プリエネ碑文」（クロッサン・ボーグ 2009:203f 参照）を思い起こさせる。

　なお、文末の εὐδοκία は、ウルガタ聖書等においては「（人間の）善意」の意で理解されてきたが、死海文書の並行箇所（「感謝の詩編」4:32–33; 11:9）からも確認できるように、神の「満足、意志、好意」を意味しているのであろう (Fitzmyer 1983:411f 参照)。また、この εὐδοκίας（属格）を主格 (εὐδοκία) で記す写本も存在し (ℵ², B², L, Θ 他)、この読みを採るとこの詩文は三連構成になるが（至高所には神に栄光／地には平和／人々には善意）、写本上の証拠は弱い。

15–16 節

　賛美の声を上げた天使たちが天へと去って行ったとき、羊飼いたちは、天使が語ったその救い主誕生の出来事を見届けるためにベツレヘムに

赴くことを決意する。そして彼らは、マリアが天使の告知を受けて「急いで」（μετὰ σπουδῆς）エリサベトのもとに向かったのと同様（1:39）、「急いで」（σπεύσαντες）ベツレヘムへと向かい、天使が告知した通りに、マリアとヨセフ、そして彼らのもとで飼い葉桶に寝かされているその幼子を探し当てた。

17節

　乳飲み子を見出して、天使から示されたしるしを確認した羊飼いたちは、そのことを自分たちのうちに留めておくのではなく、幼子について天使から告げられたことをヨセフとマリア、その他の人々に語り伝えた。この節以降、表記が βρέφος（乳飲み子［12, 16節］）から παιδίον（幼子［2:27, 40参照］）に移行している。

18節

　この羊飼いたちの話を聞いた人々は驚くが（1:21, 63; 2:33参照）、ここで突然登場する「〔それを〕聞いたすべての人」（πάντες οἱ ἀκούσαντες［1:66も参照］）が誰を指しているかは明らかではない。マリアとヨセフと一緒にいた人々（ベツレヘムの住民？）を想定するのが自然であるが、そのような人々については言及されておらず、また、羊飼いたちの帰還については後続の20節で記されていることからも、帰還後に彼らがそれらの人々に伝えたと解することも難しい。その意味でも、ここでの「人々」は次節のマリアの態度を引き立たせるための設定と見なすべきであろう。

19節

　人々が驚いているなかでマリアだけは彼らとは異なる反応を示し、それらの一連の出来事をすべて「記憶に留め」（2:51; さらに創37:11; ダニ7:28参照）、その意味について思い巡らしていた。彼女がここで記憶に留めた出来事とは、天使ガブリエルの告知から羊飼いの訪問までの出来事を指しており、神が介入した一連の出来事の真意に関してマリアだけが何らかの理解を示したという点がここには示されている。なお、この箇所及びルカ2:51の記述は、ルカの誕生物語はマリアの記憶から構成されたという主張の傍証として特にカトリックの釈義家によって用いられてきた。

20 節

　この節は一連の羊飼いの物語全体を締めくくる機能を果たしている。すなわち、幼子について天使から知らされたことを人々に伝える使者としての役割を果たした羊飼いたちは、見聞きしたことがすべて天使から告知された通りだったので、神を崇め、賛美しつつ帰っていった（1:56 参照）。地上における彼らの神への賛美は、前述の天使の大軍による神への賛美（13–14 節）に呼応している。

21 節

　ヨハネの場合と同様（1:59–63）、ここでは生後 8 日目のイエスの割礼と命名について簡潔に述べられる。ユダヤ人の子として生まれた幼子イエスに割礼が施されるのは当然であるが、割礼については詳しく触れられておらず、強調点はむしろその幼子が天使によって示された通りに（1:31）イエスと命名された点に置かれている。

【解説／考察】

　先のヨハネ誕生の記述と同様にこのイエス誕生の記述においても、誕生そのものについては極めて簡潔に記されており（6–7 節）、重要なのはむしろ、ルカがこの幼子の誕生を世界の歴史（1–5 節）や羊飼いたちのエピソード（8–20 節）と関連づけて述べている点である。また、このイエス誕生の物語においても、イエスがその先駆者ヨハネに優る存在であることが明確に示されており、このことは、イエス誕生に際する天使らの賛美（14 節）に対応する記述がヨハネの物語には見られない点からも確認できる。

　この箇所で言及されている羊飼い（8, 15, 20 節）、ダビデの町（4, 11 節）、飼い葉桶の幼子（7, 12, 16 節）等の要素はダビデ物語を思い起こさせ、ダビデ的メシアの誕生を強調している（サム上 16–17 章；ミカ 5:1）。しかしながら、そのダビデ的なメシアの誕生の出来事は、貧しい環境のもとで生起した。そのような意味でも、神の終末論的救いの業（平和）の実現は、強大な権力と軍事力を背景に「アウグストゥスの平和」（ローマの平和）を確立した皇帝アウグストゥスによってではなく、彼の治世下にこの世の片

隅で誕生した、飼い葉桶に眠る無力な幼子を通してなされるという点がここでは強調されている。

そして、この御子の誕生の告知を受けて最初に救いの御子と出会ったのは、近親者でも権力者でもなく、貧しく小さな存在であった羊飼いたちであったが、この点は、マタイの誕生物語においては、異邦人である占星術の学者たちが最初に御子を拝みに来たことに対応している。このことはまた、御子の誕生という喜びの使信は、誰よりもまずこの世の小さな者たちにもたらされることを示すと共に、イエスによってもたらされる福音（救いの業）が一部の人々に限定されたものではなく、あらゆる人々に対して開かれたものであることを示している。

今日では日本においてもクリスマスが年末の一大行事として定着した感があり、特に子どもたちにとってはサンタからプレゼントがもらえる待望の日であるが、多くの大人たちも、この日ぐらいは少々の贅沢も許されると考えている。このようにクリスマスが多くの人々にとって喜ばしい日になっていることは、まさにクリスマスの本来の趣旨に適っていると言えるが、その一方で、福音書が語る最初のクリスマスは、片田舎のベツレヘムの薄暗い家屋の中で静かにひっそりと守られた出来事であったことも心に留めておく必要があるだろう。事実、日本でも非常にポピュラーになった「聖しこの夜」というクリスマスの賛美歌の原題（及び歌い出しの文句）はStille Nacht（静かな夜）なのであり、クリスマスの日には、心を静めて御子の誕生の出来事に思いを馳せることも大切であろう。

6. 神殿奉献（2:22–40）

【翻訳】

2:22 さて、モーセの律法に従って、彼らの清めの日々が満ちたとき、彼ら（両親）は主に献げるために彼（イエス）をエルサレムに連れて行った。23 主の律法に「〔母の〕胎を開く男子は皆、主に対して聖なる者と称せられる」と記されている通りである。24 また、主の律法に言われていること

に従って、山鳩一つがいか子鳩二羽を犠牲として献げるためであった。
²⁵ すると見よ、エルサレムにシメオンという名の人がいたが、彼は義しく敬虔な人物で、イスラエルが慰められるのを待ち望んでいた。そして聖霊が彼の上にあった。²⁶ 彼はまた、主のキリストを見るまでは決して死を見ることはないと聖霊によって告げられていた。²⁷ そして彼が霊によって神殿の中に入って来たとき、〔イエスの〕両親は、律法の慣習に従って彼（イエス）に関して〔献納を〕行うために幼子イエスを連れて入って来た。²⁸ すると、彼（シメオン）自らがそれ（幼子）を両腕に受け取り、神を讃えて言った。

²⁹ 「主よ、あなたは今こそ、あなたのお言葉通りに、あなたの僕を平和のうちに去らせてくださいます。³⁰ 私の両目はあなたの救いを見たからです。³¹ これはあなたがあらゆる民の前に備えてくださった〔救い〕、³² 諸民族に対する啓示のための、あなたの民イスラエルの栄光のための光です」。

³³ 彼（イエス）の父と母は、彼についてこのように語られたことに驚いていた。³⁴ すると、シメオンは彼らを祝福し、彼の母マリアに言った。「御覧なさい。この子は、イスラエルの多くの人を倒れさせ、起き上がらせるために、また、反対を受けるしるしとなるように据えられています。³⁵ ——あなた自身の魂も剣が刺し貫きます——多くの人の心の思いがあらわにされるためです」。

³⁶ さて、アシェル族のファヌエルの娘で、アンナという女預言者がいた。彼女は非常に高齢で、処女の時〔に嫁いで〕から7年間夫と共に暮らしたが、³⁷ 彼女もまた寡婦となり、84歳になっていた。彼女は神殿を離れず、断食したり祈ったりして夜も昼も〔神に〕仕えていた。³⁸ そして、まさにそのとき、彼女は近づいて来て神に感謝をささげ、エルサレムの贖いを待ち望んでいるすべての人々に彼（イエス）について語った。

³⁹ さて、彼ら（親子）は主の律法に従ってすべてをなし終えたので、自分たちの町であるガリラヤのナザレに帰って行った。⁴⁰ そして、幼子は成長してたくましくなり、知恵に満ち、神の恵みがその子の上にあった。

【形態／構造／背景】

　イエス誕生の記述に続くこの段落では神殿でのイエスの奉献について述べられる。洗礼者ヨハネの場合は、彼の割礼と命名に際して父親のザカリアが彼の将来の働きについて預言したのに対し（1:67–79）、イエスの場合は、彼の割礼と命名（2:21）に続くこの神殿奉献の場面で、シメオンとアンナという敬虔な二人の高齢の男女によって彼の将来の働き等について語られる。段落冒頭（22節）の「さて、……彼らの清めの日々（彼らが清めをなすための日々）が満ちたとき」（καὶ ὅτε ἐπλήσθησαν αἱ ἡμέραι τοῦ καθαρισμοῦ αὐτῶν ...）は、直前の段落末尾（21節）の「さて、彼に割礼を施すための8日間が満ちたとき」（καὶ ὅτε ἐπλήσθησαν ἡμέραι ὀκτὼ τοῦ περιτεμεῖν αὐτόν ...）と近似しており、両段落の結びつきを示している。

　この段落は、イエスの家族のエルサレム行きの記述（22節）に始まり、彼らのナザレ帰還（39節）及び幼子の成長に関する要約的報告（40節）によって結ばれる。段落全体は「律法に従って」（κατὰ τὸν νόμον）という表現（22, 39節；さらに24節の「主の律法に言われていることに従って」及び27節の「律法の慣習に従って」も参照）と「エルサレム」（Ἰεροσόλυμα／Ἰερουσαλήμ［22, 25, 38節］）という語によって枠付けられ、段落の大部分を占めるシメオンとアンナの祝福に関する記述（25–38節）は「待ち望む」（προσδέχομαι）という動詞によって囲い込まれている（25, 38節）。

　段落の中心に位置するシメオンの賛歌（29–32節）は、ザカリアやマリアの賛歌（1:46–55）と同様、ラテン語訳聖書の冒頭部分から「ヌンク・ディミティス」（Nunc Dimittis）と称されるが、この賛歌も全体を通して旧約的表現によって特徴づけられており、ヨハネの誕生直後に発せられたザカリアの賛歌（1:67–79）に対応している（【ルカ1:5–2:40における並行群】［本書42頁］参照）。なお、イエスの家族のナザレ帰還について記す39節は、イエスの両親のナザレからベツレヘムへの旅について語るルカ2:4に対応しており、その意味では、ルカ2:1以降の狭義のイエス誕生物語はここで結ばれることになる。この段落全体は以下のように区分できる。

　（1）序：イエスの家族のエルサレム行き（22–24節）
　（2）シメオンの祝福（25–35節）

（a）シメオンと幼子の出会い（25–28節）

　　　（b）シメオンの賛歌（29–32節）

　　　（c）両親の驚きとシメオンの祝福（33–35節）

（3）アンナの祝福（36–38節）

（4）結び：ナザレへの帰還と幼子の成長（39–40節）

　この神殿奉献物語は、全体として多くの非ルカ的語彙が含まれていることからも（Jeremias 1980:90–99参照）ルカによる創作とは考えにくく、また、イエスの処女降誕をはじめ、ここまでのヨハネとイエスの誕生の記述を前提としていないことからも、元来は独立した伝承であったと考えられる（ブルトマン 1987:168 他）。また、段落の冒頭部分はサムエル奉献の記述（サム上 1:21–28）と響き合い、シメオンとアンナはそれぞれサムエルの物語における祭司エリとサムエルの母ハンナに対応し、さらに末尾の幼子の成長の記述（40節）はサムエル成長の記述（サム上 2:21, 26）に対応している点等、この段落は多くの点で旧約のサムエル物語（サム上 1–2章）と共通していることから、この物語を背景に構成されたのであろう（Brown 1993:450f 参照）。

　シメオンとアンナの物語を導入する段落冒頭の 22–24 節は、ユダヤ的背景をもつ資料のルカによる（ヘレニズム的）改訂と考えられる。確かにここには、ルカ的語彙も一部含まれているが（Jeremias 1980:90f 参照）、この箇所が伝承に遡ることは、「エルサレム」の表記がルカに特徴的な Ἰερουσαλήμ ではなく Ἱεροσόλυμα となっていることから確認できる（Jeremias 1980:90）。また、27節は34節に自然に接続することから、両者に挟まれた普遍的救済の言説を含むシメオンの賛歌（29–32節）及びその前後の箇所はユダヤ人（ヘレニスト？）キリスト教に由来する別個の資料からルカによってこの位置に挿入されたと考えられるが（ブルトマン 1987:167; Brown 1993:454–456 参照）、ルカに特徴的な表現（καὶ αὐτός［そして彼自身は。Jeremias 1980:37 参照］、εὐλογέω τὸν θεόν［神を讃える。新約ではルカ福音書にのみ使用］等）を含む 28 節と、新約ではルカ文書に特有の《θαυμάζω ἐπί ＋ 与格》（～に驚く［4:22; 9:43; 20:26; 使 3:12］）という表現を含む 33 節はルカが編集的に構成した可能性が高い。この他、πᾶς（すべて［Jeremias 1980:30f 参照］）や ἐπιστρέφω（帰る［新約用例 36 回中ルカ文書に 18 回使用］）等のルカ的語彙を含む 39 節（2:4 参照）、さらに、ルカ 1:80 に並行

し、後続の段落への移行句として機能している 40 節もルカの編集句であろう。おそらくルカは、(別個に) 伝えられたシメオンとアンナに関する伝承 (25–27, 34–35 節／36–38 節) に、それぞれ異なる資料に由来する冒頭の 22–24 節とシメオンの賛歌を含む 28–33 節を加え、さらに自ら構成した末尾の 39–40 節等を付加することによって、この箇所全体を編集的に構成したのであろう。

【注解】

22–24 節

イエスの家族のエルサレム行きとその理由について述べるこの箇所では、律法の規定が逐一引用され、両親の律法遵守に焦点が当てられている。事実、この段落ではしばしば「**律法**」(νόμος) に言及され (ルカ福音書用例 9 回中 5 回がこの段落に使用 [22, 23, 24, 27, 39 節])、特に 22–24 節に集中している。もっとも、律法規定に関するルカの叙述は必ずしも厳密ではない。また、ここでマリアの清めに言及されていることは、この段落が処女降誕を前提にしていないことを示している (Brown 1993:437)。

ここではまず、モーセ律法に定められた産後の清めの期間が過ぎた後、両親が幼子イエスを主に献げるためにエルサレムに赴いたと記されている。レビ 12:1–8 によると、男児を出産した女性は 7 日間汚れており、子の割礼後も、血の清めのためにさらに 33 日間を要し、この期間中は聖なる物に触れることも聖なる場所に入ることもできず、家に留まっていなければならなかった。この清めの規定は母親にのみ関わるものであるが、ルカはここで「**彼らの**」(αὐτῶν) 清めと表現している (一部の写本はこの αὐτῶν [彼らの] を省略するか、αὐτῆς [彼女の] や αὐτοῦ [彼の] で置き換えている)。この「彼ら」が誰を指しているかという点については、「母子」の他、「両親」、「子と両親」、「ユダヤ人」等、様々な見解が見られるが、おそらくルカは、この規定を母マリアと幼子イエスに関わるものと見なしているのであろう。これについては、ルカのユダヤ教慣習に対する無知、あるいはヘレニズム的慣習への依存のためと説明されてきたが、このような記述は、ルカが「マリアの清め」(22a, 24 節) と「イエスの奉献」(22b–23 節) を区別せず、両者を一連の行為として一括して捉えていたことに起因するのであろう。

また律法には、この清めを完了した産婦は、焼き尽くす献げ物として雄羊一匹、贖罪の献げ物として子鳩または山鳩一羽を献げ（レビ12:6）、産婦が貧しい場合には二羽の山鳩または二羽の子鳩を献げるように定められていたが（同12:8; さらに同5:7も参照）、ここでは後者の規定についてのみ記されており（24節）、イエスの両親が貧しかったことを示唆している。注目すべきことに、ナジル人の清めの規定においても二羽の山鳩ないし小鳩を献げるように命じられており（民6:10）、しかも彼らは清めの期間を終えた後に神殿に出向かねばならなかった（同6:13）。事実、イエスをナジル人と見なす伝承も存在し、母ハンナによって神に献げられたサムエルもナジル人と見なしうることから（サム上1:11参照）、ルカはここでの清めを母マリアとナジル人たるイエス双方の清めの意味で理解しているのかもしれない（三好1987:69f）。

　また本来なら、上記の出産後の献げ物のためにエルサレムに出向く必要はなかったが、ここではそれがイエスを主に献げるためであったとされ、すべての初子は、人も家畜も神の所有であり、主のために聖別して献げられるべしとする初子奉献の規定（出13:2, 11–15参照）が引用される（23節）。ルカは旧約本文の「聖別する」に代えて**「聖なる者と称せられる」**という表現を用いているが、これは「生まれてくる子は聖なる者、神の子と称せられる」（1:35）という前出のガブリエルの言葉に対応している。また、「聖別する」とは犠牲として主に献げることを意味しており、人の初子の場合、銀5シェケルを支払って贖わなければならなかったが（民18:15–16）、それについては言及されておらず、ルカはそれをイエスの神殿奉献の行為に置き換えているようである（Fitzmyer 1983:425）。

　いずれにせよ、ルカはここで、本来は別個のマリアの清めの献げ物とイエスの贖いの献げ物を結合して叙述している。事実、イエスの家族がエルサレムに赴くという状況設定の背景には、イエスがエルサレム神殿で神に献げられる場面を作り出そうとするルカの意図があったと考えられ、このイエスの奉献の記述は後続のシメオンとアンナによる祝福の場面を準備している。

25–26節

　ここではまず、シメオン（「神が聞かれた」の意［創29:33; ルカ3:30他参照］）

が紹介されるが、彼と聖霊との関係が特に強調されている（25, 26, 27節）。彼はザカリヤやエリサベトと同様に「**義しく**」（δίκαιος [1:6; 23:50; マタ 1:19; 使 10:22 参照]）、また「**敬虔な**」（εὐλαβής [使 2:5; 8:2; 22:12 参照]）人物であり、イスラエルの慰め、すなわちイスラエルにメシアによる救いが与えられることを待ち望んでいたが（イザ 40:1–2; 66:12–13 参照）、この点は、「善良で義しい」（ἀγαθὸς καὶ δίκαιος）アリマタヤのヨセフが「神の国を待ち望んでいた」という記述（23:50–51）に対応している。さらに、ヨハネ（1:15, 80）、マリア（1:35）、エリサベト（1:41）、ザカリヤ（1:67）に聖霊が降ったように、彼の上にも聖霊が留まっていた。因みにヤコブ原福音書 24:3–4 では、シメオンは大祭司の地位にあり、ザカリヤの後継者として描かれている。

メシア待望に生きていたシメオンはまた、「**主のキリスト**」（「主なるキリスト」[2:11] 及び「神のキリスト」[9:20; 23:35] 参照）に会うまでは決して「**死を見ることはない**」（μὴ ἰδεῖν θάνατον [詩 89 [LXX88] :49 参照]）、すなわち決して死ぬことはないと聖霊から告げられていたが（29–30 節参照）、この言葉は、「神の国を見るまで決して死を味わわない者がいる」（9:27）というイエスの言葉と響き合う。なお、女預言者と明記されている後出のアンナとは異なり（36 節）、シメオンは預言者とは明記されていないが、それでも彼は聖霊によって預言する者として描かれている。

27–28 節

さて、このシメオンが「**霊によって**」（4:1, 14 参照）神殿の境内に入って来たまさにそのときに、幼子の「**両親**」（γονεῖς）、すなわちマリアとヨセフが律法の規定に従って献納を行うために幼子イエスを連れてそこに入って来た。霊への言及は、この出会いが偶然ではなかったことを示しており、死を前にした老人シメオンと生まれたばかりの幼子イエスとのこの出会いは、メシアによる救いの待望の成就を暗示している。そしてシメオンはイエスを抱き上げ、ザカリヤの場合と同様（1:64, 67–68 参照）、その幼子のことで神を讃え始めた。

29 節

賛歌の冒頭部分で、シメオンは自らを「**僕**」（δοῦλος）と見なし（1:38,

48 参照)、神に「**主よ**」と呼びかけ、今こそ神の言葉通りに平和のうちに去ることができる、すなわちこの世での生涯を終えることができると語る（26 節；創 15:15 参照）。「**主**」(δεσπότης) はユダヤ教ではしばしば神の意味で用いられ（ダニ 9:8, 15, 16, 17, 19 他）、新約にもその用例が見られるが（使 4:24; 黙 6:10）、本来は奴隷に対する主人の意味をもっており、「僕」に対する「主人」の意を κύριος 以上に的確に表現している。その意味では、この「去らせる」（< ἀπολύω）は、死と共に奴隷状態からの解放をも意味しているのかもしれない。なお、「平和のうちに死ぬ」という表現は旧約の定型句である（創 15:15; エレ 34:5 他参照）。

30 節

前節の発言の理由としてシメオンは、自分の目で神の救いを見たためであると述べるが（3:6; 士 13:22 参照）、ここでいう「**あなたの救い**」(τὸ σωτήριόν σου) は幼子イエスの誕生、ひいてはイエスの存在そのものを指している (cf. 2:11 : σωτήρ [救い主])。すなわち、イエスの誕生によって、彼は今や来たるべき方を見届けるという使命を成し遂げたというのである。このようにこの賛歌は、栄光と救いの到来を告げるイザ 60:1–2 等の旧約預言がイエスにおいて実現されたと見なし、待望の時が終わって成就の時が始まったという確信を述べている。

31–32 節

そしてこの「救い」は、神が「**あらゆる民の前に**」備えたものである。この「**あらゆる民**」（複数形）は、直後の箇所で「**諸民族**」（異邦人）と「**あなたの民イスラエル**」が並置されていることからも明らかなように、ユダヤ人に限定されず（H. Klein 2006:147 に反対）、異邦人を含むすべての民を意味している（2:10; 3:6; 4:25–27; 7:9; イザ 40:5; 52:10 参照）。その意味でも、この賛歌においては、先のマリアやザカリアの賛歌とは異なり、イスラエルのみならず、すべての民が救済の対象として捉えられ、普遍的救済が強調されているが、これはルカに特徴的な視点である。なお、32 節の「**光**」は、前半部の「**啓示**」にのみかかり「**栄光**」と並置されているのか、それとも、「**啓示**」と「**栄光**」の双方にかかるのかが問題となるが、おそらく後者であり、「**諸民族に対する啓示**」（イザ 42:6; 49:6; 使 13:47; 26:23;

28:28)と「あなたの民イスラエルの栄光」のための「光」が、あらゆる民に対する救いの具体的内容として示されているのであろう。

33節

イエスのメシア性に関するシメオンの賛歌を聞いてイエスの両親は驚いたという。すでにここまでの部分で、天使の告知をはじめ、様々な不思議な体験をしてきたはずの彼らがここで改めて驚いている点は少々奇異に感じられる。その意味でも、このシメオンの物語は元来、マリアへの天使の告知（1:31–35）や、羊飼いから彼らの不思議な体験を知らされてマリアがそのことで思い巡らしていたこと（2:19）は前提としていなかったのであろう（Creed 1953:37; Schweizer 1982:23）。これに加えて、ここで表記が「両親」（27節）から「父と母」に変わっていることも、処女懐胎のモチーフを前提としない伝承の痕跡を示しているのかもしれない（Bovon 1989:146）。しかしその一方で、驚きは奇跡物語を構成する主要モチーフであり、また、このとき両親は、見知らぬ人が幼子の将来について（普遍的救済の観点から）語ったことに対して改めて驚いたと解することも可能であり（Brown 1993:440; Marshall 1995:115, 121）、この描写はシメオンの言葉を強調する文学的技巧とも見なしうる（Schürmann 1990:127; Wolter 2008:141）。

34節

ザカリアの賛歌（1:68–79）の場合と同様、ここでも神への賛美のあとに預言的発言が続く。シメオンはヨセフとマリアを祝福した後（サム上2:20参照）、マリアに対して一転して幼子イエスの将来の悲劇的な側面について語り始め、彼はイスラエルに分裂をもたらし、人々から激しい抵抗を受けると予告する。「**多くの人を倒れさせ、起き上がらせる**」は、同一の対象を倒した後に立ち上がらせる（ミカ7:8; 箴24:16参照）という意味ではなく（Marshall 1995:122; Wolter 2008:141fに反対）、イスラエルの民を二分する裁きを示唆しており（12:51–53参照）、イスラエルの民のイエスに対する敵対的姿勢が強調されている（4:28–29; 13:33–35参照）。なお、つまずきのモチーフは「つまずきの石」や「隅の親石」について述べる「石」章句にも見られるが（イザ8:14–15; 28:16; 詩118:22参照）、新

約ではこの石はイエスの暗示と解されている（マコ 12:10; ルカ 20:17; ロマ 9:32–33; Ⅰペト 2:6–8 参照）。さらに、後続の「**反対を受けるしるしとなる**」（11:30 参照）という表現は、イスラエルの否定的な側面をさらに強調し、将来のイエスの宣教活動に対するユダヤ人指導者層の拒絶的態度を暗示している（Brown 1993:461f）。

35 節

さらにシメオンは、マリア自身の魂も剣で刺し貫かれると（詩 37:15 参照）、将来におけるマリアの苦難を暗示する。この「**剣**」（ῥομφαία）の具体的な意味については、御子を拒絶するイスラエル、受難、殉教、すなわち剣による死、あるいは裁き等、様々な説明がなされてきたが、いずれの説にも明確な根拠は認められない（Brown 1993:462f 参照）。最後の説について言えば、確かに「剣」は旧約聖書では裁きを象徴しているが（エゼ 6:3 以下；12:14 以下；14:17）、マリアの心を貫く剣がそのままイスラエルに対する裁きを暗示しているとは考えにくい。また「剣が刺し貫く」という表現は、将来受難するイエスの苦しみをマリアが共有するという意でしばしば解され（Bovon 1989:148; Schürmann 1990:129 参照）、とりわけ、十字架につけられるイエスを目の当たりにするマリアの苦悩（ヨハ 19:25–27 参照）という観点が強調されてきた。しかしながら、イエスの死の場面を含めてルカ福音書の受難物語にはマリアは登場しないことからも、このような見解は受け入れにくく、マリアをイスラエルの象徴と見なし、この表現をイスラエルの分裂の意味で捉える解釈も同様に難しい。むしろこの表現は、イエスが敵対者によって死へと追いやられることにより自分の息子を失うことになる状況（Nolland 1989:122, 125; さらにゼカ 12:10; 13:7 参照）、あるいは、後続のルカ 8:19–21 及び同 11:27–28、さらには同 12:51–53 との関連で考えるなら、将来的にイエスとマリアのこの世における親子関係が引き裂かれる状況と、それによる心の苦しみを指し示しているのであろう（Brown et al 1978:156f; Brown 1993:463–465）。その意味では、地上における親子の絆以上に神の言葉への服従が重要であることが強調されていることになる。

挿入句と見なしうるこの言葉（35a 節）に続く賛歌の末尾の一文（35b 節）は、むしろ先行する 34 節に接続し、イエスが抵抗を受ける状況が生

じるのは、多くの人の心の中にある「**思い**」（διαλογισμός）、すなわち反論や悪意が明らかになるためと説明している（Brown 1993:465f）。ルカはここで、イエスがイスラエルの民から受ける反発や迫害を示唆しているが（4:23–30 参照）、それと同時に、救いがやがて異邦人に向けられていくことを暗示している（使 13:46; 28:28 参照）。

36–37 節

シメオンに続いてアンナという女預言者が紹介されるが、旧約において女預言者と称されているのは、ミリアム（出 15:20）、デボラ（士 4:4）、フルダ（王下 22:14）、イザヤの妻（イザ 8:3）の四人のみである。アンナはヘブライ語のハンナ（「恵み」の意）のギリシア語形であり、サムエルの母ハンナ（サム上 1:2）と同じ名前である。また、シメオンに続いてここでアンナが登場する理由としては、事柄の真実性を証言するために二人以上の証言が必要であったという点が考えられるが（申 19:15; マタ 18:16; ヨハ 8:17 参照）、ルカにおいてはしばしば男性と女性が対になって登場している点も考慮すべきであろう（13:18–20; 15:4–10 他）。ここでシメオンとアンナは並列的に描かれているが、描写の仕方は明らかに異なっている。アンナの描写は、出自、年齢、日常的振る舞い等の外面的描写が中心であり、シメオンの場合とは異なり、預言者と紹介されながらも彼女自身の発言は一言も記載されていない。

アンナはアシェル族（申 33:24; 黙 7:6）のファヌエルの娘で、シメオンと同様、すでに年老いており、若くして嫁いで夫と 7 年間暮らしたが、夫と死別して 84 歳になっていた。一部の研究者（Schürmann 1990:130; Green 1997:151 他）は、これを死別してから 84 年という意に解し、彼女の実年齢を 105 歳前後と想定し、同様に夫の死後も再婚せずに敬虔な生活を送って 105 歳まで生きたユディトとの関連性を指摘している（ユディ 8:6; 16:23 参照）。事実、この 84 年を独身の期間と見なす解釈は古くから存在しており、おそらくそのために、夫と暮らした「7 年間」を「7 日間」とする写本も存在する。その他、この 84 という数字に 12 × 7 という象徴的意味を読み取ろうとする見解も見られるが、いずれにせよ、ここでは、彼女が長年再婚せずに敬虔な生活を送ってきたという点が強調されている。シメオンと同様、アンナも敬虔な人物として描かれており、神殿から離

れずに断食したり祈ったりして、昼夜を問わず神に仕えていた（使20:31;26:7参照）。このような描写は、60歳以下でなく、結婚は一度限りで、善い行いに定評があり、昼も夜も祈りをささげているという、パウロ的教会のやもめの理想像（Ⅰテモ5:5, 9–10）に合致している。

38節

「まさにそのとき」、すなわちイエスが連れて来られたとき（あるいはシメオンが語り終えたとき）、彼女はこの幼子に近づいて来て神に「**感謝をささげ**」（< ἀνθομολογέομαι［新約ではここにのみ使用］)、「**エルサレムの贖いを待ち望んでいるすべての人々**」にイエスのことを話し聞かせたが、この部分は先行する「イスラエルが慰められるのを待ち望んでいた」（25節）というシメオンに関する描写に対応している。このときアンナが語った言葉は記されていないが、シメオンと同様、イエスの救いの業について語ったものと想定される。

39節

幼子とその両親は、律法に定められていたことをすべてなし終えてから（22–24節参照）、彼らの故郷であるガリラヤのナザレへと帰って行った。ルカの文脈においては、イエスと彼の両親は住民登録のためにナザレからベツレヘムに赴き（2:4参照）、その地にしばらく滞在した後、引き続きエルサレムを訪れ、神殿での奉献を終えてナザレに帰還したという設定になっているが、その意味でもこの節は、22節以降の神殿奉献のエピソード全体を締めくくると共に、ルカ2:1以降のイエス誕生の記述全体を締めくくる機能を果たしている。

40節

幼子の身体的・知的成長について記すこの節は、前出のヨハネの成長の記事（1:80）及び後出のもう一つのイエスの成長の記事（2:52）に対応しているが（サム上2:21, 26; 3:19参照）、ここまでのイエス誕生の記述全体を締めくくると共に、それを直後の少年イエスの物語（2:41–52）へと橋渡しする機能を果たしている。ヨハネの場合とは異なり、ここには「霊」への言及はないが、「**成長してたくましくなり**」という幼子の身体的成長

についてのみならず、「知恵に満ち、神の恵みがその子の上にあった」と述べられることにより、この要約的記述はヨハネのそれを凌駕している。なお、「知恵」（σοφία）も「恵み」（χάρις）もルカに特徴的な用語であり、特に「恵み」はマタイ、マルコ両福音書には全く用いられていない。そして、この幼子の知恵は、後続の少年イエスの神殿訪問の記述において具体的に示されることになる。

【解説／考察】

　この段落は、ザカリアが息子ヨハネの誕生直後に語った賛美と証言（1:67–79）に部分的に対応しているが、内容的にも、またそれが神殿でなされたという点においてもそれを凌駕しており、ヨハネに対するイエスの優位性を示している。ここではシメオンとアンナによる幼子イエスの祝福について述べられているが、シメオンは典型的な義人として、アンナは模範的やもめとして、それぞれ肯定的に描かれている。このように、特別な人物の誕生に際して模範的な人物がその子の将来を予見するというモチーフは類型的なものであり、死を前にした高齢の仙人アジタが、誕生直後のブッダを抱きかかえて彼の将来の働きを予見したという伝説（『スッタニパータ』679–696）等、同種の例が世界各地の物語に見られる。

　このイエスの神殿奉献の記述はサムエルの物語（サム上 1–2 章）とも密接に関連しており、イエスの誕生物語の他の箇所と同様、旧約的要素が色濃く反映されている。また、イエスの両親が律法の定めに忠実であったことがここでは強調されているが、その一方でここには、イエスが律法を凌駕し、イスラエルの民のみならず、あらゆる民に救済をもたらす存在であることが示されている。ここにはまた、死を目前に控えたシメオンによって生後間もない幼子イエスの将来の救いの業が告知されるという象徴的な出来事が記されているが、旧い時代に属するシメオンに救済史の展開を告知させることにより、旧約時代の終わりと共に新しい時代の到来を告げようとしている。

　近代以降、信仰の内面を重視した宗教改革の影響や合理主義思想の浸透もあり、宗教的儀式そのものの意義は急速に失われていっている。ましてや、高度に合理化された現代社会においては、宗教的儀式はしばしば狂信

や迷信と結びつけられ、大半の人々にとっては過去の遺物になってしまっている。さらには、これに伴って聖なるものに対する畏怖の念や敬虔な信仰心も同時に失われてきており、結果的に私たちは今日、「神亡き時代」を迎えている。「新しい時代」に生きる者として、儀式的なものの意義を改めて確認すると共に、その衰退によって実際に何が失われたのかを今一度真摯に問い直してみるべきであろう。

7. 神殿における少年イエス（2:41–52）

【翻訳】

2:41 ところで、彼（イエス）の両親は毎年、過越祭にはエルサレムに赴いていた。42 そして彼が12歳になったときも、彼らは祭りの慣習に従って上京した。43 さて、〔祭りの〕期間が終わって彼らが帰路についたとき、少年イエスはエルサレムに残っていたが、彼の両親は〔そのことを〕知らなかった。44 そして彼らは、彼が道連れの中にいるものと思って1日分の道のりを行ってしまい、それから親族や知人の中に彼を捜し回ったが、45 しかし見つからなかったので、彼を捜し回りながらエルサレムへ戻って行った。46 そして3日後、彼らは、神殿の中で彼が学者たちの真ん中に座り、彼ら〔の話〕を聞いたり、彼らに質問したりしているのを見つけた。47 そして彼〔の発言〕を聞いていたすべての人々は、彼の賢さと受け答えに驚いていた。

48 さて、彼ら（両親）は彼を見て仰天し、彼の母は彼に言った。「子よ、どうして私たちにこんなことをしてくれたのです。御覧なさい。お前のお父さんも私も、心を痛めてお前を捜していたのですよ」。49 すると彼は彼らに言った。「どうして私を捜したのですか。私が自分の父の〔家〕にいるはずだということを知らなかったのですか」。50 しかし、彼らには彼が自分たちに語った言葉が理解できなかった。51 それから彼は彼らと共に下り、ナザレに〔帰って〕行った。そして彼は彼らに従順であった。しかし彼の母は、これらのことをすべてその心に納めていた。

⁵²そしてイエスは知恵が増し、背丈も伸び、神と人からますます恵みを受けた。

【形態／構造／背景】

　ここでは、直前の要約的報告（2:40）で言及された幼子イエスの知恵を実証する少年期のイエスのエピソードが語られるが、3章以降のイエスの宣教活動の記述に先行する一連の誕生・幼少期物語は、この段落によって締めくくられることになる。新約聖書の中で唯一少年時代のイエスに言及するこの段落は、洗礼者ヨハネの記事に対応箇所が見られないという意味でも先行する部分とは区別されており、この点は、ここまでの誕生物語（1:5–2:40）が敬虔な高齢の男女が登場する神殿を舞台とする二つの段落によって枠付けられていることからも確認できる。その一方で、エルサレム神殿を舞台とし、イエスと両親がエルサレムに赴いてからナザレに帰還するまでの出来事について語られ、イエスの成長に関する要約的報告で結ばれている点で、この段落は直前の神殿奉献の記述（2:22–40）に並行している。その意味でもこの段落は、イエスの誕生前後の出来事について語られてきたここまでの箇所を締めくくると共に、3章以降のイエスの宣教活動の記述へと橋渡しする機能を果たしている。

　この少年イエスの物語は、新約聖書外典のトマスによるイエスの幼時物語19章にやや異なる形で伝承されている。また、英雄や偉人の早熟な知恵を紹介する物語は、古代の様々な伝記的作品の中に数多く見られる（ヨセフス『ユダヤ古代誌』2:229–231 やフィロン『モーセの生涯』1:21におけるモーセ、ヘロドトス『歴史』1:114–115におけるキュロス、プルタルコス『アレクサンドロス』5におけるアレクサンドロス大王、フィロストラトス『テュアナのアポロニオス伝』1:7におけるアポロニオス等）。この箇所全体は内容的に以下のように区分できる。

（1）序：イエスの家族のエルサレムへの旅（41–42節）
（2）イエスの失踪（43–45節）
（3）神殿でのイエス（46–47節）
（4）母の叱責とイエスの答え（48–50節）

（5）結び：ナザレへの帰還とイエスの成長（51–52節）

この段落の全体構成について言えば、下の図からも明らかなように、42節のイエスの家族のエルサレム行き（ἀναβαίνω［上る］）の記述は51節の彼らのナザレ帰還（καταβαίνω［下る］）の記述に対応しており、双方の記述はこの段落の中核を形作る（2）〜（4）を枠付けている。さらに、この段落末尾の要約的報告（52節）は前段末尾の要約的報告（40節）に対応しており、この段落全体は、イエスの知恵（σοφία）と成長及び神の恵み（χάρις）について述べる二つの要約的報告によって囲い込まれている。

【ルカ 2:40–52 の構造】

	（1）	（2）	（3）	（4）	（5）	
要約的報告	イエスの家族のエルサレム行き	イエスの失踪	神殿でのイエス	母の叱責とイエスの答え	ナザレ帰還	要約的報告
40	41–42 ↑	43–45	46–47	48–50	↑ 51	52
	ἀναβαίνω				καταβαίνω	

この少年イエスの物語は、マリアの処女懐胎を前提としておらず、また両親の無理解のモチーフを含んでいることからも（50節）、ここまでのイエスの誕生物語とは無関係の、独立した伝承であったと考えられる（ブルトマン 1987:168f 他）。この物語の起源については、そのギリシア語的特質からヘレニズム・キリスト教を想定する研究者が多いが（Laurentin 1964:141f; ブルトマン 1987:172 他）、セム語的要素（接続詞 καί の多用等）も認められることから、セム語伝承の想定も可能である（Iersel 1960:163 参照）。

元来の伝承の範囲について、一部の研究者は、49節までを伝承、50節以降をルカによる編集と見なしているが（Dibelius 1959:103–105; ブルトマン 1987:169）、イエスの両親の無理解を示す50節をルカが付加したとは考えにくいことからも、50節（Fitzmyer 1983:435f）ないし51a節

(Schürmann 1990:139)までを伝承部分と見なすべきであろう。一方で、ルカ的語彙を含み（ὑποτάσσω［従う。福音書ではルカ 2:51; 10:17, 20 にのみ使用］、πάντα τὰ ῥήματα［すべてのこと／言葉。1:65; 2:19; 2:51; 7:1; 使 5:20］等）、ルカ 2:19 に対応する 51bc 節、さらに既出の二つの要約的報告（1:80; 2:40）に対応する 52 節はルカの編集句であろう。もっともこの段落には、これらの箇所以外にも多くのルカ的語彙が含まれており（Jeremias 1980:99–102; Brown 1993:480f; H. Klein 2006:152 n. 6 参照）、特に 47 節は、ἐξίστημι（驚く［新約用例 17 回中ルカ文書に 11 回使用］）や πᾶς（すべて［Jeremias 1980:30f 参照］）等のルカ的用語を含むのみならず（使 9:21 も参照）、主語が変化する等、前後の文脈を乱しており、ルカの編集句である可能性が高い（Jonge 1978:342–345 参照）。この他、多くのルカ的語彙（πορεύομαι［行く。新約用例 145 回中ルカ文書に 88 回使用］、ἔτος［年。同 49 回中ルカ文書に 26 回使用］、Ἰερουσαλήμ［エルサレム。同 77 回中ルカ文書に 64 回使用］等）を含む冒頭の 41 節にも編集の痕跡が強く認められる。おそらくルカは、特殊資料の中にこの物語を見出し、それをイエスの知的・身体的成長について記す二つの要約的記述（40 節／52 節）で枠付け、さらに、自ら構成した 41, 47, 51bc 節を付加する等、この箇所全体を編集的に構成し、誕生物語とイエスの宣教活動の記事の間に挿入したのであろう（Glombitza 1962:1; Brown 1993:455）。

【注解】

41 節

　旧約の律法規定によれば、イスラエルの成人男子は年に三度（除酵祭［過越祭］、七週祭［五旬祭］及び仮庵祭）エルサレムに赴いて、それぞれの祭りを共に守ることが義務づけられていた（出 23:14–17; 34:23–24; 申 16:16–17）。もっとも、エルサレムから遠く離れて居住する者は年に一度だけ赴いていたようであり、ラビの伝承の中には年に一度のエルサレムへの巡礼が一般化していたことを裏付ける記述が見られる（サフライ 1992:60–62 参照）。イエスの両親が「**毎年**」（κατ' ἔτος）過越祭に際して、ナザレから 100 キロ強（3–4 日の行程［ヨセフス『自伝』269 参照］）のエルサレムに赴いていたという記述は、彼らの敬虔な態度を示している

(2:21–22, 39 他を参照)。なお、一部の古ラテン語訳では、「**彼の両親**」(οἱ γονεῖς αὐτοῦ) ではなく「ヨセフと (母) マリア」となっているが、これは処女降誕のモチーフに鑑みた二次的改変であろう (43節の「彼の両親」についても同様)。

42 節

イエスが 12 歳になったときも、彼らは「**祭りの慣習に従って**」(κατὰ τὸ ἔθος [1:9; 22:39]) エルサレムに赴いた。イエスはこの年初めてエルサレムに赴いたのか、それとも、それ以前から両親に連れられて毎年エルサレムに赴いていたのかは、テキストからは明らかにできない。後のユダヤの慣習によれば、ユダヤ人男子は 13 歳で「律法の子」(バル・ミツヴァー) となり、律法遵守に関して一人前と見なされるようになるが、その意味では 12 歳という年齢は成人する直前の時期に当たり、完全には成熟しておらず、霊的にも知的・身体的にも成長段階にある年齢を表している。おそらくルカは、イエスの年齢を成人前の 12 歳に設定することにより、イエスの知恵をより効果的に描き出そうとしたのであろう (嶺重 2006:25f 参照)。なお、12 歳のときに預言者としての活動を開始したサムエル (ヨセフス『ユダヤ古代誌』5:348) や 12 歳で哲学の勉強を始めたエピクロス (ディオゲネス・ラエルティオス『ギリシア哲学者列伝』10:14) 等、偉大な人物の 12 歳時の逸話について記す伝記的記述が数多く存在するが (大貫・筒井 1993:108f)、この点も無関係ではないであろう。

43 節

ところが、祭りの期間が終了した後も「**少年イエス**」(Ἰησοῦς ὁ παῖς) はエルサレムに残っていたが、両親はそのことに気づかずに帰途についた。祭りの期間は 1 週間であったが (出 23:15)、祭りの中心となる最初の 2 日間は義務とされていた (Bill. II:147f)。イエス一家が全日程参加したかどうかは明らかではないが、アオリスト分詞を伴う「**〔祭りの〕期間が終わって**」(τελειωσάντων τὰς ἡμέρας) という表現は、彼らが祭りの期間中エルサレムに滞在していたことを想像させる (Grundmann 1961:95; Brown 1993:473)。また、当時の巡礼は地域ぐるみでなされ、旅の一行は同じ村の親戚や隣人たちから構成されていたため、家族の一部が旅の一行の別の

集団に紛れ込むことはしばしば起こり得たと考えられ、この節の記述内容から息子の不従順や両親の不注意や無理解を読み取るべきではないであろう。

44–45 節

イエスが旅の一行の中にいるものと思い込んでいた両親は、1日分の道のりを進んだ後に初めて息子の不在に気づいた。それから、彼らは親族（1:58; 14:12; 21:16; 使 10:24 参照）や知人（23:49 参照）の間を捜し回ったが見つからず、彼を捜しながらエルサレムへと引き返してきた。

46 節

イエスが行方不明になってから（もしくは両親がエルサレムを発ってから／エルサレムに戻ってから）3日後に、彼は神殿の中で見つけ出された。確かに、ルカがここで用いている「**3日後**」（μετὰ ἡμέρας τρεῖς）という表現は（マコ 8:31; 9:31; 10:34; さらに使 25:1; 28:17 参照）、ルカが他の箇所でイエスの復活に関して用いている表現（τῇ τρίτῃ ἡμέρᾳ/τῇ ἡμέρᾳ τῇ τρίτῃ [9:22; 18:33; 24:7, 46; 使 10:40 参照]）とは厳密には一致していないが、過越祭の期間に刑死したイエスが3日後に復活したと述べる復活の記述との関連性は明らかであり、ここにイエスの復活への暗示を読み取ることは十分に可能であろう（Laurentin 1966:101f, 115; Johnson 1977:62; 三好 1991:278）。さらに、この物語における「探索と発見」のモチーフ（45, 46, 48, 49 節）はルカの復活伝承のモチーフであることからも（24:5, 23–24）、この物語においてすでにイエスの復活・昇天が暗示されていることは明らかであろう（三好 1996:89）。

両親はこのとき、神殿で（ソロモンの回廊[使 5:12 参照]？）「**学者たち**」（διδάσκαλος）、すなわちユダヤ教の教師たちの中心に座って彼らの話を聞き、彼らに質問しているイエスの姿を見出した。「座る」（καθέζομαι）は教師に典型的な姿勢とも考えられるが（5:3; マタ 23:2; 26:55）、ここでは必ずしもイエスが学者たちに教えていたことを意味しておらず（Bovon 1989:157f; Eckey 2004:173 に反対）、その一方で、イエスが学習者（生徒）として描かれているわけでもなく（Creed 1953:45; Schweizer 1986:42; Plummer 1989:76 に反対）、両者は対等の立場で描写されている（Wolter

2008:148)。なお、この節と部分的に並行する表現がルカ 20:26 に見出されるが、この箇所に成人後のイエスのエルサレム神殿での教え（19:47; 20:1; 21:37; 22:53）への暗示を読み取る必要はないであろう（Iersel 1960:170; Johnson 1991:61; 三好 1996:88 に反対）。

47 節

イエスはこのとき、単に質問するのみならず、相手の質問に対しても真っ当に返答していたが、イエスと学者たちとの一連の討論を聞いていた人々は皆、イエスの「**賢さと受け答え**」に非常に驚いた。σύνεσις（賢さ）は知的能力を意味するが（申 4:6 LXX；Ⅰコリ 1:19）、宗教的な意味での洞察力をも含意しており（ルカ 10:21 // マタ 11:25; コロ 1:9; 2:2 参照）、しばしば σοφία（知恵［40, 52 節］）と同義的に用いられる（代上 22:12 LXX; イザ 11:2 LXX 参照）。

48 節

ここで主語が再びイエスの両親になっていることからも、この節はむしろ 46 節と自然に接合する。イエスを見出した両親は非常に驚き（2:33 参照）、母マリアは「**どうして私たちにこんなことをしてくれたのです。……お前のお父さんも私も、心を痛めてお前を捜していたのですよ**」とイエスを叱責する。このときの両親の驚きは、前節の人々の驚きとは異なり、イエスが学者たちに賢く受け答えしていたことに対してではなく、イエスが神殿で学者たちと一緒にいたという状況に向けられている。彼らの困惑を表現する ὀδυνάομαι（心を痛める）は、新約ではルカ文書にのみ見られる（16:24, 25; 使 20:38）。また、マリアのイエスに対する「**子よ**」（τέκνον）との呼びかけは、「**お前のお父さんも私も**」という後続の彼女の言葉に対応しているが、彼女がイエスを親に従順であるべき子どもと見なしていたことを示しており、さらにこの「**お前のお父さん**」という表現は、この世の親子関係を相対化する次節のイエスの言葉を準備する。

49 節

これに対してイエスは、どうして私を捜したのか、私が自分の父の家にいるはずであることを知らなかったのかと、驚きつつ反問するが（詩

26:8; 27:4; ヨハ 2:4 参照)、これがルカ福音書においてイエスが最初に発した言葉である。「**自分の父の〔家〕に**」と訳出した表現（ἐν τοῖς τοῦ πατρός μου）には「家」に相当する語は含まれず、「父の仕事に従事して」という訳も可能であるが、イエスが神殿で発見されるという物語の筋書きとの関連からこの訳が好んで用いられる。もっとも、なぜルカがここで ἐν τῷ οἴκῳ τοῦ πατρός μου（私の父の家に）というような自然な表現を用いなかったのか（16:27 参照）という点は明らかではない（この点については Laurentin 1966:38–72; Brown 1993:475–477 参照）。また、ここで用いられている δεῖ（必ず~する）はルカに特徴的な語彙であり（4:43; 9:22; 11:42; 13:33; 17:25; 22:37; 24:7, 26, 44 他）、神の計画による必然性が強調されている。いずれにせよ、イエスはここで、ヨセフを彼の父親と見なすマリアに対し、自分は天の父（神）の子であり（3:22 参照）、それゆえ本来は神の家である神殿に属すべき存在であって、いずれはこの世の両親と別れるべき運命にあることを示唆している（2:35 参照）。神を父と称すること自体は異常なことではなく、敬虔なユダヤ人も神を「父」と呼んでいたが（シラ 23:1; 51:10; 知 2:16）、ここには自らを「天の父の子」と同定するイエス独自の神の子意識が示されている。

50 節

しかし、両親はこのイエスの言葉を「**理解できなかった**」。ここで 47 節の σύνεσις（賢さ）と同根の συνίημι（理解する）が用いられていることは、イエスの知恵と両親の理解力の欠如との対比を一層明らかに示している。イエスを神の子として受け入れられなかった両親のこのような反応は、イエスが聖霊の力によって誕生し、神の子と呼ばれるようになるという天使の言葉を受け入れた先のマリアの態度（1:38）とは明らかに矛盾しており、そのため、この文の主語をヨセフに限定するなど、この緊張関係を緩和しようとする試みが繰り返されてきた（Brown 1993:477 参照）。

51 節

その後イエスは両親と共にナザレに帰還し、両親に対して従順な態度をとった。この記述は、エルサレムにおけるイエスの振る舞いが、両親に対する不従順な姿勢を意味するものではなく、天の父に対するイエスの従順

を強調し、かつ彼の将来の働きを暗示するものであったことを裏付けている。なお、母マリアが「**これらのことをすべて**」（πάντα τὰ ῥήματα）心に納めていたという記述は、直前の 50 節で示された両親の無理解な態度にそぐわないが、おそらくルカは、両親に対するそのような否定的記述を和らげるために、この記述を編集的に挿入したのであろう。なお、この記述は羊飼いの話に対するマリアの反応（2:19）に対応しており、その意味でも「これらのことをすべて」はルカ 2:22 以降の出来事全体を指しており、より広義にはルカ 1–2 章全体の内容を包括的に指していると見なしうるであろう（Bovon 1989:162 n. 54）。

52 節

最後の 52 節は、全体として前段の結び（2:40）と同様、イエスの知的・身体的成長等について記されているが、προκόπτω（前進する）の未完了過去形が用いられていることからも、ここでは一層進んだ段階が示されている。もっとも、ἡλικία を身体的成長（背丈）ではなく、年齢の意味で解する研究者も多く（Fitzmyer 1983:434, 446; Schweizer 1986:41; 田川 2011a:16, 153f 等）、また一部の研究者は、身体的成長と年齢の双方の意味で解している（Brown 1993:478）。なお、ルカ 2:40 では παιδίον（幼子）が用いられていたのに対して（2:17, 27 参照）この物語では παῖς（少年 [43 節]）が用いられていることからも、ルカ 2:40 では少年期までの成長について、そしてここでは公生涯に至るまでの時期の成長について記されているのであろう。

さらにここでは、神と人からの恵み（χάρις）の増大についても記されており、この部分は「神の恵みがその子の上にあった」という記述（2:40）に対応しているが、神だけでなく人に言及されている点においてそれを凌駕している（使 2:47; 4:33 参照）。おそらくこの部分は、「ますます成長し、主にも人々にも喜ばれる者となった」という少年サムエルの記述（サム上 2:26; さらに士 13:24 も参照）をもとにして構成されたのであろう。

次にイエスが登場するのは、宣教活動を開始する直前に洗礼を受ける場面であるが（3:21–22）、ルカによるとイエスが宣教を開始したのはおよそ 30 歳のときとされていることから（3:23）、少年期のイエスの成長について要約的に述べるこの箇所は、12 歳から 30 歳までの 18 年間の空白期間

を埋める機能を果たしている。

【解説／考察】

　この物語には二つの焦点がある。一つは少年イエスが驚くべき知恵を示した点であり（47節）、この点は、ルカ2:40と同様、イエスの知的・身体的成長について記した結びの句（52節）にも記載されている。もう一つは、イエスが自らが父の家（＝神殿）に属すべき存在であることを公言した点であり（49節）、イエスの誕生告知の場面では天使の言葉としてマリアに告げられ（1:32）、神殿奉献物語（2:22–40）においては二人の高齢の男女によって預言的言辞として証言されたイエスの神の子性が、ここに至ってイエス自身によって宣言されるに至る。そして、これらの二つの側面は決して矛盾するものではなく（Jonge 1978:342–345 に反対）、むしろここで強調されている少年イエスの知恵は、その神の子性によって裏付けられている。事実、知恵と神の子としての身分は、すでにイスラエルの知恵文学において結合して捉えられているが（知2:13参照）、この物語においては両者がキリスト論的に強調されている。

　さらに、イエスの誕生に関するここまでの記述と、成人後のイエスの宣教活動に関する記述の間に位置づけられているこの少年イエスの物語は、まさに誕生物語から宣教活動の記事へと橋渡しする機能を果たしている。事実、12歳の少年（παῖς）イエスについて語るこの物語は、幼子（παιδίον [2:17, 27, 40]）イエスについて語ってきたここまでの誕生物語とは区別され、また、対応するヨハネの記事をもたないこの物語は、内容的にも誕生物語とは境界づけられ、むしろ3章から始まる成人後のイエスの活動を先取りしており、とりわけ、過越祭に際してエルサレムに赴く描写は、ルカ福音書の中央部を占めるイエスのエルサレムへの旅（9:51–19:27）を指し示している。その意味でもこの物語全体は、ルカ福音書の誕生・幼少期物語の内容を総括すると共に、将来のイエスの宣教活動を先取りし、暗示する機能をも果たしている（三好1996:87–90参照）。

トピック
イエスの誕生・幼少期物語の中心的主題と文脈的機能

　ルカの誕生・幼少期物語の中心的主題は、「イエスとは誰か」という問いに密接に関わっており、イエスの道を備える脇役的な存在として描かれる洗礼者ヨハネとの比較において、神から遣わされたイエスの優位性を示すことにこの物語の主眼点がある。例えば、ヨハネが「至高者の預言者」（1:76）と表現されているのに対し、イエスは「ダビデの子」（1:32, 69; 2:4 参照）、「神の子」（1:35; 2:49）と見なされ、世界の「救済主」（σωτήρ）と称されていた皇帝アウグストゥスをも凌駕する真の救い主として描かれている。また、祭司の家庭に生まれ、ユダヤの山里の近親者のみによって祝われたヨハネの誕生があくまでもユダヤの枠内に限定された出来事として描かれているのに対し、ベツレヘムにおけるイエスの誕生は、世界史的枠組みの中で、あらゆる民の救いの観点から語られていることからも、明らかにユダヤの枠を越えている。そして、イエスに関する記述のこのような広さと開放性は、貧しい人や社会的弱者の終末的待望について語るマリアの賛歌（1:51–53）や、異邦人も含めたあらゆる民に救いをもたらすキリストとしてイエスを証言するシメオンの賛歌（2:31–32）においても確認される。

　以上のことからも明らかなように、この誕生・幼少期物語は決してルカ福音書の他の箇所から分離・独立しているわけでも自己完結しているわけでもない（コンツェルマン 1965:38 に反対）。むしろそれは、ルカ福音書を構成する有機的な一要素としてその文脈の中に組み入れられ、そこに確固とした位置づけをもっている（Tatum 1974:317–336; Minear 1974b:204–235 参照）。換言すれば、この物語はルカ福音書の他の部分を前提としており、この物語において証言された神の子としてのイエスの本質は 3 章以降の箇所で明らかにされていくことになる。そしてまた、この物語はエルサレム神殿の場面で始まり、エルサレム神殿の場面で結ばれているが、これはルカ福音書全体の枠構造でもあり、さらに、末尾の少年イエスの物語に見られるガリラヤのナザレからエルサレムへの旅は、イエスが宣教者として歩ん

でいく道を先取りしている。以上のことからも、この誕生・幼少期物語はイエスの宣教について語る3章以降の本論の縮図としても捉えられるが、それと共にルカ福音書全体における序章として本論へと導入する機能を果たしている。

第 I 部
イエスの宣教準備とガリラヤ宣教
(3:1–9:50)

序論としてのイエスの誕生・幼少期物語（1:5–2:52）に続き、ルカ 3:1 から 9:50 まではイエスがガリラヤで展開する宣教活動を中心に記されており、この箇所からこの福音書の本来の記述が始まることになる。この第Ⅰ部のあとにはイエス一行のエルサレムへの旅行記事（9:51–19:27）が続き（第Ⅱ部）、エルサレムを舞台とするルカ福音書のクライマックス（第Ⅲ部）へと導く中間部を構成している。この第Ⅰ部全体は以下のように区分できる。

　　Ⅰ．ヨハネの宣教と最初期のイエスの宣教（3:1–4:44）
　　Ⅱ．弟子の召命と敵対者との対立（5:1–6:11）
　　Ⅲ．十二人の選定と平地の説教（6:12–49）
　　Ⅳ．弱者への視点と民の分化の始まり（7:1–50）
　　Ⅴ．言葉と業によるイエスの活動（8:1–56）
　　Ⅵ．イエスと弟子（9:1–50）

　この箇所はマルコ資料他、複数の資料を用いて構成されている。前半のルカ 3:1–6:19 と末尾の同 8:4–9:50 は基本的にマルコ資料の記述内容と順序に従って構成されているが、その一方で、両者に挟まれたルカ 6:20–8:3（いわゆる小挿入）は、一旦マルコを離れ、Q 資料及びルカ特殊資料をもとに構成されている。

I．ヨハネの宣教と
最初期のイエスの宣教
(3:1–4:44)

　このセクションには、イエスが成人後、ガリラヤで宣教活動を開始する前後の状況について記されている。この箇所は、洗礼者ヨハネの宣教活動及びイエスの宣教開始前の状況について記す前半部（3:1–4:13）と最初期のイエスの宣教活動について記す後半部（4:14–44）から構成されているが、言葉を中心とするヨハネの宣教活動と、言葉と業からなるイエスの最初期の宣教活動とが、先行する誕生物語の場合と同様、対比されつつ叙述されており、その意味では、ルカ1–4章全体がヨハネとイエスの対比的な記述によって構成されている。

　前半部（3:1–4:13）においては、洗礼者ヨハネとイエスが直接関連づけて述べられており、イエスの先駆者としてのヨハネの姿が、誕生物語の記述以上に鮮明に描かれている。また、ヨハネの宣教活動の記述（3:1–20）に続く、イエスの受洗及び聖霊降下の記述（3:21–22）やイエスの系図（3:23–38）、そして荒れ野での誘惑の物語（4:1–13）においては、神の子としてのイエスの本質が繰り返し強調され、イエスの宣教準備について語られている。

　後半部（4:14–44）においては、ガリラヤからユダヤ各地へと至る最初期のイエスの宣教活動について記されているが、会堂での教え（宣教）に関する記述（15節／44節）及び福音告知に関する記述（18–19節／43節）によって枠付けられていることからも明らかなように、一つのまとまりをもった構成単位を形作っており、また、人々から拒絶されたナザレにおける宣教（4:16–30）と一定の成果を挙げたカファルナウムにおける宣教（4:31–44）とが対照的に描かれている。この箇所全体は以下のような構成になっている。

1. 洗礼者ヨハネの宣教（3:1–20）
2. イエスの受洗（3:21–22）
3. イエスの系図（3:23–38）
4. 荒れ野での誘惑（4:1–13）
5. ガリラヤでの宣教開始（4:14–15）
6. ナザレ説教（4:16–30）
7. カファルナウムにおける宣教（4:31–44）

　この箇所のうち、前半部の（1）、（2）、（4）に関しては、総じてマルコやマタイの記事の内容と順序に並行しているが（マコ 1:2–13; マタ 3:1–4:11; さらにヨハ 1:19–28 参照）、イエスの洗礼の記述（2）については、マルコやマタイにおいてはヨハネの宣教の記事の中に組み込まれている。また、イエスの系図（3）は、マタイにおいては冒頭部分（マタ 1:1–17）に位置づけられており、明らかに文脈が異なっている。後半部の（5）と（7）については、それぞれマルコ 1:14–15 及び同 1:21–39 に並行しているが、（6）のナザレ説教は、マルコやマタイでは別の箇所に並行記事が見られる（マコ 6:1–4 // マタ 13:53–58）。ルカはこの箇所全体を、マルコ及び Q 資料、さらには特殊資料を用いて編集的に構成している。

＊　＊　＊

1. 洗礼者ヨハネの宣教（3:1–20）

【翻訳】

[3:1] さて、皇帝ティベリウスの治世の第 15 年、ポンティオ・ピラトがユダヤの総督、そしてヘロデがガリラヤの四分領主、その兄弟フィリポがイトラヤとトラコン地方の四分領主、またリサニアがアビレネの四分領主、[2] アンナスとカイアファが大祭司であったとき、神の言葉が荒れ野でザカリアの子ヨハネに臨んだ。[3] そこで彼（ヨハネ）はヨルダン川沿いの

地域一帯に赴いて、罪の赦しに至る悔い改めの洗礼を宣べ伝えた。⁴ これは、預言者イザヤの言葉の書に〔以下のように〕記されている通りである。「荒れ野で叫ぶ者の声。『主の道を備え、彼の小道をまっすぐにせよ。⁵ すべての谷は埋められ、すべての山と丘は低くされる。また、曲がったところはまっすぐになり、粗野な道は平らになる。⁶ そして、すべての者は神の救いを見る』」。

⁷ そこで彼（ヨハネ）は、彼に洗礼を授けてもらうために出て来た群衆に言った。「蝮の子孫たちよ、迫り来る〔神の〕怒りから逃れられると、誰があなたたちに教えたのか。⁸ そうであるなら、悔い改めにふさわしい実を結べ。そして『自分たちの父はアブラハムだ』などと自分自身の中で言い始めるな。なぜなら、私はあなたたちに言っておくが、神はこんな石ころからでもアブラハムの子たちを造り出すことがおできになるのだから。⁹ また、すでに斧も木々の根元に置かれている。だから、良い実を結ばない木はすべて切り倒されて火に投げ込まれる」。

¹⁰ そこで群衆は、「それでは、私たちは何をすればよいのでしょうか」と彼に尋ねて言った。¹¹ すると彼は彼らに答えて言った。「下着を二枚持っている者は持っていない者に分けてやりなさい。食べ物を持っている者も同じようにしなさい」。¹² 徴税人たちもまた洗礼を受けるために来て、「先生、私たちは何をすればよいのでしょうか」と彼に言った。¹³ すると彼は彼らに、「命じられた〔額〕以上のものは取り立ててはならない」と言った。¹⁴ 兵士たちもまた、「この私たちは何をすればよいのでしょうか」と彼に尋ねて言った。すると彼は彼らに言った。「誰からもゆすり取ったり、また、〔誰をも〕恐喝したりしてはならない。そしてあなたたちの給料で満足しなさい」。

¹⁵ ところで、民は〔キリストを〕待ち望んでおり、すべての人はヨハネについて、もしかしたら彼がキリストではないかとその心の中で考えていた。¹⁶ そこでヨハネは皆に答えて言った。「この私はあなたたちに水で洗礼を授けるが、私よりも強い方が来られる。私はその方の履物のひもをほどく値打ちもない。その方ご自身は聖霊と火であなたたちに洗礼を授けられる。¹⁷ そして、その手に箕を持ってその脱穀場を隅々まで掃き清め、麦をその倉に集め、殻を消えない火で焼き払われる」。

¹⁸ このように、彼はほかにも多くのことを勧告し、民に福音を告げ知ら

せた。

¹⁹ ところで、四分領主ヘロデは、自分の兄弟の妻ヘロディアとのことについて、また、自分（直訳：「ヘロデ」）が行ったあらゆる悪事について、彼（ヨハネ）に非難されたので、²⁰ ヨハネを牢に閉じ込め、〔こうして〕彼（ヘロデ）は、それまでのすべての〔悪〕事にこれを加えた。

【形態／構造／背景】

　一連の誕生・幼少期物語（1:5–2:52）に続くこの段落には成人後のヨハネの宣教活動について記されているが（1:80 参照）、これ以降、ルカは基本的にマルコ福音書の筋に従い、さらに Q 資料等も用いつつ記述している。その意味でも、この段落は時間的にも内容的にも先行する誕生・幼少期物語とは明らかに区別されており、まさにここから、福音書の本来の主題であるイエスの宣教活動の記述が始められることになる。

　この段落は、ヨハネの召命（1–6 節）、ヨハネの説教（7–18 節）及びヨハネの投獄（19–20 節）の三つの部分から構成されている。また、中心に位置するヨハネの説教の箇所には主題の異なる三つの説教が含まれており、それぞれ、終末的説教（7–9 節）、倫理的説教（10–14 節）、キリスト論的説教（15–17 節）と特徴づけられる。この箇所全体は以下のような構成になっている。

　　（１）ヨハネの召命（1–6 節）
　　　　(a) 序：歴史的背景（1–2 節）
　　　　(b) ヨハネの登場とイザヤの預言の引用（3–6 節）
　　（２）ヨハネの説教（7–18 節）
　　　　(a) 悔い改めの呼びかけ：終末的（黙示的）説教（7–9 節）
　　　　(b) 具体的な倫理的勧告：倫理的説教（10–14 節）
　　　　(c) 来たるべきキリストの告知：キリスト論的説教（15–17 節）
　　　　(d) ヨハネの宣教の要約的報告（18 節）
　　（３）ヨハネの投獄（19–20 節）

　この段落はマルコ 1:2–8、マタイ 3:1–12 及びヨハネ 1:19–28 に並行し

ているが、複数の資料からの記述が複雑に絡み合う形で構成されている。

歴史的状況について記す冒頭の 1–2 節はルカ 2:1–2 の記述内容に対応し、また同 1:80 とも密接に関わっており、ルカの編集句であろう（Schürmann 1990:153, n. 45 参照）。イザヤ書からの引用句を含む次の 3–4 節は総じてマルコ 1:2–4 に依拠している。確かに、マルコ 1:2 におけるマラキ 3:1 及び出エジプト 23:20 からの引用句がルカとマタイでは別の箇所で引用されている点（ルカ 7:27 // マタ 11:10）、マルコにおいてはイザヤ書の引用の後にヨハネに関する記述が続いているのに対してルカとマタイでは逆の順序になっている点、ルカとマタイにのみ「ヨルダン川沿いの地域一帯」（πᾶσα (ἡ) περίχωρος τοῦ Ἰορδάνου）という表現が見られる点（ルカ 3:3 // マタ 3:5）等、マルコに対するルカとマタイの共通点も幾つか確認できるが、マルコの影響が明らかな以上、この箇所を Q 資料に帰すことはできないであろう（Bovon 1989:166; Schürmann 1990:161; Marshall 1995:132 に反対）。なお、これらの弱小一致のすべてがマタイとルカそれぞれの編集作業によるとも考えにくいことから（Fitzmyer 1983:452 に反対）、双方の福音書記者はマルコの改訂版を用いたと考えられる。さらに、マルコやマタイではイザヤ 40:3 のみが引用されているのに対し（ヨハ 1:23 参照）、ルカにおいては後続の箇所（イザ 40:4, 5b）も併せて引用されているが（5–6 節）、これはルカが自らの編集的意図から付加したのであろう（Sahlin 1949:19f）。

7–9 節は逐語的にマタイ 3:7–10 に並行しており、Q 資料に由来すると考えられる。説教の対象を示す導入部分のみが異なっているが、「ファリサイ派とサドカイ派」（マタ 3:7a）という歴史的に考えにくい組み合わせはおそらくマタイの編集句であり（ルツ 1990:204）、ルカの「群衆」の方が原初的と考えられる。なお、ブルトマン（1983:200）は、この箇所はキリスト教の伝承において流布していたもので、後にヨハネの口に置かれたと主張している。

10–14 節は、マルコやマタイに並行記事が見られず、また前後の文脈を乱していることから、二次的に付加された可能性が高い。一部の研究者は、この箇所を Q 資料に帰し、マタイがこれを削除したと見なしているが（Schürmann 1990:169; Marshall 1995:142）、マタイがこの箇所を削除しなければならない明確な根拠は見出せない。一方で多くの研究者はこの

箇所をルカ特殊資料に帰しているが（T. W. Manson 1949:253f; Grundmann 1961:103; Böcher 1979:31)、7–9 節を前提とし、8 節の悔い改めの要求を展開させているこの箇所が、文脈とは無関係に独立して伝承されたとは考えにくい（Horn 1983:92f）。そこで、この箇所はルカ版 Q 資料に由来するのか（Sato 1988:54f, 61)、ルカによる編集的付加であるのか（Loisy 1924:136; Hoffmann 1972:16 n. 5; Horn 1983:92f; Evans 1990:240)、二つの可能性が考えられるが、この箇所には、ἐπηρώτων ... λέγοντες（尋ねて言った [10, 14 節；さらに 9:18; 18:18; 20:21; 21:7; 使 5:27 参照]）や τί ποιήσωμεν（私たちは何をすればよいのでしょうか [10, 12, 14 節；さらに 10:25; 18:18; 使 2:37; 16:30; 22:10 参照]）、分詞を結合する δέ (...) καί（12, 14 節 [共観福音書用例 31 回中ルカ福音書に 26 回使用]）、《εἶπεν(-αν) πρός + 対格》という構文、πράσσω（取り立てる [マコ／マタに見られない一方でルカ文書に 19 回使用]）等、多くのルカ的表現が含まれ（Jeremias 1980:33, 67–70, 106–109; Horn 1983:92f 参照)、さらに、三重の問いと答え（9:57–62; 14:18–20; 14:26–27, 33 参照)、徴税人の洗礼、社会的援助の勧告等のルカに特徴的な要素も確認されることから、ルカによって編集的に構成されたのであろう。もっとも、パレスチナの貧しい人々の社会的状況を前提とする 10–11 節に関しては、伝承に遡る可能性も考えられ（ショットロフ・シュテーゲマン 1989:225)、これらの節はルカ以前に、同様に群衆を対象とする 7–9 節と結合しており（ルカ版 Q？)、ルカはこれに自らが構成した 12–14 節を付加したのかもしれない。ブルトマンによると、10–14 節は 11 節の伝承句から「（ルカ自身によって？）紡ぎ出された、比較的遅いヘレニズム的形成句である」(1983:250)。

　ルカ的語彙を多く含む 15–16a 節及び 18 節の要約的記述はルカの編集句であろう（Jeremias 1980:109–111 参照）。16 bcd 節はマルコ 1:7–8 と Q 資料（マタ 3:11 参照）が結合する形で構成されており（ヨハ 1:26–27, 33 参照)、17 節は Q 資料（マタ 3:12 参照）に由来する。19–20 節はマルコ 6:17–18 に由来し、ルカはイエスの登場以前にヨハネの投獄について報告しているが、これによってヨハネをイエスの先駆者として描き出そうとするルカの視点が一層明らかとなる。

　以上のことからも明らかなように、ルカは主にマルコ及び（ルカ版）Q 資料を用いつつ、この箇所全体を編集的に構成したのであろう（この段落

を全体としてQ資料に帰すBovon 1989:166f; Schürmann 1990:148以下に反対）。

【注解】

1–2節

冒頭部分ではまず、成人したヨハネが現れた状況について、ギリシア・ローマの史料編纂の慣習を反映する年代的記述を用いて述べられており（トゥキュディデス『歴史』2:2; ポリュビオス『歴史』1:3; ヨセフス『ユダヤ古代誌』18:106 他参照）、ルカはそのように歴史的背景から書き始めることによって、福音書の記述を当時の世界史的文脈に位置づけようとしている（1:5; 2:1–2参照）。その一方で、マタイの並行箇所では「さて、その頃」（ἐν δὲ ταῖς ἡμέραις ἐκείναις）と漠然とした表現で記され（マタ3:1）、マルコにおいては年代設定については全く触れられていない。また、マルコが荒れ野におけるヨハネの宣教活動についてのみ述べているのに対し（マコ1:4）、ルカは「**神の言葉が荒れ野でザカリアの子ヨハネに臨んだ**」と記すことにより召命の場面を作り上げ、ヨハネの活動の背後における神の働きを印象づけている。事実、この「神の言葉が〜に臨んだ」（ἐγένετο ῥῆμα θεοῦ ἐπί ...）という表現は、預言者の召命に際してしばしば用いられる旧約の定型表現であり（エレ1:2, 4, 11; エゼ1:3; ホセ1:1; ヨエ1:1; ヨナ1:1; ミカ1:1 他参照）、ヨハネを「至高者の預言者」（1:76）と見なすルカの理解に対応している。また「荒れ野」（ἔρημος）は、シナイにおける神の啓示以来、神の啓示の場と見なされている（1:80参照）。

1節における支配者の列挙は、正確な年代を表示するというよりも、当時のパレスチナの歴史的・政治的状況を指し示す機能を果たしている。年代算定に関しては、冒頭の「**皇帝ティベリウスの治世の第15年**」が最も貴重な情報を提供している。ティベリウス帝の治世は紀元14–37年であり、ルカがティベリウスの治世をどの年を起点に数えたかによって（即位の年を算入したかどうかによって）第15年の年代設定に若干のずれが生じるが、紀元27–28年頃と考えられる。また、後にイエスの裁判において大きな役割を果たすことになるポンティオ・ピラトは五代目のユダヤ総督であった（後26–36在位）。ガリラヤの四分領主ヘロデとはヘロデ大王（1:5

参照）の息子のヘロデ・アンティパスのことで（前4–後39在位）、ガリラヤの他、ヨルダン東岸地域のペレアも支配していたが、このヘロデが後にヨハネを投獄し（3:19–20）、イエスの死の直前に彼を尋問する（23:7以下）。また同時期に、彼の異母兄弟ヘロデ・フィリポがパレスチナ北部のイトラヤとトラコンを（前4–後34在位）、リサニア（後37没）がダマスコ北西、ヘルモン山の傾斜地帯であるアビレネを支配していた。

これらの政治的支配者に続いて、さらにアンナスとカイアファの二人の「**大祭司**」（単数形）の名が挙げられる（2節）。実際にはカイアファ（マタ26:57以下；ヨハ11:49参照）のみがこの時期に大祭司の地位にあったが（後18–36在位）、彼の舅のアンナス（後6–15在位）はその職をカイアファに譲った後も強大な権力を持ち続け、「大祭司」と呼ばれていた（ヨハ18:13–14, 19–24; 使4:6; ヨセフス『ユダヤ古代誌』20:198参照）。

以上の記述はヨハネ登場の時期に関しては大よその年代を提示するに過ぎないが、イエスの活動に関わる最初の出来事を当時の世界史的枠組みに組み入れる機能を果たしている（使26:26参照）。この新しい始まりは、元来のルカ福音書がここから始まっていたことを証明するものではないが、それでも、この記述によって「私たちの間で成就した事柄」（1:1）に関する記述が本来の意味で始まることを示している（使1:22; 10:37参照）。

3節

荒れ野で神の言葉を受けたヨハネは、ヨルダン川沿いの地域に赴いて、罪の赦し（1:77参照）に至る悔い改めの洗礼を宣べ伝えた。マルコやマタイにおいては、ユダヤやエルサレムから人々が荒れ野にいたヨハネのもとにやって来たと記されているのに対し（マコ1:5 // マタ3:5）、ルカにおいてはヨハネ自らが荒れ野からヨルダン川流域に赴いて宣教したと記されており（ヨハ1:28; 3:22–23参照）、ヨハネは一種の巡回説教者として描かれている（コンツェルマン1965:31）。このようにルカは、（3:4; 7:24にも拘らず）ヨハネの召命の場所としての荒れ野と宣教の場所としてのヨルダン川流域（ソドムとゴモラの暗示？［創13:10参照］）を区別しているが、それと同時にイエスとヨハネの活動領域も区別し、ヨハネを専らヨルダン川に結びつけ、ヨハネに関わる箇所ではエルサレムやユダヤを削除している（コンツェルマン1965:32）。

悔い改めの洗礼の宣教の内容については後続のイザヤ書からの引用句及びヨハネの説教において示されるが、ここでは洗礼行為そのものは特に強調されておらず、マルコやマタイとは異なり、ルカはヨハネを洗礼者として紹介していない（cf. マコ 1:4：Ἰωάννης [ὁ] βαπτίζων ／マタ 3:1：Ἰωάννης ὁ βαπτιστής）。ルカはまた、ヨハネの奇異な服装や生活スタイル（1:15; 7:33 のみ参照）や人々の罪の告白と受洗については触れていない（マコ 1:5–6 // マタ 3:4–6）。

4 節

　このヨハネ登場の記述の直後にイザヤ書の引用句が続き、ヨハネの出現はイザヤの預言の成就として捉えられている。まず、「**主の道を備え、彼の小道をまっすぐにせよ**」という荒れ野で叫ぶ者の声に言及されるが、イエスはここで「主」と見なされ、その主の到来に対して民に準備させていたという意味で、ヨハネは主の道を備える者（1:17, 76 参照）として描かれている。事実、いずれの共観福音書記者も、イザヤ 40:3 LXX の「私たちの神の小道」（τὰς τρίβους τοῦ θεοῦ ἡμῶν）を「彼（＝主）の小道」（τὰς τρίβους αὐτοῦ）に置き換えることにより、ヨハネが備える「**主の道**」をイエスの道と解している。

5–6 節

　ルカだけが、さらに続けてイザヤ 40:4, 5b を引用している。ここでは、「**すべての谷は埋められ、すべての山と丘は低くされる**」、「**曲がったところはまっすぐになり、粗野な道は平らになる**」という二重の並行句によって、イエスの先駆者としてその道を整えるヨハネの使命が示されている。それと共にここでは、社会的不均衡の是正、すなわち、高ぶる者が低くされ、へりくだる者が高められる状況が示唆されており（Schweizer 1986:46; さらに 1:51–53; 18:9–14 他参照）、ヨハネの宣教の倫理的側面が強調されている（10–14 節参照）。また、これに続く「**すべての者**」（πᾶσα σάρξ）は神の救いを見る（2:30 参照）という引用句は、シメオンの賛歌の後半部（2:31–32）と同様、ルカの普遍的救済思想を示している（24:47; 使 28:28 も参照）。

7 節

ヨハネは人々に語り始めるが、ルカにおいては、「ユダヤとエルサレムの住民」(マコ 1:5) でもファリサイ派やサドカイ派 (マタ 3:7) でもなく、「**群衆**」(ὄχλοι)、そして「**民**」(λαός [15, 18 節]) がその対象になっている。さらに、マルコやマタイにおいては、彼らがユダヤやエルサレム地域からやって来たと明言されているのに対し (マコ 1:5 // マタ 3:5)、ルカにおいてはそのような限定はなく、ヨハネの説教はより広い対象に向けられている。

これらの人々はヨハネから洗礼を受けるためにやって来たが、ヨハネが人々に洗礼を授けたことをマルコやマタイが早々に報告しているのに対し (マコ 1:5 // マタ 3:6 参照)、ルカは暗示するに留まっており、16 節において初めてヨハネが人々に洗礼を授けていた事実に言及している。ここで人々は、ヨハネから「**蝮の子孫たち**」と呼びかけられ、来たるべき神の怒り (裁き) に関して警告を受ける。「**蝮の子孫たち**」という表現は明らかに否定的な意味を含んでいるが (イザ 59:4 以下; マタ 12:34; 23:33 参照)、ファリサイ派やサドカイ派らの敵対者が語りかけられているマタイの場合とは異なり、一般の群衆が対象となっているルカの文脈においては一層辛辣な印象を与えている。また、「**誰が……教えたのか**」という修辞疑問文による問いかけは、救いの可能性を完全に否定している (Sahlin 1949:31) とまでは言えないまでも、明らかに審判の威嚇を強調しており、後続の裁きの主題を導入すると共に、裁きから逃れるために慌てて洗礼を受けようとする群衆の姿を暗示している。ここでは、審判の威嚇によって洗礼が勧められているというよりも、来たるべき審判からの救いを安易に得ようとする洗礼志願者の態度に対して警告が発せられており、洗礼は救いを保証するものではなく悔い改めに導くものであり (Sahlin 1949:32f)、その意味で、洗礼そのものの意義はやや相対化されている。事実、ヨハネの将来の働きについて述べられた誕生物語の記述 (1:15–17, 76–77) においても洗礼については全く言及されていない。

8 節

ここでヨハネは、単に悔い改めることだけではなく、それに「**ふさわしい実**」を結ぶように人々に要求している (8 節 // マタ 3:8; さらに使 26:20 も

参照)。ルカはまた、マタイとは異なり、「**実**」を複数形で表現しているが (D, W 他の一部の写本では単数形)、それによって様々な善い業 (10–14 節参照) が意図されているのであろう (Hoffmann 1972:17f; Fitzmyer 1983:468; Wolter 2008:159)。この要求に続いて、神は「**石ころからでも、アブラハムの子たちを造り出す**」ことができると述べることにより、非ユダヤ人 (異邦人) からでもアブラハムの子たちを造り出せる神の権威が強調され、審判からの救いの保証を血統上アブラハムの子孫 (ヨハ 8:33, 37, 39 参照) であることに求めようとする態度が非難されるが (Bill. I:116–121 参照)、ここにも普遍的救済の視点が認められる。なお、この箇所については、アブラハムを岩になぞらえるイザヤ 51:1–2 への暗示やアラム語における語呂合わせ (岩 [複数] = אבניא、息子たち = בניא) がしばしば指摘される。

9 節

木の根元に置かれている「**斧**」のイメージは、間近な審判を示唆している (17 節も参照)。この斧は良い実を結ぶ木とそうでない木とを区別し (13:6–9; マタ 7:15–20 参照)、良い実を結ばなかった者は火の中へ、すなわち破滅の審判の中へと投げ込まれる (イザ 10:33–34; マラ 3:19 参照)。おそらくルカはこの警告を、彼の時代の読者にも向けようとしていたのであろう (Bovon 1989:171)。

10–11 節

10–14 節は、直前の 7–9 節と οἱ ὄχλοι (群衆 [7 節／10 節])、βαπτιθῆναι (βαπτίζω [洗礼を授ける] の不定法アオリスト形受動態 [7 節／12 節])、ποιέω (する／[実を] 結ぶ [8, 9 節／10, 12, 14 節]) を共有していることからも明らかなように、その内容を受けて、悔い改めにふさわしい実 (8 節) の具体的内容を示そうとしている。この箇所はヨハネと三種の人間集団 (群衆、徴税人、兵士) との三重の対話から成り、それぞれの対話は、「**私たちは何をすればよいのでしょうか**」 (τί ποιήσωμεν) という問いとそれに対する返答から構成されている。注目すべきことに、彼らに勧告されているのは、犠牲奉献や祈りや断食等のユダヤ教の伝統的な悔い改めの業ではなく (マタ 6:1 以下; ルカ 18:12 参照)、いずれも所有 (財産) に関わる倫理的行為である。その意味でも、ルカはここで、伝承における悔い改めの終末論的意

味及びその洗礼との関係性を意識しながらも悔い改めを倫理的行為の視点から捉え直しているが（Sahlin 1948:57）、ヨセフスの『ユダヤ古代誌』18:116–119 も、洗礼者ヨハネを人々に倫理的行為を勧告した人物として描いている。なお、使徒行伝 2:37 では、ペトロの説教を聞いて同様の問いを発した群衆が、悔い改めてイエス・キリストの名によって洗礼を受けるようにペトロから勧告されている。

最初に、ヨハネの説教を聞いていた群衆が、自分たちが何をなすべきかとヨハネに尋ねるが、これに対してヨハネは、「**下着を二枚持っている者は持っていない者に分け**」与え（6:29 及びヤコ 2:15–17 参照）、食べ物についても同様にするように勧告する（ヨブ 31:16–20; イザ 58:7; エゼ 18:7, 16; トビ 1:17; 4:16 参照）。二枚目の下着は夜の寒さをしのぐためのものか、着替え用のものであろう（9:3; マコ 6:9 参照）。注目すべきことに、これらの勧告は富裕者に対してではなく、一般の群衆、すなわち貧しい庶民に対して向けられており、その意味では「極貧の者たち相互の間での連帯」（ショットロフ・シュテーゲマン 1989:225）が示唆されている。なお、この分かち合いのモチーフは、使徒行伝におけるエルサレムの信徒たちの財産共有の記述（使 2:44–45; 4:32–37; 5:1–11）においてさらに展開されていくことになる。

12–14 節

第二、第三の勧告はそれぞれ徴税人と兵士に向けられる。この徴税人や兵士を群衆に含める研究者も多いが（Schneider 1984:87; Marshall 1995:143 他）、δέ (...) καί（12, 14 節）及び三度にわたる同一の問いかけの反復は、三者が相互に区別されていることを示している。

徴税人たちも洗礼を受けるためにヨハネのもとにやって来て、ヨハネに「**先生**」（διδάσκαλε）と呼びかけ、群衆と同様、自分たちは何をなすべきかと尋ねている。それに対してヨハネは、規定以上の税金を取り立てないように勧告するが、このことは、彼らがしばしば職権を濫用してユダヤの民衆から不当に税を徴収していたことを示している（19:1–10 参照）。

兵士たちもまた同様の問いを発するが、それに対してヨハネは、人から金をゆすり取ったり、騙し取ったりせずに自分の給料で満足するように勧告している（ヨセフス『自伝』244;『ユダヤ戦記』2:581 参照）。一部の研究者は、ここに出てくる兵士を徴税人の従者と見なしているが（Plummer

1989:92; Nolland 1989:150; カルペパー 2002:98 他)、必ずしもそのように解する必要はなく (Herrenbrück 1990:252)、彼らはローマの軍隊ではなく、ヘロデ・アンティパスの軍隊であったと考えられる。エレミアス (1978:96f n. 19) は、彼らはユダヤ人であったと断定しているが (H. Klein 2006:166 も同様)、ヘロデ・アンティパスの軍隊には、彼の父ヘロデの軍隊と同様 (ヨセフス『ユダヤ古代誌』17:198 参照)、非ユダヤ人も含まれていたと考えられる。あるいはルカは、将来の異邦人宣教の観点から、ここではローマ人の軍隊のことを想定していたのかもしれない (Bovon 1989:174 n. 39)。

注目すべきことに、徴税人と兵士に対しては職業の放棄ではなく報酬の正当な獲得が求められており、そこでは貪欲を抑制する態度 (節制) が問題になっている。さらに興味深いのは、ここで特に徴税人と兵士が言及されている理由である。両者に対する勧告内容からも明らかなように、彼らはその貪欲ゆえの不正行為のためにユダヤの民衆からは忌み嫌われていたと想定されるが、ルカ文書においては、徴税人 (5:27-29; 7:29; 15:1; 18:9-14; 19:1-10) も兵士 (7:1-10; 23:47; 使 10:1-8; 16:25-34) も総じて肯定的に描かれている。おそらくルカは、彼らのように周囲の人々から嫌悪されていた者たちが (さらに異邦人も含めてあらゆる者が) ヨハネの教えを受け入れたことを強調し、さらに、悔い改めと貪欲の抑制との関係を明らかにするために両者に言及したのであろう。あるいは、国家組織に組み入れられていた徴税人や兵士に対してキリスト教会が受容的であることを示すことによって、支配層に対するキリスト教会の忠誠を印象づけようとするルカの護教的視点が背景にあるのかもしれない (Petzke 1990:70f)。なお、ここには徴税人や兵士が属していたルカの時代のキリスト教会の状況が反映されているとする見解も見られるが (Horn 1983:95)、当時の教会に徴税人が属していた可能性は否定できないまでも、キリスト者の兵士の存在が確認できるのは紀元 2 世紀以降である。

15 節

15 節以下ではヨハネのキリスト論的な宣教内容に言及されているが、ルカは主に Q 資料から採られた説教部分 (16-17 節) を自らの編集句 (15, 18 節) で枠付けている。ここでヨハネの説教の聴衆は「群衆」(ὄχλοι [7, 10 節]) から「民」(λαός [15, 18 節]) に移行しているが、ルカにおいて

λαός は、神の言葉を受け入れ、救いを待ち望む存在として肯定的に捉えられている（1:10, 17, 68, 77; 2:10, 31–32）。また、彼らのキリスト待望に関する 15 節の記述（7:19; 使 13:25; ヨハ 1:19 以下；3:28; ゼカ 9:9 参照）は主題を再び将来の事柄に転換させているが、ここでは神の裁きよりもむしろキリストの到来（救い）に焦点が移っている。すべての人がヨハネこそ待ち望んでいた「**キリストではないか**」と考えていたというルカに特有の記述（ヨハ 1:19–23 参照）は、直前のヨハネの倫理的勧告（10–14 節）の内容とは必ずしも適合しないが、これにより、来たるべきキリストであるイエスの到来がより効果的に描き出されることになる。

16–17 節

民のこのような考えに対して、ヨハネはここで、来たるべきキリスト（メシア）とその偉大さについて三重の仕方で証言している（7:18–20 も参照）。第一に、その来たるべき方はヨハネよりも強く、ヨハネはその方の履物のひもをほどく値打ちもないと述べられる（マコ 1:7; ヨハ 1:27 参照）。「**私よりも強い方**」（ὁ ἰσχυρότερός μου）は、元来の文脈ではおそらく神を指しており、また当時、履物のひもをほどくのは奴隷の仕事と考えられていたため、「**履物のひもをほどく値打ちもない**」という表現は、ヨハネにとってイエスが遠く隔たった存在であることを強調している。なお、ルカがマルコ 1:7 の ὀπίσω μου（私のあとから）を省略したのだとすれば、それはイエスがヨハネの後継者のように見なされることへの抵抗からかもしれない（もっとも使 13:25 を参照）。

第二に、ヨハネが水で洗礼を授けるのに対し、その人物は「**聖霊と火で**」（ἐν πνεύματι ἁγίῳ καὶ πυρί）洗礼を授けるという点が挙げられる。このようにルカは、マルコとは異なり、聖霊のみならず火にも言及しているが（マタイも同様）、「聖霊による洗礼」が聖霊を分かち与える洗礼として理解されるのに対し、「火」は旧約において裁きの象徴であり、「火による洗礼」は元来、終末の審判を意味していたのであろう。それに加えて、前出の 9 節及び直後の 17 節でも「火」が裁きの文脈で用いられていることから、悔い改める者には「聖霊」が与えられ、悔い改めない者には「火」の裁きが下されるという理解も不可能ではなく（Schweizer 1986:49; Schürmann 1990:174f）、事実マタイにおいては、「火による洗礼」は最後

の審判との関連で捉えられている（ルツ 1990:206f）。しかしながら、ルカにおいてはその観点は特に強調されておらず、むしろここでは聖霊注ぎのイメージで捉えられている（使 2:3 以下参照）。その一方で、使徒行伝 1:5 及び 11:16 では、マルコ 1:8 と同様、聖霊による洗礼についてのみ記されており、火による洗礼についての記述はない。因みにこの 16 節全体は、(a) ヨハネの水による洗礼、(b) ヨハネより強い人物の到来、(c) その人物の靴のひもを解く値打ちもないヨハネ、(d) その人物の聖霊と火による洗礼、というようにキアスムス（交差配列法）によって構成されている (a.d / b.c)。

そして第三に、その来たるべき人物は神の裁きを実行する裁判官として表現されるが、それは、手に箕を持って脱穀場を徹底的に掃き清め、麦を殻からより分けることによって集め、殻を「火で焼き払う」農夫のイメージで描かれている。9 節の描写とは異なり、ここでは二段階の裁きが描かれており、破滅のみならず収穫物の収集も同時に表現されている。箕を持つ農夫の描写は裁きの時期が間近に迫っていることを暗示しているが、ルカはこの言葉を間近な終末の意味で理解したのではなく、イスラエルの分裂のことを考えていたのであろう（2:34 参照）。

18 節

ここにおいて 7 節以降のヨハネの宣教活動に関する記述が締めくくられる。ここにはヨハネが「**ほかにも多くのことを勧告し、民に福音を告げ知らせた**（< εὐαγγελίζομαι）」とあり、その意味でもルカは、ヨハネの活動を一概に古い律法と預言者の時代に限定しているわけではなく（コンツェルマン 1965:38–40 に反対）、イエスの宣教との関連においてイエスの先駆者として捉えている（Fitzmyer 1989:106–110 参照）。しかしその一方で、神の国の福音はヨハネによってはまだ告知されず（マタ 3:2 参照）、ヨハネは新しい時代に向かう流れの途上に位置づけられている（16:16 参照）。

19–20 節

洗礼者ヨハネの宣教に関する段落は、ヨハネの投獄の記述によって結ばれる。ヨハネの投獄をイエスの受洗の前に位置づけている点で、ルカの記述は他の福音書と異なっているが、ヨハネの投獄を契機としてイエスが

活動を開始したというのは歴史的事実であったかもしれない（マコ 1:14 参照）。ここでルカは、ヘロデ・アンティパス（3:1 参照）はヘロディアのことや彼自身の悪事のことでヨハネに責められたために彼を投獄したとのみ記し、ヘロデが異母兄弟の妻ヘロディアを奪って結婚したという具体的内容には言及していない（マコ 6:17–18; さらにヨセフス『ユダヤ古代誌』18:109–110 参照）。さらにルカは、おそらくヨハネが二人の弟子をイエスのもとに遣わしたという後出のルカ 7:18 以下の記述との不整合を避けるために、ヨハネがその直後にヘロデによって殺害されたという点についてはここでは触れずに（マコ 6:19–29 参照）、後になってその殺害の事実に言及している（9:9）。この箇所から、コンツェルマン（1965:34）が指摘するように、ルカがイエスの活動の時期をヨハネの活動の時期から明確に区別しようとしたと結論づけられるかどうかは明らかではないが（16:16 参照）、いずれにせよルカは、ヨハネの活動について語り終えた後に、受洗に始まる一連のイエスの物語を語り始めている。なおヨセフスは、ヨハネは死海近くの要塞マケルスに連行され、その地で処刑されたと伝えている（『ユダヤ古代誌』18:116–119 参照）。

【解説／考察】

　他の福音書記者と同様、ルカにおいてもイエスの最初期の宣教活動の記述の直前に洗礼者ヨハネの宣教活動について述べられているが、ルカはヨハネの授洗活動については具体的に記述せず、暗示するに留まっており（3:3, 7, 12, 16, 21 参照）、ヨハネはここで洗礼者というよりも悔い改めの洗礼を宣べ伝えた説教者（宣教者）として描かれている。事実、ルカはヨハネを、来たるべき救いと裁きを預言する預言者、そしてまた倫理的勧告を述べる説教者として描いており、洗礼そのものの意義はやや相対化されている（3:7 参照）。

　すでに先の誕生物語において、ルカはヨハネをイエスの先駆者として描いていたが、このヨハネ宣教の記事においてその点が一層明らかになる。事実ルカにおいては、この段落の末尾でヨハネの投獄が報告されることにより、ヨハネの活動の終焉が明らかに示されており、それ以降はイエスとその活動に焦点が当てられていくことになる。

ヨハネの説教の中心に位置する倫理的説教（10–14 節）はルカに特有の記事であるが、そこで人々はヨハネに対して繰り返し、「私たちは何をすればよいのでしょうか」という問いを発している。同様の問いは、律法の専門家や金持ちの議員も永遠の生命の獲得の文脈において発し（10:25; 18:18）、ペンテコステの日にペトロの説教を聞いた群衆も発しているが（使 2:37）、まさにこの問いはすべての人間にとって根源的な問いであり、私たちを新しい生き方へと導いていく。

　ヨハネはそのような群衆の問いかけに対して、衣服や食料をもたない貧者を支援するように要求するが、注目すべきことに、ここで支援を要求されているのは、金持ちや資産家ではなく、下着を二枚しかもたない、自らも貧しい人々である。ともすると私たちは、困窮者のための救援募金や義捐金の依頼を、自分自身も経済的に余裕がないことを口実に断ろうとするが、このヨハネの要求は、まさにこの種の要請を日頃から遠ざけようとしている私たち一人ひとりに向けられている。

2. イエスの受洗 （3:21–22）

【翻訳】

3:21 さて、すべての民が洗礼を受け、イエスもまた洗礼を受けて祈っていると、天が開かれ、22 聖霊が鳩のように姿形を伴って彼の上に降って来た。すると、「あなたは私の愛する子、あなたは私の心に適った」という声が天から起こった。

【形態／構造／背景】

　マルコやマタイと同様、ルカにおいてもヨハネの宣教に関する記述のあとにイエスの受洗の記事が続いているが、ここにおいて初めて成人したイエスが登場することになる。一文で構成されたこの記事は、マルコ 1:9–11、マタイ 3:13–17、ヨハネ 1:29–34 に並行しているが、他の福音書

記者とは異なり、直前の箇所でヨハネの逮捕・投獄（3:19-20）に言及したルカは、この記事を先行するヨハネの宣教活動報告（3:1-20）から明確に区別している。また、ルカにおいてはイエスの受洗についてはごく簡潔に記され（Ἰησοῦ βαπτισθέντος）、焦点はむしろその直後に起こる、天が開かれ、聖霊が降り、天から声が起こるという三つの超自然的現象に当てられている。その意味でも、この記事は洗礼者ヨハネからイエスへと焦点が移行していく過渡的な段階に位置づけられているが、冒頭の民の洗礼への言及は、群衆が洗礼を受けるためにヨハネのもとを訪れたという前段の記述（3:7）と結びつき、また、ヨハネの登場に際してと同様（3:2）、このイエス登場の場面においても旧約章句に基づく神の言葉に言及されている（22節）。さらにこの箇所は、神の子のモチーフにおいて後続の段落（3:23-38; 4:1-13）とも結びついている。

ルカのテキストは基本的にマルコの記述に並行しており、単数形の「天」や祈りへの言及等のマルコとの相違点は、総じてルカの編集によるものと考えられる。確かに、ルカとマタイとの間には、βαπτισθῆναι（受洗する［21節／マタ3:13］）、マルコ1:10の「裂ける」（＜σχίζω）に対する「開かれる」（＜ἀνοίγω［21節／マタ3:16］）、εἰς αὐτόν（マコ1:10）に対するἐπ᾽ αὐτόν［彼の上に］（22節／マタ3:16）等の共通点が認められるが、両者の並行性は背後にQ資料を想定できるほど顕著ではなく（Grundmann 1961:106f; Schürmann 1990:197, 218f 他に反対）、また、それ以外の資料も想定できない（エレミアス 1978:99 に反対）。以上のことからも、ルカはマルコを唯一の資料として用い、それに編集の手を加えつつこの箇所を構成したのであろう。

【注解】

21節

民が皆洗礼を受け、イエスもまた洗礼を受けて祈っているときに、天が開かれ、聖霊がイエスの上に降り、天から声が聞こえてきた。この洗礼の場面においてイエスは「**すべての民**」と並置されているが、ここではイエスと民（λαός）との連帯が示唆されているのかもしれない（Feldkämper 1978:49; Eckey 2004:201; H. Klein 2006:171）。ルカにおいてはまた、イエ

スがガリラヤのナザレからヨルダン川にやって来たという記述は見られず（マコ 1:9 // マタ 3:13 参照）、洗礼を授けた人物（ヨハネ？）についても明記されていない。

洗礼者ヨハネによるイエスの洗礼については、マルコにおいては明らかに肯定的に記され（マコ 1:9）、マタイにおいては肯定されつつもその正当性が強調されているが（マタ 3:14–15）、ヨハネ福音書においてはイエスの受洗については触れられていない（ヨハ 1:32–33 参照）。このような描写の相違は、罪の赦しに関わる受洗は神の子たるイエスに相応しくないとする最初期のキリスト教会の理解と関連しており、おそらくルカも、イエスがヨハネから洗礼を受けるという記述に問題を感じていたのであろう。また、マルコとマタイが、イエスが受洗後、水の中から上がってきた直後にその後の一連の現象が起こったと記しているのに対し、ルカにおいては、洗礼が完了した後（βαπτισθέντος［アオリスト分詞］）、イエスが祈りをささげていた際に（προσευχομένου［現在分詞］）、それらの現象が起こったと記されており、それらの現象はイエスの祈りに対する神の応答として描かれている。事実、ルカのイエスは、生涯の節目となる時期にしばしば祈りをささげており（【トピック：ルカにおける祈り】［本書147–48頁］参照）、それによって神とイエスの緊密な父子関係が示されている。

天における三つの現象は、相互に密接に関わっている（十二遺訓レビ 18:6; シリア・バルク 22:1 参照）。最初に天が開かれるが、これはユダヤ黙示文学のモチーフの一つであり、神の顕現等の現象が起きることを予期させる（イザ 63:19; エゼ 1:1; ヨハ 1:51; 使 7:56; 10:11; 黙 19:11 参照）。

22 節

天が開かれる最初の現象に続いて、聖霊がイエスの上に降って来る（使 2:3–4, 17 参照）。マルコでは「霊」（τὸ πνεῦμα）、マタイでは「神の霊」（[τὸ] πνεῦμα [τοῦ] θεοῦ）となっているのに対し、ルカのみが「**聖霊**」（τὸ πνεῦμα τὸ ἅγιον）と記しているが、ルカはマルコの「鳩のように」（ὡς περιστεράν）に「**姿形を伴って**」（σωματικῷ εἴδει）という表現を付加することにより、ペンテコステの聖霊降臨の出来事（使 2:1 以下）と同様、その現象の実態的・視覚的側面を強調している。すでにイエスは聖霊を受けていることからも（1:35）、ここでは聖霊の付与が特に意味されているわけではなく、

また、イエスは受洗後に初めて神の子としての自覚をもったと述べられているわけでもない。ルカはすでに何度も聖霊に言及しているが（1:15, 35, 41, 67; 2:25, 26; 3:16）、このイエスへの聖霊降下の記述を通して、水で洗礼を授けたヨハネとは異なり、聖霊（と火）で洗礼を授けるイエスの存在を改めて強調している（3:16）。ここで鳩がどのような観点において聖霊の象徴として用いられているかという点に関しては様々な見解が見られるが（「ノアが放った鳩」［創 8:8–12］、「イスラエルの民」［詩 68:14; 雅 1:15; 2:14; 4:1; 5:2; 6:9; ホセ 11:11］、「神の霊」［創 1:2］）、ここではむしろ単純に、霊が降下する様があたかも「鳩の如く」であったと解すべきであろう（エレミアス 1978:101; Schürmann 1990:190; 諸説については Marshall 1995:153f 参照）。なお、マルコにおいては、天が開かれた（裂けた）のも聖霊の降下もイエス自身が目撃した現象として記され（マコ 1:10）、マタイは、天が開かれたことについては客観的に記す一方で聖霊の降下はイエスが目撃した現象と見なしているが（マタ 3:16; さらにヨハ 1:32 参照）、ルカにおいては、天が開かれたことも聖霊が降ったこともイエスが直接目撃した現象とは記されておらず、これらの現象はより客観的に描写されている。

　この視覚的現象に聴覚的現象が続き、「**あなたは私の愛する子、あなたは私の心に適った**」という声が天から起こる。この「天からの声」も黙示文学に特徴的なモチーフであるが（エゼ 1:25, 28; Ⅳエズラ 6:13–17; ヨハ 12:28; 黙 4:1; 10:4）、この言葉は、イエスが神にとってどういう存在であるかを示している。この箇所は、神がメシアなる王に対して「あなたは私の子」と語る詩編 2:7 からの引用と考えられるが、詩編の本文ではその直後に「私は今日あなたを生んだ」という一文が続いている。事実、一部の写本（D it 他）にはそのように記されており（使 13:33 参照）、この本文を原初的と見なす研究者も多いが（W. Manson 1930:31; Sahlin 1949:69–74; Grundmann 1961:106f 他多数）、写本上の根拠は弱く、むしろこの読みは七十人訳聖書の影響によるものであろう（蛭沼 1989:114f; H. Klein 2006:171 参照）。

　「**私の愛する子**」（ὁ υἱός μου ὁ ἀγαπητός）という表現（創 22:2, 12, 16 LXX; イザ 44:2 LXX 参照）は神の恵みの選びを暗示しており、緊密な父－子関係を象徴している（1:32, 35; 2:49 参照）。また、これに続く「**あなたは私の心に適った**」（ἐν σοὶ εὐδόκησα）という表現（直訳：「私はあなたを喜

んだ」）は、神の霊がその上に置かれ、神が選び、喜び迎える（εὐδόκησα）「主の僕」について記すイザヤ 42:1 LXX が背景にあると考えられる（サム下 22:20; ルカ 2:14 参照）。ルカはこの箇所をイエスの公的な出現の出来事として構成しているが、この一連の出来事を通して、イエスの活動の開始時期が神によって定められていたことを示そうとしている。なお、マルコ 1:11 及びルカ 3:22 においては、この天からの声は「あなたは（σύ）私の愛する子」となっており、直接イエスに向かって語られているのに対し、マタイ 3:17 では「これは（οὗτος）私の愛する子」となっており、イエス以外の者もこの言葉を聞いていたことが前提とされ、公的表明の性格が強くなっている。

【解説／考察】

　イエスの受洗とそれに続く一連の出来事について記すこの段落では、何より神の子としてのイエスの存在が強調されている。成人後、洗礼を受けたイエスが神に祈りをささげると、天が開かれて聖霊が降り、イエスを神の子と認証する声が天から起こるが、これを契機としてイエスの宣教準備はいよいよ最終段階に入っていく。

　今日、キリスト教会においても洗礼そのものの意義は次第に失われてきているようにも思わされるが、このイエスの受洗の記述は、洗礼の意義を改めて示してくれる。まさにイエスが自らの受洗を通して神の子としての自覚を強めたように、私たちも自らの受洗の経験を想起することを通して、神の子としての自覚をもち、神の恵みに自らを委ねる決意を新たになすよう求められている。そしてまた、イエスが洗礼を受けた直後に祈りをささげたことは、私たちもまた受洗を通して神との交わりに入れられることを示している。

トピック
ルカにおける祈り

　ルカが祈りを重視していたことは、ルカ文書の中に祈りに関わる語

彙やテキストが数多く含まれていることからも明らかである。事実ルカは、イエスの祈りに頻繁に言及しており（3:21; 5:16; 6:12; 9:16, 18, 28–29; 10:21–22; 11:1; 22:17, 19, 32, 41–44; 23:34, 46; 24:30）、この他にもルカ文書には、祈りのテキスト（1:46–55, 67–79; 2:13–14, 28–32; 19:37–38; 使 1:24–25; 4:24–31; 7:59）、祈りに関する教え（6:28; 11:1–13; 18:1–14）、神への賛美（1:64; 2:20; 5:25–26; 7:16; 13:13; 17:15; 18:43; 23:47; 24:53; 使 2:46–47; 3:8–9; 10:46; 11:18; 13:48; 21:20）等、祈りに関する多くのテキストが含まれている（さらに 1:10; 2:37; 5:33; 19:46; 20:47; 21:36; 使 1:14; 2:42; 3:1; 6:4, 6; 8:15, 22, 24; 9:11, 40; 10:2, 4, 9, 30–31; 11:5; 12:5, 12; 13:3; 14:23; 15:29; 16:25; 20:36; 21:5; 22:17; 26:29; 27:35; 28:8 参照）。以上のことからもルカは「祈りの福音書記者」と称せられるが（Schmithals 1980:13; クルマン 1999:48）、それは単に祈りに言及する頻度にのみ関わるのではなく、ルカが独自の祈り理解をもっていたことを示している（嶺重 2005:31–35 参照）。

ルカのイエスはまた、受洗に際して（3:21）、重い皮膚病患者を癒した直後に（5:16）、十二弟子を選定する直前に（6:12）、ペトロの信仰告白の直前に（9:18）、イエスの変貌に際して（9:28–29）、七十二人の帰還後に（10:21–22）、祈りに関する教えの前に（11:1）、受難を目前にして（22:32, 41–44）、そして最後は十字架上での死に際して（23:34, 46）というように、その公生涯の重大な局面に際して必ず祈りをささげている（10:21–22 と 22:41–44 以外はすべてルカの挿入）。その意味でも、ルカにおけるイエスの公生涯は祈りで始まり、祈りで終わっており、また、最初の祈りの直後に聖霊がイエスの上に降り（3:22）、最後の祈りによって霊が返還されている（23:46）ことからも、ルカはイエスの祈りと霊を密接に関連づけている。ルカはさらに、イエスの祈りを父と子の対話として強調しており、ルカのイエスは祈る際にはしばしば神に「父よ」と呼びかけ（10:21; 22:42; 23:34, 46）、天からは「私の子」と宣言されている（3:22; 9:35）。ルカはまた、祈りの聴許を前提とすると同時に祈りの継続性を重視しており、どんな願いでも熱心に祈り続けるならば必ず聞き届けられるという前提から、熱心で弛まざる祈りの実践を要求している（11:5–13; 18:1–8 参照）。

3. イエスの系図（3:23–38）

【翻訳】

^{3:23} さて、イエス自身が〔活動を〕始めたのはおよそ30歳のときであり、ヨセフの子と見なされていたが、〔ヨセフは〕エリの子であり、²⁴〔さらに遡ると、〕マタト、レビ、メルキ、ヤナイ、ヨセフ、²⁵ マタティア、アモス、ナウム、エスリ、ナガイ、²⁶ マハト、マタティア、セメイン、ヨセク、ヨダ、²⁷ ヨハナン、レサ、ゼルバベル、シャルティエル、ネリ、²⁸ メルキ、アディ、コサム、エルマダム、エル、²⁹ ヨシュア（＝イエス）、エリエゼル、ヨリム、マタト、レビ、³⁰ シメオン、ユダ、ヨセフ、ヨナム、エリアキム、³¹ メレア、メンナ、マタタ、ナタン、ダビデ、³² エッサイ、オベド、ボアズ、サラ、ナフション、³³ アミナダブ、アドミン、アルニ、ヘツロン、ペレツ、ユダ、³⁴ ヤコブ、イサク、アブラハム、テラ、ナホル、³⁵ セルグ、レウ、ペレグ、エベル、シェラ、³⁶ カイナム、アルパクシャド、セム、ノア、レメク、³⁷ メトシェラ、エノク、イエレド、マハラルエル、ケナン、³⁸ エノシュ、セト、アダム、神となる。

【形態／構造／背景】

　イエスの受洗の記事（3:21–22）のあとに、やや文脈を破る形でこのイエスの系図が続いている。イエスの「父」ヨセフの血統を示すこの系図は、聖霊による処女マリアからのイエスの誕生を前提とする誕生物語の記述とは緊張関係にあるが、「神」に至るこの系図は、人間としてのイエスの存在を示すと同時に、それを越えてイエスの神の子性をも強調している。

　この段落は、イエスの宣教開始時期に関する簡潔な記述（23ab節）と、イエスの父ヨセフからアダム、そして神にまで遡る系図（23c–38節）から成っており、「神の子」のモチーフにおいて直前のイエスの受洗の記事と結びついている。系図部分に関して言えば、末尾の「神」を除くと計七十七の人名が列挙されており、イエスからゼルバベルまで（バビロン捕囚以降）が二十一名（7名×3）、シャルティエルからダビデの直前のナタ

ンまでが二十一名（7名×3）、ダビデからイサクまでが十四名（7名×2）、アブラハムからアダムまでが二十一名（7名×3）となっており、系図全体は七人を一単位とする計十一組の集団から構成されている。因みに、同様に七人一組を基準とし、最初のイエスを除いてヨセフから数え始めて末尾の神を含める数え方を採用した場合は、第一組と第二組については冒頭と末尾が同名になる（第一組：ヨセフ、第二組：マタティア）。なお、多くの研究者は、世界の歴史を十二の時期（世代）に区分する黙示文学的表象との関連から（Ⅳエズラ 14:11–12 参照）、この十一組を時代区分の意味で捉え、その直後にメシアの時代を表す最後の第十二世代が始まると解しているが（Grundmann 1961:111; Bovon 1989:190f 他）、少なくとも遡及的に名前が連ねられているルカの系図においてはこのような想定は難しいであろう。また、23–26 節と 29–31 節は多くの名前（イエス／ヨシュア、エリ／エリエゼル、マタト、レビ、ヨセフ、マタティア／マタタ）を共有しているが（Kuhn 1923: 207f 参照）、記載の順序も一致していることから偶然のこととは考えにくく、複数の伝承が結合した結果と見なすべきであろう。

　ルカによるイエスの系図は、マタイ福音書冒頭の系図（マタ 1:1–17）とは多くの点で異なっている。前述したように、ルカの系図では、イエスからアダムに至る計七十七の人名及び「神」が遡及的に列挙されているのに対し（代上 6:19–32; エズ 7:1–5 参照）、マタイの系図では、アブラハムからイエスに至る名前が十四名（7名×2）ずつ三つの時期に区分され、年代順に記されている。列挙されている人名は、アブラハムからダビデまでの人名については総じて一致しているものの、ダビデ以降で一致しているのは、冒頭のイエスとヨセフを除くとゼルバベルとシャルティエルのみである（マタ 1:12 ／ルカ 3:27）。また、記載の仕方も、マタイでは「A が B を生み、B が C を生み……」という基本パターンが繰り返されているのに対し、ルカにおいては単純にそれぞれの名前だけが属格の定冠詞（τοῦ）で繋げられており、さらにマタイの場合とは異なり、各人物に関する補足説明は一切加えられていない（両者の相違点については、さらに Fitzmyer 1983:492–496 参照）。以上のことからも、両者がそれぞれ異なる伝承に遡ることは明らかであるが、双方の系図の相違を説明し、両者を調和させようとする試みが古くから続けられてきた。例えば、エウセビオスによると、ユリウス・アフリカヌス（2世紀末–3世紀初頭）はレビラート婚を前提と

して、一方の系図を生物学的子孫、他方を法的子孫と見なそうとし（『教会史』I 7:1–16）、近代以降も、マタイがヨセフ家の系図を示しているのに対してルカはマリア家の系図を示している等の見解が打ち出されてきたが、いずれも推測の域を出ない。

いずれにせよ、ルカの系図が全体としてルカ自身によって創作されたとは考えにくく（Wolter 2008:176 に反対）、七人一組の形式をはじめ多くのユダヤ的要素が含まれていることから、元来はユダヤ人キリスト教に由来すると考えられる（三好 1991:282; H. Klein 2006:173）。その一方で、この系図はアダムまで遡り、七十人訳聖書にのみ見られる「カイナム」（36 節）を含んでいることから（創 11:12–13 LXX）、後半部については、ルカによる編集的付加（Sahlin 1949:81–87）と断定できないまでも、ヘレニズム地域に由来すると考えられる。なお、冒頭の 23 節は多くのルカ的語彙を含んでおり（καὶ αὐτὸς/αὐτοί［そして彼／彼ら自身は。福音書用例 37 回ルカに 34 回使用］、ὡσεί［およそ。新約用例 21 回中ルカ文書に 15 回使用］、νομίζω［見なす。新約用例 15 回中ルカ文書に 9 回使用］等）、ルカの編集句と考えられ（Jeremias 1980:114 参照）、リスト末尾の「神」もルカの編集句である可能性が高い（Fitzmyer 1983:491; Bovon 1989:190 他）。

多くの研究者は、処女降誕を前提とする誕生物語が福音書に組み入れられた後にヨセフをイエスの父と見なすこの系図が付加されたとは考えにくいことから、この系図はルカ以前にこの文脈に置かれていたと見なしているが（Fitzmyer 1983:489; Petzke 1990:73; Schürmann 1990:203f）、誕生物語が福音書に組み入れられる際にルカによって挿入された可能性もあり、また、ルカにとってはそもそも、処女降誕とこの系図は必ずしも矛盾するものではなかったとも考えられる。さらに、この段落の導入部と末尾の部分がルカの編集句であることは、この段落がむしろルカによって挿入されたことを示しており、おそらくルカは、受け取った伝承に冒頭の導入句と末尾の「神」を加えてこの位置に挿入したのであろう。

【注解】

23ab 節

ここには、イエスが「**およそ 30 歳のとき**」に宣教活動を開始したと、

福音書の中で唯一成人後のイエスの年齢が記載されている。原文には「宣教」に相当する語は見られないが、ルカはしばしばἄρχομαι（開始する）をイエスの宣教活動の文脈において用いており（23:5; 使1:1, 22; 10:37）、ここでもイエスの公的活動の開始を意味しているのであろう。30歳という年齢は、その年齢で王になったダビデの物語（サム下5:3–4）を思い起こさせるが、事実、30歳は人間が成熟し、大きな業に着手する上で理想的な年齢と考えられており、ヨセフは30歳で活動を始め（創41:46）、エゼキエルは30歳で召命を受け（エゼ1:1）、祭司やレビ人が務めにつくのも30歳からとされる（民4:3, 47; さらにヨセフス『自伝』80; 死海文書「会衆規定」1:13; ミシュナ「アヴォート」5:21 参照）。因みに、エビオン人福音書にもイエスが30歳頃に活動を始めたと記されており、またラビ文献の中にはイエスの宣教開始時期を33–34歳とする記述が見られる（ミシュナ「サンヘドリン」106b）。

イエスは「**ヨセフの子と見なされていた**」と記されているが、「〜と見なされていた」という表現は、イエスは法的に、あるいは周囲の目からはヨセフの子であったとしても（1:26–38）、実際には神の子であったということを暗示している。すなわち、イエスは系図の中に位置づけられながらも民族宗教の枠を越える存在であることが示唆されており、おそらくルカは、イエスがヨセフの血統に属することを示すこの系図とイエスの処女降誕を前提とする誕生物語との緊張関係を和らげるために、この表現を付加したのであろう（Schürmann 1990:203f; Marshall 1995:161 他）。

23c–31節

系図は古代の伝記において重要な役割を果たし、それによって個人の社会的地位や重要性が示された。このルカの系図はイエスから過去へと遡り、イエスから四十二代遡ってダビデに達するが（23–31節）、ここまでの部分は、マタイの系図と名前も人数もほとんど一致しておらず、すでにイエスの祖父（ヨセフの父）の名前から異なっている（マタ：ヤコブ／ルカ：エリ）。また、ダビデからゼルバベルに至るマタイの系図（マタ1:6–12）が歴代誌上3:5–19のリストと総じて一致しているのに対し、ルカの系図においては、僅かにセメインからゼルバベルに至る箇所（26–27節）が歴代誌上3:19–24に部分的に対応しているに過ぎず（Kuhn 1923:212f 参照）、

それ以外は素性の分からない人物の名前ばかりである。さらにルカの系図では、ダビデの子としてソロモンではなく、バト・シェバによる第三子ナタンの名前が挙げられているが（サム下 5:14; 代上 3:5; 14:4; ゼカ 12:12 参照）、その理由は明らかではない（ソロモンへの批判的姿勢？、正式の跡取りあるいは年長者？、預言者ナタンと同一視？）。29 節冒頭の「**ヨシュア**」は、原文では「イエス」（Ἰησοῦ）であるが、ここでの翻訳は他の旧約の名称に合わせて「ヨシュア」と表記している。この人物は七人一組の第五組の冒頭に位置し、冒頭のイエスと後半部のアブラハム（34 節）の丁度中間に位置している。また、29–30 節には四人の族長名（レビ、シメオン、ユダ、ヨセフ）が記されているが、捕囚期以前に族長名が使われた記録は存在せず、時代錯誤的である（Marshall 1995:160）。

32–38 節

ダビデからアブラハムまでの十四名（31e–34 節）については、総じてマタイの系図と一致しているが（代上 1:28, 34; 2:3–15; さらにルツ 4:18–22 参照）、ルカの系図はマタイの系図とは異なり、アブラハムからさらにアダムにまで遡っている（34–38 節; 創 5:3–32; 11:10–32; 代上 1:1–27 参照）。このことはイエスがユダヤの枠を越えてアダム以来の全人類と結びついていることを示しており、ルカの普遍的救済観がここにも反映されている（Bovon 1989:187）。さらに、イエスが単にアブラハム及びダビデの子孫（マタ 1:1 参照）であるに留まらず、第二のアダム（ロマ 5:14–21; Ⅰ コリ 15:22, 45–49 参照）であることが示されている可能性も指摘されているが（Grundmann 1961:111; Marshall 1995:161; Stuhlmacher 2006:94f; クロッサン・ボーグ 2009:126）、ルカ文書の他の箇所においてはこの点は特に強調されていないことからも過大評価すべきではないであろう。なお、アブラハムからセムまでは創世記 11:10–26、セムからアダムまでは同 5:1–32 に対応している（さらに代上 1:1–27 参照）。

より重要なのは、この系図ではアダムに続く「**神**」で締めくくられている点である。「神」に至る系図の例は旧約にもラビ文献他のユダヤ教文献にも全く見られず、アダムを神の息子とする記述の例は僅かにフィロン『徳論』204 に見られるのみである。このことは神の子としてのイエスの存在を改めて強調しているが、それと共に、この系図がただ単に生物学

【ルカとマタイの系図の対応表】

	ルカの系図		マタイの系図		ルカの系図		マタイの系図
1	**イエス**（3:23）	41	**イエス**（1:16）	40	メンナ		
2	**ヨセフ**	40	**ヨセフ**	41	マタタ		
3	エリ			42	ナタン	15	ソロモン（1:6）
4	マタト（3:24）	39	ヤコブ（1:15）	43	**ダビデ**	14	**ダビデ**
5	レビ	38	マタン	44	**エッサイ**（3:32）	13	**エッサイ**（1:5）
6	メルキ	37	エレアザル	45	**オベド**	12	**オベド**
7	ヤナイ	36	エリウド（1:14）	46	**ボアズ**	11	**ボアズ**
8	ヨセフ	35	アキム	47	サラ	10	サルモン（1:4）
9	マタティア（3:25）	34	サドク	48	**ナフション**	9	**ナフション**
10	アモス	33	アゾル（1:13）	49	**アミナダブ**（3:33）	8	**アミナダブ**
11	ナウム	32	エリアキム	50	アドミン		
12	エスリ	31	アビウド	51	アルニ	7	アラム（1:3）
13	ナガイ			52	**ヘツロン**	6	**ヘツロン**
14	マハト（3:26）			53	**ペレツ**	5	**ペレツ**
15	マタティア			54	**ユダ**	4	**ユダ**（1:2）
16	セメイン			55	**ヤコブ**（3:34）	3	**ヤコブ**
17	ヨセク			56	**イサク**	2	**イサク**
18	ヨダ			57	**アブラハム**	1	**アブラハム**
19	ヨハナン（3:27）			58	テラ		
20	レサ			59	ナホル		
21	**ゼルバベル**	30	**ゼルバベル**（1:12）	60	セルグ（3:35）		
22	**シャルティエル**	29	**シャルティエル**	61	レウ		
23	ネリ			62	ペレグ		
24	メルキ（3:28）			63	エベル		
25	アディ			64	シェラ		
26	コサム	28	エコンヤ（1:11）	65	カイナム（3:36）		
27	エルマダム	27	ヨシヤ（1:10）	66	アルパクシャド		
28	エル	26	アモス	67	セム		
29	ヨシュア（3:29）	25	マナセ	68	ノア		
30	エリエゼル	24	ヒゼキヤ（1:9）	69	レメク		
31	ヨリム	23	アハズ	70	メトシェラ（3:37）		
32	マタト	22	ヨタム	71	エノク		
33	レビ	21	ウジヤ（1:8）	72	イエレド		
34	シメオン（3:30）	20	ヨラム	73	マハラルエル		
35	ユダ	19	ヨシャファト	74	ケナン		
36	ヨセフ	18	アサ（1:7）	75	エノシュ（3:38）		
37	ヨナム	17	アビヤ	76	セト		
38	エリアキム	16	レハブアム	77	アダム		
39	メレア（3:31）			78	神		

的血統を示す観点から提示されているのではないことを示している。もちろん、ルカにとってはこの系図の最初と最後が特に重要であったが、その一方でルカは、イエスを系図の中に位置づけることにより、系図に列挙されている他の人物もイエスと同様、神の子（子孫）と見なしている（使17:29 参照）。

【解説／考察】

系図の本来の目的は、素性、血統の正統性、純粋性を示すことにあり、このイエスの系図も、イエスがアブラハムやダビデの子孫であり、さらにはユダヤの枠を越えて、アダムの子孫であることを示そうとしている。その一方で、ヨセフがイエスの真の父親ではなかったことを示唆する段落冒頭の記述は、イエスが民族の系図という枠に収まらない存在であることをも示唆している。事実、神にまで至るこのイエスの系図は、すでに直前のイエスの受洗の記事で暗示され、後続のイエスの誘惑の記事においても主題となる神の子イエスの存在を改めて強調している。

古代における系図は今日の読者にとっては退屈この上ないものであるが、それでも私たちの多くは自らのルーツ（出自）に興味をもち、「自分とは何者か」という自らのアイデンティティに関わる問いに少なからぬ関心を抱いている。そして、「イエスとは何者か」という問いに答えようとするこのイエスの系図は、イエスを神のみならず、イスラエルの民、ひいてはアダム以来の全人類と結びつけているが、このことは私たち自身も神の子であることを示している。

4. 荒れ野での誘惑（4:1–13）

【翻訳】

$^{4:1}$ さて、イエスは聖霊に満たされてヨルダン川から帰って来た。そして、荒れ野の中を霊によって導かれ、^{2}40 日間悪魔から誘惑を受けた。そして

その間、彼は何も食べず、その期間が終わると空腹を覚えた。³ そこで悪魔は彼（イエス）に言った。「もしお前が神の子なら、この石にパンになるように命じてみろ」。⁴ するとイエスは、「『人はパンだけで生きるものではない』と記されている」と彼に答えた。⁵ そこで悪魔は彼を高く引き上げ、一瞬のうちに世界のすべての国々を彼に見せ、⁶ そして彼に言った。「これら（国々）の一切の権力と栄華とをお前に与えてやろう。それは私に任されており、私が望む者にそれを与え〔う〕るからだ。⁷ だから、もしお前が私の面前で拝むなら、すべてお前のものになる」。⁸ するとイエスは彼に答えて言った。「『主なるあなたの神を拝み、彼（神）にのみ仕えよ』と記されている」。⁹ そこで彼（悪魔）は彼（イエス）をエルサレムに連れて行き、神殿の屋根の端に立たせて彼に言った。「もしお前が神の子なら、ここから下に自分の身を投じてみろ。¹⁰ こう記されているからだ。『彼（神）はあなたのためにあなたを守るように自らの天使たちに命じる』。¹¹ また、『あなたの足が石に打ち当たることのないように、彼らは両手であなたを支える』」。¹² するとイエスは、「『主なるあなたの神を試みてはならない』と言われている」と彼に答えて言った。¹³ こうして悪魔はあらゆる誘惑を終えて、時〔が来る〕まで彼から離れた。

【形態／構造／背景】

　イエスの受洗（3:21–22）及び系図（3:23–38）の記述に続くこの段落は、イエスが荒れ野で悪魔から誘惑を受ける場面を描いており、ここにおいて初めてイエスの具体的な言動が描かれることになる。イエスのヨルダン川からの帰還について記す冒頭の1a節は、直前の系図とは文脈上のつながりはなく、内容的にはむしろイエスの受洗の記事に直結している。また、この段落において宣教開始前のイエスのエピソードが締めくくられるが、先行する箇所と同様、ここでもイエスの神の子性が主題となり（3:23, 38参照）、イエスはここで申命記の神の言葉を引用して神への服従の姿勢を示すことにより、その点を明らかにしている。

　この段落は、三つの誘惑の記述（2b–4, 5–8, 9–12節）が、それぞれ「誘惑」（πειραζόμενος/πειρασμόν）に言及する冒頭の序（1–2a節）と末尾の結び（13節）によって囲い込まれる構造になっている。これらの三つの誘惑

の記述はそれぞれ、① 状況設定、② 悪魔による誘惑の言葉、③ 申命記からの引用を含むイエスの返答の三つの要素から構成されており、最初と最後の誘惑の言葉は、「もしお前が神の子なら」という条件文によって導かれている。また、引用されている申命記の言葉（申 8:3/6:13/6:16）は、いずれも出エジプト後のイスラエルの民の状況に関わっており、特に第二と第三の言葉はシェマーの祈り（申 6:4–9）の直後に記されている。この箇所全体は以下のように区分できる。

- （1）序：状況設定（1–2a 節）
- （2）第一の誘惑（2b–4 節）
  - (a) 状況設定（2b 節）
  - (b) 悪魔の挑発（3 節）
  - (c) イエスの返答（4 節）
- （3）第二の誘惑（5–8 節）
  - (a) 状況設定（5 節）
  - (b) 悪魔の挑発（6–7 節）
  - (c) イエスの返答（8 節）
- （4）第三の誘惑（9–12 節）
  - (a) 状況設定（9a 節）
  - (b) 悪魔の挑発（9b–11 節）
  - (c) イエスの返答（12 節）
- （5）結び：悪魔の退去（13 節）

荒れ野でのイエスの誘惑の記事はマルコ 1:12–13 及びマタイ 4:1–11 に見られるが、極めて簡潔に構成されているマルコの記事に対して、ルカのテキストは総じてマタイのテキストに並行しており、全体として Q 資料に由来すると考えられる。もっとも、冒頭の序（1–2 節 a）についてはマルコにも並行しており（καὶ ἦν ἐν τῇ ἐρήμῳ τεσσεράκοντα ἡμέρας πειραζόμενος ὑπὸ τοῦ σατανᾶ, ...［マコ 1:13］と καὶ ἤγετο ... ἐν τῇ ἐρήμῳ ἡμέρας τεσσεράκοντα πειραζόμενος ὑπὸ τοῦ διαβόλου［ルカ 4:1b–2a］を比較参照）、ルカはマルコの記事も部分的に引き継いでいる。ただし、ここでもルカとマタイは、マルコの ἐκβάλλω（追い出す）に対する ἄγω/ἀνάγω（導く／導き

上がる）の受動形（= ἤγετο/ἀνήχθη）、マルコの σατανᾶς（サタン）に対する διάβολος（悪魔）、マルコの τεσσεράκοντα ἡμέρας（40日）に対する ἡμέρας τεσσεράκοντα、マルコに見られる「野獣たち」（< θηρίον）の欠如等、多くの点で一致していることから、すでにQ資料の段階でイエスの空腹に言及する序文が存在していたのであろう（Schürmann 1990:219）。また、段落全体を通して、マタイ版の方がQ資料の内容をより厳密に反映していると考えられ（ルツ 1990:221）、マタイのテキストと同様、Q資料においても、この記事はイエスの受洗の記事の直後に続いていたと考えられる。なお、この段落におけるイエスと悪魔の対話にはラビ的論争の反映が見られることから、この箇所は全体としてパレスチナ地域で成立したと想定されるが、旧約からの引用句は七十人訳聖書の本文と逐語的に一致することから、ヘレニズム・キリスト教の影響も受けていると考えられる（ブルトマン 1987:88–92 参照）。

　この記事のマタイ版とルカ版の最大の相違点は、第二と第三の誘惑の順序が逆転している点である。この点に関して、大半の研究者はマタイ版を原初的と見なしているが（コンツェルマン 1965:48; Haenchen 1968:71f; 三好 1987:85–92; Bovon 1989:193; Marshall 1995:166f 他）、一部の研究者はルカ版を原初的と見なしている（T. W. Manson 1949:42f; Schmithals 1980:58; Schürmann 1990:218f 他）。確かに、マタイにおける山上での第三の誘惑（マタ 4:8–10）は復活したイエスが山上に現れる最後の場面（マタ 28:16–20）に対応しているが、この点だけではマタイが元来のQ資料の順序を入れ替えたことの証明にはならない。また、テキスト全体が「誘惑」で枠付けられ、最初と最後の誘惑の言葉で「神の子」が言及され、イエスが二度にわたって旧約章句の引用によって応答した後に悪魔が最後（三度目）は自ら旧約章句を引用するルカ版の構成の方がより自然で、原初的とする主張も説得力に欠ける。むしろ、自らの福音書の記述をエルサレムの神殿の場面で始め（1:5）、締めくくっている（24:53）ことにも示されているように、エルサレム及び神殿を重視するルカが、神殿を舞台とする誘惑で結ぼうとしたと考えるべきであろう。これに加えて、マタイ版の方がより自然な順序（荒れ野→神殿の屋根の端→高い山の上）になっている点、マタイの順序に従うと、これら三つの誘惑は出エジプト記におけるイスラエルの民の誘惑の順序（マナの試み［出 16 章］→マサとメリバの試

み［同 17:1–7］→金の子牛の試み［同 32 章］）に対応しており（三好 1987:86f 参照）、引用されている申命記の箇所とは逆の順序になっている点（申 8:3 → 6:16 → 6:13）、マタイにおいては最初の二つの誘惑の言葉がいずれも「もしお前が神の子なら」という表現で始まっている点（元来は二つ一組？）等も、マタイ版の順序が原初的であることの傍証と見なしうるであろう（Fitzmyer 1983:507f）。

なお、冒頭の導入句（1a 節）は、属格を伴う πλήρης（満ちて［新約用例 12 回中ルカ文書に 10 回使用］）、πλήρης πνεύματος (ἁγίου)（聖霊に満ちて［使 6:3, 5; 7:55; 11:24 参照］）、ὑποστρέφω（帰る［新約用例 35 回中ルカ文書に 32 回使用］）等のルカ的語彙を含んでおり、ルカの編集句であろう。また、マタイがマルコと同様、天使たちがイエスに仕えたという記述でこの誘惑の記事を締めくくっているのに対し（マコ 1:13; マタ 4:11）、ルカは末尾の 13 節でイエスに対する後の悪魔の攻撃を示唆しているが（22:3 参照）、συντελέω（終える［4:2, 13; 使 21:27］）や ἀφίστημι（離れる［新約用例 14 回中ルカ文書に 10 回使用］）等のルカ的語彙を含むこの節も編集句である可能性が高い。以上のことからも、ルカは Q 資料に由来するイエスの誘惑の記述（1b–12 節）を自らが構成した冒頭の 1a 節と末尾の 13 節で枠付け、マルコの記述も参照しつつ、この箇所全体を編集的に構成したのであろう。

【注解】

1–2 節

最初にイエスが誘惑を受けたときの状況について記されている。まず、イエスが「**聖霊に満たされて**」（使 6:3, 5; 7:55; 11:24 参照）ヨルダン川から帰還したと述べられているが、この記述はイエスの上に聖霊が降る洗礼の場面（3:21–22）に直結し、霊の力を伴ったイエスのガリラヤでの宣教開始の記述（4:14, 18）を先取りしている。なお、「霊」（πνεῦμα）とのみ記すマルコやマタイとは異なり、ルカのみが「聖霊」（πνεῦμα ἅγιον）と表現している（cf. 3:22：τὸ πνεῦμα τὸ ἅγιον）。ルカはイエスがヨルダン川（流域）に滞在していたことに直接言及していないが、「**ヨルダン川から帰って来た**」という記述は、この箇所がヨルダン川周辺におけるヨハネの活動（3:3 参照）及びイエスの受洗の記述（3:21）を前提にしていることを示してい

る。イエスがヨルダン川からどこに帰って来たかは明示されていないが、いずれにせよ、洗礼者ヨハネが荒れ野からヨルダン川へと赴いたのとは逆に（3:2–3）、イエスはヨルダン川から荒れ野へと向かって行く。

　イエスは「霊によって」（ἐν τῷ πνεύματι）荒れ野の中を導かれるが、この点は「霊によって荒れ野へと導かれる」と記すマルコやマタイの記述とは異なっている。荒れ野はルカにおいては両義的であり、洗礼者ヨハネが荒れ野で神の言葉を聞いたのに対し（3:2）、イエスは荒れ野で40日間にわたって（出24:18; 34:28; 王上19:8; 使1:3他参照）悪魔から誘惑を受けることになる。もっとも、本来の意味での誘惑は（マタ4:2–3と同様）40日後に始まったと解すべきであろう（ブルトマン1987:88; カルペパー2002:117; Eckey 2004:213）。なお、ルカ版のテキストでは一貫して「**悪魔**」（διάβολος）が用いられているのに対し、マタイは「試みる者」（ὁ πειράζων [マタ4:3]）や「サタン」（σατανᾶς [同4:10]）を併用している。

　イエスは40日間何も食べなかったため、その期間が終わると空腹を覚えるが、イエスの40日間の絶食はモーセの40日40夜の断食と響き合う（出34:28; 申9:9, 18）。一方で、マタイはここでνηστεύω（断食する）という動詞を用いているが（マタ4:2）、おそらくこれはマタイ自身の関心に由来するのであろう（マタ6:16–18参照）。

3節

　イエスが空腹を覚えたときに、悪魔はまず、石をパンに変えるようにイエスを唆す（3:8参照）。悪魔はここで「**もしお前が神の子なら**」とイエスに語りかけているが、イエスの神の子性そのものを疑っているのではなく（イエスの奇跡行為能力は前提）、むしろイエスの神の子としての自覚（3:22）につけ入り、挑発しようとしている。マタイ4:3では複数形で記されている「石」と「パン」はルカでは単数形になっているが、ここではイエス個人の空腹が問題になっていることから、ルカはより実情に即した描写に修正したのであろう（「石とパン」についてはマタ7:9; 箴20:17; エピクテートス『語録』2:24:16参照）。

4節

　これに対してイエスは、「**人はパンだけで生きるものではない**」と申命

記 8:3 からの引用句によって返答している。この言葉は元来の文脈においては、荒れ野での 40 年の放浪において空腹に喘いでいたイスラエルの民にマナが与えられたという出来事（出 16 章）に言及しつつ、人はパンだけで生きるのではなく神の口から出るすべての言葉（もの）によって生きるのだと語られている。しかし、そのイスラエルの民の場合とは異なり、イエスはここで、奇跡に頼らずにその誘惑を克服することによって、自らが新しいイスラエルであるだけでなく神の子であることを示そうとしている。すなわち、イエスはこのとき、自分の必要を満たすために奇跡を行うことを拒否し、神に対する無条件の信頼と完全な服従の態度を示すのである。因みに、イエスが奇跡によって人々に食べ物を与えた五千人の供食の物語（9:12–17）においては、イエス自身の空腹は問題になっていない。

マタイにおいては引き続き、「（人は）神の口から出るすべての言葉で生きる」という申命記 8:3 の後半部分が引用されるが、この部分はルカには見られない。この点については、生命の維持を神自身ではなく神の言葉に帰すこの箇所に抵抗を感じたルカが Q 資料に含まれていたこの言葉を削除したというよりは（Schürmann 1990:210 n.164 に反対）、マタイが七十人訳聖書の本文に従ってこの引用文を補充したと見なすべきであろう（ルツ 1990:222; Marshall 1995:171）。

5 節

次に悪魔はイエスを「**高く引き上げ**」、世界のすべての国々をイエスに見せた（申 3:27; 34:1–4 参照）。マタイでは「非常に高い山に連れて行き」（マタ 4:8）となっており、おそらく Q 資料においても同様であったのだろう（Kremer 1988:52 に反対）。ルカが「山」に言及しなかったのは、ルカにとって山は祈りの場、神の顕現の場であったためか（コンツェルマン 1965:50）、ルカが世界の国々を見渡せる山が存在しないことを知っていたためか（Schürmann 1990:210; Marshall 1995:171）、明らかではない。ルカはまた、マタイ（= Q 資料）の κόσμος（世）を οἰκουμένη（[人が住む]**世界**）に改変しているが、これはルカの普遍的な視点に関わっており（2:1; 21:26; 使 11:28; 19:27）、具体的にはローマ帝国支配下の世界を暗示しているのであろう（Bovon 1989:199 n. 35）。

6–7 節

そこで悪魔はイエスに対し、これらの国々の一切の「**権力**」(ἐξουσία)と「**栄華**」(δόξα)をイエスに与えようと語りかける（ダニ 4:31 LXX 参照）。「権力」という語はマタイの並行箇所には欠けているが、実際ルカは、他のどの福音書記者よりも「権力（権威）」に強い関心をもち、イエスの権威を強調している（4:32, 36; 5:24; 7:8）。悪魔によると、それらの権力や栄華はすべて彼に委ねられており、彼が望む者にそれを与えることができるのだという（詩 2:8; ダニ 7:14 参照）。いずれにせよ、イエスはここで、ただ単に世界支配に関わる権力に関して誘惑されているのではなく、悪魔を拝むことによって神からではなく悪魔からそれを手に入れようとする思いへと誘惑されているが、ルカの理解によると、後にイエスは神からこの世における支配権をその神の子の資格において受け取ることになる（1:32–33; 10:22 参照）。

この 6 節全体はマタイには欠けており、多くの研究者はルカが編集的に拡大したと見なしているが（Schulz 1972:180f; Fitzmyer 1983:516; Bovon 1989:199 他）、これに対して Schürmann（1990:211f）は、キリスト教信仰とローマ帝国への忠誠心の両立を強調するルカがこの箇所を付加したとは考えにくいという理由から、マタイが Q 資料に含まれていたこの箇所を削除したと主張している。確かに、この箇所に（悪魔に支配された）当時のローマ帝国の支配体制への暗示を見ようとする研究者も多いが（例えば Green 1997:194）、そのような暗示が含まれているかどうかは不明である。その一方で、この箇所をルカの編集に帰す明確な根拠も見出せないことから、ルカ版 Q 資料に由来する可能性も考慮すべきであろう。因みに Bovon（1989:199f）は、神から政治的権力を委任されていると述べるこのサタンの言葉にイエスが反論していない点に、ルカの悲観的世界観が反映されている可能性を指摘している。

さらに悪魔は、イエスが彼を「**拝むなら**」、これらのものはすべてイエスのものになると語るが、προσκυνέω（拝む）という語は、ルカにおいては常に宗教的意味をもち（4:7, 8; 24:52; 使 7:43; 8:27; 10:25）、偶像礼拝とも密接に関わっている。また、「**〜の面前で**」(ἐνώπιον ...) という表現はルカに特徴的で（マルコやマタイに全く見られない一方でルカ文書に計 35 回使用）、拝する姿勢を強調している（イザ 66:23; 黙 3:9; 15:4 参照）。

8 節

これに対してイエスは、「**主なるあなたの神を拝み、彼（神）にのみ仕えよ**」と、再び申命記の言葉を引用しつつ答えている（申 6:13）。七十人訳聖書では、「主なるあなたの神を畏れ、彼に仕え、……」となっており（申 10:20 も参照）、ルカもマタイも「畏れる」（φοβέομαι）を「拝む」（προσκυνέω）に置き換えているが、おそらくこれは、直前の悪魔の言葉（7 節 // マタ 4:9）にこの語が用いられているためであろう。この申命記の言葉は元来の文脈においては、豊かな生活を与えられても異教徒の神に近づくのではなく、神を唯一の主として日々告白するように戒める、カナン定着後のイスラエルの民に対する警告の言葉であったが（申 6:10–14 参照）、4 節と同様にここでもイエスは、自分自身で立てる支配を拒否することにより、神に対する従順な姿勢を貫いている。なお、マタイとルカに共通して含まれている μόνῳ（にのみ）は一部の写本を除いて七十人訳聖書の本文には含まれていない。マタイにおいてはさらに引用句の前に「退け、サタン」という言葉が付加されているが（マタ 4:10）、これは明らかにマタイの関心に関わっており（マタ 16:23 参照）、マタイの付加であろう（ルツ 1990:222）。

9 節

次に悪魔はイエスを、将来的に彼が受難の死を遂げるエルサレム（マタ 4:5：「聖なる都」）に連れて行き、神殿の屋根の端に立たせ、そこから飛び降りるように要求する。「**屋根の端**」と訳した πτερύγιον は元来「翼の形をしたもの、先端」を意味するが、具体的に神殿のどの部分を指しているのか（神殿の外壁の張り出し？　神殿入口にある上屋？）、明らかではない。また、この第三の誘惑の言葉は、第一の誘惑と同様、「**もしお前が神の子なら**」という条件文によって始められており、悪魔はここでもイエスの神の子意識につけ入ろうとしている。

10–11 節

さらに悪魔は、ここまで二度にわたって旧約章句からの引用によって要求を拒絶したイエスに対抗するかのように、神への全き信頼について述べる詩編 91（LXX90）:11–12 を引用して、自らの要求を根拠づけようとして

いる。すなわち、イエスがそこから飛び降りても、神は天使たちに命じてイエスを守り、イエスの足が石に打ちつけられないように支えるだろうというのである。なお、詩編 90:11（LXX）末尾の「あなたのあらゆる道において」という部分は、おそらく誘惑の記事の文脈にそぐわないために、マタイと同様、ルカにおいても省略されており、その箇所に καὶ ὅτι が挿入されることにより、この引用箇所全体は二つの部分に分割されている。

12 節

　旧約章句を伴うこの悪魔の誘惑に対して、イエスは「**主なるあなたの神を試みてはならない**」（申 6:16; さらにイザ 7:12 参照）と、やはり申命記からの引用句によって答えている。この言葉は、出エジプト 17:1–7 に伝えられているマサとメリバの試みを指しており、その箇所でモーセは神を試すことを戒めている（出 17:2）。すなわち、神の子イエスの本質は、神を試みることによってではなく神への従順な態度において示されるのであり、そのような態度を通してのみ神による守りが確信できるとここでは述べられている。これによって悪魔による詩編テキストの逐語的解釈は退けられる。また、この最後のイエスの言葉は、後にイエスが十字架上において神に従順な態度をとり、自らを救おうとしなかった理由を暗示している（23:35–39）。

　このようにイエスは三度にわたって悪魔から試みられたが（2 節）、これらの一連の試みに対するイエスの最後の返答は、神を試みてはならないというものであった。結果的にイエスは神を試みるという誘惑に陥らなかったため、イエスに対する悪魔の誘惑は失敗に終わる。

13 節

　最後の 13 節はこの段落全体を明確に締めくくっている。悪魔は「**あらゆる誘惑**」を終えたとあるが、これは何より 3–12 節における三つの誘惑を指している。こうして悪魔はイエスのもとから立ち去っていくが、その後天使たちがイエスに仕えたと記すマタイとは異なり（マコ 1:13; さらに、天使が現れてイエスを力づけたというルカ 22:43 [ℵ², D, L, Θ 等] も参照）、ルカにおいては、悪魔はイエスへの誘惑を終え、「**時**」が来るまでイエスから離れたと記されている。この「**時**」はイエスの受難の時を指していると考

えられるが（コンツェルマン 1965:49; さらにルカ 22:3, 53 参照）、ルカ 22:3
では、（悪魔ではなく）サタン（σατανᾶς）がイエスのところに戻ってくるの
ではなくユダに入ったと記されており、この点は必ずしも明らかではない
（三好 1991:284）。また、確かにイエス自身は、その後悪魔から誘惑を受け
ることはなかったが、イエスの公的宣教活動においては悪霊がたびたび登
場し（4:33–35; 41 他）、ルカ 10:18 でもサタンに言及されていることから
も、悪魔はこのとき確かにイエスのもとを離れたが、悪魔自体が活動を停
止したわけではなかったと見なすべきであろう。

【解説／考察】

　このイエスの誘惑の記事の中心的な意味については様々な見解が打ち
出されてきたが（諸説についてはルツ 1990:224–226; 230–233 参照）、この
記事は、かつてイスラエルの民が経験した試練の出来事と関連づけられ
（申 8:2 以下）、それと照らし合わせつつ語られている。事実、双方の誘惑
（試練）は、その場所（砂漠／荒れ野）のみならず、その時期（聖霊付与と
宣教開始の間／神の選びと約束の地への入場の間）においても対応しており
（Wolter 2008:185 参照）、イエスはここで真のイスラエルの代表として捉え
られている。また、イエスの受洗の記事（3:21–22）以来、神の子として
のイエスの存在に焦点が当てられてきたが、この段落において、イエスの
神の子性の本質が、自分自身のために奇跡行為を行い、権力を行使する点
においてでなく、神の意志にどこまでも従順である点に存していることが
示される。その一方で、一部の研究者はこの誘惑の記事と最初の人アダム
との関連を指摘しているが（例えば Feuillet 1959:627f; Ellis 1987:95）、説
得的ではない。

　イエスは、神の意志に対する従順な態度を貫くことにより悪魔による誘
惑を克服するが、このことは闇の力に打ち勝つイエスの勝利を示しており、
将来のイエスの復活による勝利がここにすでに暗示されているとも見なし
うる。それと共にこの記事は、試練の只中にいる読者に対し、神につき従
うことにより誘惑に打ち勝つように励ましている。

　この段落で言及されている三つの誘惑（パン、権力、神への試み）は、神
から離れ、自己中心的な生き方に関わっている点で一致している。特に第

二の誘惑に関わる世俗的な権力と栄華に対する欲望は、現代世界の支配者においてもしばしば見られるものであり、物欲や金銭欲、支配欲等の様々な欲望を断ち切れないでいる現代人にとっては、これら三つの誘惑は依然として現実味を帯びている。

ドストエフスキーは『カラマーゾフの兄弟』の「大審問官」の物語の中でこの記事に言及し、興味深い解釈を展開している。カラマーゾフ家の次男イワンが三男アリョーシャに語り聞かせた叙事詩という設定で語られるこの物語において、大審問官は、悪魔の三つの誘惑を克服して民衆にパンではなく自由を与えようとしたキリストを批判し、現実の人間は自由の重荷に耐えられず、むしろパンを与えてくれる支配者を求めようとする憐れな存在であると指摘する。ドストエフスキーは反キリストである大審問官にそのように語らせることにより、霊的なものを軽視する姿勢を批判し、人間精神の自由の重要性を強調している。まさに現代人は物質的なものに依存する傾向をますます強めているが、この誘惑の記事は、今日の私たちに対して、この「自由」の価値に今一度目を向けるように促している。

5. ガリラヤでの宣教開始（4:14–15）

【翻訳】

4:14 さて、イエスは霊の力においてガリラヤに帰って来た。すると、彼の噂が周辺地域一帯に広まった。15 そして彼（イエス）自身は彼らの諸会堂で教え、すべての人から賞賛された。

【形態／構造／背景】

荒れ野における悪魔の誘惑を克服した後、イエスはガリラヤに戻り、本格的に宣教活動を開始する。この箇所はルカ 3:21 以降の記述（イエスの受洗、系図、荒野での誘惑）を締めくくると共に、ルカ 4:16 以降に記されているイエスのガリラヤでの宣教活動の内容をあらかじめ要約的に報告する

機能を果たしている。

ルカ 3:1 以降、ヨハネの宣教及びイエスの宣教準備について述べられてきたが、ここからイエスの宣教活動の記述が始まる。ガリラヤでのイエスの最初期の宣教活動についてはルカ 4:14–44 に記されており、この箇所全体は、会堂での教え（宣教）に関する記述（4:15, 44）と福音の宣教（告知）に関する記述（4:18, 43）によって枠付けられているが、その冒頭に位置するこの 14–15 節は、後続部分に対する「表題としての性格」をもっている（Schmidt 1964:37f）。

この小段落は、イエスのガリラヤ帰還と彼の噂の広まりについて記す 14 節と、諸会堂におけるイエスの教えとその評判について述べる 15 節から構成されている。この箇所は、イエスの宣教活動がガリラヤで開始されたことを記している点においてマルコ 1:14–15（並行マタ 4:12–17）に対応しているが、実質的な並行句は見られない。また、ここにはルカ的表現（ὑπέστρεψεν [帰って来た]、καθ' ὅλης τῆς περιχώρου [周辺地域一帯に]、καὶ αὐτός [そして彼自身は] 等）のみならず非ルカ的な表現（ἐν ταῖς συναγωγαῖς αὐτῶν [彼らの諸会堂で] 他）も含まれていることから（Jeremias 1980:118f 参照）、ルカがこの箇所全体を独自に構成したとは考えられず、また、改定版マルコやマルコ以外の伝承資料（ルカ特殊資料）が用いられたとも考えにくい（Schürmann 1990:223f; Petzke 1990:76f に反対）。その一方で、14a 節（καὶ ὑπέστρεψεν ὁ Ἰησοῦς ἐν τῇ δυνάμει τοῦ πνεύματος εἰς τὴν Γαλιλαίαν.）はルカ 4:1a（Ἰησοῦς δὲ πλήρης πνεύματος ἁγίου ὑπέστρεψεν ἀπὸ τοῦ Ἰορδάνου.）に、14b 節（καὶ φήμη ἐξῆλθεν καθ' ὅλης τῆς περιχώρου περὶ αὐτοῦ.）はマルコ 1:28（καὶ ἐξῆλθεν ἡ ἀκοὴ αὐτοῦ εὐθὺς πανταχοῦ εἰς ὅλην τὴν περίχωρον τῆς Γαλιλαίας.）にそれぞれ対応していることからも（さらにマタ 9:26 参照）、おそらくルカは、マルコ 1:14–15 その他のマルコの記事を前提としつつ、この箇所全体を編集的に構成したのであろう（ブルトマン 1987:220f; Bovon 1989:207）。

【注解】

14 節

悪魔による誘惑を受けた後、イエスはガリラヤに帰還する。受洗後にイ

エスの上に降り（3:22）、誘惑前にイエスを満たした（4:1）聖霊は、今度は彼を故郷のガリラヤ（1:26; 2:4, 39; 3:1 参照）へ導いていくが（4:18 参照）、「霊」への言及がこの宣教開始の記述を先行する諸段落に結びつけている（カルペパー 2002:124）。因みに、ヨセフスの『ユダヤ古代誌』（8:408）には、神の霊の力をもっていることを真実の預言者のしるしと見なす記述が見られ、『ヘルマスの牧者』（「戒め」11:2）には、偽預言者は神の霊の力を自分の中にもたないと記されている。なお、イエスの宣教がガリラヤを起点とすることについては、後続の箇所においても確認される（23:5; 使 10:37; 13:31）。

すでにルカ 3:20 で洗礼者ヨハネの逮捕について言及しているルカは、ヨハネ逮捕後にイエスはガリラヤに帰還したというマルコ 1:14（並行マタ 4:12）の記述を削除し、さらに、マルコ 1:15（並行マタ 4:17）の「時は満ち、そして神の国は近づいた。悔い改め、そして福音を信じなさい」というイエスの福音宣教開始の第一声を後続のイエスのナザレ説教（4:16–30）で置き換えている。また、イエスの「噂」が周辺地域一帯に広まったという 14b 節の記述（4:37; 5:15; 7:17 参照）は、イエスの噂の伝播を前提とする後続のルカ 4:23 の内容を準備している（マコ 1:28 参照）。

15 節

ここでは直前の 14 節との関連においてイエスの働きが明らかにされている。すなわち、イエスの噂が広まったのは、ユダヤ教の諸会堂でイエスが教えていたためであり（4:44 参照）、その結果、イエスは皆から「**賞賛された**」というのである。「**彼らの諸会堂**」は、ルカ文書においてはここにしか見られない珍しい表現であるが、「彼ら」は「ユダヤ人」を指しているのであろう（Petzke 1990:77; H. Klein 2006:182）。また、イエスがユダヤ人の会堂で教えるという状況設定は、使徒行伝におけるパウロの宣教活動を思い起こさせると共に、同様に会堂を舞台とする直後のナザレ説教の段落を準備しているが、そこでは、イエスがナザレに来る以前にガリラヤのカファルナウムで活動していたことを前提としている（4:23 参照）。その一方で、ナザレにおけるイエスの登場は、イエスの最初の宣教活動として計画的に物語られており、ルカは意図的にマルコでは後の部分に配置されているナザレでのエピソード（マコ 6:1–6a 参照）を 4:16 以下

で先取りしている。なお、διδάσκω（教える）はここでは継続・反復を示す未完了形で記されているが、いずれにせよ、ルカはマルコとは異なり、奇跡行為よりも教えを最初期のイエスの活動として重視している。また、通常 δοξάζω（崇める／賞賛する）は神に対して用いられるが（2:20; 4:15; 5:25, 26; 7:16 他参照）、ここでは新約では唯一、イエスに対して用いられている。

【解説／考察】

すでに宣教開始前より霊を受けていたイエスは、今やその霊の力においてガリラヤに帰還し、宣教活動に着手し、会堂で教え始め、その結果、イエスの噂が周囲に広まっていく。ここでは、イエスの宣教開始前後の状況が伝えられると共に、ガリラヤでのイエスの宣教活動について要約的に報告されている。

6. ナザレ説教 (4:16–30)

【翻訳】

4:16 さて彼（イエス）は、自分が育てられたナザレに赴いた。そして、自らの習慣に従って安息日に会堂に入り、〔聖書を〕朗読するために立ち上がった。17 すると、預言者イザヤの書が彼に手渡され、そこで彼はその書を開いて、このように記されている箇所を見出した。18–19「主の霊が私の上に〔臨んでいる〕。貧しい人々に福音を告げ知らせるために、彼（主）が私に油を注がれたからである。彼は私を、囚われている人々に解放を、盲人たちに視力の回復を告げ、抑圧されている人々を解放のうちに送り出し、主の恵みの年を告げるために遣わされた」。20 そして彼（イエス）はその書を巻き、係の者に返して腰を下ろした。すると、会堂のすべての〔人の〕目が彼に注がれていた。21 そこで彼は、「今日、この聖書の言葉はあなたたちの耳において成就した」と彼らに話し始めた。22 すると皆は彼を誉め、また、その口から出る恵みの言葉に驚き、そして「この人はヨセフの子で

はないか」と〔口々に〕言った。²³ そこで彼は彼らに言った。「きっとあなたたちは、『医者よ、自分自身を癒せ』という諺を〔引用して〕、『カファルナウムで起こったと私たちが聞いていることをすべて、この自分の故郷でもしてくれ』と私に言うだろう」。²⁴ 彼はまた言った。「まことに私はあなたたちに言う。預言者は誰も、自分の故郷では受け入れられない。²⁵ しかし、私は確かにあなたたちに言っておく。エリヤの時代に、3年6ヶ月の間、天が閉ざされ、全地に大飢饉が起こったとき、イスラエルには多くのやもめがいたが、²⁶ エリヤは彼女らの誰のもとにも遣わされず、ただシドン地方のサレプタのあるやもめのもとにだけ遣わされた。²⁷ また預言者エリシャの頃に、イスラエルには多くの重い皮膚病患者がいたが、彼らの誰も清くされず、ただシリア人ナアマンだけが清くされた」。²⁸ これらのことを聞いて会堂内の人々は皆怒りに満たされ、²⁹ 立ち上がって、彼を町の外へ追い出し、彼らの町が建っている山の崖まで彼を連れて行き、そこから彼を突き落とそうとした。³⁰ しかし彼は、人々の間を通り抜けて立ち去っていった。

【形態／構造／背景】

　荒れ野での悪魔による誘惑を克服した後、霊の力に満たされてガリラヤに帰還して宣教活動を始めたイエスは、故郷のナザレを訪れて会堂で説教するが、イエスの宣教活動の成果を肯定的に伝える直前の要約的報告（4:14–15）からは一転して、ここではイエスの宣教に対する人々のあからさまな拒絶反応が描かれている。

　マルコやマタイの場合と同様、ルカにおいても、荒れ野での悪魔からの誘惑の記述（4:1–13）に続いてガリラヤでのイエスの宣教活動について述べられるが、その際ルカだけが、イエスの公生涯（公的活動）の記述をこのナザレでの説教の場面から始めている。マルコやマタイにおいては、このナザレ説教に対応する記事（マコ 6:1–6a // マタ 13:53–58）がガリラヤ宣教の記述の後半部に出てくるのに対し、ルカはこの記事をイエスの宣教活動の冒頭に据えることにより、この説教にイエスの宣教の本質を示す綱領的意義を与えている（コンツェルマン 1965:56–63 参照）。その意味でも、この説教にはルカ福音書、ひいては使徒行伝を含めたルカ文書全体を貫く

中心的使信が示されている。

　この段落はナザレにおけるイエスの活動について語っているが、事実このテキスト全体は、冒頭（16節）の（ナザレに）「赴いた」（ἦλθεν）と末尾（30節）の「立ち去っていった」（ἐπορεύετο）という二つの動詞によって枠付けられている（詳しい構造分析については Shin 1989:13–108 参照）。テキストの前半部（16–22節）では福音宣教者としてのイエスに焦点が当てられ、イエスの聖書朗読とその注解、それに対するナザレの人々の肯定的な反応について述べられる。前半部の中心がイザヤ書からの聖書朗読の場面（18–19節）にあることは、この部分が、(A)「立ち上がった」（ἀνέστη）、イザヤの書を (B)「手渡され」（ἐπεδόθη）、それを (C)「開いて」（ἀναπτύξας）という三つの動詞（16–17節）と、これらの動詞にそれぞれ対応する、その書を (C′)「巻き」（πτύξας）、それを係の者に (B′)「返して」（ἀποδούς）、(A′)「腰を下ろした」（ἐκάθισεν）という三つの動詞（20節）によって枠付けられていることからも明らかである。これに対して後半部（23–30節）では、イエスとナザレの人々との対立が前面に現れるようになる。この段落全体は以下のように区分できる。

（1）序：状況設定（16a節）
（2）イエスの聖書朗読（16b–20節）
（3）イエスの注解と人々の驚き（21–22節）
（4）故郷における預言者に関する言葉（23–24節）
（5）旧約からの例証（25–27節）
（6）人々の憤慨とイエスの追放（28–29節）
（7）結び：イエスの退去（30節）

　この段落はマルコ 6:1–6a と部分的に並行していることから、マルコのテキストをもとに構成されたのか、それともマルコとは別個の伝承に由来するのかが争点になってきた。例えば Schürmann（1990:241–244）は、この箇所は（4:14–15 と共に）非マルコ資料（Q資料？）に遡ると見なしており、Grundmann（1961:119）や Bovon（1989:207f）はルカ特殊資料に帰している。また Strobel（1967:251–254）は、ヨベルの年（イザ 61:1–2; レビ 25:10）との関連に注目し、この箇所はイエスのナザレ帰

還とヨベルの年を結びつけたユダヤ人キリスト教の伝承に由来すると主張している。確かにルカ 4:16–30 とマルコ 6:1–6a の間には逐語的な一致がほとんど見られず、ルカのテキストにはマルコには見られない多くの要素が含まれているが、それでも双方のテキストは、① 帰郷したイエスによる安息日の会堂での教え、② イエスの言葉に対する人々の驚きとイエスの素性に関する疑念、③ 故郷での預言者の境遇に関するイエスの言葉、④ イエスに対する郷里の人々の拒絶、という共通の筋をもっており、基本的な枠組みにおいて一致していることは否定できないであろう。なお Busse（1978:62–67, 113f）は、ルカはこの箇所をマルコのテキスト（マコ 1:14–15; 6:1–16）と Q 資料から構成したと主張しているが（H. Klein 2006:184f も同様）、Q 資料の痕跡はほとんど確認できない。その意味でも、ルカは基本的にマルコのテキストに基づき、旧約引用等（18–19, 25–27 節）の他の要素も適宜取り入れつつ、この箇所全体を編集的に構成したと考えるべきであろう（ブルトマン 1983:55; Schneider 1984:106f; Shin 1989:331–334）。

冒頭の 16 節は、関係代名詞の οὗ (4:17; 10:1; 23:53; 24:28 参照)、κατὰ τὸ εἰωθός（習慣に従って［使 17:2 参照］）、自動詞の ἀνίστημι（立ち上がる［新約用例 92 回中ルカ文書に 62 回使用］）等のルカ的語句を含んでおり（Jeremias 1980:29, 119f 参照）、マルコ 6:1–2a との関連においてルカが構成したのであろう。続く 17 節も、ἐπιδίδωμι（手渡す［新約用例 9 回中ルカ文書に 7 回使用］）、εὑρίσκω（見つける［同 177 回中 80 回使用］）等のルカ的語彙を含んでおり、ルカが編集した可能性が高い。18–19 節は七十人訳聖書のイザヤ 61:1–2 及び同 58:6d とほぼ逐語的に一致していることからも、ルカはこれらの引用句を編集的に再構成したのであろう。また、ἀτενίζω（目を注ぐ［新約用例 14 回中ルカ文書に 12 回使用］）、《λέγω に類する動詞＋前置詞 πρός ＋対格》（同 169 回中 149 回使用）、σήμερον（今日［同 41 回中 20 回使用］）等のルカ的表現を含む 20–21 節も全体としてルカの編集と見なされ、その直後の 22 節はマルコ 6:2b–3 との関連からルカが編集的に構成したのであろう。

マルコには見られないカファルナウムでの（過去の）宣教に言及する 23 節はルカ特殊資料に、24 節はマルコ 6:4 にそれぞれ遡ると考えられるが、両節ともルカによって編集的に改変されている。双方の格言はトマス福音書〔語録 31〕においても相互に結びついているが、ルカとは逆の順

序になっており、両者が元来結合していたかどうかは明らかではない。なお、24節の故郷における預言者に関する言葉は四福音書すべてに伝承されており（マコ6:4；マタ13:57；ヨハ4:44）、それぞれ微妙に異なっている。エリヤとエリシャに関する旧約故事に言及する25–27節は全体として伝承（ルカ特殊資料）に遡ると考えられるが、末尾の28–30節は、πίμπλημι（満たす［新約用例24回中ルカ文書に22回使用］）、ἀνίστημι（上記参照）、αὐτὸς δέ（しかし彼は［新約用例23回中ルカ文書に12回使用］）、διέρχομαι（通り抜ける［同41回中30回使用］）、πορεύομαι（行く［同145回中88回使用］）等のルカ的語彙を含み、総じてルカ的文体を示していることから、ルカ自身の構成によるものと考えられる。

【注解】

16節

ガリラヤにおいて宣教活動を開始したイエスは、故郷ナザレ（1:26; 2:4, 39, 51; 4:24参照［Ναζαράという表記はこことマタ4:13のみ］）に赴き、安息日に会堂を訪れる。**「自らの習慣に従って安息日に会堂に入り」**（「安息日」は複数）という記述は、彼が諸会堂で教えていたと記す直前のルカ4:15の記述を裏付けると共に、敬虔なユダヤ教徒としてのイエスの振る舞いを示している（2:41参照）。事実、福音書記者の中ではルカだけが、イエスが規則的にユダヤ教会堂を訪れていたことを証言しているが（4:31, 44; 6:6; 13:10参照）、一方で使徒行伝には使徒たちが頻繁に神殿を訪れていたことが記されており（使2:46; 3:1; 4:1; 5:12, 42）、その意味で、最初期の教会とイスラエルとの関係はイエスとイスラエルの関係に基礎を置いている。さらに使徒行伝の記述によると、パウロはしばしば会堂を拠点として宣教活動を展開しており（使13:5, 14–43; 14:1; 17:1, 10, 17; 18:4, 19; 19:8）、会堂におけるイエスの宣教の描写はその反映とも見なしうるであろう。

会堂に入ったイエスは、聖書（預言書）を朗読するために立ち上がる。当時のユダヤ教会堂での礼拝順序は必ずしも明らかではないが、シェマーの祈りによって始められ、他の祈りに続いて、聖書朗読（律法、預言書）、祈り、説教、カディシュの祈りがなされたと想定され（Billerbeck 1964:143–161）、また、ユダヤ人男性なら誰でも礼拝で聖書（預言書）を朗

読することが許されていた（Bill. IV:156f 参照）。なお、本来は預言書の朗読に先行する律法の書の朗読がここで言及されていないのは（使 13:15 参照）、イエスにおいて預言が成就したという点を強調しようとするルカの意図のためとも考えられるが、その一方でサフライ（1992:70-72）は、ミシュナにも頻出する「朗読するために立ち上がる」という表現は常にトーラーの朗読を意味していることから、イエスはここでもまずトーラーを読み、そのあとで預言書を読んだと想定している。

17 節

会堂奉仕者（20 節の「係の者」参照）から預言者イザヤの書（巻物）を渡されたイエスは、特定の箇所を開いて朗読するが、「見出した」という意の動詞 εὖρεν（< εὑρίσκω）が用いられていることに加えて、引用の仕方が不規則であることからも、その聖書箇所は事前に選ばれていたわけでも偶然選ばれたわけでもなく、イエス自身がこの箇所をそのとき見出したと見なすべきであろう。なお、イエスがこの聖書箇所を朗読したこと自体は記されていないが、明らかに前提にされている。

18-19 節

ここでは、七十人訳聖書のイザヤ書の複数の言葉が一部修正されつつも逐語的に引用されているが、その変則的な引用（イザ 61:1a,b,d; 58:6d; 61:2a）はルカの関心の所在を明らかにしている。特にここでは、「心の傷ついた人々を癒すために」（イザ 61:1c LXX）という部分が省略されている一方で、**「抑圧されている人々を解放のうちに送り出し」**というイザヤ 58:6d からの引用句が変則的に挿入されている。イザヤ 61:1c が省略されている理由は明らかではないが、ルカは精神的な慰めとしての救いよりも具体的な解放を強調するためにこの部分を削除したのかもしれない（Albertz 1983:186-191）。イザヤ 58:6d については、この箇所が社会倫理的な文脈に置かれていることから、おそらくルカは具体的な苦境を強調するために、ἄφεσις（解放）という概念を共有する直前の囚われている人々の解放の告知との関連も意識しつつ、この箇所を挿入したのであろう（Albertz 1983:195-198）。事実、このように ἄφεσις の宣教という視点をもってイエスの公生涯に関する記述を始めたルカは、罪人を赦す

(ἀφίημι) ように求める取り成しの祈願（23:34）で締めくくっている（三好 1996:147–152）。ルカはまた、他民族に対する神の裁きを示唆する「報復の日」（イザ 61:2 LXX）に言及していないが、それは、イエスをあらゆる人々に恵みを告知する救い主として強調するためであろう（Grundmann 1961:121）。

　預言者の召命と派遣について述べるこの引用箇所は、聖霊による油注ぎの記述で始まっているが（使 4:27; 10:38 参照）、これはイエスの受洗に際する聖霊降下（3:21–22）と深く関わっている。イエスはそれ以降、聖霊の保持者として描かれているが、今やその際に与えられた霊によって彼は満たされるのである。

　この聖霊の記述に続いて、このイエスの油注ぎの出来事が貧しい人々に**「福音を告げ知らせるため」**（< εὐαγγελίζομαι）であったと語られる（1:19; 2:10; 3:18; 4:43; 7:22 参照）。ルカにおける**「貧しい人々」**（πτωχοί）は具体的な貧者を意味しているが（嶺重 2012:93–95）、聖霊の力によってなされるこの貧しい者への喜ばしい告知は、神自身によってもたらされた救いの使信として理解される。これに引き続き、イエスの派遣が、**「囚われている人々に解放を、盲人たちに視力の回復を告げ、抑圧されている人々を解放のうちに送り出し、主の恵みの年を告げるため」**であると表明される。ここに並列されている**「貧しい人々」**、**「囚われている人々」**、**「盲人たち」**、**「抑圧されている人々」**という四種の人間群は、必ずしも別個の人間集団を意味しておらず、冒頭の**「貧しい人々」**は後続の三種の人間群によって具体化されている（6:20–23; 7:22–23; 14:13, 21 参照）。いずれにしても、ここでは社会的・経済的・政治的圧力からの解放が福音の内容として示され、この世の「貧しい人々」に代表される社会的弱者に福音を告げ知らせるためにイエスが派遣されたことが強調されている（1:52–53; 6:20–21; 7:22 参照）。

　ルカによると、これらの人々が解放されることにより**「主の恵みの年」**が始まることになるが、「恵みの」と訳した δεκτός は文字通りには「受け入れられる」を意味している（24 節; フィリ 4:18; II コリ 6:2 参照）。**「主の恵みの年」**は、イザヤ 61:1–2 の元来の文脈においては「ヨベルの年」の規定（レビ 25:8–12）と関連していたと考えられるが、ここではむしろイエスの神の国の宣教及び救いの業に直接関係づけられている。その一方で、貧しい者の解放の時の到来を告知するイエスの宣教は、ヨベルの年の社会

的な理想の成就とも見なしうる（カルペパー 2002:128)。

20 節

イエスが巻物を閉じて係の者に返し、腰を下ろすと、会堂の中にいるすべての人々の目がイエスに注がれた。この「**係の者**」は会堂司（13:14; 使 13:15）ではなく、助手（会堂奉仕者）の役目を果たしていた人物であろう。

21 節

当時の習慣では通常預言書は解釈されなかったようであるが、イエスはその預言書の言葉について、この言葉は今日、「**あなたたちの耳において**」（あなたたちが聞くことによって）「**成就した**」(πεπλήρωται = πληρόω の完了形受動態三人称単数) と簡潔に語る。この発言は、イエスの到来によって神の救いの年が始まったことを示すと共に、イエスの宣教の本来の目的が預言の成就にあることを改めて示している。「今日」(σήμερον) は単に歴史的な意味での終結した過去の時ではなく（コンツェルマン 1965:61 に反対）、成就の時としての現在の時（救いの現在性）を意味していると考えられるが（Schürmann 1990:233; H. Klein 2006:190; さらに 2:11; 5:26; 19:9; 23:43 参照）、その意味でも救いの可能性は、イエスの言葉を今受け入れるかどうかにかかっている。因みに、この言葉は内容的にマルコ 1:15 の「時は満ち（πεπλήρωται）、そして神の国は近づいた」に類似しているが、ルカにおいては「**成就した（満ちた）**」のは「時」ではなく「**聖書の言葉**」である。

22 節

人々の最初の反応は好意的であり、彼らはイエスを誉め、その恵み深い言葉に驚嘆する。「誉める」と訳出した μαρτυρέω は「非難する」の意でも用いられることから、一部の研究者はこれを否定的な意味で解そうとしている。例えばエレミアス（1978:381）は、この語を「反対にたって証言する」、さらに直後の「驚く」(θαυμάζω) を「異様に思う」の意味で解し（Violet 1938:251–271 も同様）、そのような人々の否定的反応は、イエスがイザヤ 61:1 の恵みの言葉のみを引用し、後半の復讐の言葉を省略したためであると説明している。このような見解は、イエスに対する人々の最終

的な拒絶反応との齟齬を解消しようとする意図から生じたと考えられるが、実際にここでも否定的反応が描写されているならば、そのことをより明確に示す表現が用いられるはずであり、さらに、ルカはμαρτυρέωを常に肯定的意味で用いている点を勘案しても（使 6:3; 10:22, 43; 13:22; 14:3; 15:8; 16:2; 22:5, 12; 23:11; 26:5）、この語を否定的に解する必要はないであろう（論拠についてはさらに Anderson 1964:266–270 参照）。

そして、彼らがそのように最初は肯定的に反応したのは（4:15, 36 参照）、イエスの言葉をイザヤ書の文脈におけるユダヤ民族内に限定された意味で理解したためであろう。この驚嘆は「**この人はヨセフの子ではないか**」という問いへと導いていくが、この点は、言葉ではなくイエスの知恵と力ある業がこの問いを引き起こしているマルコ 6:2–3 の記述とは異なっている。確かにこの問いは、イエスの家族的背景と彼の恵み深い言葉との落差から生じたものであり、必ずしもイエスに対する好意的な反応とは言えないが、悪意から出た疑念の問い（Grundmann 1961:121; Petzke 1990:80）というよりも素朴な驚きの問いと理解すべきであろう（Hill 1971:163; Tannehill 1986:68）。もっとも、ここまでの箇所でルカが神の子としてのイエスの存在を強調してきた点を考慮するなら、人々がイエスをヨセフの子と考えていたという状況は一つのアイロニーと見なせるかもしれない（カルペパー 2002:129）。いずれにせよ、ナザレの人々は、イエスの素性をよく知っていたために、かえってイエスの本質を理解できなかったのである。

23 節

このようなナザレの人々の最初の反応に対して、イエスはここで唐突にナザレの人々の不信仰な態度を指摘し、結果的に彼らの反感を招くが、マルコとは異なり、ルカはイエスに対する郷里の人々のつまずきについて述べる前に彼らの考えを予言的にイエスに語らせている。ここでイエスはまず、「**医者よ、自分自身を癒せ**」という諺（παραβολή）を引用するが、この諺は当時の周辺世界において広く知られており、医者の不適格さや無能さを強調する趣旨で用いられたり、郷里の人々を助けるようにとの要求であったり、文脈によって様々な意味で用いられた（並行例については Nolland 1979:193–209 参照）。ここでは、カファルナウムのような他郷でではなく（4:31; 7:1; 10:15 参照）、まず故郷で奇跡を行うようにあなたたちは要求す

るであろうという意味で用いられており、イエスに奇跡行為を要求する郷里の人々の姿勢を非難している。ここで指摘されているのは彼らの利己的な態度であり、奇跡行為の実践を拒絶するイエスの態度は、地縁血縁による狭い視野から救いを期待する偏狭な発想に対する拒絶を意味している。

なお、イエスのカファルナウムでの宣教活動についてはルカ福音書では後続の段落（4:31–44）で記されており、イエスがここでカファルナウムでの活動に言及するのは不自然である。一部の研究者は、ルカ 4:14–15 のイエスのガリラヤ宣教の要約的報告にカファルナウムでの活動が含まれていると解するが（Shin 1989:215; Schürmann 1990:23）、そこにはカファルナウムの地名は出てこない。コンツェルマン（1965:57–59）は、マルコの並行箇所ではカファルナウムに言及されていないことからも、ルカがこのナザレ説教を宣教活動の冒頭に据えた際に不注意からこのような不整合が生じたとは考えにくく、未来形動詞が用いられている（「**あなたたちは……私に言うだろう**」）ことからもルカは意識的に未来の行為として語っていると主張しているが（Busse 1978:39; Marshall 1995:187; H. Klein 2006:190 n. 67 も同様）、そのような記述の仕方は極めて不自然であり、また、そこまでの読みを読者に期待するのは無理であろう。

この点について Fitzmyer（1983:526, 535）は、このカファルナウムでの宣教活動に関するルカの記述はマルコとは異なる伝承に由来すると見なす。そして、ナザレでの活動以前にイエスが行ったカファルナウムでの宣教活動についてルカは伝承を通して知っていたため、ナザレ説教を宣教活動の冒頭に据えた際に生じたこの不整合を解消しようとはしなかったと論じている。確かにこの説明は筋が通っているが、必ずしもマルコと異なる伝承を想定する必要はなく、ルカが用いたマルコの伝承にすでにこの記述が含まれていた可能性も十分に考えられ、いずれにせよ、この矛盾はやはりルカの編集上の不手際によるものと見なすべきであろう。あるいは、イエスのカファルナウムでの宣教活動についてはすでによく知られていたために、ルカは敢えてこの不整合を解消しようとしなかったのかもしれない（Löning 1997:153）。

24 節

続いてイエスは「**預言者は誰も、自分の故郷では受け入れられない**」（並

行マコ 6:4; マタ 13:57; ヨハ 4:44) と語るが、これによってイエスは自らを預言者と自認しつつ、歴史上の旧約預言者に対する郷里の人々の拒絶に言及している。この言葉は元来、預言者も自分の郷里ではその素性を人々によく知られているために敬われることはないという意味であるが、ここでは、預言者としてのイエスは、神の計画のもとで迫害を受けたあらゆる預言者たちと運命を共にすることが暗示されているのであろう。なお、マルコ 6:4 の「～は敬われない」(οὐκ ἔστιν … ἄτιμος) に対して、ルカはここで「～は誰も受け入れられない」(οὐδείς … δεκτός ἐστιν) と記しているが、δεκτός は 19 節でも用いられており (「主の恵みの年」)、その意味でこの箇所は、(神が受け入れる) 主の恵みの年を郷里の人々は受け入れないという意味にも解しうる (三好 1991:287)。また、マルコとは異なり、ルカは「親族」(συγγενής) や「家」(οἰκία) に言及していないが、この点はイエスの家族への批判を和らげようとするルカの傾向と符合している (8:19–21 参照)。

ルカはまたこの文章を、他の福音書とは異なり、「**まことに私はあなたたちに言う**」(ἀμὴν λέγω ὑμῖν) という表現で導入することにより強調しているが、この点は、預言者イエスはエルサレム以外の地で死ぬことはあり得ないとする後出のイエスの発言 (13:33) と関連しているのかもしれない (Schneider 1984:109 参照)。その意味でも、ここでの故郷はナザレのみならずユダヤ全土を暗示しており、ナザレの人々は不信仰なイスラエルの人々の姿を体現しているが、彼らの身勝手な要求に対し、イエスはイスラエルの枠に限定されない、「貧しい人々」に代表される社会的弱者に対する神の約束の実現を宣言したのであり、この点は直後の 25–27 節においても示される。

25–27 節

故郷で受け入れられない預言者の運命について述べる 24 節に続いて、ここではイスラエルの人々ではなく異邦人を助けた預言者エリヤとエリシャに関する旧約の故事が引用され、偏狭な地域主義、民族主義に囚われない神の姿勢が強調される。この段落は前節の ἀμήν と同義の ἐπ' ἀληθείας (**確かに** [20:21; 22:59; 使 4:27; 10:34 参照]) によって導入されているが、これによってこれら二つの故事の真実性が強調されている。エリヤとエリシャ

はイスラエルで苦難を受けた預言者の典型であり、その意味でも、ここでは受難する預言者としてのイエスの存在が改めて強調されている。この箇所と直前の段落との関係は必ずしも明らかではないが、前段におけるイエスの故郷ナザレと異郷のカファルナウムとの対置が、ここでの故郷イスラエルと異郷のサレプタ及びシリアとの対置に拡大したと考えれば、両者間に一定の類比を見出すことができる。ここで引用されている二つの故事はいずれもヤハウェの絶対性を示しており、「〜の時代（頃）に〜が多くいたが、……誰（のもとに）も〜されず……」という同様の表現で記述されている。

　最初の事例は預言者エリヤに関わっている（1:17 参照）。彼の時代は、天が閉ざされ、「**3 年 6 ヶ月の間**」（王上 18:1 では 3 年間）、雨が降らなかった時代として記憶された（ヤコ 5:17; シラ 48:3 参照）。3 年半という期間は黙示文学に特徴的な苦難の期間である（ダニ 7:25; 12:7; 黙 11:2; 12:6, 14; 13:5）。そして、その干ばつの結果、大飢饉が起こったが、その時エリヤは、イスラエルに多くいたやもめのもとにではなく、「**シドン地方のサレプタのあるやもめ**」のところに遣わされた（王上 17:1–16）。もう一つの事例はこのエリヤの霊の「二つの分」（王下 2:9）を受けたエリシャに関わり、彼の時代にイスラエルには重い皮膚病患者（λεπρός）が多く存在したにも拘らず、彼は「**シリア人ナアマン**」のみを清めたという故事が要約的に述べられる（王下 5:1–19）。

　双方の事例とも、神の救いの手はイスラエルよりもむしろ異邦人、それも特に社会的弱者に向けられていくことを示しており、エリヤやエリシャの場合と同様、イエスの宣教活動がイスラエルの枠を越えて異邦人の地に方向づけられていることを暗示している。もちろん、ここからイエスが異邦人宣教を意図したことを直接読み取ることはできないが、このテキストの文脈は、ナザレのイエスの道が将来的には民族宗教の枠組みを越え、ナザレやガリラヤを越えて最終的に異邦の地に至る（4:30, 43–44; 使 1:8 参照）ことを暗示している。このように、ユダヤ人たちが福音を拒絶した結果、宣教者たちが異邦人伝道に向かうというパターンは、使徒行伝の物語において繰り返されている（使 13:13–52; 14:1–7）。因みに Crockett（1969:177–183）は、この 25–27 節とコルネリウスの物語を中心とする使徒行伝 10–11 章の関連性を指摘することにより、この箇所はむしろ異邦

人とユダヤ人が新しい時代においては共に生き、共に食卓の席につくことを示していると主張している。

28–29 節

　最初はイエスに驚嘆していた会堂にいた人々は、血縁地縁による民族宗教の枠組みを無視して異邦人への神の祝福を示唆するイエスの言葉を聞き、一転して激怒する（使 7:54; 19:28 参照）。彼らはイエスを町の外へと追い出し（23:1; 使 7:58 参照）、「町が建っている山の崖」まで連れて行き、彼を突き落とそうとするが、このナザレの人々の振る舞いは、過去の預言者たちを迫害したイスラエルの人々の姿と共に、迫害を受けた後に十字架上で死を遂げるイエスの将来の運命を暗示している。因みにナザレは実際には丘の中腹に位置しているが、ルカはそのことを知らなかったのであろう。

30 節

　しかし、イエスは彼らの間を「通り抜けて立ち去っていった」（ヨハ 8:59 参照）。ここでは奇跡的な救出やイエスの超自然的な力が描かれているのではなく（Petzke 1990:81; Schürmann 1990:240 に反対）、むしろ、群衆の意図は敵対的であったが、彼らにはイエスを制止できなかったことが示されており、その背後には、まだその時は来ていないというルカの理解があるのであろう（4:13 参照）。ここでは「立ち去る」の意で解しているπορεύομαι は、十字架に至るエルサレムへのイエスの旅を表現する際に繰り返し用いられる動詞であり、イエスの受難を暗示している（2:41; 9:51, 53; 17:11; 19:28）。なお、マルコ 6:5–6a にはナザレの人々の不信仰のゆえにイエスは奇跡を行うことができなかったとのみ記されているのに対し、ルカの記述では、人々が私刑にしようとしたためにイエスは故郷を離れたという筋になっている。こうしてイエスは、彼の派遣目的と迫害のゆえにナザレから離れ去り、その後二度と故郷に戻ることはなかった。

【解説／考察】

　イエスのガリラヤ宣教の記述の冒頭に置かれたこの段落は、ルカ福音書におけるイエスの宣教活動の中心内容を綱領的に示すと共にルカのイエス

像の特質を示している。すなわちイエスは、神の霊を受け、神から遣わされた救いの使者であり（4:18）、イザヤ書の他、エリヤとエリシャに関わる旧約の故事が引用されていることからも明らかなように、旧約預言者の伝統を受け継ぐ存在である。また、マルコやマタイの場合とは異なり、ルカのイエスは神の国の間近の到来よりも神の現在の救いを宣べ伝えており、彼の宣教は旧約預言の成就を意味している。そして、イエスの救いの告知はまず貧しい人々に代表されるこの世の社会的弱者に向けられるが、その意味でも、彼の宣教は異邦人を含めた普遍的な救いを目指している。

　事実、最初はイエスに好意的であったナザレの人々が結果的にイエスにつまずいたのは、地域主義や民族主義に捉われないイエスの開かれた宣教姿勢のためであったが、イエスは何より、彼らのそのような偏狭な姿勢を批判したのである。そして、このような地縁・民族主義は自ずと他者を排斥する排外主義へと繋がっていく。まさに今日、故郷を追われ、行き場を失っている数千万人もの「難民」が存在しているが、そのような人々の受け入れを拒否し、内向きな姿勢で自国の経済的利益にのみ関心を寄せる自国第一主義の流れが世界中に広がりつつある。このテキストは、そのように、困窮して助けを求める隣人に門戸を閉ざし、身内の幸せのみを追い求めようとする現代社会のあり方に対しても警鐘を鳴らしている。

　いずれにせよ、ルカにおけるイエスの宣教は、その開始直後に拒絶に遭い、失敗に帰する結果となったが、このことは、将来のイエスの受難の運命を暗示すると共に、救いの対象がユダヤ人から異邦人へと転換していく事態を指し示している（使18:6参照）。ルカによると、故郷ナザレの人々から拒絶されたイエスは、他郷であるカファルナウムで宣教活動に従事し、その後、エルサレムへ向かうことになる。その意味では、ルカはイエスの宣教活動の舞台をナザレを起点にガリラヤ各地へと拡大し、最終的にはエルサレムに至るというように三段階に区分して考えており、ルカの視点は段階的に進展・拡大していく。また、ナザレの人々によるイエスの拒絶は将来のユダヤ人による拒絶を暗示しているが、それによって将来の異邦人伝道への道が準備されることになる。

7. カファルナウムにおける宣教 (4:31–44)

【翻訳】

⁴:³¹ そして彼（イエス）は、ガリラヤの町カファルナウムに下って行った。そして安息日に彼ら（人々）を教えていた。³² すると彼らは彼の教えに驚嘆した。その言葉には権威があったからである。

³³ さて、汚れた悪霊に取りつかれている人が会堂にいて、大声で叫んだ。³⁴「ああ、ナザレのイエス、お前は俺たちと何の関わりがあるのだ。俺たちを滅ぼしに来たのか。俺はお前が誰であるのか分かっている。神の聖者だ」。³⁵ そこでイエスは、「黙れ。彼（この人）から出て行け」と彼（悪霊）を叱りつけて言った。すると悪霊は彼を真ん中に投げ倒し、彼に僅かな傷も負わせることなく彼から出て行った。³⁶ そこで皆の上に驚愕が生じ、互いに語り合って〔口々に〕言った。「この言葉は何だろう。彼が権威と力をもって汚れた霊たちに命じると彼らが出て行くとは」。³⁷ こうして、彼の噂は周辺のあらゆる場所に広まっていった。

³⁸ さて、彼（イエス）は会堂から立ち上がって〔出て行き〕、シモンの家に入った。ところが、シモンの姑が高熱に捕らえられており、彼ら（人々）は彼女のことで彼に願い出た。³⁹ そこで彼が彼女の枕もとに立って熱を叱りつけると、それ（熱）は彼女から去った。そこで彼女はすぐに起き上がり、彼ら（一同）をもてなした。

⁴⁰ さて、日が暮れると、様々な病にかかっている者を抱えている人が皆、彼らを彼（イエス）のもとに連れて来た。そこで彼は、彼らの一人一人の上に両手を置いて彼らを癒していった。⁴¹ また悪霊たちもわめき立て、「お前こそ神の子だ」と言いながら、多くの人々から〔続々と〕出て来た。しかし彼は〔悪霊たちを〕叱りつけ、彼らが話すことを許さなかった。彼らは彼がキリストだと知っていたからである。

⁴² さて、朝になると、彼（イエス）は人里離れた所へ出て行った。すると、群衆は彼を捜し回り、彼のそばまでやって来て、自分たちから離れて行かないように彼を引きとめようとした。⁴³ しかし、彼は彼らに言った。「他の町々にも私は神の国の福音を告げ知らせなければならない。そのた

めに私は遣わされたのだから」。⁴⁴ そして彼は、ユダヤの諸会堂に赴いて宣教していった。

【形態／構造／背景】

　ガリラヤでの宣教開始直後に、故郷ナザレで自らの宣教指針を打ち出すも人々から拒絶されたイエスは、ナザレを去り、カファルナウムに赴いて宣教活動に着手するが、ここではナザレでの活動とは対照的に、悪霊追放や病人の癒し等、イエスの力強い業が印象的に述べられている。この段落では、すでにルカ 4:23 で示唆されていたカファルナウムでのイエスの活動が記されており、ある意味で、直前の段落で綱領的に示されていたイエスの宣教活動の具体的実例が記されている。この段落はまた、イエスの会堂での教えとそれに対する人々の好意的な反応が述べられている点で先行するガリラヤ宣教に関する要約的報告（4:14–15）と共通しており、さらに、安息日におけるイエスの会堂での教えについて述べられている点（4:16 参照）、イエスの福音告知と神からの派遣に言及されている点（4:18 参照）、人々の偏狭な利己的発想に対して福音の普遍的性格が表明されている点（4:25–27 参照）において、直前のナザレ説教の段落とも結びついている。この段落は以下のように区分される。

（1）序：イエスのカファルナウム行きと安息日における教え（31–32 節）
（2）汚れた悪霊に取りつかれていた人の癒し（33–37 節）
（3）シモンの姑の癒し（38–39 節）
（4）多くの病人の癒しと悪霊の抵抗（40–41 節）
（5）巡回説教（42–44 節）

　ここでは、段落全体の序文として機能している冒頭の要約的報告（1）に続いて、公的な場（会堂内）での汚れた悪霊に取りつかれた男性に対する癒し（2）と個人宅における高熱を出していた女性に対する癒し（3）について語られ、さらに両者を受けて、様々な病をもつ人々と悪霊に取りつかれた人々の癒しが包括的に述べられ（4）、最後にガリラヤ（カファルナウム）から全ユダヤに至る宣教の展望を示すことによって締めくくら

れている（5）。この段落の各構成要素は、時間的／地理的記載（31, 40, 42節／31, 33, 37, 38, 42節）、叱責を意味する ἐπιτιμάω（35, 39, 41節；マコ 1:31, 34 も比較参照）及び悪霊による「神の聖者／神の子」発言（34, 41節）によってマルコの並行箇所以上に相互に緊密に結びついている。さらにルカのテキストは、イエスのカファルナウム到着とそこからの退去を示す記述（31節／42–44節）及び会堂における宣教活動に関する要約的記述（31–32節／44節）によって枠付けられ、一つのまとまりをもった段落を構成している。

　この段落では、悪霊追放と癒しのエピソード（33–37節／38–39節）に続いて、様々な病人と悪霊に取りつかれた人々の癒しについて要約的に報告されているが（40–41節）、マルコにおいては病人と悪霊に取りつかれていた人々の両者が二度に亘って並置されているのに対し（マコ 1:32, 34）、ルカは両者を一応区別し、前半（40節）では病人の癒しについて、後半（41節）では悪霊追放と悪霊たちの抵抗について言及しており、悪霊追放（33–35節、41節）と病の癒し（38–39, 40節）が交差配列になって記述されている。もっとも、ルカにおいては悪霊憑きと身体的疾病はしばしば並置され（6:17–18; 7:21; 9:1; 13:32）、この段落でも双方の癒しの業はいずれもイエスの叱責の言葉（ἐπιτιμάω）によって実行されていることからも、ルカは両者を厳密には区別しようとしていない。この段落の全体構成は以下のようにまとめられる。

【ルカ 4:31–44 の全体構成】

（1）序：イエスのカファルナウム行きと安息日における教え（31–32節）	
（2）汚れた悪霊に取りつかれていた人の癒し（33–37節）	（3）シモンの姑の癒し（38–39節）
①癒しのエピソード（33–35節） 悪霊による「神の聖者」発言（34節） イエスの叱責（ἐπιτιμάω）による癒し（35節） ②人々の驚きとイエスの評判（36–37節）	①導入：状況設定（38a節） ②シモンの姑の病状と人々の依頼（38b節） ③イエスの癒しとシモンの姑の回復（39節） イエスの叱責（ἐπιτιμάω）による癒し（39節）
（4）多くの病人の癒しと悪霊の抵抗（40–41節）	
①多くの病人の癒し（40節）	②悪霊追放と悪霊たちの抵抗（41節） 悪霊による「神の子」発言（41節） イエスの叱責（ἐπιτιμάω）（41節）

	（5）巡回説教（42–44 節）
	①イエスのカファルナウム退去と人々の懇願（42 節）
	②イエスの神の国の福音宣教の使命（43 節）
	③ユダヤ諸会堂での宣教（44 節）：要約的記述

　前段（4:16–30）においてマルコの記事の配列から一旦離れたルカは、この段落以降ルカ 6:19 まで再びマルコの記述に結びついているが、特にこの段落はマルコ 1:21–39 と緊密に並行しており、マルコのテキストがルカの唯一の資料であると考えられる（マルコの他に Q 資料の存在を想定する Schürmann 1990:250 以下に反対）。なお、マルコではこの段落に先行する最初の弟子召命の記事（マコ 1:16–20）を後続のルカ 5:1–11 に移行させているルカにおいては、このカファルナウムでのイエスの宣教活動は弟子がまだ存在しないことが前提にされており、このカファルナウム行きもイエス単独の行為として記されている（4:31）。

　冒頭の 31–37 節は緊密にマルコ 1:21–28 に並行しているが（32 節についてはマタ 7:28–29 にも並行）、多くのルカ的語彙を含んでいることから（33 節：φωνή μεγάλη［大声。Jeremias 1980:265 参照］、36 節：καὶ ἐγένετο［そして〜が起こった。同書 25f 参照］及び θάμβος［驚愕。新約ではこの他ルカ 5:9; 使 3:10 にのみ使用］、37 節：ἦχος［噂。新約用例 4 回中 3 回がルカ文書に使用］等）、ルカはこの箇所をマルコの記述をもとに文体や表現を一部改めつつ編集的に構成したのであろう。次の 38–39 節はマルコ 1:29–31 及びマタイ 8:14–15 に並行しているが、このエピソードはペトロの回想に由来すると伝統的に考えられており、史実に遡ると考える研究者も多い（Theissen/ Merz 1996:281）。ルカはここでもマルコのテキストに依拠しているが、部分的に加筆・修正することにより、この箇所全体を編集的に構成している（καὶ εὐθύς の省略、παραχρῆμα［すぐに］の挿入、ἀνίστημι［立ち上がる／起き上がる］による囲い込み等）。これに続く 40–41 節は全体としてマルコ 1:32–34 及びマタイ 8:16–17 に並行している。多くの研究者はマルコのテキストをマルコによる編集的構成と見なしているが（ブルトマン 1987:230; 大貫 1993:78 他）、ルカはさらに動作の継続を示す未完了形動詞を多用することにより、要約的報告としての性格を一層強めている。おそらくルカは、マルコの記述を修正し、さらに後半部ではマルコ 3:10–12 にも依

拠しつつ（そのためマコ 3:7–12 に対応するルカ 6:17–19 ではマコ 3:11–12 を削除）、この箇所を編集的に構成したのであろう。末尾の 42–44 節も、ここまでの箇所ほど緊密ではないがマルコ 1:35–39 に並行しており、ルカはここでもマルコを唯一の資料として用いて編集的に構成したのであろう。その一方で、この箇所に関してはマタイに並行記事が見られないが、それはマタイ独自の編集作業によるものと見なしうる。

【注解】

31 節

イエスはナザレからガリラヤの町カファルナウム（7:1; 10:15）へと下って行く。マルコとは異なり、「ガリラヤの町」と付記されているのは、カファルナウムがガリラヤに位置することを異邦人読者に示すためのみならず、ガリラヤにおけるイエスの宣教活動開始の記述（4:14）との関連のためであろう。その一方で、ルカはカファルナウムがゲネサレト湖畔に位置していることに言及していない。「下って行った」（κατῆλθεν）という表現についてコンツェルマン（1965:67）は、ナザレが山の上にあるというルカの誤った情報に基づいている可能性を指摘しているが、カファルナウムがナザレより低地にあるのは明らかであり、必ずしもそのように想定する必要はないであろう（蛭沼 1989:163）。イエスは安息日に会堂（33 節参照）で人々を教えるが、マルコでは一度限りの行為として記されているのに対し（マコ 1:21「すぐに会堂に入って」）、ルカにおいては、《εἰμί の過去形＋現在分詞（ἦν διδάσκων）》という構文が用いられていることからも習慣的な行為が示唆されている（Schweizer 1986:64; Schürmann 1990:246 n. 175）。

32 節

人々は彼の教えを聞いて驚嘆するが（4:15 参照）、マルコがその理由として、イエスが律法学者のようにではなく権威ある者として教えていたという点を挙げているのに対し（マコ 1:22）、ルカは律法学者には言及せずに、イエスの言葉自体に権威があったためと述べている。ルカにおいて律法学者云々の部分が省略されている理由については様々な可能性が指摘されているが（律法学者の唐突な出現を避けるため、ルカの読者の周囲に律法学者が

存在しなかったため［Ernst 1977:178］、ルカの読者は律法学者との対決に関心がなかったため［Fitzmyer 1983:544］、ルカにおいては敵対者との対立が表面化するのは 5:17 以降であるため［Wolter 2008:201］等）、おそらくルカは、イエスの権威が何より彼の言葉に根拠づけられていることを示すためにこの部分を削除したのであろう（嶺重 2008:70f 参照）。なお、ここで初めてイエスの「**権威**」（ἐξουσία）に言及されるが、これはイエスが拒絶した悪魔による権威（権力）付与の誘惑（4:6）との関連で理解できる。また、ルカが特に言葉の権威を強調していることは、後続の箇所において、マルコとは異なり、熱を叱りつけることによって（言葉によって）病を癒していることからも確認できる（39 節；並行マコ 1:31）。

33 節

ここから癒しの物語が始まるが、32 節で強調されたイエスの言葉の権威はこの物語（特に 36 節）の主題に関わってくる。これは典型的な悪霊追放物語であり、《状況設定→悪霊の抵抗→奇跡行為者の命令→悪霊の再度の抵抗及び屈服→目撃者の反応》という順序で展開している。

イエスが安息日に会堂で教えていたとき、悪霊に取りつかれていた人がイエスに向かって大声で叫んだという。「**汚れた悪霊**」（πνεῦμα δαιμονίου ἀκαθάρτου）という表現は不自然であるが、δαιμονίον/δαίμων はヘレニズム世界の読者にとっては「神」、「神的存在」、「守護神」等を意味し、必ずしも否定的な概念ではなかったことから（Foerster, ThWNT II:2f; さらに使 17:18 参照）、ルカは「汚れた」という意の形容詞 ἀκάθαρτος を付加したのであろう（34 節の ἅγιος ［聖なる］参照）。また、「**大声で**」（φωνῇ μεγάλῃ）という表現は、後続の「黙れ」というイエスの言葉（35 節）と整合性をもたせるために、マルコの後続の表現（1:26）を先取りしたものであろう（H. Klein 2006:195）。

34 節

その霊はイエスに「**ああ、ナザレのイエス**」（18:37; 24:19 参照）と語りかけるが、この表現は、イエスが故郷ナザレの人々から受け入れられず、そこを立ち去ってこの地を訪れたというルカの文脈を踏まえると、一種のアイロニーと見なせるかもしれない（カルペパー 2002:134）。一部の研究

者は、敵対者の名を知ることによって相手を上回る力を受けるという民間説話的な見方に基づいて、マルコ版の悪霊の言葉（マコ1:24）を悪霊に脅かされている者が悪霊に対して用いる「防御の言葉」として解しているが（ブルトマン 1987:16 注1参照）、少なくともルカ版においては、悪霊はほとんど抵抗せずにイエスの言葉によって追放されていることからも、このような想定は不要であろう。

続いて霊は「**お前は俺たちと何の関わりがあるのだ。俺たちを滅ぼしに来たのか**」と叫ぶが、ここにはイエスとの関わりを全面的に否定しようとする悪霊の態度と敵意が表現されている。この箇所は、「あなたは私にどんな関わりがあるのでしょうか。あなたは……私の息子を死なせるために来られたのですか」（王上17:18）というサレプタのやもめがエリヤに語った言葉とも響き合う（さらに士11:12; サム下16:10; 王下9:18参照）。この霊はまた「**神の聖者**」（ὁ ἅγιος τοῦ θεοῦ）であるイエスの本質に言及するが、この称号は伝承に由来し（士13:7; 16:17 LXX［写本B］；詩106［LXX105］:16; マコ1:24; ヨハ6:69）、ルカ福音書にはここでのみ用いられている（cf. 1:35：ἅγιος［聖なる者］）。いずれにせよ、ここではこの霊が、イエスの名称や意図のみならず彼の本性をも認識していたことが前提にされている。

35節

そこでイエスが、その汚れた霊を叱りつけて黙るように命じ、さらにその人から立ち去るよう命じると（使16:18参照）、その悪霊は彼を人々の真ん中に投げ倒して彼から出て行った。「**真ん中に……**」（5:19; 6:8参照）という描写は、その場にいた人々が今や事態を観察できるようになったことを示しているに過ぎず、それ以上の意味を読み取るべきではないであろう（Schneider 1984:114; H. Klein 2006:198）。またマルコにおいては、霊は取りついていた人に痙攣を起こさせて大声を上げて出て行ったと記されているのに対し（マコ1:26）、ルカは、霊が僅かな傷も負わせることなく（声を上げずに）出て行ったと記すことにより、悪霊を圧倒するイエスの権威を強調すると共に、彼の癒し（奇跡）が完全なものであったことを印象づけている（8:33; 9:42; 11:14を比較参照）。さらにこの出来事は、ナザレ説教で告知された、囚われている人々の解放の宣言（4:18）を思い起こさせる。

36 節

イエスの癒しの行為を目の当たりにした人々は皆、驚愕して語り合った。「驚愕」を意味する θάμβος は宗教的意味を含み、新約ではルカ文書にのみ用いられている（5:9; 使 3:10）。また、マルコにおいては、人々は汚れた霊も従う「権威ある新しい教えだ」と論じ合ったのに対し（マコ 1:27）、ルカにおいては、人々は「**この言葉は何だろう。彼が権威と力をもって汚れた霊たちに命じると彼らが出て行くとは**」と語り合ったとあり、汚れた霊に「**権威**」（ἐξουσία）と「**力**」（δύναμις）をもって命じるイエスの言葉に関心が向けられる。32 節と同様、ここでも「**権威**」はイエスの言葉と結びついており、また、「**力**」（4:14; 5:17; 6:19; 8:46; 9:1; 使 3:12; 4:7; 6:8; 10:38 参照）はマルコ版には見られない。

37 節

最初の小段落を締めくくるこの節は、イエスの癒しの行為の結果、イエスの名声が周辺地域一帯に広がっていったことを要約的に報告している（4:14b 参照）。ここでルカは、マルコ 1:28 の ἀκοή（評判）に対して ἦχος「噂」（21:25; 使 2:2）を用いており、また、噂が広がった地域としてマルコはガリラヤという地名を明記しているが、ルカはこれに言及していない。

38 節

会堂を立ち去ったイエスはシモンの家を訪れるが、この情景は教師を安息日の祝いの食事に招く当時の慣習に対応している（Grundmann 1961:125; レングストルフ 1976:147）。なお、ヨハネ 1:44 ではペトロとアンデレはベトサイダの出身とされており、ヨハネ福音書が生誕地について語っているのに対し、マルコやルカはその後の移住先（カファルナウム）について語っているとも考えられる（Fitzmyer 1983:549）。マルコにおいては、ヤコブとヨハネがイエスに同行しているが（マコ 1:29）、まだ弟子が召し出されていないルカにおいては誰も同行していない。もっとも、イエスを招いたと考えられるシモンは自宅にいたことが前提とされており（Schneider 1984:115; H. Klein 2006:199）、その意味でこの場面は、ペトロの弟子入りを準備する機能を果たしている。また、マルコ 1:29 における「シモンとアンデレの家」がルカでは「**シモンの家**」になっているが、後

続の召命記事（5:1–11）においても、マルコとは異なり、ルカはアンデレに言及していない。因みに、マタイにおいても弟子たちは言及されておらず、イエスは一人でペトロの家を訪れているが、マタイの文脈ではすでに弟子たちは召命されているのであるから、これはテキストを短縮しようとするマタイの意図に起因するのであろう（Bovon 1989:219）。

マルコが「彼女が熱を出して寝ていた」（マコ 1:30）と記しているのに対し、ルカはシモンの姑が**「高熱に捕らえられており」**と彼女の病状をより深刻に描写することにより、彼女に対するイエスの癒しの業を強調している。またマルコとは異なり、ルカにおいては、人々はイエスに単に彼女のことを話したのではなく、具体的にイエスに（彼女の癒しを）依頼しており、その意味でこの箇所は、人々がイエスの力をすでに信じていたことを示すと共に、後続の多くの病人の癒しの記事（40–41 節）の予兆となっている。なお、ここで出てくる「**彼ら（人々）**」は、マルコの文脈では、家の住人であるシモンとアンデレ、そしてイエスに同行したヤコブとヨハネを指していることは明らかであるが、彼らに言及していないルカの文脈では明らかではない（ペトロの家の住人？）。また、ペトロが既婚者であったことはⅠコリント 9:5 にも示されている。

39 節

イエスは病人の枕元に立つ（身をかがめる）が、手を取って起こすことによって癒す（マコ 1:31）のでも、病人の手に触れることによって癒す（マタ 8:15）のでもなく、直前の悪霊追放の場合と同様（4:35 参照）、ただ熱を**「叱りつける」**（ἐπιτιμάω）ことによって癒しを実行する。その意味では、ここには身体の病を悪霊の仕業と見なす当時の通念が反映されており（Foerster, ThWNT II:7 n. 53 参照）、それと共に言葉による癒しの業が再び強調されている。その結果、熱は彼女から去り、彼女は一同をもてなすが、ルカはここに**「すぐに起き上がり」**という句を挿入することにより、彼女が即座に健康を回復して自力で起き上がったことを示すと共に、その癒しの業そのものを強調している。なお、「もてなす」（διακονέω）という行為は、食事の給仕等の日常的な仕事のみならず、広く他者に対する奉仕の意味で理解すべきであり（Wolter 2008:204f）、自分たちの持ち物を出し合ってイエスの弟子たちに仕えていた（διηκόνουν < διακονέω）女性たちの描写

(8:1–3; さらに 23:49, 55 も参照）とも響き合う。

40 節

　イエスが悪霊に取りつかれていた男とシモンの姑を癒したその日が暮れると、（おそらくイエスの奇跡行為の噂を伝え聞いて）人々は様々な病人たちをイエスのもとに連れて来た。ユダヤ社会においては日没において一日が終わって次の日が始まると考えられており、ここでは安息日の終わりが意味されている。それゆえ、日が暮れてから人々が病人を連れて来たという物語の設定は、少なくともマルコの文脈では、安息日に物を運んではならない（エレ 17:21–22）という戒め（あるいは安息日に病人を癒してはならないという戒め）との関係のためと考えられるが、ルカ自身がこの点をどれほど意識していたかは明らかではない（Marshall 1995:196; カルペパー 2002:135 他）。

　この段落冒頭の時刻の記載について、マルコ 1:32 の「さて、夕方になって日が沈むと」（ὀψίας δὲ γενομένης, ὅτε ἔδυ ὁ ἥλιος）に対して、マタイ 8:16 は「さて、夕方になると」（ὀψίας δὲ γενομένης）、ルカは「**さて、日が暮れると**」（δύνοντος δὲ τοῦ ἡλίου）となっているが、これはマタイとルカそれぞれがマルコにおける二重の表記を避けた結果であろう（Schneider 1984:116）。また、マルコにおいては「町全体〔の人々〕が戸口に集まった」（マコ 1:33）とあるが、ルカはおそらく「町全体」という誇張表現の不自然さを避けるためにこの一文を削除したのであろう（Fitzmyer 1983:552）。因みにルカは、多くの人々が集まって戸口の辺りが一杯になったというマルコ 2:2 の類似した描写もその並行箇所（5:17）で削除している。さらにルカは、マルコとは異なり、イエスはそれらの病人「**一人一人の上に両手を置いて**」（13:13; 使 9:12, 17; 28:8 参照）彼らを「**癒していった**」と記しているが、これにより、連れて来られたすべての病人をイエスが受け入れ、個別に癒したことを強調している。ルカにおいては、ここで初めて（言葉ではなく）行為による癒しの業が描写されているが、手を置く動作と癒しの結合はヘレニズム世界の文献に頻出する一方で、新約時代以前のユダヤ教文書には見られない（死海文書「外典創世記」20:22, 29 のみ参照）。

41節

　病の癒しの描写に続いて、ここでは悪霊追放に言及される。マルコにおいてはイエスが多くの悪霊を追放したと記されているのに対し、ルカはここで、悪霊たちが「**わめき立て**」(κρ[αυγ]άζοντα)、「**お前こそ神の子だ**」と叫びながら、人々から（自ら）出て行ったと述べている（マコ 3:11; 5:7; さらにルカ 1:32, 35; 3:22; 4:3, 9 参照）。またマルコにおいては、イエスは悪霊が話すことを許さなかったとのみ記されているのに対し、ルカはこれに「〔**悪霊たちを**〕**叱りつけ**」(ἐπιτιμῶν) という表現を付加することにより、その禁令を強調している（4:35 参照）。さらにマルコによると、このイエスの沈黙命令は悪霊がイエスを知っていたことに起因するが、ルカによると、イエスがキリスト（＝メシア）であることを悪霊が知っていたためであり、その意味でも、ここではイエスの神の子性とメシア性が緊密に結びつけられており（22:67–70 参照）、おそらく 34 節の「神の聖者」もこの関連において捉えられている（さらに 1:35 の「聖なる者、神の子」参照）。なお、この沈黙命令そのものは、イエスの神の子性は彼の受難、復活までは理解され得ないという考え方に基づいていると想定されるが、イエスの本質が悪霊によっていたずらに証言されることを避けるために沈黙が命じられたのかもしれない（Marshall 1995:197）。因みにマタイのみは、イザヤ 53:4 の一部を成就引用として記載することによってこの要約的報告を締めくくっている（マタ 8:17）。

42節

　40 節の「日が暮れると」という表現と同様、ここでも「**さて、朝になると**」(γενομένης δὲ ἡμέρας) という時間を示す表現によって新しい段落が始められるが（使 12:18; 16:35; 23:12 参照）、この記述は、直前の 40–41 節で反復継続を表す未完了過去形動詞（ἐθεράπευεν [癒していった]、ἐξήρχετο [出て来た]、εἴα [許した]）が用いられていることとも相まって、一晩中イエスが病の癒しと悪霊追放に従事していたことを示唆している（Schneider 1984:118; Kremer 1988:59）。一方のマルコ 1:35 においては、「朝早くまだ暗いうちに」となっており、まだ夜が完全に明けていなかったことが強調されている。ここでイエスは人里離れた寂しい場所へと出て行くが、ルカはイエスがそこで祈っていたとするマルコ 1:35 の記述を削除している

（5:16 に移行？）。ルカにとって祈りは重要な主題であるが（【トピック：ルカにおける祈り】［本書 147–48 頁］参照）、おそらくルカは、イエスが一時的に人里離れた場所に赴いたのではなく、カファルナウムから立ち去ろうとしていた場面を描こうとしていたため、祈りに関する記述を削除したのであろう（Kremer 1988:59; Nolland 1989:216）。マルコにおいては、イエスの弟子たち（シモンとその仲間）がイエスの後を追い、カファルナウムの人々が彼を捜していることを伝えているが（マコ 1:36–37）、まだ弟子が召し出されていないルカにおいては、イエスを捜しに来るのは群衆（カファルナウムの住民）である。彼らはイエスが**「自分たちから離れて行かないように彼を引きとめようと」**するが、このような彼らの態度は、イエスを崖から突き落とそうとしたナザレの人々の態度とは対照的である。もっとも、カファルナウムの人々にしても、イエスの宣教の本質を理解せずに利己的な発想からイエスを自分たちのもとに引きとめようとしたという意味では、ナザレの人々と同様であったと見なすべきであろう（Green 1997:221）。

43 節

そこでイエスは群衆に対して自らの派遣の使命について語り出す。すなわち、他の町々にも神の国（マコ 1:15 参照）の福音を告げ知らせなければならず、まさにそのために神から遣わされたというのである（4:18 参照）。「**神の国**」（ἡ βασιλεία τοῦ θεοῦ）はここで初めて用いられ（ルカ福音書に計 34 回使用）、「（神の国の）福音を告げ知らせる」（εὐαγγελίζομαι）もルカに特徴的な表現であるが（共観福音書用例 11 回中ルカに 10 回、さらに使に 15 回使用）、事実ルカは、ここで初めてイエスを神の国の福音の宣教者として明確に描いている。因みに、ルカのパウロも告別説教において彼の活動を神の国の宣教と特徴づけており（使 20:25）、パウロは死ぬまで神の国を宣教し続けたと記述されている（使 28:31）。なお、ルカの「**他の町々**」に対して、マルコにおいては「近隣の（田舎の）町々」（マコ 1:38）となっているが、この点はマルコがガリラヤにおける宣教を想定していることに対応している（マコ 1:39）。さらにマルコにおいては、それらの町々に宣教に赴くことがあくまでもイエス個人の意志として表明されているのに対し、ルカは δεῖ（必ず〜する）を用いることによってそれが神の意志であること

を強調している。

44節

　この節ではユダヤの諸会堂におけるイエスの宣教について要約的に報告されているが、並行箇所のマルコ1:39に対してルカは若干の変更を加えている。一つは、イエスの活動内容としてマルコでは「宣教」と並列されていた「悪霊追放」を省略した点であり、これによって、神の国の宣教に焦点が当てられると共に、ルカにおける「宣教」が狭い意味での教えに留まるものではなく、言葉と行為によるものであることが示される。さらにルカは、イエスの宣教場所に関して、マルコの「ガリラヤ中の会堂」を「**ユダヤの諸会堂**」に書き換えているが、ここでのユダヤはガリラヤを含むパレスチナ全域（あらゆるユダヤ人の居住地域）を指しており（1:5; 6:17; 7:17; 23:5; 使10:37 他参照）、これによりイエスの宣教活動が、ガリラヤの枠を越えてユダヤ全土に拡大していくことが強調されている。ここから Völkel（1973:222f）は、厳密な意味でのガリラヤ宣教はルカ4:43までで、それ以降のルカの視点はユダヤ全土に向けられ、そこではガリラヤは宣教活動の起点以上の意味は持ち得ないと主張しており、同様の趣旨から Schürmann（1990:260f）も、ルカ3–4章（「ガリラヤからの始まり」）とルカ5:1–19:27（「ユダヤ地方における公的活動と教え」）とを明確に区分している。確かに、ルカ4:44と同5:1の間には明確な区切りが存在しているが、ルカ福音書においては5章以降も、ゲラサ人の地方での活動（8:26–39）を除けば、イエスは原則としてガリラヤ地域で宣教活動を行っていることからも、イエスの宣教が実際にガリラヤの枠を越えるのはルカ9:51以降と見なすべきであろう。

【解説／考察】

　カファルナウムでのイエスの宣教活動について述べるこの段落は、マルコ1:21–39をもとに構成されているが、最初の弟子召命の記事を後方に移したルカは、弟子がまだ存在しないことを前提としてこの段落全体を再構成している。この段落では、イエスが奇跡行為の実践を拒絶し、結果的に言葉によるイエスの教えが強調されている直前のナザレ説教の段落

(4:16–30) とは対照的に、悪霊追放や病人の癒し等の行為によるイエスの活動が強調されている。しかしながら、最初の二つの癒しの業が叱責の言葉（ἐπιτιμάω）によって実行され（35, 39 節）、イエスが神の国の福音の宣教者と見なされ（43 節）、段落全体が宣教（教え）に関する要約的記述（31–32 節及び 44 節）によって枠付けられていることからも、ここでも言葉の権威が強調されている（32, 36 節）。事実、イエスの癒しの業を目撃した人々は、癒しの業そのものよりも、それをもたらしたイエスの「権威ある言葉」に驚いたのであり（36 節）、ルカの記述においてはイエスの言葉と業は双方共に重要視され、両者は不可分なものとして捉えられている。

　冒頭の悪霊追放の記述（33–37 節）はルカ福音書における最初の奇跡物語であるが、悪霊追放物語は聖書の中でも福音書に特有であり、旧約聖書やパウロ書簡には見られない。古代世界においては、異常な振る舞いや激しい発作の症状他、様々な精神疾患は悪霊の仕業とされ、悪霊が取り除かれることによってその人は癒されると考えられていたが、現代に生きる私たちが、このような理解を前提とする悪霊追放物語を受け入れがたく感じるのは当然であろう。しかしその一方で、私たちも決して完全に自由な存在ではなく、様々なとらわれの中でストレスを抱えつつ生きていることを思い起こすとき、私たちが置かれている状況も、ここで語られている悪霊憑きの状況とさして大きな違いはないことに気づかされる。いずれにせよ、この段落で語られているのは、様々な病を抱え、困窮と苦悩の中に生きていた社会的弱者に対するイエスの癒しの業であり、ナザレ説教の冒頭で宣言されていた社会的弱者に対する喜びの使信がここで具現化されている。

　この段落は、ルカ 4:14 以降のイエスのガリラヤでの最初期の活動報告を締めくくると共に同 3:1 以降の一連の記述を締めくくる機能を果たしているが、特に末尾の 44 節は、イエスの宣教活動が狭いガリラヤの枠を越えてユダヤ（パレスチナ）全土へと拡大していくことを示している。

II．弟子の召命と敵対者との対立
（5:1–6:11）

　ルカ 4:14 以降、ナザレとカファルナウムにおける最初期のイエスの宣教活動について述べられてきたが、その時点ではイエス単独での活動であり、その活動場所も会堂内が中心であった。しかし、5 章の冒頭部分で最初の弟子たちが召命された後は、弟子たちを伴い、公的に神の国の福音を告知するイエスの宣教活動について語られていくことになる（4:43 参照）。このルカ 5:1–6:11 のセクションにおいては、イエスが弟子たちを召し出し、病人を癒すなど、宣教活動を展開していく様子が具体的に描かれているが、伝統的なユダヤ教の慣習を否定し、新しい秩序を打ち立てようとしたことから、イエスとファリサイ派らの敵対者との対立関係は次第に鮮明になっていく。それに加えて、この箇所ではイエスの権威がしばしば強調されている（4:32, 36 参照）。この箇所全体は以下のように区分できる。

　　1．最初の弟子の召命（5:1–11）
　　2．皮膚病患者の清め（5:12–16）
　　3．中風患者の癒し（5:17–26）
　　4．レビの召命と宴席での問答（5:27–39）
　　5．安息日の麦穂摘み（6:1–5）
　　6．手の萎えた人の癒し（6:6–11）

　このように、このセクションは計六つの段落から構成されているが、（4）を除く五つの段落は、ἐγένετο δέ（1、5、6）もしくは καὶ ἐγένετο（2、3）という表現によって導入されている（さらに後続の 6:12 も参照）。この箇所はまた、冒頭の（1）を除くと癒しの物語によって枠付けられており（2、3、6）、さらに（3）〜（6）のすべての段落において、ファリサイ派を始めとする敵対者が登場してイエスと彼らとの間で論争が展開されており、両者の対立は次第に激化し、最終的に敵対者の怒りは頂点に

達する（6:11 参照）。この他、二つの病人の癒しの記述（2、3）は二つの弟子の召命記事（1、4）によって囲い込まれており、また、最後の二つの段落（5、6）はいずれも安息日のエピソードを語っている。

　このセクションは全体としてマルコ福音書に依拠しており、特にルカ 5:12–6:11（2 〜 6）は、配列の順序も含めてマルコ 1:40–3:6 に並行している（並行マタ 8:1–4; 9:1–17; 12:1–14）。その意味でも、ルカはマルコを主な資料として受け継ぎ、冒頭に弟子の召命記事を置き、適宜編集の手を加えつつこの箇所全体を構成したのであろう。

* * *

1. 最初の弟子の召命（5:1–11）

【翻訳】

5:1 さて、群衆が彼（イエス）のところに押し寄せ、神の言葉を聞いていたとき、彼自身はゲネサレト湖のほとりに立っていた。2 そして彼は、二そうの舟が湖のほとりにあるのを見た。一方で漁師たちは、それら（二そうの舟）から〔陸に〕上がって網を洗っていた。3 そこで彼は、シモンの所有であったそのうちの一そうの舟に乗り、岸から少し漕ぎ出すように彼（シモン）に頼んだ。そして彼（イエス）は、腰を下ろして舟から群衆に教え始めた。

　4 さて、彼は話し終えたとき、シモンに「沖へと漕ぎ出し、あなたたちの網を降ろして漁をしなさい」と言った。5 するとシモンは答えて言った。「師よ、私たちは夜通し苦労しましたが、何も捕れませんでした。しかし、あなたのお言葉ですから、網を降ろしてみましょう」。6 そして、彼ら（漁師たち）がその通りにすると、彼らはおびただしい魚の群れを捕らえ、彼らの網は張り裂けそうになった。7 そこで彼らは、もう一そうの舟にいる仲間に、自分たちを助けに来るように合図した。そこで彼らはやって来て、双方の舟を魚で一杯にしたので、舟は沈みそうになった。8 そこで、

シモン・ペトロは〔これを〕見て、イエスのひざもとにひれ伏して言った。「私から離れてください。私は罪ある者なのです、主よ」。⁹ 彼らが捕った魚のことで、シモンと彼と一緒にいたすべての者を驚愕が襲ったからである。¹⁰ また、シモンの同業者、ゼベダイの子のヤコブとヨハネも同様だった。すると、イエスはシモンに言った。「恐れるな。今から後、あなたは人間を生け捕る者になる」。¹¹ そこで彼らは舟を陸につけ、一切を棄てて彼に従った。

【形態／構造／背景】

　ここまでは弟子たちを伴わないイエス単独での宣教活動について述べられてきたが、この段落で最初の弟子たちの召命について語られることにより、イエスの宣教活動は新たな局面を迎える。ルカは 4:31 以降、マルコの記述の順序に従ってきたが（マコ 1:21–39）、ここで一旦その流れを断ち、マルコではガリラヤ宣教の最初期の段階で語られている弟子の召命物語（マコ 1:16–20）をここに位置づけている。ルカがこの段落をこの位置に移行させたのは、不首尾に終わったナザレでの宣教の記事の直後に弟子獲得の記述が続くのを不自然に感じたためか（Schmithals 1980:66）、弟子召命に先立って言葉（4:16–30）と行為（4:31–44）によるイエスの救済的行為を提示しようとしたためか（Bovon 1989:217, 228; Talbert 2002:61）、あるいはそれ以外の理由によるのか、明らかではないが、いずれにせよルカは、最初期の弟子たちの信従をより自然に描き出すために、彼らにまずイエスの活動を目撃させたのであろう（4:38–39; 5:4–7 参照）。この段落は以下のように区分できる。

　　（1）序：湖畔でのイエスの群衆への教え（1–3 節）
　　（2）奇跡的な大漁（4–7 節）
　　　　(a) イエスの指示（4 節）
　　　　(b) シモンの返答（5 節）
　　　　(c) シモンの実行と大漁の奇跡（6–7 節）
　　（3）シモン・ペトロとゼベダイの子らの召命（8–11 節）
　　　　(a) シモンの信仰告白（8 節）

(b) シモンらの驚きとイエスの言葉（9–10 節）
　(c) シモンらの信従（11 節）

　これら三つの小段落相互の関係は必ずしも明確ではないが、πλοῖον（舟［2, 3×2, 7×2, 11 節］）、δίκτυον（網［2, 4, 5, 6 節］）、ἐπανάγω（漕ぎ出す［3, 4 節］）等の語が各小段落を結びつけ、また、4 節の ἐπανάγω と 11 節の κατάγω（引き上げる）は 4 節以降の箇所を枠付けている。

　この段落は二組の召命記事から構成されているマルコ 1:16–20（並行マタ 4:18–22）に対応しているが、ルカはマルコの記述をそのまま取り入れるのではなく、別伝承に由来する大漁物語を挿入することにより、独自の召命物語を作り上げている。おそらくそのために、① 導入部（1–3 節）における相互に無関係な群衆と漁師たちの並置、② イエスとシモンの会話（4–5 節）における単数形動詞から複数形動詞への移行、③ 二そう目の舟の唐突な出現（7 節）、④ ペトロの信仰告白（8 節）の不明瞭な場面設定（船上あるいは陸地？）、⑤ 終盤におけるゼベダイの子たちの唐突な出現と動詞の単複両形の混在（10–11 節）等の不整合や不自然さが含まれているのであろう。なおブルトマン（1987:29, 49）は、この物語はマルコ 1:16–20 と同様、人間を捕る漁師についての言葉（10 節）に根を持ち、それを象徴的に先取りして描写する場面としてそこから作り出されたと想定しているが、大漁物語（4–9 節）の内容そのものは 10 節の言葉に適合していない。

　最初の導入部分（1–3 節）は、マルコ版の種まきの譬えを導入するマルコ 4:1 との関連において編集的に構成されている（同 2:13; 3:7–9 も参照）。冒頭の 1 節は多くのルカ的用語を含んでおり（ἐγένετο δέ［新約ではルカ文書にのみ計 38 回使用］、ἐπίκειμαι［「押し寄せる」の意で新約では他にルカ 23:23; 使 27:20 にのみ使用］、ὁ λόγος τοῦ θεοῦ［神の言葉。マコ/マタ各 1 回の用例に対してルカ文書に計 16 回使用］、καὶ αὐτός［そして彼自身は。福音書用例 39 回中ルカに 34 回使用］、λίμνη［湖。新約では黙示録を除くとルカ福音書にのみ 5 回使用］等）、ルカの編集句と考えられる。次の 2 節をルカはマルコ 1:16, 19 との関連において（καὶ ... εἶδεν［そして彼は…見た］、ἁλιεῖς［漁師たち］、τὰ δίκτυα［網］等を共有）、また 3 節を、群衆の殺到のためにイエスは乗船したという状況設定及び多くの語句（ἐμβαίνω［乗る］、πλοῖον［舟］、καθίζω［腰を下ろす］、

διδάσκω［教える］、ὄχλος［群衆］、ἀπό/ἐπὶ τῆς γῆς［岸から］等）を共有するマルコ 4:1（同 3:9 も参照）に基づいて構成したのであろう。因みにルカは、マルコ 4:1 の記述内容をその並行箇所（8:4）では、大勢の群衆がイエスのもとに集まって来たという記述以外は削除している。

　大漁の奇跡について述べる 4–7 節は、ヨハネ 21:1–14（特にヨハ 21:3–6）に並行しており、両者は物語の基本的な筋立て（イエスとシモンの対面→夜通しの漁の失敗→イエスの指示→新たな試み→漁師たちの従順な反応→奇跡的大漁）や、Σίμων Πέτρος（シモン・ペトロ）、κύριος（主）、δίκτυον（網）等の用語において共通している（さらに Eckey 2004:240–242 参照）。その意味でも、両者はおそらく原初的には共通の（口伝）資料に遡り、ヨハネがこの物語を顕現物語に拡大しているのに対し、ルカはそれを召命物語へと拡大していったのであろう（Pesch 1969:111–113; Fitzmyer 1983:561 参照）。その一方で、この物語は復活前の伝承に遡るのか（Pesch 1969:111f）、復活後の顕現物語に遡るのか（G. Klein 1967:35–39; Fitzmyer 1983:561f）、明らかではない。この箇所にはまたルカ的語彙も多く認められることから（Pesch 1969:64–85; Jeremias 1980:131–133; H. Klein 2006:205 n. 9 参照）、おそらくルカは、資料をもとに独自の視点からこの箇所を編集的に構成したのであろう。

　シモンらの反応について記した 8–9 節は多くのルカ的表現を含んでおり（ἰδών/ἰδόντες δέ［そこで〜を見て。新約用例 32 回中ルカ文書に 20 回使用］、ἀνήρ［男。同 127 回中 116 回使用］、θάμβος［驚愕。新約ではルカ 4:36; 5:9; 使 3:10 にのみ使用］、οἱ σὺν τινι［〜と一緒にいた者。新約ではルカ文書にのみ計 6 回使用］等）、総じてルカの編集によるものと考えられる（Jeremias 1980:133–136 参照）。これに続く 10–11 節は全体としてマルコ 1:17–20 に対応しているが、冒頭の 10a 節は、ὁμοίως（同様に［共観福音書用例 15 回中ルカに 11 回使用］）や分詞と結合する δὲ καί（また…も［共観福音書用例 31 回中ルカに 26 回使用］）等のルカ的語彙を含むことから、ルカはこの箇所をマルコ 1:19–20 におけるゼベダイの子らの召命の記述との関連から編集的に構成したのであろう。10bc 節は総じてマルコ 1:17 に遡るが、ルカは μὴ φοβοῦ（恐れるな［1:13, 30; 8:50; 12:32; 使 18:9; 27:24 参照］）や ἀπὸ τοῦ νῦν（今から後［新約用例 7 回中ルカ文書に 6 回使用］）を付加する等、編集の手を加えている。さらに末尾の 11 節を、ルカはマルコ 1:18, 20 をもとに編集的に構成している

(κατάγω は新約用例 9 回中ルカ文書に 8 回使用、ルカは πᾶς を頻繁に付加［6:10, 17; 8:52; 9:1; 18:22; 21:29］）。

　以上のことからも、ルカは、マルコ 1:16–20 の召命物語とルカ特殊資料に由来する大漁物語（4–7 節）を漁（漁師）のモチーフにおいて結合し、これにマルコ 4:1 等をもとに構成された導入部分を付加し、この箇所全体を編集的に構成したのであろう。

【注解】

1 節

　この召命記事は、「神の言葉」を聞くために群衆が押し寄せて来たとき（4:42 参照）、イエスはゲネサレト湖（＝ガリラヤ湖）のほとりに立っていたという描写によって始められている。この箇所は、カファルナウムでのイエスの宣教活動について述べる直前の段落（4:31–44）と密接に関わっており、事実、ゲネサレト湖はカファルナウムから遠くない。なお、ここまでイエスは会堂内で教えていたが（4:44 参照）、ここで初めて戸外でのイエスの宣教活動が記されることになる。ルカはまた、福音書記者の中で唯一、イエスを「神の言葉」の宣教者として描いており（8:11, 21; 11:28）、使徒行伝では使徒たちの教えがしばしば「神の言葉」と表現されている（使 4:31; 6:2, 7; 8:14; 11:1; 12:24; 13:5, 7, 46; 17:13; 18:11）。

2 節

　イエスはそのとき、湖のほとりに二そうの舟があるのを目にするが、これによって後続の 7 節が準備される。このとき漁師たちは、舟から上がって網を洗っていたと記されているが（cf. マコ 1:19：καταρτίζω［繕う］）、この描写は、彼らがちょうど漁から戻って来たところであったことを示しており（5 節参照）、収穫のなかった前夜の漁を前提とする後続の物語の内容にも適合している。なお、イエスが群衆に教えているときに、そのすぐそばでペトロら漁師たちがそれに無関心な態度で網を洗っているという描写は不自然であるが、これは、各人がその日常生活に勤しむことを良しとするイエスの教えにおける日常生活についての原則のためではなく（加藤 1995:111–115 に反対）、後続の大漁の奇跡を準備する編集上の設定と見な

すべきであろう。

3節

イエスはシモンの舟に乗って、「**岸から少し漕ぎ出すように**」求めるが、この場面は、群衆の殺到によってイエスが湖へと押し出されていったかのように記すマルコ 4:1 の描写と重なり合う（マコ 3:9–10 も参照）。ルカの文脈においては、シモンはすでにイエスと知り合っており、自分の姑を癒したイエスの奇跡行為を目の当たりにしている（4:38–39）。イエスは舟の中に座って湖から群衆に教え始めるが、これを最後に群衆はこの物語から姿を消すことになる。

4節

この節から新しい場面に入り、ここからシモン（ペトロ）が中心的な役割を果たすことになる。イエスはここでシモンに、水深の深いところまで漕ぎ出し、網を降ろして漁をするように指示するが、動詞が文中で単数形（ἐπανάγαγε：ἐπανάγω［漕ぎ出す］の命令法アオリスト二人称単数）から複数形（χαλάσατε：χαλάω［降ろす］の命令法アオリスト二人称複数）に変化していることからも、シモンの舟には他に同乗者がいたことが示されている。マルコにおいては、イエスが声をかけて彼らをその職業から召し出しているのに対し、ルカのイエスは彼らをまず日常の仕事へと導いている。

5節

それに対してシモンは、イエスに「**師よ**」（ἐπιστάτα）と呼びかけ、昨晩は一晩かけて全く魚が捕れなかったので、特に（漁獲に適さない）今は魚の捕獲は望めそうにないとイエスに告げる。ἐπιστάτα という呼びかけは新約ではルカ福音書にのみ見られ、奇跡物語の中で常にイエスに対する呼びかけとして多くの場合は弟子たちによって用いられ（8:24, 45; 9:33, 49; cf. 17:13）、弟子以外の人々は διδάσκαλε（先生）という呼びかけを用いている。このシモンの異議は、イエスの指示の逆説性とその直後の大漁の奇跡を強調する文学的機能を果たしている（Schürmann 1970:270; 1990:269）。

もっともシモンは、その疑念にも拘らず、イエスの言葉だからという理由でイエスの指示に従う意向を表明する。このときシモンがイエスの言葉

に素直に聞き従ったのは、彼がすでにイエスの力を認識していたためであろう（4:38–39 参照）。

6–7 節

漁師たちが実際に網を降ろしてみると、大量の魚が捕獲され、網が「**張り裂けそうになった**」ため、彼らはもう一そうの舟の仲間の漁師たちに合図をして、加勢を頼まねばならなかった。διερρήσσετο（διαρρήγνυμι の未完了過去受動態三人称単数）は、（網が）「張り裂けた」という意味ではなく（Grundman 1961:128; Ernst 1977:187 に反対）、7 節の二そうの舟を魚で一杯にしたという記述からも、「**張り裂けそうになった**」という意味で用いられている（BDR§323.4 参照）。なお、もう一そうの舟がどの時点で湖の中に入ってきたかは明らかにされていないが、それがすでに湖上にあったことが前提とされている（Marshall 1995:203 に反対）。また、捕れた魚があまりに大量であったために二そうの舟は沈みそうになったという描写は、奇跡の規模の大きさとイエスの言葉の権威を強調している。

8 節

この奇跡を目の当たりにしたシモン・ペトロは、イエスが神的な存在であることを悟り、彼の前にひれ伏し、自分から離れるように嘆願する（8:28, 47 参照）。注目すべきことに、ルカにおいては後出のルカ 6:14 でシモンはペトロと名付けられ、使徒に選定されたと述べられているにも拘らず（もっとも D, W 等には欠）、ここですでに「**シモン・ペトロ**」という二重の名称が用いられている。この名称はルカにおいてはここにしか見られないが、ヨハネの大漁物語（ヨハ 21:2, 3, 7, 11）に頻出することから伝承に遡るのであろう。

自分から離れるようにとのイエスに対するシモンの要請は、彼が超自然的な存在から心理的に遠ざかろうとしていることを示しており、これに続く自らを「**罪ある者**」（ἀνὴρ ἁμαρτωλός）とする彼の告白はこの要請を根拠づけているが、このようなシモンの態度は、人間は神を見ると死なねばならないという旧約の神顕現理解に対応している（イザ 6:5; さらに出 3:4–6; サム上 6:20; エゼ 1:28 参照）。なお比較的多くの研究者は、ルカがこのシモンの告白を将来の彼の否み（22:54–62）を念頭に置いて構成していると主

張しているが (Fitzmyer 1983:561; Müller 1984:62; Schürmann 1990:270; Eckey 2004:245 他)、説得力に乏しい。また、(狭い) 小舟の中でシモンがひれ伏して「**私から離れてください**」と要請するのは、不自然であることからも、おそらく伝承の段階では陸地に上がってからの出来事として描かれていたのであろう (Pesch 1969:116f)。なお、ここでシモンはイエスに「**主よ**」(κύριε) と呼びかけているが、この表現は 5 節の ἐπιστάτα (師よ) 以上にイエスの神性を強調している (9:61; 17:37)。

9-10 節

しかし、驚いたのはシモンだけではなく、彼と共に乗船していた「**すべての者**」(漁師たち) もこのとき「**捕った魚**」(直訳:「捕れた魚の捕獲」) に驚愕し、その中にはゼベダイの子であるヤコブとヨハネも含まれていた (8:51 と 9:28 では逆順)。彼らはシモンの「**同業者**」(κοινωνός) であり、おそらくもう一そうの舟に乗っていたのであろう。ここに至って初めて彼らの名が挙げられるが、それはルカがここからマルコの記事 (マコ 1:16–20) に基づいて最初の弟子たちの召命について語ろうとしているためであろう。ルカ 4:38 (並行マコ 1:29) と同様、ここでもアンデレの名が欠けているが、この点は、直前の大漁物語においてシモンが中心的な役割を果していることからも理解できるであろう。事実ルカ文書においては、ゼベダイの子らが重要な役割を果たしているのに対し (8:51; 9:28; 使 3:1 以下; 12:2f)、アンデレはあまり重要視されておらず (6:14 のみ参照)、このような弟子たちの位置づけは使徒行伝における描写に対応している (Zillessen 1966:138)。

そこでイエスはシモンに「**恐れるな**」(μὴ φοβοῦ) と語りかけ、彼の将来の働きを予告するが、ルカはここで、マルコにおける「私について来なさい」(マコ 1:17 // マタ 4:19) という信従を促す言葉を省略し、「**恐れるな**」という表現を付加している。ルカはまた、マルコ 1:17 の「私はあなたたちを、人間〔を捕る〕漁師になるようにしよう」(ποιήσω ὑμᾶς γενέσθαι ἁλιεῖς ἀνθρώπων) に対して、「**あなたは人間を生け捕る者になる**」(ἀνθρώπους ἔσῃ ζωγρῶν) と表現しており、シモン一人に焦点を当てている。いずれの場合も、魚ではなく人間を捕らえることを職務とすることが示されているが (エレ 16:16; アモ 4:2; ハバ 1:14–15; 死海文書「感謝の詩編」10:29; 11:26; 13:8;

同「ダマスコ文書」4:15f 参照)、ルカは特に、死に至らしめる捕獲ではなく生きた状態での(死から救う)「**生け捕る**」捕獲について語っている。また、「**今から後**」(ἀπὸ τοῦ νῦν)という表現が示しているように(1:48; 12:52; 22:18, 69; 使 18:6)、シモンにとってこの約束は、「イエスによって定められた根本的な人生の転換」(Horn 1983:190)を意味している。

11 節

このイエスの言葉に対して、シモンとゼベダイの子らは舟を陸地に引き上げ、すべてを棄ててイエスに従った(5:28; 14:33; 18:22, 28 参照)。マルコにおいては、シモンとアンデレが「網」を、ヤコブとその兄弟ヨハネが舟の中の「父ゼベダイと雇人たち」を、それぞれ棄て去ったのに対し(マコ 1:18, 20)、ルカにおいては最初の弟子たちは「**一切**」(πᾶς)を棄て去ったと記されている。ここでの「一切」の具体的内容は明示されていないが、マルコにおける網や家族のみならず、捕れた魚で一杯になった舟、ひいては漁師としての職業や住居(4:38 参照)をも含んでいると考えられる。いずれにせよ、単なる内的な意味での所有欲の放棄ではなく、具体的な意味での所有放棄がここでは語られている。

【解説／考察】

この段落にはイエスの最初の弟子たちが召し出される状況が記されているが、ユダヤ教のラビの場合は、自ら志願して許可されることによって弟子入りするのに対し、イエスの弟子たちは、日常生活の只中でイエスから召し出されることによって弟子入りしている点に大きな違いがある。さらに、ラビの弟子たちにとっては、師のもとで研鑽を積んで自らもラビになることが最終的な目的であるのに対し、イエスの弟子たちにとっては、イエスとの人格的な結びつきが唯一の目的であり、イエスのみが常に自らの師なのである(三好 1987:277)。

この召命記事によると、マルコ版のそれとは異なり、彼らはイエスの呼びかけに即座に応えてその場でイエスに従ったのではない。むしろ彼らは、大漁の奇跡を目の当たりにして自然界をも支配するイエスの権威に圧倒された結果、——ペトロは当初イエスから遠ざかろうとしたが——「従いな

さい」という直接的な要求ではなく、「今から後、あなたは人間を生け捕る者になる」というイエスの予言的発言を聞いてイエスに従って行ったのである。そしてまた彼らが召し出されたのは、彼らが特に召命に値する資質や信仰を持っていたためではなく、イエスが働きかけたことによるのであり（神の選び）、ここでもイエスの主導権が強調されている。

召し出された彼らは一切を棄ててイエスにつき従い、全く新しい道を歩み始めていくが、このように彼らの生き方を大きく転換させたのは、権威あるイエスとの出会いであった。私たちもまた、日常的に様々な形で多くの出会いを経験しているが、一つの偶然の出会いが、その人の人生を大きく転換させることもしばしば起こり得る。その意味でこの召命物語は、人生における出会いの尊さを示すと共に、その出会いを受け止めて決断することの大切さも指し示している。

2. 皮膚病患者の清め（5:12–16）

【翻訳】

5:12 さて、彼（イエス）がある町に滞在していたとき、見よ、〔そこに〕重い皮膚病（レプラ）に〔全身〕覆われた男がいた。そして彼はイエスを見て、顔を〔地につけて〕ひれ伏して彼（イエス）に嘆願し、「主よ、あなたが望まれるなら、私を清めることがおできになります」と言った。13 そこで彼は、手を差し伸べて彼（その人）に触れて言った。「私は望む。清くされよ」。すると、たちまち皮膚病は彼から去った。14 そして、彼（イエス）自身は彼（その人）に、〔このことを〕誰にも話さないように命じ、「ただし、行って祭司に自らを見せ、彼ら（人々）への証明のために、モーセが定めたとおりにあなたの清めについて〔献げ物を〕ささげなさい」と言った。15 しかし、彼（イエス）に関する噂はますます広まり、そして大勢の群衆が〔話を〕聞くために、また自分たちの病気を癒してもらうために〔続々と〕集まって来た。16 しかし、彼自身は人里離れた所に退き、祈っていた。

【形態／構造／背景】

　最初の弟子たちの召命について記された前段に続いて、ここにはある皮膚病患者がイエスに清められたエピソードが記されている。病人や悪霊に取りつかれている人々の癒しについては、すでにカファルナウムにおけるイエスの宣教活動の記述においても言及されていたが（4:31–41）、ここでの癒しは会堂内等の室内ではなく戸外で行われている。このエピソードは、預言者エリシャによってシリア人ナアマンが癒された物語を思い起こさせるが（王下 5:1–19; さらにルカ 4:27 も参照）、ナアマンがエリシャの言葉に従ってヨルダン川で七度身を洗うことによって清められたのに対し、この皮膚病患者はイエスによって即座に清められている。

　この段落は、直前の召命記事とは、時間、場所、主題において結びついておらず、召し出されたばかりの弟子たちもここには登場せず、むしろ、それに先行するルカ 4:43–44（並行マコ 1:38–39）と密接に関連している（コンツェルマン 1965:75）。また、この段落と直後の中風患者の癒しの段落（5:17–26）はいずれも典型的な治癒物語であり、同様の表現（καὶ ἐγένετο ... ἐν μιᾷ τῶν ...）で始まっているが、この段落そのものはイエスが祈る場面で締めくくられていることからも両者の文脈上の結びつきは緊密ではなく、この段落は前後の文脈から独立している。この段落は以下のような構成になっている。

　　（1）序：状況設定（12a 節）
　　（2）皮膚病患者の願い（12b 節）
　　（3）イエスによる清め（13 節）
　　（4）イエスの指示（14 節）
　　（5）噂の広まりと群衆の殺到（15 節）
　　（6）イエスの退去と祈り（16 節）

　ルカは、カファルナウムにおけるイエスの宣教活動の段落（4:31–44）をマルコ 1:21–39 の記述をもとに構成し、その直後の最初の弟子の召命記事（5:1–11）を挟んで、それ以降は再びマルコの記述に戻り、ルカ 5:12–6:11 の箇所についてはマルコ 1:40–3:6 の内容と順序に従っている。

この皮膚病患者の清めの段落はマルコ 1:40–45 及びマタイ 8:1–4 に並行しており、ルカはマタイと同様、総じてマルコの記述に従っている。もっとも、ルカとマタイとの間にはマルコには見られない多くの共通要素が確認できる（12 節／マタ 8:2：καὶ ἰδού［そして見よ］、κύριε［主よ］、13 節／マタ 8:3：ἥψατο［触れた］の目的語の αὐτοῦ［彼に］、καὶ λέγει αὐτῷ［マコ 1:41］に対する λέγων、εὐθύς［マコ 1:42］に対する εὐθέως、さらにマコ 1:41 の σπλαγχνισθείς［憐れんで］やマコ 1:43 の欠如等）。これらの弱小一致のすべてをマタイとルカの相互に独立した編集作業に帰すことは難しく（Fitzmyer 1983:571, 574; Bovon 1989:236f に反対）、また、マルコ以外の資料の存在も想定しにくいことから（Schramm 1971:91–99 に反対）、むしろ、マタイとルカはマルコの改訂版を用いたと考えるべきであろう（Ennulat 1994:58; H. Klein 2006:211）。なお、《καὶ ἐγένετο ἐν τῷ + 主語を伴う不定詞》（9:12, 29, 33; 11:1; 14:1; 17:14; 19:15; 24:4, 15, 30 参照）、καὶ ἰδού（そして見よ[7:37; 11:31; 13:11; 19:2; 23:50; 使 8:27 参照]）、ἀνήρ（男［新約用例 127 回中ルカ文書に 116 回使用]）等のルカ的語彙を含む導入部分（12a 節）と、ὑποχωρέω（退く［新約ではルカ 5:16; 9:10 にのみ使用]）、προσεύχομαι（祈る［共観福音書用例 35 回中ルカに 19 回使用]）を含む末尾の 16 節はルカの編集句であろう。その意味でも、ルカはマルコの改訂版を主な資料として用い、それを自ら構成した冒頭の 12a 節と末尾の 16 節によって枠付けることにより、この箇所全体を編集的に構成したのであろう。

　ブルトマン（1987:20f, 64f）は、後半のイエスの指示がヘレニズム的土壌で作られたとは考えにくいという理由から、この物語の起源をパレスチナ教会に帰し、マルコ版の前半部（マコ 1:40–42）は総じて原初形態（伝承）に遡り、祭司のもとへ行くようにとの指示を含む後半部（同 1:43–45）は（マルコによる？）二次的付加と見なしている（大貫 1993:90–94 も参照）。因みに、山上の説教の直後にこの段落を据えるマタイにおいては、この段落は山上の説教直後の「さて、彼（イエス）が山から下りると」という記述で導入され（マタ 8:1）、皮膚病患者に対するイエスの指示の場面で結ばれており、その後の人々の反応やイエスの退去については一切触れられていない。

【注解】

12節

　時や場所を明示することなく、ここではまず、このエピソードの二人の中心人物であるイエスと皮膚病患者の出会いについて語られる。マルコにおいては重い皮膚病（レプラ）患者が自らイエスのところにやって来たと記されているのに対し（マコ 1:40）、ルカにおいては、イエスが「**ある町**」（直訳：「町々の中の一つ」[cf. 4:43：「他の町々」]）に滞在していたときに、全身が「**重い皮膚病に覆われた**」男性がそこにいたと記されており、病状の深刻さが強調されている一方で、両者の出会いの場面はやや曖昧に描写されている。

　その患者はイエスを見てひれ伏し、「**主よ**」（κύριε）と呼びかける。ここでルカは、マルコの γονυπετέω（ひざまずく）に対し、七十人訳聖書に特徴的な ἐπὶ πρόσωπον πίπτω（顔を〔地につけて〕ひれ伏す）という表現を用い（創 17:3, 17 LXX; さらにルカ 17:16 参照）、さらにマルコの παρακαλέω（頼む）に代えて δέομαι（嘆願する）という動詞を用いており、κύριε との呼びかけも併せて、イエスに対する敬意がより一層強調されている。なおこの場面は、直前の召命物語においてペトロが「ひざもとにひれ伏して」（προσέπεσεν τοῖς γόνασιν）、「主よ」と呼びかけた場面（5:8）と響き合う。

　ここで皮膚病患者は、イエスがそのように望みさえすれば、自分を清くすることができると述べて彼に嘆願する。この節に続いて直後の 13 節でも καθαρίζω（清くする）という動詞が用いられていることからも、この病が（清めを要する）汚れたものと見なされていることは明らかである（4:28; 7:22 も同様）。また、ここでの彼の発言が疑問文ではなく、平叙文で構成されていることからも、彼がイエスの本質をすでに見抜いており、奇跡をもたらすイエスの力を確信していたことは明らかであり、この言葉は一種の信仰告白とも見なしうる。

13節

　そこでイエスが手を差し伸べて彼に触れ、「**私は望む。清くされよ**」（θέλω, καθαρίσθητι）と、前節の皮膚病患者の言葉（ἐὰν θέλῃς δύνασαί με καθαρίσαι [あなたが望まれるなら、私を清めることがおできになります]）に対応

する形で語ったところ、皮膚病はたちまち彼から去った。マルコ 1:41 の「憐れんで」（σπλαγχνισθείς）という表現がマタイやルカに見られないことは、初期キリスト教会におけるキリスト論の発展と関係しているとも考えられるが（Fitzmyer 1983:572）、これにより、この奇跡行為が何よりイエスの力と意志によって遂行されたことが示されている。ルカにおいては「その人は清められた」（マコ 1:42）という記述は見られないが、それは、皮膚病の清めは、病の癒しに加えて、祭司によって清めが宣告された後に献げ物がささげられて初めて完了するとルカが認識していたためであろう（大宮 2014:329f）。因みにマタイにおいては「皮膚病が去った」という記述は見られず、「皮膚病は清められた」とのみ記されている（マタ 8:3）。

「手を差し伸べる」という行為は、力ある業をなす際の神の振る舞い（出 6:6; 15:12; 使 4:30）や出エジプトに際するモーセの振る舞い（出 9:22–23; 10:21–22; 14:16, 21, 26）を思い起こさせるが、ここでは、イエスが彼と皮膚病患者との間の壁を克服する一つの象徴的行為として理解できる。ルカにおいてはまた、イエスが手を置くことによって人々を癒したルカ 4:40 の描写は別として、ここまでイエスの癒しの業は行為によってではなく言葉によって遂行されてきたが（4:35, 39）、ここでは言葉と行為（接触）を通して癒しが実行されており（7:14 参照）、その患者に触れることによりイエスは自らをも汚すことになる。

14 節

続いてイエスはその人に、癒しの事実については「**誰にも話さないように命じ**」（παραγγέλλω）、祭司に身体を見せ、モーセ律法に定められている清めの献げ物をするように指示する（レビ 14:2–32 参照）。皮膚病患者が共同体に復帰するためには、癒されたことを祭司が確認した上で人々に証明する必要があったためであるが（17:14 参照）、このことは、イエスがその癒しの行為によって律法に違反しながらも、律法の清浄規定そのものは否定しなかったことを示している（使 21:24 参照）。ルカにおいては、マルコではその直前に記載されている「そこでイエスは彼に対して激しく息巻き、すぐに彼を追い出した」（マコ 1:43）という記述が見られず（マタイも同様）、さらにルカは、それに続く沈黙命令を間接話法で表現し直すことによって弱めている。ルカのイエスが彼に沈黙を命じたのは、「メシアの秘密のモ

チーフ」が背景にあるマルコの場合とは異なり、まずは条件を満たして、自分が清められたことを公に証明することを優先させるためであったと考えられるが (Nolland 1989:228; Marshall 1995:209)、さらには、カファルナウムにおけるように (4:42)、イエスの噂を聞いた群衆が押しかけて来てイエスを引きとめないようにするためという理由も考えられるかもしれない (三好 1991:291)。いずれにせよ、イエスはこの一連の行為を通して、社会から疎外されていたその人物を社会（共同体）に戻そうとしている。なお、14節末尾の指示代名詞 αὐτοῖς (**彼らへの**) が誰を指しているかは明らかではなく、一応、誰にも話さないようにとの指示において想定されている周囲の一般の人々のことと考えられるが、一部の研究者は、直前の「祭司」（単数形）の一般化と見なして、これを祭司の意で解している（例えば、H. Klein 2006:213; Wolter 2008:218; さらに BDR§134.1 参照）。

15 節

ここではイエスによる癒しの行為の結果について動詞の未完了過去形（**集まって来た**）を用いて記され、その癒された人物は背景に退き、むしろ一般化された内容を伝える要約的報告が記されている。マルコにおいては、癒された人物が（イエスの指示に従わずに）その癒しの奇跡を言い広めたとされているのに対し（マコ 1:45）、ルカは、イエスの噂が（その癒された人物によってではなく）そのまま広まっていった結果、多くの群衆がイエスの教えを「**聞くために**」、また「**病気を癒してもらうために**」集まって来たと報告しており（4:42–43; 6:17–19 参照）、ここでもイエスの教え（言葉）と行為（癒しの業）が並列されている。

16 節

しかしイエスは、群衆の意向に反してその場を去り、祈るために人気のない場所へと退いていく（マコ 1:35 参照）。福音書記者の中でも特にルカはイエスの祈りを強調しているが（【トピック：ルカにおける祈り】［本書 147–48 頁］参照）、先行するイエスの巡回説教の記述（4:42–44）では省略されたマルコ 1:35 のイエスの祈りに関する記述がここに移されたものと考えられる。イエスは、定期的に繰り返し、退いて祈っていたとも考えられ、ここにはイエスの習慣的な行動が示されているのかもしれない

(Johnson 1991:93; Green 1997:238)。また、ここでのイエスの祈りは、次の段落から始まる敵対者との一連の論争に備えるためのものであったとも考えられる（Gleich 2009:9）。

マルコにおいては、イエスの奇跡が言い広められた結果、イエスはもはや公然と町に入ることができなくなったために町の外の人気のないところに退いたが、それでも人々はイエスのところにやって来たと記されており（マコ 1:45bc）、イエスの退去と人々の来訪の順序がルカとは逆になっている。因みにカルペパー（2002:146f）は、皮膚病患者に触れて癒したためにイエスは町から追放されたと断定しているが、本文からはそのような状況を読み取ることはできない。

【解説／考察】

この段落には、神から与えられた力（4:14 参照）を用いて皮膚病患者を清めるイエスの癒しの行為が記されている。ルカはマルコに見られたイエスの感情表現を削除することにより（マコ 1:41, 43）、この奇跡行為がイエスの意志によってなされたことを強調しているが、末尾にイエスの祈りの場面を付加してイエスと神との親しい関係を強調することにより、この奇跡が神の力によってもたらされたことを示している。なお、イエスはここで皮膚病患者を清めただけでなく、彼に律法遵守を指示することにより彼を共同体に復帰させている。律法を克服しながらもそれを尊重しようとするイエスの姿勢はマルコから受け継がれたものであるが、そのようなイエスの態度は、ルカ文書全体を通して示されるルカの律法理解とも合致している。

「重い皮膚病」（λέπρα）はハンセン病そのものではないが（以下のトピック参照）、このテキストは日本において今日に至るまで繰り返されてきたハンセン病者への人権侵害を思い起こさせる。日本では 1907 年に「らい予防法」が制定されて以降、隔離政策が国家主導で推進されてきたが、戦後、特効薬が開発され、国際社会が隔離の非人道性を訴えるようになった後も、この方針は改められるどころかむしろ強化され、結果的に、回復者の社会復帰を阻み、家族同士の絆を引き裂いてきた。1996 年になって「らい予防法」は漸く廃止されたが、隔離政策によって植えつけられた

人々の差別意識や偏見は今日においても根強く残っている。しかしイエスはまさに、隔離され、忌み嫌われていたその皮膚病患者を社会の人々の交わりの中に引き戻そうとしたのである。

トピック
重い皮膚病（λέπρα）

「重い皮膚病」と訳した λέπρα（レプラ）は今日におけるハンセン病のみならず、レビ記 13 章に記されている種々の皮膚病（ツァーラアト［צָרַעַת］）を意味している。旧約には二箇所でこの病の癒しについて語られているが（民 12:9–15; 王下 5:8–14）、この病は罪に対する罰と見なされ（民 12:11; 申 28:27）、その患者は汚れた存在として共同体から隔離され（レビ 13:45–46; 民 5:2–3; 12:14–15; 王下 7:3 以下；ルカ 17:12–13 参照）、この病の癒しは死人の蘇生と同様に不可能と考えられていた（王下 5:7; Bill. IV/2:745–763; ヨセフス『ユダヤ古代誌』3:264）。皮膚病患者の癒しの段落（5:12–16）は、ルカの文脈ではある町にこの病の患者がいたという設定になっているが、これはレビ記の規定が守られていなかったか、ルカがこの規定を知らなかったことを示している。なおルカのみが、この病をそのまま人物に結びつけて「〜病者」（λεπρός）とは表現せずに、対象化して「〜病に〔全身〕覆われた男」（ἀνὴρ πλήρης λέπρας）と表現しているが（12 節）、この表現の方が、「（皮膚病が）去った」（13 節）という後続の表現に適合している（この病については犀川 1994:71–105; 中野 2006:45–52; 大宮 2014:319–327 等参照）。

3. 中風患者の癒し（5:17–26）

【翻訳】

5:17 さてある日のこと、彼（イエス）自身が〔人々に〕教えていると、ファリサイ派の人々と律法の教師たちが〔そこに〕座っていた。彼らは、ガリ

ラヤとユダヤのすべての村から、そしてエルサレムから来ていたのである。そして主の力が、彼（イエス）に病気を癒させていた。[18] すると見よ、男たちが中風を患っている人を寝台に乗せて運んで来て、彼を〔家の中に〕運び入れて〔彼を〕彼（イエス）の前に置こうと試みた。[19] しかし、群衆のために彼を運び込む方法が見つからなかったので、彼らは屋根に上って瓦〔をはがしてそ〕の間から、〔人々の〕真ん中のイエスの前に彼（病人）を寝床ごとつり降ろした。[20] 彼（イエス）は彼らの信仰を見て、「人よ、あなたの罪はあなたに対して〔もう〕赦されている」と言った。[21] ところが、律法学者たちやファリサイ派の人々は論じ始めて言った。「〔神への〕冒瀆〔の言葉〕を発するこの男は何者だ。神お独りのほかに、いったい誰が罪を赦すことができるだろうか」。[22] しかしイエスは、彼らの議論を見抜いて彼らに答えて言った。「あなたたちは自分たちの心の中で何を論じているのか。[23] 『あなたの罪はあなたに対して〔もう〕赦されている』と言うのと、『起きて歩き回りなさい』と言うのと、どちらがたやすいか。[24] しかし、人の子が地上で罪を赦す権威を持っていることをあなたたちが知るために」――彼は中風の人に言った――「私はあなたに言う。起きて、あなたの寝床を担いであなたの家に帰りなさい」。[25] するとその人は即座に彼らの前で立ち上がり、自分が寝ていたもの（寝床）を担いで、神を崇めながら自分の家へと去って行った。[26] すると大変な驚きがすべての人を捕らえ、彼らは神を崇め、恐れに満たされて「今日、驚くべきことを見た」と言った。

【形態／構造／背景】

　直前の皮膚病患者の清め（癒し）のエピソードに続いて、ここでは中風患者の癒しについて述べられ、罪を赦す人の子イエスの権威について語られている。この段落以降の四つの論争物語においてはファリサイ派を中心とするイエスの敵対者が登場し、彼らがイエスと対立する場面が描かれ、イエスの受容／拒絶をめぐってユダヤの民が二つの陣営に分化していく状況が記されていく（5:17–6:11）。この段落は、直前の皮膚病患者の清めの段落と同様の表現（καὶ ἐγένετο ... ἐν μιᾷ τῶν ...）で導入され、前段と同様にイエスによる癒しの業について語っているが、両者の時間的・場所的つ

ながりは明らかではない。この段落全体は以下のように区分されるが、段落の中核をなす（2）〜（4）の各部分は、「罪の赦し」を表す ἀφέωνταί σοι αἱ ἁμαρτίαι σου（あなたの罪はあなたに対して〔もう〕赦されている［20, 23 節］）及び ἁμαρτίας ἀφεῖναι ／ ἀφιέναι ἁμαρτίας（罪を赦す［21, 24 節］）という表現によって結びつけられ、さらに「神を崇める」（25, 26 節）という表現が（5）と（6）を結合している。

(1) 序：状況設定（17 節）
(2) 中風患者の運び込みと罪の赦しの宣言（18–20 節）
(3) 敵対者たちの反応（21 節）
(4) イエスの返答と中風患者への指示（22–24 節）
(5) 中風患者の反応（25 節）
(6) 結び：人々の反応（26 節）

この段落はマルコ 2:1–12 及びマタイ 9:1–8 に並行しており、ここでもルカは基本的にマルコのテキストに従っているが、その一方でルカとマタイとの間には、多くの共通要素が見られる（καὶ ἰδού［そして見よ。18 節／マタ 9:2］、ἐπὶ κλίνης［寝台の上に。18 節／マタ 9:2, 6］、λέγει［彼は言う。マコ 2:5, 8］に対する εἶπεν［彼は言った。20, 22 節／マタ 9:2, 4］、マコ 2:8–9 における様々な語句［εὐθύς, τῷ πνεύματι αὐτοῦ, τῷ παραλυτικῷ, καὶ ἆρον τὸν κράβαττόν σου］の省略、ἐπὶ τῆς γῆς［地上で］に対する ἀφιέναι ἁμαρτίας［罪を赦す。24 節／マタ 9:6］の後置、ἀπῆλθεν εἰς τὸν οἶκον αὐτοῦ［自分の家へと去って行った。25 節／マタ 9:7］や人々の恐れのモチーフ［26 節／マタ 9:8］等）。ここでも、これらの弱小一致のすべてを双方の福音書記者それぞれの編集作業として説明するのは難しく（Schürmann 1990:285 n. 45; Marshall 1995:211 に反対）、マルコ以外の資料も想定しにくいことから（Schramm 1971:99–103 に反対）、マタイとルカはマルコの改訂版を用いたと考えるべきであろう（Ennulat 1994:68; ルツ 1997:58; H. Klein 2006:215）。なお、特に冒頭部と結部にルカ的語彙が少なからず認められることから（17 節：καὶ ἐγένετο ἐν μιᾷ τῶν ...［5:12; 8:22; 20:1 参照］、καὶ αὐτός［そして彼自身は。福音書用例 39 回中ルカに 34 回使用］、癒しの文脈における δύναμις［力。4:36; 6:19; 8:46; 9:1 参照］、18 節：ἐνώπιον［〜の前に。共観福音書ではルカにのみ計 22 回使用］、25 節：παραχρῆμα［即

座に。新約用例 18 回中ルカ文書に 16 回使用]、ἀναστάς [立ち上がり。新約用例 44 回中ルカ文書に 36 回使用]、ἐνώπιον [同上]、δοξάζω τὸν θεόν [神を崇める。共観福音書用例 11 回中ルカに 8 回使用]、26 節：δοξάζω τὸν θεόν [同上] 等)、ルカはマルコの改訂版をもとに、独自の視点から自らのテキストを編集的に構成したのであろう。

　ルカの記述においても、マルコの並行箇所と同様、治癒物語（18–20a 節及び 24b–26 節）と論争物語（20b–24a 節）の双方の要素が含まれているが、前者が後者を明確に枠付けているマルコ版に比べ、冒頭部分でイエスの教えに言及され、敵対者が登場するルカの記述においては、論争物語としての特徴が幾分強調されている。マルコ 2:1–12 に関して多くの研究者は、前後の文脈と合わない論争部分（5b–10 節）を二次的付加と見なし、この物語は元来、純然たる癒し物語であったと想定しているが（ブルトマン 1983:25; 大貫 1993:96, 100）、その一方で、論争物語の一部（マコ 2:5b）は当初から含まれていたと見なす見解や（Schürmann 1990:286; Hahn 1995:43 n. 1)、この箇所全体は当初より統一的に構成されていたとする主張（Marshall 1995:211）も見られ、この点は明らかではない。

【注解】

17 節

　ルカはまず、直前の段落と同様の表現を用いてこの段落の状況設定について語り始める。ここでは、マルコ 2:1 の「数日後」(δι' ἡμερῶν) は「**ある日**」(ἐν μιᾷ τῶν ἡμερῶν) に変えられ、マルコのようにイエスがカファルナウムに戻って家（自宅？）にいたとも記されておらず、前段と同様に日時も場所も特定されず、状況が一般化されている。カファルナウム帰還に関する記述の省略は、イエスがカファルナウムを発ってユダヤ全土で宣教したと語るルカ 4:43–44 の記述との関連から理解できるが、ルカのイエスはその後もカファルナウムを訪れている（7:1–10）。さらに、イエスが滞在していた家の戸口に大勢の人が集まってきたというマルコ 2:2 の記述もルカには欠けている。

　注目すべきことに、ルカのみがこの段落をイエスが教えていた (ἦν διδάσκων) という記述から始めている（4:31 参照）。ルカはまた、物語の

後半部になって敵対者を登場させるマルコとは異なり、敵対者を早くもこの時点で登場させているが、おそらくこれは、イエスと敵対者との対立関係をより鮮明に描き出すためであろう。またマルコにおいては、敵対者として数名の律法学者のみが登場するのに対し（マコ 2:6）、ルカにおいては「**ファリサイ派の人々と律法の教師たち**」が言及されている。ここで新約には珍しい νομοδιδάσκαλοι（律法教師たち）が用いられているのは（使 5:34；Ⅰテモ 1:7 のみ参照）、ヘレニズム地域の読者にとっては、「書記」の意味で誤解されやすい γραμματεῖς よりも理解しやすかったためとも考えられるが（Grundmann 1961:130; Bovon 1989:243）、後続の 21 節では γραμματεῖς（律法学者たち）という一般的な表記が用いられている。ルカはこれらの敵対者がガリラヤとユダヤ（狭義）のすべての村やエルサレム（マコ 3:7-8 参照）から来たという説明を加えているが、これらの地名の列挙は、イエスの評判の伝播（5:15 参照）を示すと共に、ガリラヤからユダヤ、エルサレムへと向かうイエスの宣教の道程を暗示している（三好 1991:291; Wolter 2008:221 参照）。さらにルカは、イエスが「**主の力**」（δύναμις κυρίου）によって癒しの業を行っていたことを付け加えているが（4:14, 36; 6:19; 8:46; 9:1; 使 2:22; 10:38 参照）、この記述は後続の癒しの物語を準備している。

18 節

そこに人々が、中風にかかっている人を床に乗せたままの状態で連れて来て、イエスのもとに運び込もうとするが、ここで初めて物語の舞台が屋内であることが明らかになる。マルコ 2:3 によると、四人の男たちが中風の人を運んで来るが、マタイもルカも彼らの人数には言及していない。また、マルコやマタイが παραλυτικός（中風の人）という一般的な表現を用いているのに対し、ルカはより厳密に ἄνθρωπον ὃς ἦν παραλελυμένος（**中風を患っている人**）と表現している。さらに「床」に関して、マルコの κράβαττος（[藁の]筵）とは異なり（マコ 2:4, 9, 11, 12）、ルカは κλίνη（**寝台** [18 節；さらにマタ 9:2, 6 参照]）及び κλινίδιον（寝床 [19, 24 節]）を用いているが、これらの表記の違いは各福音書記者及び読者の社会層を反映しているのであろう（マリーナ・ロアボー 2001:216）。なお、マルコには見られない、それらの男たちが「**彼を**〔家の中に〕運び入れて［彼を］彼（イエス）

の前に置こうと試みた」という記述は、彼らが直面した事態の困難さを強調している。

19節

そのように彼らは中風患者を家の中へ運び入れようと試みたが、多くの人々に通路を塞がれ、その手だてが見つからなかったので、(おそらく外の階段を使って) 屋根に上り、そこから彼を家の中に降ろそうとした。マルコにおいては、角材や粘土等で造られた粗末な平屋根のパレスチナの家屋が想定されており、そこに穴をあけることによって患者を降ろす様子が描かれているが (マコ 2:4)、ルカはギリシア風の都市型の家屋を想定しており、彼らは瓦をはがして、そこから中風患者を人々の中心にいるイエスの前につり降ろしたと記している。その一方で、マタイの記述には人々が中風患者を屋根からつり降ろすという一連の描写が欠けている。

20節

この様子を見ていたイエスは、彼が病を癒す神的な力を有することを確信して大胆に行動する彼らの振る舞いを信仰の表現と見なし、その患者に「人よ」(ἄνθρωπε) と呼びかけ (cf. マコ 2:5：τέκνον [子よ])、即座に癒しの業を行うのではなく、「**あなたの罪はあなたに対して〔もう〕赦されている**」(ἀφέωνταί σοι αἱ ἁμαρτίαι σου) と彼に罪の赦しを宣言する (1:77; 3:3 参照)。ここでは「罪」が複数形で記されていることからも諸々の罪が意味されており、また、マルコでは現在形で記されているこの言葉 (マコ 2:5：ἀφίενταί σου αἱ ἁμαρτίαι) をルカは完了形で記すことにより (7:48 参照)、現在に至る赦しの持続性を強調している (BDR §340)。ここでは唐突に中風患者の罪が問題になっているが、これは病を罪の結果と見なす当時の一般的な理解の反映であろう (レビ 26:14–16; 申 28:21–22 参照)。なお一部の研究者は、罪の赦しが宣言された際に彼の病も癒されたと解しているが (Marshall 1995:213; H. Klein 2006:220)、病の癒しについてはここではまだ言及されておらず、この時点ではまだ癒されていなかったと解すべきであろう (カルペパー 2002:150; Wolter 2008:202 参照)。

ルカはここで、この中風患者の罪の赦しについて語ることにより、信仰と罪の赦しとの関係を指し示そうとしている。すなわち罪の赦しは何より、

イエスの権威によって信仰を通してもたらされるものなのである。もっとも、イエスに感銘を与え、その患者に対する罪の赦しの宣言をもたらしたのは、その患者自身の信仰ではなく、彼を運んできた人々の信仰であった。その意味では、この患者自身の信仰は彼を取り巻く人々の信仰との関連において捉えられている（Bovon 1989:247 参照）。

21節

ところが、様子を見ていた律法学者とファリサイ派の人々は、心の中でイエスを非難し始める。彼らの非難は、マルコにおいては「なぜ、この男はこのようなことを語るのか」と、イエスの言葉に向けられているのに対し（マコ 2:7）、ルカにおいては「**〔神への〕冒瀆〔の言葉〕を発するこの男は何者だ**」と、イエスの存在自体が対象となっており、イエスに対する彼らの批判的態度がより明確に示されている。「**冒瀆**」（βλασφημία）は元来、神の名の不適切な使用を意味し、それに対する刑罰は死と考えられていたが（レビ 24:10f, 14–16, 23; ミシュナ「サンヘドリン」7:5）、新約においてはより広く、神の力や権威への冒瀆をも含むようになり、また福音書においてはイエスに対する非難の言葉としても用いられている（マコ 14:64; マタ 26:65; ヨハ 10:33）。いずれにせよ、彼らの非難は何より「**神お独り**」（μόνος ὁ θεός）が有するはずの罪を赦す権威をイエスが自ら有しているかのように語った点にあった（7:49 参照）。事実、旧約及びユダヤ教においては、罪を赦す権威は神のみに属すると見なされており、ここでは最初期のキリスト教会と同時代ユダヤ教との対立が反映されているとも考えられる。なお、ここでは 17 節と異なり、律法学者がファリサイ派の人々に先行して記載されているのは、神学上の主題が問題になっているためであろう（Schürmann 1990:283; 嶺重 2008:63–65）。

22–23節

それに対しイエスは、彼らが心の中で考えていたことを見抜いて、「**あなたたちは自分たちの心の中で何を論じているのか**」と問いただした。旧約においても心の中を見抜けるのは神のみという理解が見られるが（サム上 16:7; 王上 8:39; エレ 17:9–10）、ルカのイエスは頻繁に人の心を見抜いており（4:23; 6:8; 9:47; 11:17 参照）、ここにはルカに特徴的なキリスト論が

示されている（Wolter 2008:223）。さらにイエスは、「**あなたの罪はあなたに対して〔もう〕赦されている**」と言うのと「**起きて歩き回りなさい**」と言うのとどちらが容易であるかと尋ねた。これは、見た目での真偽の確認が困難な「あなたの罪は赦されている」という発言の方が、目に見える形で奇跡を起こすことが必要となる「起きて歩きなさい」という発言よりも容易であると一般的には考えられていることを前提とした反語的な問いかけであり、決して罪の赦しの宣言が身体の癒しより容易であると言おうとしているのではなく、いずれも神の権威と力によってのみ実現可能となる業であることが前提とされている（Schürmann 1990:283; Marshall 1995:214）。その意味でも、神のみが罪を赦す権威を有すると主張する律法学者たちの見解そのものは間違ってはいなかったが、同様に奇跡を起こす力も神のみが有しており、ここでイエスはこの神の力において行動しているのである。

24 節

そこでイエスは、「**人の子**」である自分自身が地上で罪を赦す「**権威**」（4:32, 36 参照）を持っていることを示すために、一般的にはより困難と考えられている視覚的に確認できる奇跡の実践を試み、中風の人に起き上がって床を担いで帰宅するように指示した。この「**人の子**」はルカにおける最初の使用例であり（ダニ 7:13–14 参照）、明らかに人間の意味ではなく、天における神に対し、地上において罪を赦す権威を神から授けられた存在として捉えられている。この箇所は、動詞が二人称複数形（あなたたちが知るために）から三人称単数形（〔彼は〕言った）に突然移行する「破格構文」になっている。そこで、この「〜をあなたたちが知るために」という箇所を、マルコ 13:14b と同様、直接読者に向けられたルカ（＝語り手）の挿入句的コメントと見なすことも不可能ではないが（Fitzmyer 1983:577, 579; Nolland 1989:231, 237; カルペパー 2002:151f）、ここには「人の子」という典型的なイエスの自称表現が用いられていることからも、敵対者に対するイエスの言葉と解すべきであろう。

25 節

すると、その人は人々の前で立ち上がり、イエスに言われた通りに、自

らが横たわっていた寝床を担いで家に帰って行くが、ルカはここで「**即座に**」（παραχρῆμα）という語を文頭に付加することにより、癒しの業がその場でただちに行われたことを強調している。こうして彼は罪を赦され、かつ癒されたが、これにより、イエスが罪を赦す権威をもっていることがイエスの敵対者たちにも明らかに示されることになる。さらに、マルコやマタイとは異なり、ルカのみが、イエスによって癒された人が帰宅する際、「神を崇めた」と記しており（2:20; 13:13; 17:15; 18:43; 23:47 参照）、これにより彼自身の信仰心が明確に示される。

26 節

事の次第を見ていた人々は皆、非常に驚いて、癒された人と同様、神を崇めた。一部の研究者はこれらの人々の中にファリサイ派や律法学者も含め、彼らも最終的に周囲の人々と同様の反応を示したと解しているが（Sanders 1985:154; 加山 1997:110; カルペパー 2002:157; Eckey 2004:257）、ルカがその点を特に強調しているとは考えにくい。ルカはまた、人々が恐れに満たされたことに言及し、さらに、「このようなことは、今まで見たことがない」（マコ 2:12）という人々の反応を「**今日、驚くべきことを見た**」という表現に置き換えている。ここに出てくる「**今日**」（σήμερον）は、終末論的救いの意味合いも含んでおり（2:11; 4:21; 19:9）、ルカの時代の「今日」にも通じるものである。なお、παράδοξα（**驚くべきこと**）という語は新約ではここにのみ見られ、予期しない出来事を意味しているが、ヨセフスはイエスを παραδόξων ἔργων ποιητής（奇跡を行う者）と表現している（『ユダヤ古代誌』18:63）。

【解説／考察】

イエスの癒しの業については、ここまでの福音書の記述においても何度か言及されてきたが（4:38–39, 40–41; 5:12–16）、この段落においては病を癒すイエスの力と共に罪を赦す「人の子」イエスの権威が主題になっており、病の癒しが罪の赦しの表れと見なされることにより（詩 103:3 参照）、両者が関連づけて捉えられている。すなわち、人の子としてのイエスの行動は、病の癒しとして目に見える形で示されるが、それは罪の赦しという

目に見えない出来事のしるしと見なされている（Marshall 1995:210 参照）。もっともイエス自身は、病を罪の結果と見なす古代世界の社会通念に対しては否定的であり、本質的な事柄である罪の赦しに対して、病の癒しはあくまでも副次的なものと見なしており、外的な自由よりも内面における自由の価値が強調されている。

　この物語においてはまた、罪の赦しと病の癒しへと導いたのは中風患者自身の信仰ではなく、彼の仲間の信仰であった。このことは、神と人との関係が単に個人的なものに留まるのではなく、隣人等との関わりも含めて広がりをもつことを示すと共に、信仰共同体としての教会のあり方についても貴重な示唆を与えている。この段落以降、イエスと敵対者との論争の記事がしばらく続くことになるが、その内容はイエス時代の状況のみならず、当時の教会が置かれていた状況をも示しており、そしてまた今日の教会の姿をも映し出している。

トピック
ルカにおけるファリサイ派と律法学者

　ルカ文書におけるファリサイ派は、比較的肯定的なイメージで捉えられている。この傾向は特に使徒行伝において顕著であるが（使 5:34–42; 23:6–11）、ルカ福音書においても、彼らはイエスの殺害を試みる勢力とは明確に区別され（13:31）、受難物語にも登場しない。しかしその一方で、清浄規定等の律法の遵守に関する場面では、彼らはイエスの敵対者として明らかに否定的に描かれており（5:30; 15:1–3）、また、傲慢で偽善的な人物と見なされている（11:39–40; 16:15; 18:9–14）。さらに彼らは、身分も高く裕福で、かつ貪欲な人々として描かれており（11:39; 16:14）、イエスと比較的親密な関係にある（7:36以下；11:37以下；14:1以下）。このような複合的要素を含むファリサイ派のイメージはルカに独特のものであり、歴史的実像とも明らかに異なり、ルカの時代の裕福なキリスト者の姿を暗示しているものと考えられる（嶺重 2012:170–189 参照）。

　一方の律法学者についてであるが、ルカ文書においては、律法学者

を表す用語として、γραμματεύς（17回）、νομικός（6回）、νομοδιδάσκαλος（2回）、διδάσκαλος（1回）が用いられており、最初の三語はほぼ同義的に用いられている。また、他の福音書と同様、律法学者はしばしばファリサイ派と並列され、両者は一団をなしてイエスの敵対者として頻繁に登場している（5:17, 21, 30; 6:7; 7:30; 11:37–54; 14:3; 15:2）。しかし、このことは両者が単純に同一視されていることを意味しておらず、両者は並列されつつも区別して捉えられている（11:39–44, 45–54参照）。さらに、一方のファリサイ派が、イエスのエルサレム入城時に姿を消し、イエスの刑死に直接関与しない存在として描かれているのに対し、律法学者は祭司長や長老などと共にイエスのエルサレム入城以降もしばしば登場し、イエス殺しに関与したユダヤ教指導者層の構成員として（使 4:5–7; 6:12 参照）、マルコ以上に否定的に描かれている（嶺重 2008:60–76 参照）。

4. レビの召命と宴席での問答（5:27–39）

【翻訳】

5:27 さて、その後、彼（イエス）は出て行って、レビという名の徴税人が収税所に座っているのを見て、「私に従いなさい」と彼に言った。28 すると彼は、すべてを棄てて立ち上がり、彼（イエス）に従った。29 そしてレビは、彼（イエス）のために自分の家で盛大な宴会を催した。〔そこには〕徴税人たちや他の人々が大勢いて、彼ら（イエスとレビ）と一緒に食事の席に着いていた。30 すると、ファリサイ派の人々や彼らの律法学者たちはつぶやいて、彼（イエス）の弟子たちに言った。「なぜ、あなたたちは、徴税人たちや罪人たちと一緒に食べたり飲んだりするのか」。31 そこでイエスは彼らに答えて言った。「医者を必要とするのは、健康な人々ではなく病人たちである。32 私は義人たちを招くためではなく、罪人たちを招いて悔い改めさせるために来ているのである」。

33 すると人々は彼に言った。「ヨハネの弟子たちは度々断食し、祈りをな

し、ファリサイ派の〔弟子たち〕も同じようにしています。しかし、あなたの〔弟子たち〕は食べたり飲んだりしています」。 ³⁴ そこでイエスは彼らに言った。「あなたたちは婚礼の客たちに、花婿が彼らと一緒にいるのに、断食させることができるだろうか。 ³⁵ しかし、花婿が彼らから奪い取られる日々が来る。そのとき、それらの日々には、彼らは断食することになる」。

³⁶ そして、彼は彼らに譬えも語った。「誰も、新しい服から布切れを裂いて、古い服に継ぎを当てたりはしない。そんなことをすれば、新しいもの（服）を裂いてしまうし、新しいものから取られた継ぎ切れも古いもの（服）に合わない。 ³⁷ また誰も、新しいぶどう酒を古い革袋に入れたりはしない。そんなことをすれば、新しいぶどう酒は革袋を破って、それは流れ出し、革袋もだめになる。 ³⁸ そうではなく、新しいぶどう酒は新しい革袋に入れなければならない。 ³⁹ 〔また、〕誰も古いぶどう酒を飲んでいれば、新しいものを欲しない。人は『古いものの方がよい』と言うからである」。

【形態／構造／背景】

　二つの癒しの物語（5:12–16, 17–26）のあとにはレビの召命記事（5:27–28）が続き、その直後には宴席での一連の問答が記されている（5:29–39）。この宴会の場面には、召命されて以降（5:10–11）、しばらく姿を見せなかった弟子たちや、前段に引き続いてファリサイ派や律法学者たちが登場し、ここでもイエス（及び弟子たち）と敵対者たちとの対立の構図が示されている。

　ここではまず罪人との会食が問題となり、次いでその会食と相対立する断食の実践に話題が移り、最後は古いものと新しいものについて論じられ、そこからユダヤ教指導者層とイエスとの対立が浮き彫りにされていく。このようにルカは、断食問答以降の箇所も宴会の場面に組み入れることにより、マルコにおいては相互に独立していた二つの段落を統合し、新たな構成単位をつくり出している。事実、マルコにおいては、徴税人たちとの会食をめぐる問答（マコ 2:15–17）とその直後の断食問答（同 18–22 節）は異なる相手との間でなされているが、ルカにおいては、33 節の導入表現（οἱ δὲ ...）からも明らかなように、論争相手（ファリサイ派らの敵対者）は変更されることなく継続しており、さらに、「食べたり飲んだり」している弟

子たちへの非難においても（30, 33 節）双方の問答は結びついている。

　この段落は、直前の中風患者の癒しの記事（5:17–26）における罪を赦すイエスの権威という主題を受け継いでいるが、イエスが再び湖畔に赴いて群衆に教えたというマルコ 2:13 の導入句が μετὰ ταῦτα（その後）という簡潔な導入表現（10:1; 使 18:1 参照）に置き換えられているルカにおいては、両者はより緊密に結合している。一方で、ユダヤ教指導者層が主張するユダヤ的敬虔の問題性を指摘する段落末尾の箇所は、安息日論争を扱う直後の二つの段落（6:1–5, 6–11）への橋渡しとして機能している。

　この段落の前半部（27–32 節）は、レビの召命の記述（27–28 節）と宴会でのイエスと敵対者たちとの会食に関する問答（29–32 節）とに区分される。マルコやマタイにおいては、新たな段落の始まりを示す表現（καὶ γίνεται/ἐγένετο）によって宴会の場面が始められており（マコ 2:15 // マタ 9:10）、おそらく両者は元来は結びついておらず、マルコ以前の段階で結合したのであろう（ブルトマン 1983:31f 参照）。ルカは 28 節に引き続いて 29 節でもレビを主語に設定することにより、双方の部分をより緊密に結合している。なお、末尾のイエスの言葉（31–32 節）は、いずれも「A ではなく B」（οὐ(κ) ... ἀλλά ...）という構文からなる二つの並行句によって構成されている。

　段落の後半部は、断食をめぐる問答（33–35 節）と、その問答をもとに古いものと新しいものとの不適合性について論じた比喩と格言（36–39 節）から構成されているが、両者を切れ目なく結んでいるマルコとは異なり、ルカは後者を ἔλεγεν δὲ καὶ παραβολὴν πρὸς αὐτούς（そして、彼は彼らに譬えも語った）という表現で導入することにより両者を区分している。なお、二つの比喩（36, 37–38 節）は、「誰も……しない。そんなことをすれば、……（οὐδείς ... [ἐπι]βάλλει, εἰ δὲ μή γε, ...)」という同様の構造をもっている。この段落全体は以下のように区分できる。

（1）レビの召命（27–28 節）
（2）徴税人たちとの会食に関する問答（29–32 節）
　　(a) レビの家での宴会（29 節）
　　(b) 敵対者たちのつぶやき（30 節）
　　(c) イエスの返答（31–32 節）

（3）断食に関する問答（33–35節）
　　(a) 人々の疑念（33節）
　　(b) 婚礼の客たちの比喩（34–35節）
（4）古いものと新しいもの（36–39節）
　　(a) 継ぎ当ての比喩（36節）
　　(b) ぶどう酒と革袋の比喩（37–38節）
　　(c) 古いものへの愛着に関する格言（39節）

　この段落の前半部（27–32節）はマルコ 2:13–17 及びマタイ 9:9–13 に並行しているが、ルカはここでも基本的にマルコの記述に従っている（Zimmermann 1978:98–100 参照）。もっとも、この段落においても、ルカとマタイの間に弱小一致が少なからず認められる（マコ 2:13 における編集的枠組みや多くの人々の信従に関する記述［マコ 2:15c］、状況の反復［マコ 2:16a］等の欠如、マコ 2:14, 17 の λέγει に対する εἶπεν［彼は言った。27, 31 節／マタ 9:12］、マコ 2:16 の ὅτι に対する διὰ τί［30 節／マタ 9:11］等）。これらの弱小一致をすべて両者の独自の編集作業に帰すことは難しいことから（Fitzmyer 1983:587; ルツ 1997:716, 注 5 に反対）、おそらくルカはマルコの改訂版を資料として用い、これに編集の手を加えつつ、この箇所全体を編集的に構成したのであろう（Ennulat 1994:68–73; H. Klein 2006:223）。

　一方の後半部（33–39節）は、全体としてマルコ 2:18–22 及びマタイ 9:14–17 に並行しており、ルカはここでもマルコを基本的な資料として用いている。33–35 節の断食問答はマルコ 2:18–20 を短縮しつつ再構成され、これに続く 36–38 節の二つの比喩はマルコ 2:21–22 をもとに構成されているが、36 節の導入句（ἔλεγεν δὲ καὶ παραβολὴν πρὸς αὐτούς）は明らかにルカの編集句である（6:39; 12:16, 41; 13:6; 14:7; 15:3; 18:1; 20:9, 19; 21:29 参照）。その一方で、ルカにのみ見られる末尾の格言（39節）は異なる伝承（ルカ特殊資料）に由来し、編集的にこの箇所に挿入されたのであろう。なお、背景にあるマルコのテキストは、原初的な部分（マコ 2:18b–19a）に前後の部分（マコ 2:18a 及び 19b–20）が二次的に付加され、さらにマルコによって後半の比喩表現（マコ 2:21–22）が付加されることによって構成されたのであろう（ブルトマン 1983:32–34）。また、この箇所にも、マタイとルカの間に弱小一致が多少見られるが（マルコの導入句

［マコ 2:18a］や前節を反復する同 2:19c の欠如、マコ 2:21 の ἐπιράπτω に対する ἐπιβάλλω［継ぎを当てる。36 節／マタ 9:16］等）、両者の一致はそれほど顕著ではない（Bovon 1989:255 n. 10; Ennulat 1994:73–77 参照）。その意味でも、ルカはマルコ 2:18–22 を主な資料として用い、別個の資料から得た 39 節を付加し、適宜編集の手を加えることによってこの箇所を構成したのであろう。因みに、トマス福音書〔語録 104〕は部分的に婚礼の客たちの比喩（34–35 節）に並行し、ここでも断食と祈りが結合しており、また同〔語録 47〕は 36–39 節に並行しており、継ぎ当ての比喩、ぶどう酒と革袋の比喩、古いものへの愛着に関する格言が、ルカとは逆の順序で記されている。もっとも、これらの箇所はルカのテキストに依拠していると考えられ、伝承史的観点においては特に問題にする必要はないであろう。

【注解】

27 節

　ルカはここで、湖畔でのイエスの教え（4:31; 5:1–3 参照）に関するマルコ 2:13 の記述を省略することにより導入部分を簡略化し、中風患者を癒した後、イエスはその家（5:19 参照）から出て行き、収税所に座っている徴税人レビを見かけたと記している。

　「**徴税人**」（τελώνης）はローマ帝国支配下において通行税等の間接税を徴収したユダヤ人の徴税請負人であり、徴税額を偽って私服を肥やす者も多く、また異邦人に仕えているという理由により、民衆から激しく憎悪されていた（3:12–13 参照）。レビも大宴会を催していることから（29 節）、相当の資産家であったと想定される（τελώνης については Herrenbrück 1990:178–194; Michel, ThWNT VIII: 88–106; Bill. I:378f, 498 参照）。マルコ 2:14 においては「アルファイの子レビ」と表記されているのに対し、ルカでは「**レビという名の徴税人**」（ὄνομα ＋ 人名はルカ的表現［Jeremias 1980:15 参照］）というように、「アルファイの子」という表記は見られず、また彼自身が徴税人であったと明記されている。「アルファイの子」が削除されたのは、十二使徒のリストのアルファイの子ヤコブ（6:15）との混同を避けるためであろう。なお、マタイの並行箇所では、レビではなくマタイと呼ばれており（マタ 9:9）、この名は共観福音書の十二弟子のリスト

にも現れるが（マコ 3:18; マタ 10:3; ルカ 6:15; さらに使 1:13 参照）、マタイのリストにおいてのみ「徴税人マタイ」と記載され、両者は明らかに同一視されている（マタ 10:3）。イエスはこのとき、レビが彼の職業に従事している様子を見て、彼に「**私に従いなさい**」（ἀκολούθει μοι）と語っており（9:23, 59; 18:22 参照）、先行する漁師たちの召命と同様、ここでも彼をその職業生活の只中から新しい生き方へと召し出している。

28 節

レビはイエスの呼びかけに即座に反応して「**すべてを棄てて立ち上がり**」、イエスに指示された通りに従って行く。ルカはここで、マルコにはない καταλιπὼν πάντα（すべてを棄てて）という句を付加しているが、立ち上がる前にすべてを棄て去ったように記すこの語順は不自然であることから、一部の研究者は語順を入れ替えて、「立ち上がって、すべてを棄てて」と訳出している（Fitzmyer 1983:587, 590; Schneider 1984:135）。また別の研究者は、動詞 ἀνίστημι を他の動詞が表現する動作の開始のしるしと解しているが（Bauer 139 参照）、イエスに呼びかけられた際、レビは収税所に座っていたと記されていることからも、ここは文字通りに「立ち上がる」の意で解すべきであり、おそらくルカは καταλιπὼν πάντα という表現を強調するためにこの句を前に配置したのであろう。

καταλείπω（後に残す、放棄する）については、類似した使用例が旧約のエリシャの召命物語に見られ、そこでは「エリシャは牛を捨てて（κατέλιπεν Ελισαιε τὰς βόας）、エリヤの後を追い」（王上 19:20 LXX）と記されている（cf. ヨセフス『ユダヤ古代誌』8:354：καὶ καταλιπὼν τοὺς βόας ἠκολούθησεν Ἠλίᾳ）。このエリシャの物語とルカ版のレビの召命記事は、《召し出す者の登場と召命（王上 19:19／27 節）→召し出された者の放棄を伴う反応（王上 19:20／28 節）→召し出された者による食事の振る舞い（王上 19:21／29 節）》という共通の構造を持っており、その意味でも、この動詞は単なる所有物との内的な決別ではなく、具体的な所有物の放棄を意味していると考えられる（Mineshige 2003:50f 参照）。もっとも列王記の物語においては、エリシャは一度捨てた牛のところに、その肉を屠って人々に振る舞うために再び戻って来ており（王上 19:21）、両者（双方の物語）の関係は過大評価すべきではないであろう。なお、「すべて」の具体

的内容についてはテキストには明示されておらず、さしあたり収税所内のすべてのものを指していると考えられるが（Fitzmyer 1983:590）、ペトロらの所有放棄の記述（5:11）との関連からも、ここでも文字通りに「すべて」の意で解すべきであろう。事実、レビが収税所にあるものすべてを棄て、徴税人という職業も放棄したことは、マルコのテキストにおいてすでに含意されており、ルカがここで敢えて καταλιπὼν πάντα を付加したからには、当然レビもペトロらと同様、職業や住居、所有物等、文字通りにすべてを棄て去ったという点を強調しようとしていたと考えられる。

しかしながら、そのようにレビが召命の際にすべてを放棄したのだとすれば、その直後に大宴会を催す（29節）のは不自然である。この点については、レビは貧しい者たちのために大宴会を催すことによって全財産を消費（放棄）したという見解や（Schmithals 1973/74:154f; 1980:72; H. Klein 2006:225）、レビは宴会後にすべてを放棄したという説も見られる（Pilgrim 1981:185 n. 1; Gillmann 1991:69 n. 8）。しかし、そのような理解を裏付ける要素はテキストに見出されず、また、ルカにおいては常に所有放棄の行為が信従の行為に先行していることからも（5:11; 14:33; 18:22, 28）、むしろルカにとっては、そのような矛盾はさほど問題にならなかったと考えるべきであろう（Ernst 1977:187; Bovon 1989:258 参照）。その意味でも、ルカにとっては、所有放棄の実践と大宴会の催しの双方が悔い改めの表現として重要であった。なお、ἀκολουθέω（従う）は多様な意味での追従を意味するが、福音書においてはキリスト論的に特徴づけられ、特にイエスの受難との関連において用いられる。ここでルカは、マルコ 2:14（並行マタ 9:9）のアオリスト形（ἠκολούθησεν）を未完了過去形（ἠκολούθει）に書き換えているが、このことは、ルカがその信従の行為を継続的な日々の実践として理解していたことを示している（9:23 参照）。

29節

召しを受けたレビはイエスのために宴会を催すが（7:36–50; 11:37–54; 14:1–24 参照）、ルカにおいては特に「**盛大な宴会**」（δοχὴ μεγάλη）と表現されている。また、マルコにおいては、どこで誰が（イエス？）宴会を催したかは明らかではなく、いずれにせよ、イエスが宴会においても主導権を握っているが、ルカにおいては明らかにレビが自宅で催しており、ここ

でも召し出された者の主体的行動が強調されている。もっとも、ルカによるこの改変は、イエスは自宅をもたなかったというルカの理解と関係しているのかもしれない（9:58 及びマコ 2:1; 3:20 参照）。なお、この宴会は信従を決意したレビの喜びの表現として催されたが、レビはイエスのためにこの宴会を催したと記されていることからも、これをレビの送別会と見なすことはできないであろう（Schneider 1984:136; H. Klein 2006:225 に反対）。

さらにマルコ 2:15 では、多くの徴税人や罪人たちがイエスやその弟子たちと共に宴会の席についていたという設定になっているが、ルカにおいては「**徴税人たちや他の人々**」が大勢一緒にいたと記されている。この改変は、マルコにおいてはイエスに従って来た人々が挙げられているのに対し、ルカにおいては、主にレビの仲間たちのことが想定されているためと考えられるが、直後の敵対者たちの発言には「徴税人たちや罪人たち」（30 節）とあることからも、彼らが罪人と見なした宴会出席者たちをルカ自身は罪人と見なさなかったために、マルコの「罪人たち」を「他の人々」で置き換えたのかもしれない（Schürmann 1990:289; Wolter 2008:228）。

30 節

すると、ファリサイ派ら敵対者たちが「**つぶやいて**」（< γογγύζω［出 17:3; 民 11:1; 14:27–29 他］）、「**なぜ、あなたたちは、徴税人たちや罪人たちと一緒に食べたり飲んだりするのか**」とイエスの弟子たちに尋ねた。ルカはマルコ 2:16 の「ファリサイ派の律法学者たち」を「**ファリサイ派の人々や彼らの律法学者たち**」（7:34; 15:1 参照）と書き換えることにより（cf. マタ 9:11：「ファリサイ派の人々」）、敵対者としてのファリサイ派の存在を強調している。その一方で、彼らがいつ、どのようにして現れたかは明らかではなく、彼らが宴会に招かれていたとは考えにくいことから、このやりとりは宴会後の出来事であったとか（Marshall 1995:220; モリス 2014:158）、彼らは戸外から「戸口や窓を通して」イエスたちを非難した（Bovon 1989:253）という見解も見られる。しかしながら、後続の断食問答の場面においても彼らは宴会の場に存在していることから、ルカは敵対者たちが宴会の場にいることの不自然さに頓着することなく、それを前提として語っているのであろう。

徴税人たちとの会食に関わる彼らの非難の言葉は（15:2; 19:7 参照）、マ

ルコの場合と同様、弟子たちに対して語られているが、興味深いことに彼らの非難の矛先は、マルコ 2:16 ではイエスに（「どうして彼は……」）向けられているのに対し、ルカにおいては直接弟子たちに（「なぜ、あなたたちは……」）向けられている。その意味では、ここには同様の非難に直面していた当時のルカの教会の状況が反映されているのかもしれない（Zimmermann 1978:104; 三好 1991:292; Marshall 1995:217）。また、マルコにおいては「食べる」ことにのみ言及されているのに対し、ルカは「食べる」ことと「飲む」ことの双方に言及しているが、これは他の箇所における描写と一致している（5:33; 7:33–34; 13:26; 22:30）。

31–32 節

罪人との会食のことで弟子たちにつぶやく敵対者たちに対して、弟子たちではなくイエス自らが答えているが、その答えは「A ではなく B」という同様の構造をもつ二つの部分から構成されている。イエスはまず、「**健康な人々**」（οἱ ὑγιαίνοντες）（cf. マコ 2:17：οἱ ἰσχύοντες［丈夫な人々］）ではなく「**病人たち**」（οἱ κακῶς ἔχοντες）が医者を必要とするというヘレニズム世界に流布していた一般的格言をもって答えているが（ディオゲネス・ラエルティオス『ギリシア哲学者列伝』6:6; プルタルコス『倫理論集』230–231; さらに Wolter 2008:229 参照）、ここでイエスは、自らを医者に、義人たちと罪人たちをそれぞれ健康な人々と病人たちになぞらえて表現し、彼を必要とする罪人のもとに自らが近づいていくことの正当性を表明している。ここではまた、すでに何度も述べられてきたイエスによる癒しの業（4:33–37, 38–39, 40–41; 5:12–16, 17–26 参照）が念頭に置かれているとも考えられる（Eckey 2004:262）。なお、マタイ版ではこの言葉のあとにホセア 6:6 からの引用句が挿入されている（マタ 9:13; さらに 12:7 も参照）。

続いてイエスは、自分は「**義人たち**」ではなく「**罪人たち**」を招くために来たと、今度は比喩を用いずに具体的に語っている。ここでの義人たちは明らかにファリサイ派の人々を暗示しているが、彼らが実際に義人であったかどうかは特に問題にされず、専ら罪人の招きに焦点が当てられている。ルカはまた、マルコ 2:17 のアオリスト形の ἦλθον（私は来た）を完了形の ἐλήλυθα（**来ている**）に修正しているが、このことは、イエスの行為が現在に至るまで影響を及ぼしていることを示している（7:34 及び BDR §

340 参照)。なお、マルコにおいては徴税人や罪人はそのままイエスの交わりに迎え入れられるが、ルカにおいては、「**悔い改めさせるために**」(εἰς μετάνοιαν) という句が付加されることにより逆説的な視点は取り除かれ (Hotze 2007:46)、罪の赦しと悔い改めとが不可分なものとして捉えられている (3:3; 15:7, 10; 24:47; 使 2:38; 3:19; 5:31; 11:18 参照)。事実ルカにおいては、イエスの招きに対する応答が重要視されているが、このことは何より、イエスの召しに対して、自らの職業を含めて一切を棄て去り、大宴会を催して応えたレビの行為において示されている。

33 節

この節から主題が断食に移るが、レビの家での宴席での問答(論争)という場面設定は続いており、また、断食を前節で言及された悔い改めの表現と見なせば、話の流れはごく自然と言える。事実ルカは、ヨハネの弟子たちとファリサイ派の弟子たちの断食の様子と、人々のイエスのもとへの来訪について述べるマルコ 2:18 を省略することにより、前段の宴会の場面を継続させている。それゆえルカにおいては、イエスに問いかけている人々はルカ 5:30 に登場したファリサイ派の人々と同定され、彼らの発言はイエスに対する敵意を含んだものであったと想定される。ここでのイエスの論争相手がファリサイ派の人々であるなら、彼らが自分たちのことを「**ファリサイ派の〔弟子たち〕**」と三人称で表現するのは不自然であるが (Marshall 1995:224; Green 1997:248)、それゆえにこそ、ルカはファリサイ派の弟子たちをマルコのようにヨハネの弟子たちと並列せずに、「**〜も同じように**」と補足的に言及したとも考えられる (Bovon 1989:255)。なお、問いを発した人々をマルコは特定していないが、マタイにおいては洗礼者ヨハネの弟子たちがこの問いを発したと記されている (マタ 9:14)。

ここで彼らは、今度は直接イエスに対し、同様に悔い改めを呼びかけたヨハネの弟子たちがしばしば断食して祈り、ファリサイ派の弟子たちも同様にしているのに、どうしてイエスの弟子たちはそうしないのかと疑念を表明している。「**ファリサイ派の〔弟子たち〕**」(οἱ τῶν Φαρισαίων) という珍しい表現は、ファリサイ派の立場に立つ者という意味であろう。日常的な断食については、贖罪日における断食を除くと律法には特に規定されていないが、捕囚期以降、断食は各個人の敬虔な態度を表す行為とし

て実践された（ダニ 9:3; ユディ 8:6 参照）。ルカ 18:12 によると、ファリサイ派の人々は週に二度断食しており（ディダケー 8:1 も参照）、また洗礼者ヨハネの禁欲的な生活態度（7:33; マコ 1:6 参照）から考えて、彼の弟子たちも断食を頻繁に実践していたと想定される（両者の断食については大貫 1993:124–129 参照）。

注目すべきことに、断食の実践のみを問題にしているマルコとは異なり、ルカは「**祈り**」にも言及しており、しかもそれらの行為が「**度々**」（πυκνά）であったと強調している。祈りはルカの主要テーマであり（【トピック：ルカにおける祈り】[本書147–48 頁] 参照）、しばしば断食と結合しており（2:37; 18:12; 使 13:2–3; さらにネヘ 1:4; ヨナ 3:6–9; ユディ 4:9–12; マタ 6:1–18 参照）、またルカ 11:1 には、洗礼者ヨハネが彼の弟子たちに祈りについて教示していたと記されている。ただ、祈りそのものはここでは特に重要視されておらず、また、イエスの弟子たちが祈りを怠っていたと言明されているわけでもない。他方ルカにおいては、イエスの弟子たちは断食するどころか、まさに今、宴会の場で「**食べたり飲んだり**」（30 節参照）していると批判が一層強められており、またマルコでは「なぜ、〜ですか」と疑問文で構成されている敵対者たちの非難の言葉を、ルカは平叙文で断定的に表現することにより、両者の対立的な位置づけをより鮮明に浮き立たせている。この飲み食いに対する非難は、前段における罪人との会食への非難と直接関わっているが、それと共に、イエスを「大食漢で大酒飲み」と批判する後出のルカ 7:34 の記述を準備している。なお、ここでも 30 節と同様、イエス自身ではなく彼の弟子たちの振る舞いが批判されているのだとすれば、ここにも当時の教会の状況が反映されていると考えられる。

34–35 節

人々の疑念に対してイエスは、婚礼の客たちの比喩を用いて、彼の弟子たちが断食を実践しない理由を説明している。セム語的表現の οἱ υἱοὶ τοῦ νυμφῶνος を直訳すると「婚礼の間の息子たち」となるが、具体的には婚礼に招かれた客たちのことを意味している。断食は悲しみの表現であるから、婚礼の客たちは花婿がいる間は断食しないというのである。最初期のキリスト教において「婚礼」は救いの時の象徴であり（黙 21:2, 9）、ま

た「花婿」は、旧約においては民に対する神の表象として用いられており（イザ 54:5–8; 62:5; ホセ 2:18 参照）、メシアの意味では用いられないが、ここではイエスを暗示している（マタ 25:1–13; ヨハ 3:29）。イエス自身も断食自体を否定しているわけではなく（4:2; 22:16, 18 参照）、ただ、婚礼の客としてのイエスの弟子たちは、花婿であるイエスがこの世に生存している間は喜び、祝うべきであり、断食すべきではないというのである。ルカはここで、「婚礼の客たちは断食できるだろうか」という三人称で構成されたマルコ 2:19 の比喩的表現を「**あなたたちは婚礼の客たちに……断食させることができるだろうか**」と二人称を主語とする表現に書き換えることにより、読者をこの比喩の中に招き入れている。因みにマタイは、この箇所の「断食する」（νηστεύω）を「悲しむ」（πενθέω）に置き換えている。

しかし、花婿であるイエスが奪い取られるとき（イエスの死のとき？）が来るが、そのときには断食すべきである。ルカはここで、マルコ 2:20b における「その日には」（ἐν ἐκείνῃ τῇ ἡμέρᾳ）を「**それらの日々には**」（ἐν ἐκείναις ταῖς ἡμέραις）と複数形で表現しているが、マルコもルカも直前の箇所では複数形で記しており（マコ 2:20a／ルカ 5:35a）、その意味では、マルコが単数形に変えることにより「特定の日」を表現しようとしたのに対し、ルカは最初の形式に合わせてここでも複数形で表現したのであろう。いずれにせよ、ここでは特定の期日における限定的な断食ではなく（ディダケー 8:1 参照）、むしろ断食の時期としてのイエス亡き後の教会の時全体が問題になっており（Bovon 1989:261; Wolter 2008:231 参照）、教会の時を生きる最初期のキリスト教信徒たちの断食の実践が示唆されている（使 13:2–3; 14:23 参照）。

36 節

ルカはここで、自ら構成した導入句「**そして、彼は彼らに譬えも語った**」（ἔλεγεν δὲ καὶ παραβολὴν πρὸς αὐτούς）を挿入することによって新しい主題に移行している。παραβολή（譬え）はヘブライ語のマーシャル（מָשָׁל）と同様、狭義の譬えに限らず、格言や比喩表現も含む広範な意味で用いられるが、ここでは明らかに「比喩」を意味している。ここまでの箇所では断食や祈り等の伝統的なユダヤ的慣習は否定されず、基本的に受容されていたが、続いて言及される二つの比喩は、古いものと新しいものは両立し

えないとする視点を打ち出している。

　最初の継ぎ当ての比喩では、新しい布切れで古い服に継ぎを当てる不合理について語っている。そんなことをすると新しい服は破損し、そこから取られた継ぎ切れも古い服に適合しないので、古い服は古い布きれで継ぎを当てるべきである。注目すべきことに、マルコ 2:21 においては、晒していない布切れで継ぎを当てることにより古い服の破れが一層ひどくなると、古い服にのみ焦点が当てられているが、ルカにおいては、新しい服から切り取られることにより新しい服そのものが無駄になり、継ぎを当てた古い服も使いものにならないと、両者の対照性と不適合性が強調されており、後続の比喩の内容にも適合している。このように、古いものと新しいものを融合させる試みが不首尾に終わることを示すことにより、イエスがもたらそうとしている新しい秩序が、当時のユダヤ教指導者層が主張する古い秩序に取って代わるべきであることが示されている。

37–38 節

　続く第二の比喩でも、最初の継ぎ当ての比喩と同様の趣旨で語られるが、ぶどう酒を題材とするこの比喩は、宴会の場面にも適合している。「**新しいぶどう酒**」を「**古い革袋**」に入れる者はおらず、そんなことをすると、新しいぶどう酒は発酵し、その古い革袋を破って流れ出してしまって無駄になり、また古い革袋そのものも使いものにならなくなり、双方共に役に立たなくなってしまう。ルカは、37 節後半の二つ目の「ぶどう酒」（οἶνος）にマルコにはない νέος（新しい）を加えることにより、古いものと新しいものの対比をより鮮明に描き出している。これに続く 38 節では「**新しい**（νέος）**ぶどう酒は新しい**（καινός）**革袋に入れなければならない**」と記され、新しいものに焦点が当てられているが、事実ルカは、ここで形容詞 βλητέον（入れねばならない）を挿入することによりその点を強調している。そのように、新しい福音がイエスによってもたらされたときには、それに対応した（新しい）振る舞いが求められ、それに適合しない、ユダヤ教指導者層が主張する（古い）価値観は退けられねばならない。ここには、ユダヤ教とキリスト教が対立していた 1 世紀末の時代状況が反映されているのであろう。

39節

　ルカに特有のこの結語は、新しいぶどう酒より古いぶどう酒を評価している点で、古いものに対する新しいものの優越性を指摘してきたここまでの論点とは明らかに矛盾し、「不適当な補足」（エレミアス 1969:111）のように思われる（シラ 9:10b; トマス福 47:3 参照）。そこで、ここではむしろ、イエスは古くからのユダヤ的伝統の代表者として肯定的に描かれているとする見解や（Löning 1997:195; Green 1997:249f; Talbert 2002:67; Eckey 2004:265）、ここでは先行する二つの比喩と同様、新旧の不適合性についてのみ語られており、古いものの優越については語られていないとする説（Wolter 2008:232f）も見られる。しかしながら、新しいもの／古いものに対する評価が、何の前触れもなく突然逆転するとは考えにくく、ここでもやはり、二つの比喩を通して示された古いものと新しいものとの不一致性が別の観点から述べられることにより、古いものが否定的に捉えられていると見なすべきであろう（Fitzmyer 1983:597, 602; Schneider 1984:141; Schürmann 1990:300 等）。おそらくルカは、「古いぶどう酒は新しいぶどう酒に優る」という一般的通念を示すことによって、古いものを肯定的に評価しているのではなく、むしろ最初期のキリスト教会における否定的な経験を踏まえて、この通念に魅了された人々が古い価値観に囚われている状況を皮肉を交えて語ろうとしている（Müller 1984:68f）。すなわち、イエスの教えがいかに受け入れ難いものであったかを説明することによって、ルカは多くのユダヤ人がイエスの要求を拒絶した状況を読者に知らしめようとしているのであろう。

【解説／考察】

　レビの召命記事では、先行する召命物語以上に、罪人の招きと召命による悔い改めへの導きが強調されている。おそらくこのような記述は、異邦人とユダヤ人の確執がなお存在していたルカの時代の教会の状況を反映しており、この点は、ここでもルカ 5:11 と同様、召命直後の行為が強調されていることから確認できる。事実、イエスから信従を求められたレビは、徴税人としての自らの職業をはじめ、文字通りにすべてのものを棄て去ってイエスに従い、大宴会を催すが、その意味でも、ルカにとってイエスへ

の信従は具体的な行為と密接に結びついている。その後の宴会の場面では、ファリサイ派らの敵対者との論争を通して古いものと新しいものとは両立しえないことを示すことにより、ユダヤ教指導者層が主張するユダヤ的敬虔とイエスによる新しい教えは両立せず、後者が前者を凌駕することをルカは示そうとしている。そして、このようなイエスの言葉には、種々のユダヤ的慣習の是非をめぐって激しく対立していた当時のキリスト教会とユダヤ教の状況が反映されているものと考えられる。

　古いものと新しいものとの対立や葛藤は、今日でも日常的に経験されるものである。時代が移り変わり、価値観が急速に変化していく今日の社会状況のなかで、古いものに慣れ親しんできた私たちはしばしば戸惑いや焦りを感じ、変化が求められる場合にも、新しいものに反発を覚え、なかなか受け入れられないことも少なくない。自分たちが親しんできた慣習や伝統を否定されることは、自分自身の生き方そのものを否定されたように感じられるからであろう。確かに、新しいものは何でも受容すべきなどとは言えず、ましてやそれを他人に強要すべきではないが、その一方で、時代の変化から顔を背け、古い生き方に固執し続けることも問題であろう。事実、新しい時代には、それにふさわしい新しい生き方が求められ、そのためには古い生き方に訣別する必要がある。その意味でもこのテキストは私たちに、常に改革され、新しくされていく生き方の実践を強く求めている。

5. 安息日の麦穂摘み（6:1–5）

【翻訳】

6:1 さて、ある安息日に彼（イエス）が麦畑を通って行ったことがあったが、すると彼の弟子たちは麦の穂を摘み、手で揉んで食べ出した。2 そこで、ファリサイ派のある人々が、「なぜ、あなたたちは安息日に許されていないことをするのか」と言った。3 するとイエスは彼らに答えて言った。「あなたたちは、ダビデが、彼自身も彼と共にいた者たちも飢えたときに何をしたか、このことも読んだことがないのか。4 すなわち、彼は神の家

に入り、祭司たち以外は誰も食べることが許されていない供えのパンを取って食べ、彼と共にいた者たちにも与えたということを」。⁵ そして彼（イエス）は彼らに「人の子は安息日の主である」と言った。

【形態／構造／背景】

　宴会での一連の問答（5:29–39）の後、舞台は徴税人レビの自宅を離れ、安息日における二つのエピソードが語られる（6:1–5, 6–11）。いずれのエピソードにおいても、安息日規定をめぐるイエスとファリサイ派らの敵対者との対立が描かれており（13:10–17; 14:1–6参照）、ルカにおいては、マルコの並行箇所とは異なり、二つのエピソードは同日の出来事とは見なされていないが、それでも、最初の段落の「さて、ある安息日に～」（ἐγένετο δὲ ἐν σαββάτῳ）という書き出しに対して二つ目の段落は「また、別の安息日に～」（ἐγένετο δὲ ἐν ἑτέρῳ σαββάτῳ）という対応表現で始まっており、両者は形式的に結びついている。これらの段落はまた、敵対者としてファリサイ派の人々が登場し（5:21, 30, 33）、彼らとの論争の中で当時のユダヤ教指導者層の律法理解が批判されている点において、先行する諸段落（5:17–26, 27–32, 33–39）とも結びついている。さらに、ここで扱う安息日の麦穂摘みの段落（6:1–5）と先行する宴会の場面は、イエスではなく弟子たちの振る舞いが非難されている点や食事のモチーフにおいても結びついている（5:30, 33参照）。この段落は以下のように区分できる。

（1）序：弟子たちの麦穂摘み（1節）
（2）安息日規定をめぐる問答（2–4節）
　　(a) ファリサイ派の人々の問い（2節）
　　(b) ダビデの故事によるイエスの返答（3–4節）
（3）結び：安息日の主（5節）

　この段落はマルコ 2:23–28 及びマタイ 12:1–8 に並行しているが、ルカはここでもマルコの記事を資料として用い、それ以外の資料は用いずに（Schramm 1971:111f に反対）、この段落全体を編集的に構成している。ルカが用いたマルコのテキスト（マコ 2:23–28）について、比較的多くの研

究者は、元来の統一体である23–24, 27 (28) 節に、25–26 節が二次的に付加されたと考えており (Haenchen 1968:120; Schürmann 1990:305; 大貫 1993:141 他)、一部の研究者はマルコ 2:27 をイエスの真正の言葉と見なしている (Bovon 1989:268; Nolland 1989:253 等)。

なお、ここでもルカとマタイとの間には多くの「弱小一致」が認められる (ἤσθιον/ἐσθίειν [< ἐσθίω、食べる。1節/マタ 12:1] や μόνους/μόνοις [のみ。4節/マタ 12:4] の付加、ὁδὸν ποιεῖν [道を歩く。マコ 2:23]、χρείαν ἔσχεν [欠乏する。同 2:25] や大祭司アビアタルへの（誤った）言及 [同 2:26] 及びマコ 2:27 全体の欠如、ἔλεγον/λέγει [マコ 2:24, 25] に対する εἶπαν/εἶπεν [彼は言った。2, 3節/マタ 12:2, 3]、τοῖς σὺν αὐτῷ οὖσιν [マコ 2:26] に対する τοῖς μετ' αὐτοῦ [4節/マタ 12:4]、ὁ υἱὸς τοῦ ἀνθρώπου καὶ τοῦ σαββάτου [マコ 2:28] に対する τοῦ σαββάτου ὁ υἱὸς τοῦ ἀνθρώπου [5節/マタ 12:8] 等)。それらすべてを双方の独立した編集と見なすのは難しいことから (Fitzmyer 1983:605f に反対)、ここでも現行マルコとは異なるマルコの改訂版を想定すべきであろう (ルツ 1997:299f; H. Klein 2006:229; Wolter 2008:233)。因みにベザ写本 (マルキオンも同様) は 5 節を 10 節のあとに置き、さらに以下の短い文章を加筆している (「同じ日に彼 [イエス] は安息日に働いている人を見て彼に言った。人よ、もしあなたがしていることを知っているならば幸いである。しかし、もし知らないならば、あなたは呪われ、律法を破る者である」)。Jeremias (1948:12, 45–48) はこの付加部分をイエスの真性の言葉と見なしているが、大半の研究者はこの見解に否定的である (蛭沼 1989:236f; H. Klein 2006:231f 参照)。

【注解】

1 節

この段落はルカに典型的な《ἐγένετο δὲ ἐν + 時間設定句 + 不定詞句》という導入句で始められ、ある安息日にイエスが麦畑を通って行ったとき、同行していた弟子たちが麦の穂を摘み、手で揉んで食べたと記される。比較的多くの有力写本 (A, C, D, R, Θ, Y 等) においては、ἐν σαββάτῳ (安息日に [cf. マコ 2:23：ἐν τοῖς σάββασιν]) の直後に δευτεροπρώτῳ (「第二・第一」という意の、他に見られない不可解な語) が加えられているが、原初的とは考

えられない（Metzger 1975:139; 蛭沼 1989:207–209; Bovon 1989:216f 参照）。他人の麦畑から麦穂を摘み取ること自体は律法で認められていたが（申 23:25–26）、安息日にそれを実行することは収穫行為として禁じられていた（出 34:21; ミシュナ「シャバット」7:2; Bill. I:615–618 参照）。ルカはまた（弟子たちがそれを）「**手で揉んで食べ出した**」という表現を加えることにより、彼らが同様に安息日に禁じられていた食事の準備（ヨベ 2:29; 死海文書「ダマスコ文書」10:22 参照）をしていた様子をも描いている。さらにルカは、ダビデも空腹であったときに「供えのパンを取って食べ」という 4 節の記述に合わせて、「**食べ出した**」（マタ 12:1 も同様）という表現を用いることにより、弟子たちの振る舞いを合理化しようとしている（荒井 2009:142）。

2 節

ここから安息日規定をめぐる問答が始まる。弟子たちの様子を見ていたファリサイ派の人々が、安息日の労働を禁ずる律法規定を破ったという理由で（出 20:8–11 参照）弟子たちを非難する。ルカはここでマルコの「ファリサイ派の人々」を「**ファリサイ派のある人々**」（τινὲς ... τῶν Φαρισαίων）に書き換え、ここに登場するファリサイ派が、彼らの一部であってすべてではなかったことを示すことにより（19:39 も同様）、ファリサイ派に対する否定的なイメージを幾分なりとも抑えようとしている（嶺重 2012:177）。また、マルコにおいては、この非難の言葉はイエスに向けて三人称で（「なぜ、彼らは……」）語られているのに対し、ルカにおいては（対象は明示せずに）二人称で（「**なぜ、あなたたちは……**」）語られているが、この変更によりイエスも非難の対象に含めようとしたのではなく（Fitzmyer 1983:608 に反対）、この言葉は前段のルカ 5:30 と同様、イエスではなく直接弟子たちに語られたと見なすべきであろう。そのように、ここでは弟子たちの行為が問題にされ、弟子たちにのみ非難が向けられていることから、このテキストもルカの時代のキリスト教会の具体的な状況を反映しているものと考えられる。

3–4 節

この非難に対して、弟子たちに代わってイエスがファリサイ派の人々に返答する（5:31, 34 参照）。イエスはここで旧約におけるダビデの故事（サ

ム上 21:1–7) を引き合いに出して、ダビデとその従者たちが空腹に陥ったとき、ダビデは神の家（ただしダビデの時代に神殿はまだ存在せず）に入り、律法の規定（レビ 24:5–9）を破って供えられていたパン（出 25:30 参照）を取って食べ、それを従者たちにも与えたと述べている。もっとも、このエピソードそのものは安息日規定とは直接関係なく、また、サムエル記の記述にはダビデの従者たちは登場せず、ダビデのみが聖別されたパンを祭司アヒメレク（cf. マコ 2:26：「アビアタル」）から受け取るという話になっている。さらに、イエスの弟子たちの場合は、飢えに関して特に切迫した状況であったようには記されていないが（一方でマタ 12:1 は「空腹になって」を付加）、それでも両者は、律法で「**許されていない**」(οὐκ ἔξεστιν) 行為を敢行したという点で共通しており、そのように、ダビデとその従者たちが必要に迫られて規定を破ったという事例を根拠として、イエスは律法の適用に柔軟性を求め、弟子たちを弁護しようとしている。すなわち、律法規定を反故にすることがダビデに許されるなら、ダビデに優る存在であるイエスにおいてはなおさらであり（20:41–44 参照）、ダビデたちに許されたことはイエスとその弟子たちにも許されるはずだというのである。なお、ここでルカはマルコの ἔφαγεν（食べた）の直前に λαβών（**取って**）を付加することにより、（無意識的に）聖餐定式（22:19 他参照）に近づけているとも考えられる（Schürmann 1990:303）。

5 節

「**人の子は安息日の主である**」と述べるこの結語は、直前のダビデのエピソードとは直接つながらないが、律法の禁令を破ったダビデの権威と人の子イエスの権威が関連づけられているのであろう。「安息日の主」とは安息日を支配する存在であることを示しているが、地上においてそのような権威を有するイエスはダビデ以上の存在なのである。

「**人の子**」(5:24 参照) は元来、通常の人間を意味していたと考えられるが、ここでは明らかにイエス自身を指している。またマルコが、安息日は人のために定められたのであり、その逆ではないがゆえに、人の子は安息日の主でもあると述べているのに対し（マコ 2:27–28）、ルカには根拠を示すその前半部分が欠けており、イエスが安息日の主であることは、専ら彼の有する権威に根拠づけられている。ルカ自身がこの箇所（マコ 2:27）を

削除したのだとすれば、それは何より、律法規定の全面的な否定と受け取られ兼ねないこの言葉があまりにラディカル過ぎたという理由と共に（Schmithals 1980:75; H. Klein 2006:230; 荒井 2009:143）、後続の「**人の子は安息日の主である**」というキリスト論的宣言にルカが一層強い関心を寄せていたためと考えられ、この点は、マルコの「安息日の主でもある」の「〜も」（καί）がルカにおいて省略されていることとも符合している。おそらくルカは、人間を過大評価するマルコ 2:27 の記述を削除することにより、人の子がもつ権威を際立たせようとしたのであろう。さらには、この部分の削除によってイエスとダビデを直接並置し、イエスをダビデに対応する存在としてより際立たせようとしたという理由も考えられるかもしれない（Schweizer 1986:74; Schürmann 1990:305; Marshall 1995:229, 232）。なお、同様にマルコ 2:27 に対応する箇所が欠落しているマタイにおいては、ダビデの故事の引用のあと、神殿にいる祭司は安息日の掟を破っても罪にならないという発言及び神殿よりも偉大なものに関する言葉、さらには「私が求めるのは憐れみであって犠牲ではない」というホセア 6:6 からの引用句が続いている（マタ 12:5–7）。

【解説／考察】

ルカ福音書においては、ここで初めて安息日の規定が問題にされる。イエスはここで、安息日の規定を破って麦穂を摘んだ弟子たちの行為を、同様に律法の規定を破って聖別されたパンを食べ、従者にも与えたダビデの故事を引き合いに出して弁護しているが、それによってルカは、ダビデが律法の規定を破る権威を有しているなら、人の子イエスはそれ以上の権威を有する安息日の主であることを示そうとしている。

安息日はユダヤ教においては土曜日（厳密には金曜の日没から土曜の日没まで）に守られているが（出 20:8–11 参照）、キリスト教はイエス・キリストが日曜日に復活したことを記念して日曜日を霊的な安息日（主の日）として礼拝を守るようになった。4 世紀にローマ帝国のコンスタンティヌス帝により日曜日が休日と定められた後、この習慣がキリスト教世界全体に広まることになり、日本においても明治時代にこの習慣が取りいれられることにより 1 週間のシステムが定着していった。もっとも、日本におい

ては、休日を返上してでも働こうとする勤勉さが美徳とされてきた伝統の影響もあってか、休日出勤に対する抵抗感はさほど強くなく、安息日（休日）に対する意識は極めて希薄である。しかし、長時間労働が常態化し、過労死が社会問題化している今の時代にこそ、安息日の本来の意味について改めて問い直してみるべきであろう。

6. 手の萎えた人の癒し（6:6–11）

【翻訳】

6:6 また、別の安息日に彼（イエス）は会堂に入り、教えていた。さて、そこに一人の人がいたが、彼の右手は萎えていた。7 ところが、律法学者たちやファリサイ派の人々は、彼（イエス）を訴える〔口実を〕見出すために、安息日に彼が癒すかどうか、彼をうかがっていた。8 しかし彼自身は、彼らの考えを見抜いており、その手の萎えた男に「立って、真ん中に進み出なさい」と言った。すると、彼は立ち上がって進み出た。9 そこでイエスは彼らに言った。「あなたたちに尋ねるが、安息日に許されているのは、善を行うことか、悪を行うことか。命を救うことか、滅ぼすことか」。10 そして、彼（イエス）は彼ら全員を見回して、彼（手の萎えた男）に「あなたの手を伸ばしなさい」と言った。そこで彼が〔そのように〕すると、彼の手は元通りにされた。11 しかし、彼ら自身は狂気に満たされて、イエスに対して何をしてやろうかと互いに話し合った。

【形態／構造／背景】

　直前の安息日の麦穂摘みの段落（6:1–5）に続いて、ここでも安息日のエピソードが語られ、前段で「安息日の主」と表現されたイエスの存在が、具体的な癒しの行為（4:31–37; 13:10–17; 14:1–6 参照）を通して示されている。前段に引き続いて、ここでも安息日規定をめぐるイエスとファリサイ派ら敵対者との対立が描かれており、この段落も《ἐγένετο δὲ ἐν ... σαββάτῳ＋不定詞＋αὐτόν》という表現で始まっている。その一方で、ここでは前段とは異なり、弟子たちではなくイエス自身が安息日規定を破っている。ここではまた、論争物語の要素（7-8a, 9, 11 節）のみならず、治癒の奇跡物語の要素（6b, 8bc, 10 節）も含まれ、両者が折り重なるように構成されているが、焦点は明らかに前者に当てられている。この段落はまた、後続の段落（6:12-16）と、《ἐγένετο δὲ ἐν ... ἐξ(εἰς) ελθεῖν αὐτὸν εἰς ...》という導入表現を共有している。さらに、この段落と前出の「中風患者の癒し」（5:17-26）とは、最初にイエスの教えに言及し、イエスの癒し行為とそれをめぐるファリサイ派や律法学者との論争を記している点で共通しており、これに加えて多くの語彙（ἄνθρωπος [人]、οἱ γραμματεῖς καὶ οἱ Φαρισαῖοι [律法学者たちとファリサイ派の人々]、εἰς τὸ μέσον [真ん中に]、ἐπλήσθησαν [満たされた]）を共有している（Nolland 1989:231 参照）。この箇所全体は以下のように区分できる。

　　（1）序：イエスの会堂での教えと手の萎えた人（6 節）
　　（2）敵対者たちの観察とイエスの癒し（7-10 節）
　　　　(a) 敵対者たちの観察（7 節）
　　　　(b) 手の萎えた人へのイエスの指示（8 節）
　　　　(c) 敵対者たちへのイエスの問い（9 節）
　　　　(d) 癒しの実行（10 節）
　　（3）結び：敵対者たちの怒り（11 節）

　この段落はマルコ 3:1-6 及びマタイ 12:9-14 と並行しており、ルカはここでもマルコの記事を主な資料として用いており、他の資料の存在は想定しにくい。マルコのテキストに関して言えば、ヘロデ党に言及する末尾の節のみはマルコの編集句であり、他の部分は伝承に遡ると考えられる（ブルトマン 1983:21; 大貫 1993:156）。また、比較的多くの研究者は、この段落の中心となるイエスの言葉（マコ 3:4 ∥ ルカ 6:9）は伝承の最古層（史的イエス）に遡り、この物語全体は歴史的状況を部分的に反映していると考えている。なお、この段落においてもルカとマタイの間に弱小一致が見られるが（ἐξηραμμένην [マコ 3:1] に対する ξηρά [萎えた。6 節／マタ 12:10]、λέγει [マコ 3:4] に対する εἶπεν [彼は言った。9 節／マタ 12:11]、ヘロ

デ党への言及［マコ3:6］の欠如等）、いずれの箇所も両福音書記者の独自の編集として理解できる。ルカはまた、前段と共通する ἐγένετο δὲ ἐν ... で始まる冒頭箇所（6:6a）等を編集的に構成している。その意味でも、ルカはマルコの記述をもとに適宜編集の手を加えつつ、この箇所全体を構成したのであろう。

【注解】

6節

　イエスはまた別の安息日に会堂に赴いて教えていた（4:31参照）。マルコにおいては、前段の麦穂摘みのエピソードと同日の出来事のように描写されているが（マタイも同様）、ルカにおいては「別の安息日に」（ἐν ἑτέρῳ σαββάτῳ）という表現が付加されることにより、このエピソードが安息日の出来事であることが改めて強調されると共に前段との時間的差異が明らかにされる。ルカはまた、マルコやマタイとは異なり、イエスがここで「**教えていた**」ことを強調している（4:15, 31, 44; 5:3, 17参照）。そこに片手の萎えた（麻痺した）人がいたが、ルカのみが、その萎えた手が「**右手**」であったと明記している（マコ3:1比較参照）。右手が労働や挨拶のために不可欠なものであった点を考慮するなら（死海文書「宗規要覧」7:15参照）、この記述はこの人物が陥っていた悲惨な状況を一層際立たせている。

7節

　そのとき「**律法学者たちやファリサイ派の人々**」（5:30; 6:2）は、イエスを訴える口実を得るべく、彼が安息日に癒しの業を実践するかどうか、様子をうかがっていた。マルコやマタイにおいては、段落の末尾で初めて具体的な敵対者（＝ファリサイ派の人々）に言及されるのに対し（マコ3:6 // マタ12:14）、ルカのみがこの時点で敵対者を登場させており、その意味で、イエスと敵対者との対立関係をより鮮明に描き出している（5:17参照）。さらに、ファリサイ派に加えて律法学者に言及しているのはルカのみであり、しかも彼らはファリサイ派の前に位置づけられている（14:3参照）。ルカにおいてはまた、マルコとは異なり、θεραπεύω（癒

す）の目的語の αὐτόν（彼を）が省略されているが（マタイも同様）、この ことは、この手の萎えた人の癒しに限らず、そもそもイエスが癒しを行 うかどうかに彼らの関心があったことを示している。このように、イエ スを監視しようとする彼らの行動は、イエスがそれまでにも安息日に癒 しを行っていたことを暗示しており、事実、先行する悪霊追放のエピソ ード（4:31–37）においても、安息日に会堂でなされたイエスの癒しにつ いて語られている。もっとも、そこでは安息日規定のことには触れられ ず（4:38–41 も参照）、むしろ癒しに対する驚きに焦点が当てられているが、 それがイエスによる最初の癒し行為であったという状況を考えると、人々 のそのような反応はごく自然であると言える。おそらくは、後になってそ の点を問題視する声が強まり、イエスの行動が監視されるようになったの であろう（Marshall 1995:234）。

8 節

しかし、イエスは敵対者たちの企みをすでに見抜いていた。ルカのみ がこの点を明記しており（5:21–22 参照）、これに続くイエスの振る舞い が意識的な挑発的行為であったことを示しているが、マルコやマタイ においても、後続のイエスの言葉から明らかなように、この点は前提 とされている。そこでイエスは、その手の萎えた人に「**真ん中に**」（εἰς τὸ μέσον）進み出るように命じているが（マルコも同様）、これは癒しの 行為を居合わせたすべての人々の前で公然と行うための設定であろう （Wolter 2008:237; さらに 4:35; 5:19 参照）。ルカはまた、その男が即座に その指示に従って「**立ち上がって進み出た**」という記述を付け加えるこ とにより、イエスの権威とその男の従順な態度を強調している。

9 節

そこでイエスは敵対者たちに、「**安息日に許されているのは、善を行 うことか、悪を行うことか。命を救うことか、滅ぼすことか**」と尋ね た。ルカはここで、マルコの「殺す」（ἀποκτείνω）を「**滅ぼす**」（ἀπόλλυμι） に置き換えているが、それは σῴζω（救う）と ἀπόλλυμι（滅ぼす）がしばし ば対句として用いられるためであろう（マコ 8:35 並行; ルカ 19:10 他参照）。 ルカはまた、この問いの直前に「**あなたたちに尋ねるが**」（ἐπερωτῶ ὑμᾶς）

という前置きを付加することにより、イエスのこの問いを強調している。

ここには二組の二者択一の修辞的問いが並列されているが、より具体的な内容を含む第二の問いは、一般的な第一の問いを先鋭化すると共に拡大している。これらの問いそのものの答えは自明であり、ラビ文献においても、生命の危機にある人を救うことは安息日であっても認められていた（ミシュナ「ヨーマ」8:6 及び Bill. I:622–630 参照）。その一方で、ここに登場する患者は生命の危機に陥っておらず、特に緊急性を要しなかったと考えられることから、この問いは必ずしもそのときの状況に即しておらず、明らかに誇張して語られている。いずれにせよ、イエスはここで善をなすかどうかではなく、善をなすか悪をなすかを問題としており、善い行いの実践は安息日であっても認められるべきであり、それを怠るのは悪い行いだと断定し、論争の主題を律法の安息日規定の遵守から倫理的行為の勧告へと移行させている。イエスによると、そのような行為こそ、真の安息日律法の精神に適うものなのである。一方で、マタイにおいては話の展開が多少異なり、「安息日に病気を治すのは律法で許されているか」という人々の問いに対して、安息日に穴に落ちた羊の例が述べられ（14:5 参照）、そこから安息日に羊に優る存在である人間に善を行うことの正当性が論じられている（マタ 12:10–12）。

10 節

そしてイエスは彼ら全員を見回し、その患者に「**あなたの手を伸ばしなさい**」と指示する。マルコにおいては、直前のイエスの問いかけに黙り込む敵対者たちに対してイエスは怒り、彼らのかたくなな心を悲しみながら（その手の萎えた男に）指示したと記されているが（マコ 3:4–5）、ルカはこれらの記述を割愛し、イエスの感情表現を抑えている（5:13–14 参照）。そして、その患者が言われた通りに手を伸ばすと、彼の手は癒されて元通りになった。この言葉によるイエスの癒しの行為は、イエスによる新しい救いの秩序を指し示すと共に、終末論的な救いの時の到来を暗示している（使 1:6; 3:21 参照）。

11 節

そこで敵対者たちは「**狂気に満たされて**」、イエスを何とかしようと相

談する。多くの聖書翻訳及び注解者は ἄνοια を「憤怒」の意で解しているが、この箇所は語義通りに「狂気」の意で解すべきであろう（Tannehill 1986:176; Wolter 2008:236, 239; 田川 2011a:205 参照）。マルコにおいては、彼らは出て行って、ヘロデ党の人々と共にイエスの殺害について相談したと記されているのに対し、ルカは彼らの否定的反応に言及するものの、イエスの殺害計画やヘロデ党については一切言及せず（13:31; 20:20 参照）、敵対者たちの激しい敵意は抑えられている。事実、ルカにおいてはイエス殺しの計画はガリラヤ宣教の時点では顕在化しておらず、また、ルカにおけるファリサイ派は、ヘロデ党等の政治勢力にもイエス殺しにも直接関わらない集団として描かれており、マルコやマタイほど否定的には捉えられていない（【トピック：ルカにおけるファリサイ派と律法学者】（本書 223–24 頁）参照）。なお、この段落を最後に、敵対者たちは物語の舞台からしばらく姿を消すことになる（7:30, 36 参照）。

【解説／考察】

前段と同様、この段落においても、安息日の律法規定を絶対化しようとする立場への批判が展開されている。特にここでは、安息日の主としての人の子の権威が、他者への愛（隣人愛）の観点から強調されているが、この点は、罪を赦す人の子の権威を強調する「中風患者の癒し」（5:17–26）のエピソードを思い起こさせる。

この段落では、安息日規定と隣人愛の教えとの対立が問題にされているが、私たちも日常的に、規則（ルール）の遵守と現実的な対応との狭間で、判断に苦しむという経験を繰り返している。一方で規則の絶対化は柔軟な対応を妨げ、しばしば個々人への配慮を欠く結果にもなりうるが、他方で規則の軽視は無秩序な状態を生み出しかねない。その意味でも、まさにこの段落のイエスの振る舞いに示されているように、最終的には愛の観点からなされる各人の決断に委ねられていると言えるであろう。なおルカ 5:17 以降、ファリサイ派を中心とする敵対者とイエスとの対立が描かれてきたが、段落末尾で両者間の対立が頂点に達したところで、これらの一連の単元は締めくくられることになる。

Ⅲ．十二人の選定と平地の説教 (6:12–49)

　直前のルカ 5:1–6:11 においては、イエスの初期の宣教活動とファリサイ派を中心とする敵対者との対立について述べられてきたが、5:17 以降、継続して登場していたファリサイ派と律法学者は 6:11 を最後に一旦姿を消し、一連の論争は終結する。これ以降は弟子たちに焦点が当てられ、イエスの宣教活動は新たな局面を迎える。Nolland（1989:264f）は、ルカ 5:1–6:16 の箇所全体が弟子の主題（召命／選定）で枠付けられ（5:1–11; 6:12–16）、この箇所の最初と最後の各三段落が同様の書き出しの表現（ἐγένετο δέ/καὶ ἐγένετο）で始まっているという理由から、6:12–16 を先行する 5:1 以下のセクションに含めようとしている。しかし、この段落から場面が明らかに変化しているだけでなく、この段落は後続の 6:17 以下の箇所と密接に結びついていることからも、6:12–16 を新しいセクションの始まりと見なすべきであろう。このセクションの構成は以下のようになっている。

1．十二人の選定（6:12–16）
2．多くの病人の癒し（6:17–19）
3．幸いと禍いの言葉（6:20–26）
4．愛敵の教え（6:27–38）
5．譬えによる教え（6:39–49）

　山上で十二人の使徒を選出した後、イエスは彼らと共に平地に下り、癒しを求めてあらゆる地域から集まってきた群衆を前にして説教を始める。この一連の描写は、山に登って神から律法を付与されたモーセが、下りてきて民に律法を与えたシナイの場面を思い起こさせる（出 19:25; 34:29）。（3）～（5）の一連のイエスの教えは、内容的にマタイ 5–7 章の「山上の説教」に対応しているが、ルカにおいてはイエスが山から平

地に下りて語ったという設定になっていることから (6:17)、「平地 (平野) の説教」と称せられる。この説教冒頭の導入句 (6:20a) と説教直後の回顧の句 (7:1) は、ルカがこの箇所を完結した一つの説教と見なしていることを明示しており、この説教全体は、その聴衆を示すルカ 6:17 及び同 7:1 の「民衆」(λαός) という語によって囲い込まれている。

　平地の説教の内容区分に関し、(3) と (4) の間の切れ目については、前者が幸いと禍いの宣言文であるのに対して後者は種々の倫理的勧告である点、ルカ 6:27 以降の部分は「聞く」(ἀκούω) という動詞によって枠付けられている点 (6:27, 47) からも明らかであろう。さらに、27 節でこの平地の説教の対象が「〔私の言葉を〕聞いているあなたたち」と改めて規定されていることにも示されているように、(3) が主として弟子たちに向けられているのに対し (20a 節参照)、(4) と (5) はより広く、民衆、群衆 (17 節及び 7:1 参照) に向けて語られており、この説教の対象は弟子たちに限定されているわけではない (Fitzmyer 1983:627; Betz 1995:574f, 592; H. Klein 2006:252, 254 に反対)。なお、(4) と (5) はもはや弟子に向けられていないという主張も見られるが (Bartsch 1960:7f; Minear 1974a:104–109; ショットロフ・シュテーゲマン 1989:149–151)、そのことを明示する記述は見られず、むしろ 39–40, 46, 49 節等の記述内容は、主として弟子たちを対象としている。さらに (3) の対象も、厳密には弟子たちのみに限定されておらず、他の群衆もその場に居合わせていたことが前提とされている (Tannehill 1986:207f 参照)。

　その一方で 27 節以下の箇所の区分については、比較的多くの研究者や聖書翻訳はむしろ 27–36 節を一つの段落と見なし、37–38 節をそれ以降の部分に結びつけている (Fitzmyer 1983:629; 新共同訳他)。確かに、37 節及び 41–42 節では「裁き」がテーマになっているが (マタ 7:1–5 を参照)、両者間に挟まれた 39–40 節は「裁き」とは無関係である。さらに、① 38 節までは命令文による勧告が続いているのに対して 39 節以降は譬えによる教えが続いている点、② 39 節冒頭の εἶπεν δὲ καὶ παραβολὴν αὐτοῖς (さて、彼はまた彼らに譬えを語った) は明らかにイエスの発言を中断しており、事実ルカはしばしば εἶπεν/λέγει δέ ... παραβολήν という構文によって新しい段落を始めている点 (5:36; 12:16, 41; 13:6; 14:7; 15:3; 18:1, 9)、③ 37–38 節と 27–36 節は 37 節冒頭の καί (また) によって形式的に結ばれ

ているのみならず、「憐れみ深さ」のモチーフや δίδωμι（与える）という鍵語（30, 38 節）によって内容的にも結びついている点等は、37–38 節はむしろ直前の 36 節までの部分と結びつき、直後の 39 節以下との間には明らかな切れ目が存在することを示している。なお、末尾の家と土台の譬え（6:46–49）についてはこれを独立させて、この平地の説教全体の結びと見なすことも可能であろう。

平地の説教の資料と編集については以下の点が確認できる。ルカはこの説教が始まるルカ 6:20 から 8:3 まで、4:31 以降依拠してきたマルコ資料（マコ 1:21–3:19）から一旦離れている（いわゆる「小挿入」、緒論参照）。前述したように、この平地の説教は大枠においてマタイの山上の説教に対応しており、僅かな例外を除いて（6:24–26 はマタイに欠如、39, 40, 45 節等は異なる文脈で使用［マタ 15:14; 10:24; 12:34b–35]）、平地の説教のほとんどの言葉は山上の説教にも含まれる。その一方で、平地の説教に含まれていない山上の説教の多くの言葉は、旅行記事を中心に、ルカ福音書の様々な箇所に見出される（マタ 5:13 // ルカ 14:34; マタ 5:14–16 // ルカ 8:16; マタ 5:18 // ルカ 16:17; マタ 5:25–26 // ルカ 12:57–59; マタ 5:32 // ルカ 16:18; マタ 6:9–15 // ルカ 11:2–4; マタ 6:19–21 // ルカ 12:33–34; マタ 6:22–23 // ルカ 11:34–36; マタ 6:24 // ルカ 16:13; マタ 6:25–34 // ルカ 12:22–32; マタ 7:7–11 // ルカ 11:9–13; マタ 7:13–14 // ルカ 13:24; マタ 7:22–23 // ルカ 13:25–27［一方でマタ 5:33–37; 6:1–4, 16–18; 7:6 に対応する箇所はルカに欠如]）。

さらに双方の説教とも、多くの病人の癒しの記事（マタ 4:23–25 // ルカ 6:17–19）の直後に続いており、至福の言葉で始まり（マタ 5:3–12 // ルカ 6:20–23）、その後、愛敵の言葉（マタ 5:38–48 // ルカ 6:27–36）、裁きの言葉（マタ 7:1–5 // ルカ 6:37–38, 41–42）、木と実の譬え（マタ 7:16–18 // ルカ 6:43–44）等が続き、二人の建築士の譬え（マタ 7:24–27 // ルカ 6:46–49）で結ばれている。以上のことからも、両者のテキストの背後に Q 資料が存在していることは明らかである。もっとも、両者間の相違点のすべてを双方の福音書記者の編集作業として説明することは難しいことから、ここではむしろ二つの異なる Q 資料（ルカ版 Q 及びマタイ版 Q）を想定すべきであろう（シュトレッカー 1988:18; ルツ 1990:264; Betz 1995:43f）。ルカとマタイのテキストのどちらが原初的であるかについては一概に断言できず、個々の箇所の釈義において確認する必要がある。いずれにせよルカは、自

らに伝えられたQ資料（ルカ版Q）の伝承をもとに、この平地の説教全体を編集的に構成したのであろう。

＊　＊　＊

1. 十二人の選定（6:12–16）

【翻訳】

6:12 さて、その頃、彼（イエス）は祈るために山へと出て行き、神への祈りの中で夜を徹した。13 そして夜が明けると、彼は彼の弟子たちを呼び集め、その中から十二人を選び出し、そして彼らを使徒とも名付けた。14〔すなわち、〕彼がペトロとも名付けたシモン、そしてその兄弟アンデレ、そしてヤコブ、ヨハネ、フィリポ、バルトロマイ、15 マタイ、トマス、アルファイの子ヤコブ、そして熱心党と呼ばれたシモン、16 そしてヤコブの子ユダ、そして裏切り者ともなったイスカリオテのユダである。

【形態／構造／背景】

　ルカ6:11を最後にファリサイ派らの敵対者は姿を消し、6:12以降は、ここまで脇役を演じてきた弟子たちに焦点が当てられる。ここではまず十二人（使徒）の選定について述べられるが、これは直前のセクション（5:1–6:11）が最初の弟子たちの召命記事（5:1–11）によって始められていることに対応している。ルカはマルコ3:7–12及び同3:13–19の記述の順序を入れ替え、群衆の殺到と多くの病人の癒しに関する記述（6:17–19）をこの段落の直後に配置しているが、おそらくそれは、弟子たちだけでなく群衆も後続の平地の説教（6:20–49）の聴衆であることを示すためであろう。またその結果、十二人の選定の記述が一連の論争記事の直後に位置づけられ、ここまで言及されてきた敵対者とここから中心的役割を担う弟子たちとの対比が一層鮮明になると共に、平地の説教

の直前に癒しの記事が置かれることにより、イエスの宣教活動の中心である教えと癒しの記述が並置されることになる。この箇所は、(1) 山上での十二人の選定 (12–13節) と (2) 十二人のリスト (14–16節) の二つの部分に区分されるが、13節及び14節の ὠνόμασεν（名付けた）が両者を結びつけている。

この段落はマルコ 3:13–19 及びマタイ 10:1–4 に並行しており、総じてマルコのテキストに対応しているが、個々の点においては少なからず異なっている。ルカとマタイの間には、マルコ 3:13 の οὓς ἤθελεν αὐτός（彼自身が望んでいた人々を）に対する τοὺς μαθητὰς αὐτοῦ（彼の弟子たちを [13節／マタ 10:1]）、ペトロに続く「その兄弟アンデレ」('Ανδρέαν τὸν ἀδελφὸν αὐτοῦ) という記述 (14節／マタ 10:2) 等の弱小一致が見られ、ここでもマルコの改訂版が用いられたと考えられる (Ennulat 1994:99–107 参照)。マルコのテキストについては、十二人の選定について述べた前半部 (マコ 3:13–15) はマルコの編集句であり、後半部の十二人のリスト (マコ 3:16–19) は伝承に由来すると考えられる。一方でマタイの記事は、十二人の派遣記事 (マタ 10:5–15) の直前に位置づけられているが、イエスが山に登って弟子たちに相対するというルカの状況設定 (12–13a節) はマタイの山上の説教の冒頭部分 (マタ 5:1) と共通しており、さらに後続の平地の説教の状況設定部 (6:17–18) も山上の説教の状況設定部 (マタ 4:24–25) に並行していることから、Q 資料の影響も十分に考えられる。後半部の十二人のリスト (14–16節) も総じてマルコの記事に対応しているが、細部においては異なっていることから、ルカはマルコとは異なる (口伝) 資料も併せて用いたのかもしれない (Schramm 1971:113f 参照)。また、14–16節のリストと使徒行伝 1:13 のリストは、記載の順序は一部異なるが、挙げられている名称は、後者にイスカリオテのユダが欠けている点を除けば一致している。なお、この段落におけるルカ的要素としては、冒頭の書き出し表現 (ἐγένετο δὲ ἐν ταῖς ἡμέραις ταύταις + 不定詞句)、祈りのモチーフ、十二人と使徒との同一視等が挙げられる。以上のことからも、ルカは基本的にマルコの改訂版の記述に従いつつ、Q 資料あるいはその他の資料も部分的に用いてこの箇所全体を編集的に構成したのであろう。因みに Schürmann (1990:318f; 323) は、この箇所全体を Q 資料に帰しているが、ルカとマルコとの関係を否定できない以上、そのような想定は

難しい。

【注解】

12節

この段落は、ἐγένετο δὲ ἐν ταῖς ἡμέραις ταύταις …（**さて、その頃、……[ということが起こった]**）という表現で始まっているが、ルカは同様の表現を大きな構成単位の導入部分で時おり用いている（1:5; 2:1 参照）。「**その頃**」（ἐν ταῖς ἡμέραις ταύταις）という時間表示は、敵対者たちがイエスへの敵意を明らかにした、この直前の状況（6:11）を指示しているのであろう。このときイエスは山に赴くが、シナイ山におけるモーセへの律法授与の場面（出 19 章）からも想定できるように、ここでも山は神に近い聖なる場所と見なされている（Frauenlob 2015:137f 参照）。ルカはまた、マルコとは異なり、イエスは「**祈るために**」山に赴き、実際に夜を徹して神に祈ったと記しているが（5:16; 9:28; 22:39–46 参照）、ルカのイエスは公生涯の重要な局面に際してしばしば祈っており（【トピック：ルカにおける祈り】［本書 147–48 頁］参照）、この記述によって、その直後の十二人の選定は神の意志と直接関連づけられる。なお、使徒行伝 1:24 によると、ユダの裏切りによって生じた十二人の欠員を補充するためにマティアが選出される際にも祈りがささげられている。

13節

夜が明けるとイエスは弟子たちを呼び集め、その中から「**十二人**」を選定し、彼らを「**使徒**」と名付けた。ルカにおいては、ここまで計四人の弟子の召命についてのみ触れられてきたが（5:10–11, 27）、後続のルカ 6:17 にも示されているように、すでに多数の弟子たちが存在していたことが前提とされている。十二という数は明らかにイスラエル十二部族に関わっており（22:29–30 参照）、また ἐκλέγω（選び出す）はルカ的用語であり（新約用例 22 回中ルカ文書に 11 回使用）、七十人訳聖書では神による選びの意で用いられている（民 16:5, 7; 17:20 LXX 参照）。ἀπόστολος（使徒）もまたルカに特徴的な語彙であり（共観福音書用例 10 回中ルカに 6 回、さらに使に 28 回使用）、イエスの生前の時代にこの名称は時代錯誤的であるが、ル

カはしばしば十二人を「使徒」と表現しており（9:10; 11:49; 17:5; 22:14; 24:10）、ここでもルカのみが、イエス自身が十二人を使徒と**「名付けた」**と明言している（一部のマルコの写本のみがこれに言及）。事実、ルカにおける使徒は、生前のイエスと共に過ごした証人であり（使 1:12–26; 10:39）、復活の主によって宣教の使命の委託を受けた存在と見なされており（24:48; 使 13:31）、その意味でも、この十二人と最初期のキリスト教会の使徒職との連続性が強調されている（Marshall 1995:239; Wolter 2008:242）。

マルコ 3:13 においては、イエスはこれと思う者たちを呼び集めて、（その中から）十二人を任命したとあり（「二段階選抜」［大貫 1993:178］）、マタイは選抜については特に触れずに、直接十二人の弟子を呼び集めたと記している（マタ 10:1）。さらにマルコにおいては、彼らをイエスのそばに置き、派遣して宣教させ、悪霊を追放する権能を持たせるためという目的が具体的に示され、マタイにおいても、汚れた霊を追放し、病気を癒すための権能が授けられたと記されているが、ルカはこのような弟子たちの権能については言及していない。おそらくルカは、この段階で十二人の将来の具体的な宣教活動について記すのは時期尚早と考えたのであろう（9:1–2 参照）。その一方で「使徒」という名称は、十二人の派遣との関連において（9:10）、また、イエスが彼らに王国支配権を委任する（22:29–30）最後の晩餐の文脈で用いられており（22:14）、これらの箇所で示唆されている使徒の将来の働きと権能は使徒行伝において現実のものとなる（Tannehill 1986:206）。

14 節

14–16 節には十二人の名前が列挙されているが、修飾句が付加されている最初のペトロと最後のイスカリオテのユダに強調が置かれていることは明らかであり、この二人にヤコブとヨハネを加えた四人の人物以外は、この箇所と使徒行伝のリストを除くとルカ文書には全く言及されていない。三福音書及び使徒行伝のリストの対応関係は下表の通りであるが、四つの伝承すべてが十二人の弟子の存在を前提としている。

【三福音書及び使徒行伝の十二弟子のリスト】

	マタ 10:2b–4	マコ 3:16b–19	ルカ 6:14–16	使 1:13
1	シモン（ペトロ）	シモン（ペトロ）	シモン（ペトロ）	ペトロ
2	アンデレ（その兄弟）	ヤコブ（ゼベダイの子）	アンデレ（その兄弟）	ヨハネ
3	ヤコブ（ゼベダイの子）	ヨハネ（ヤコブの兄弟）	ヤコブ	ヤコブ
4	ヨハネ（その兄弟）	アンデレ	ヨハネ	アンデレ
5	フィリポ	フィリポ	フィリポ	フィリポ
6	バルトロマイ	バルトロマイ	バルトロマイ	トマス
7	トマス	マタイ	マタイ	バルトロマイ
8	マタイ（徴税人）	トマス	トマス	マタイ
9	ヤコブ（アルファイの子）	ヤコブ（アルファイの子）	ヤコブ（アルファイの子）	ヤコブ（アルファイの子）
10	タダイ	タダイ	シモン（熱心党）	シモン（熱心党）
11	シモン（熱心党）	シモン（熱心党）	ユダ（ヤコブの子）	ユダ（ヤコブの子）
12	ユダ（イスカリオテ）	ユダ（イスカリオテ）	ユダ（イスカリオテ）	〔ユダ〕

冒頭のシモンにはペトロ（Πέτρος［岩］）という別名が付せられ（マタ 16:18 参照）、その名はイエスが授けたと記されている。ルカはここまでシモンという名を用いてきたが（5:8 のみ「シモン・ペトロ」）、これ以降は二箇所の例外（22:31; 24:34）を除いて彼をペトロと呼んでいる。次にシモンの兄弟アンデレの名が挙げられ、この点はマタイのリストでも同様であるが（マタ 10:2）、マルコや使徒行伝のリストではアンデレはヤコブとヨハネの直後に続いている（マコ 3:17–18; 使 1:13）。マルコやマタイにおいてはアンデレの名は十二人のリスト以外にも見られ（マコ 1:16, 29; 13:3; マタ 4:18）、またヨハネ福音書においては、アンデレはペトロよりも早くイエスに弟子入りし（ヨハ 1:40–42）、フィリポと共に、エルサレムを訪れたギリシア人とイエスとの仲介役を務めている（ヨハ 12:22; さらに同 6:8 参照）。これにヤコブとヨハネの名が続くが、ルカにおいては、マルコやマタイに見られる「ゼベダイの子」という説明句は（おそらくすでに 5:10 で登場しているため）省かれ、両者が兄弟であることにも言及されず、さらに、この兄弟に対する「ボアネルゲス（雷の子ら）」というマルコ 3:17 の説明句も省かれている（この点はマタイも同様）。ヤコブとヨ

ハネは、ルカにおいてもペトロと共に十二人の中でも選りすぐりの三人の側近グループとして登場しており、両者の記載の順序は（ペトロに続く場合は）逆転している（8:51; 9:28; 使 1:13）。ヨハネはルカ文書においてはしばしばペトロと並列されているが（22:8; 使 3:1, 3, 4, 11; 4:13, 19; 8:14 参照）、使徒行伝 12:1–2 によると、ヤコブはヘロデ・アンティパスの時代に処刑された。これにフィリポ（ヨハ 1:43–44; 6:5–7; 14:8–9 参照）とバルトロマイの名前が続いている。

15–16 節

さらにマタイとトマス（ヨハ 11:16; 14:5; 20:24–29 参照）が続く。マタイ福音書においては、トマスとマタイの記載の順序が入れ替わり、マタイは徴税人と明記されている。そのあとには、アルファイの子ヤコブ、熱心党と呼ばれたシモン、そしてヤコブの子（兄弟？）ユダが続く。マルコやマタイにおいては、ルカや使徒行伝とは異なり、アルファイの子ヤコブの後にタダイの名が記され、熱心党のシモンはその直後に位置し、ルカや使徒行伝ではシモンの直後に記されているヤコブの子ユダの名は出てこない。「熱心党」については、マルコやマタイではアラム語の音訳表記（Καναναῖος）が用いられているのに対し、双方のルカ文書はこれに対応するギリシア語表記（ζηλωτής）を用いている。なお、ルカ文書にのみ言及されているヤコブの子ユダは、ヨハネ 14:22 における「イスカリオテでない方のユダ」と同一人物であろう。なおエレミアス（1978:427f）は、「タダイ」が否定的な印象を与えるユダという名称を避けるためにつけられたヤコブの子ユダの副名である可能性を指摘しているが、むしろ両者はあとから関連づけられたと考えるべきであろう。いずれにせよ、十二人の名前は、各福音書の執筆時にはもはや厳密に確定できなかったと考えられる。

最後にイスカリオテのユダの名が挙げられているが、マルコやマタイがユダを、イエスを「引き渡した」（παραδίδωμι）人物として記述しているのに対し、ルカはユダを**「裏切り者」**（προδότης＜προδίδωμι）と表現している。その意味では、この段落も前段（6:6–11）と同様、将来におけるイエスの危機を示唆する記述で結ばれている。

【解説／考察】

　この段落では十二人（使徒）の選定について述べられているが、ルカにおいてはイエスが山上で祈ったという文脈において語られており、この十二人の選定が神の意志のもとに行われたことが強調されている。この十二人は明らかにイスラエルの十二部族に関わっており、イエスの展開する宣教活動がイスラエル共同体と連続していることが示されている。また、この十二人は自主的にこの集団に加わったのではなく、イエスによって召し出され、選び出されたという意味でも、イエスへの信従が、自らの意志や決断においてではなく、神に召し出されるという体験や内的確信から始まることがここには示されている。

　その一方で、この十二人はここで、「（使命をもって）遣わされた者」を意味する「使徒」と名付けられ、自ら宣教地に赴いて宣教に従事する主体的な存在として特徴づけられているが、これはイエス亡き後の将来の彼らの姿を暗示している。そしてまた、ここで選定された十二人は決していわゆるエリートではなく、特別の資質や才能をもっていたわけでもなかったということは、神の召しはあらゆる人々に開かれており、すべての人が招かれていることを改めて示している。

2. 多くの病人の癒し（6:17–19）

【翻訳】

$^{6:17}$ さて彼（イエス）は、彼ら（十二人）と共に〔山から〕下り、平地に立った。すると、彼の弟子の大群と、またおびただしい民が、ユダヤ全土とエルサレムから、またティルスやシドンの海岸地方から、^{18} 彼〔の教え〕を聞くため、また自分たちの病気から癒されるために来ていた。そして、汚れた霊たちに悩まされていた人々も癒された。^{19} そこで群衆は皆、何とかして彼に触れようとした。彼から力が出て、すべての人を癒していたからである。

【形態／構造／背景】

イエスが山上で選定した十二人（使徒）と共に下山すると、そこには、彼の教えを聞き、彼に病を癒してもらうために多くの人々が集まっていた。イエスに聞き従おうとする彼らの姿勢は、ここまで述べられてきたファリサイ派や律法学者らの態度とはまさに対照的である。そして、平地に降り立ったイエスと十二人のもとに多くの人々が殺到した様子を描くこの記述は、後続の平地の説教（6:20–49）の場面とその聴衆を明らかにしており、その意味でこの箇所は平地の説教の導入部と見なすことができる。また、段落冒頭の「〔山から〕下り」（καταβάς）という表現は、直前の段落冒頭の「山へと出て行き」（ἐξελθεῖν ... εἰς τὸ ὄρος）という表現（6:12）に対応しており、前段との結びつきも明らかである。様式史的観点からはこの段落は要約的報告に分類されるが（4:14–15, 31–32, 40–41 参照）、内容的には（1）イエス及び十二人の下山と人々の殺到（17–18a 節）と（2）イエスによる癒し（18b–19 節）の二つの部分に区分できる。

この段落はマルコ 3:7–12（特に 7–8, 10 節）と多くの点で並行しており、マルコのテキストを資料として構成されたことは明らかであり、ここで省略されているマルコ 3:11–12 はルカ 4:41 に並行している。その一方でこの段落は、ルカの平地の説教に対応するマタイの山上の説教の直前の箇所（マタ 4:24–25）にも部分的に並行していることから Q 資料の影響も否定できず、事実多くの研究者がその点を指摘している（Bovon 1989:285; Schürmann 1990:323; Wolter 2008:241 他）。Bovon によると、背後にある Q 資料には「山」や「弟子たち」に加え、群衆への言及やイエスの奇跡行為の描写も含まれており、このような Q 資料とマルコの並行性は、なぜマタイとルカの「山上（平地）の説教」が、それぞれの福音書におけるマルコ伝承の枠組みの同じ箇所に位置づけられているかを説明している。その意味でも、ルカはマルコ（マルコの改訂版？）を主な資料とし、一部 Q 資料も用いつつ、この箇所全体を編集的に構成したのであろう。その一方でルツ（1990:251）は、マタイ 4:23–35 はマルコ資料の広範な部分から構成されたと見なしており、Q 資料の影響については言及していない。

【注解】

17a 節

　イエスは山上で選出した十二人の使徒たちを伴って山から下りて来て「**平地に立った**」(ἔστη)。一部の英語圏の研究者は、この動詞を「立った」(stood) ではなく、「(立ち) 止まった」(stopped) と訳出しているが (Fitzmyer 1983:622f; Nolland 1989:275; Johnson 1991:106)、実質的な意味の相違はないであろう。マルコの並行箇所は、イエスが弟子たちと湖の方へ立ち去ったという導入句で始められており (マコ 3:7)、状況設定は明らかに異なっている。また、山上を舞台とするマタイとは異なり、平地というルカの状況設定は、おびただしい群衆が殺到し、多くの病人が連れて来られるという話の展開をより自然なものにしている (「平地」ではなく「山腹」と見なす Grundmann 1961:138; モリス 2014:166 に反対)。なお、このイエスの下山の場面と神の意志を民に告げるためにモーセが山から下って来る出エジプト記の場面 (出 19:25; 32:15; 34:29) との並行関係を指摘する研究者も多いが (Schürmann 1990:320f; Eckey 2004:286 他)、両者の関連性は明らかではない。

17b–18a 節

　イエスが十二人と降り立った平地には「**弟子の大群**」と「**おびただしい民**」が来ていた。注目すべきことに、ルカはこの時期にすでに多くの弟子たちが存在していたかのように記しているが、この箇所とルカ 19:37 を除けば、ルカは通常、イエスの弟子を小規模な集団として描いており、このような多くの弟子たちへの言及は、イエス復活後の最初期のキリスト教会の状況を暗示しているのかもしれない (Schürmann 1990:320f)。ルカはまた、マルコ 3:8 の πλῆθος (多数、群れ) に代えて λαός (民) を用いているが、ルカにおける λαός は、ὄχλος (群衆) や πλῆθος とは異なり、イエスの教えに対して肯定的な態度をとる「神の民」を意味していることからも、この改変はルカの神学的意図によるものと考えられる。

　ここでイエスに付き添っている十二人 (使徒) は、集まって来た多くの弟子たちや民とは明らかに区別され、イエスを中心として前者が内円を、後者が外円を構成している。後者は、「**ユダヤ全土**」(1:5; 4:44 参照)

と「**エルサレム**」（5:17 参照）から、さらに「**ティルスやシドンの海岸地方**」からやって来たと記されるが、おそらくこれは、ユダヤ人と異邦人からなる後代の宣教世界を暗示しているのであろう（Bovon 1989:286; Wolter 2008:244 は別意見）。なお、ルカにおいては、ティルスやシドンに ἡ παράλιος（海岸地方）という語が付加されている一方で、イドマヤやヨルダン川の対岸という地名のみならず、注目すべきことにガリラヤが省略されている。この点についてコンツェルマン（1965:78）は、後のキリスト教世界の分布図との関係から説明を試み、また比較的多くの研究者は、ガリラヤが「ユダヤ全土」に含まれていたためと結論づけているが（Ernst 1977:212; Schweizer 1986:76 他）、ここはむしろ Fitzmyer（1983:624）が主張するように、イエスはなおガリラヤに滞在していると読者は想定しているとルカが考えたために、ガリラヤには言及しなかったと考えるべきであろう。因みにルカ 5:17 では、ファリサイ派や律法学者がガリラヤとユダヤ（狭義）のすべての村、そしてエルサレムから来たと記されている。

マルコにおいては、人々はイエスが行っていたことを聞いて集まって来たと記されているのに対し（マコ 3:8）、ルカは、これらの人々はイエスの教えを聞くため、また病気を癒してもらうためにイエスのもとに集まって来たと述べている（5:15 参照）。イエスの教えを聞くという目的がここで言及されているのは後続の平地の説教との関連のためと考えられるが、ここで病気の癒しよりも教えを聞くことが先行しているのは、ルカが行為に対する言葉の優位性を示そうとしたためであろう（4:15 参照）。また、「平地」を舞台とするルカにおいては、湖畔に群衆が殺到し、群衆に押しつぶされないようにイエスが小舟を用意するように指示したというマルコの描写（マコ 3:9）が省かれており（8:22 参照）、群衆の殺到を描写するマルコの誇張表現は弱められている。

18b–19 節

ルカはまた、「**汚れた霊たちに悩まされていた人々**」もイエスによって癒されたと記しているが（4:33–37, 41 参照）、この記述はマルコの対応箇所には見られない。その一方でルカは、イエスを神の子であると証言する汚れた霊に対するイエスの叱責について述べるマルコの記事（マコ 3:11–12）を省いているが、これはすでにルカ 4:41 で触れたためであろう。

イエスのもとに集まって来た「**群衆**」(ὄχλος) は何とかしてイエスに触れようとするが (8:46 参照)、マルコとは異なりルカは、すべての人の病気はイエスから出る「**力**」(δύναμις) によって (5:17; 8:46 参照) 癒されたと述べている。ルカはイエスによる癒し (ἰάομαι) についてしばしば報告しており (5:17; 7:7; 8:47; 9:2, 11, 42; 14:4; 17:15; 22:51; 使 9:34; 10:38; 28:8, 27)、平地の説教直後の部分にもイエスの癒しの業を記す二つの記事が続いている (7:1–10, 11–17)。ルカはまた、群衆は「**皆**」(πᾶς) イエスに触れようとし、彼の力が「**すべての人を**」(πάντας) 癒していたと 19 節全体を πᾶς で枠付けることにより、イエスの力と業を強調している。

【解説／考察】

この段落は、十二弟子を伴ったイエスと、彼のもとに集まって来た大勢の人々との出会いについて報告している。これらの人々は、イエスの教えを聞くため、そして、イエスに病を癒してもらうために集まって来たが、種々の病人の癒しについて要約的に報告されることにより (18b–19 節)、まず彼らの第二の目的が達成された様子が描かれている。そして、イエスの教えを聞くという第一の目的は、後続のルカ 6:20 以降の平地の説教を彼らが聞くことによって達成されることになる。

3. 幸いと禍いの言葉 (6:20–26)

【翻訳】

6:20 さて、彼 (イエス) 自身は彼の弟子たちの方に彼の目を上げて言った。「幸いだ、貧しい者たちは、神の国はあなたたちのものだから。21 幸いだ、今飢えている者たちは、あなたたちは満たされるから。幸いだ、今泣いている者たちは、あなたたちは笑うようになるから。22 幸いだ、あなたたちは、人々があなたたちを憎むとき、また、人の子のゆえにあなたたちを排斥し、侮辱し、あなたたちの名を悪しきものとして捨て去るとき。23 その

日には喜び、飛び跳ねなさい。なぜなら見よ、あなたたちの報いは天において大きいのだから。実際、彼らの先祖も預言者たちに同じことをしていたのである。

²⁴ しかし禍いだ、あなたたち富んでいる者たちは、あなたたちは慰めを受けてしまっているから。²⁵ 禍いだ、あなたたち今満腹している者たちは、あなたたちは飢えるようになるから。禍いだ、今笑っている者たちは、あなたたちは悲しみ泣くようになるから。²⁶ 禍いだ、すべての人々があなたたちをほめるとき。実際、彼らの先祖も偽預言者たちに同じことをしていたのである」。

【形態/構造/背景】

山上で選出した十二人と共に下山して平地に降り立ったイエスのもとに、教えと癒しを求めておびただしい群衆が集まって来た。そこでイエスは、彼らを癒した後、一連の説教を語り始める。説教の冒頭に位置するこの段落は、次頁の表からも明らかなように、冒頭の導入句（20a 節）を除けば、四つの幸いの言葉（20b, 21a, 21b, 22–23 節）と、それらにそれぞれ対応する四つの禍いの言葉（24, 25a, 25b, 26 節）から構成されている（イザ 3:10–11; エチオピア・エノク 99:10–16 参照）。幸いの言葉の内、最初の三至福はいずれも、《μακάριοι οἱ ... +分詞句》という形式の幸いの宣言文と、その根拠を示す ὅτι に導かれる後続文から簡潔に構成されているが、第四至福（22–23 節）のみは、μακάριοί ἐστε（あなたたちは幸いである）のあとに接続詞 ὅταν（～するとき）によって導かれる二つの節が続き、後続文も含めて詳細に記されている。これに続く三つの禍いの言葉は、最初の三至福に対応して、οὐαί（ὑμῖν）（禍いだ〔あなたたち～は〕）に導かれる禍いの宣言文と、その根拠を示す ὅτι 以下の後続文から簡潔に構成されており、最後の禍いの言葉（26 節）は第四至福に対応する形で簡潔に構成され、同様の表現（κατὰ τὰ αὐτὰ γὰρ ἐποίουν τοῖς (ψευδο-)προφήταις οἱ πατέρες αὐτῶν〔実際、彼らの先祖も（偽）預言者たちに同じことをしていたのである〕）で結ばれている。

【ルカ 6:20–26 の構成】

導入句（20a 節）	
【幸いの言葉（20b–23 節）】	【禍いの言葉（24–26 節）】
1．貧しい者たちの幸い（20b 節）	1．富んでいる者たちの禍い（24 節）
2．飢えている者たちの幸い（21a 節）	2．満腹している者たちの禍い（25a 節）
3．泣いている者たちの幸い（21b 節）	3．笑っている者たちの禍い（25b 節）
4．迫害されている者たちの幸い（22–23 節）	4．ほめられている者たちの禍い（26 節）

　冒頭の導入句（20a 節）はおそらくルカの編集句であろう（καὶ αὐτός／αὐτοί［さて、彼／彼ら自身は］は導入表現として四福音書用例 39 回中ルカに 34 回使用、ἐπάρας τοὺς ὀφθαλμοὺς αὐτοῦ［彼の目を上げて］は 16:23 にも使用）。もっとも、並行する山上の説教の導入句（マタ 5:1）が示しているように、幸いの言葉は Q 資料の段階ですでに弟子たちに向けられていたと考えられる。おそらく冒頭の三至福（20b–21 節）は、原初的には一般的な意味での貧者に向けて語られていたが、（Q 資料の段階で）弟子たちを対象とする迫害されている者たちへの幸いの言葉（22–23 節）と結合することにより、弟子たちに向けられるようになったのであろう（Horn 1983:123; ショットロフ・シュテーゲマン 1989:52f）。

　最初の三至福はマタイ 5:3–4, 6 に対応し、Q 資料（もしくはルカ版 Q）に遡ると考えられるが、形式的にも内容的にも統一性をもつこれら三至福はイエスに由来すると考えられる（Bovon 1989:295; ルツ 1990:285; ヴェーダー 2007:54）。幸いの言葉の原初的な形態と順序は総じてルカが保持していると考えられるが（Braumann 1960:253–255; Schulz 1972:76; Schürmann 1990:330 等）、νῦν（今［21a.b, 25a.b 節］）はルカ文書に頻出することから（共観福音書用例 21 回中ルカに 14 回、さらに使に 25 回使用）、おそらくルカに遡る（Wrege 1968:8 に反対）。もっとも、第三至福（21b 節／マタ 5:4）については、マタイにおける πενθέω（悲しむ）と παρακαλέω（慰める）がルカの禍いの言葉に含まれていることから（24–25 節［イザ 61:2 LXX も参照］）、マタイ版の方が原初的であるかもしれない（Horn 1983:122f; Stenger 1986:37; Sato 1988:47–49）。その一方で、構造と内容において三至福と明らかに異なる第四至福（22–23 節／マタ 5:11–12）は最初期のキリスト教会において成立したと考えられ、Q 資料の段階で先行する三至福に付加されたのであろう。なお、ルカ版とマタイ版の間には言語上の相違

点が幾つか確認できるが、これらは総じて二つの異なるQ資料（ルカ版Q／マタイ版Q）に由来すると考えられる。もっとも、οἱ ἄνθρωποι（人々）、ἕνεκα（〜のゆえに［新約用例4回中ルカ文書に3回使用］）、ἐν τῷ οὐρανῷ（天［単数形］において）等はルカの編集句であろう（Jeremias 1980:113, 138 参照）。

マタイに含まれていない禍いの言葉（24—26節）の起源については判断が難しい。ここにはルカ的用語がほとんど含まれていないことから（Jeremias 1980:139f 参照）、ルカがこれを自ら構成したとは考えにくい（P. Klein 1980:150–159; Fitzmyer 1983:627; Bovon 1989:298 に反対）。その一方で、マタイがこの記事を省略する理由も特に見出されないことからQ資料に由来するとも考えにくく（Frankemölle 1971:64–66; Nolland 1989:286f; Schürmann 1990:336, 339 に反対）、ルカがそれ以外の資料（ルカ特殊資料）に偶然この記述を見出したとも考えにくい（Lührmann 1969:54; Eckey 2004:294 に反対）。その意味でも、おそらくルカはこの禍いの言葉を、すでに先行する幸いの言葉と結合していた状態でルカ版Q資料に見出し（Horn 1983:125–130; Kosch 1989:242–246; ツェラー 2000:41; 原口 2011:83）、部分的に編集の手を加えることにより構成したのであろう。その一方で、マタイ版には計九つの幸いの言葉が含まれている。マタイに特有の五つの言葉のうち、四つの至福（マタ 5:5, 7–9）についてはマタイに伝承される以前に形作られたと考えられるが、義のために迫害されている者たちの幸いの言葉（マタ 5:10）はマタイの編集句であろう（ルツ 1990:284）。

なお、ルカが至福の言葉を二人称で構成しているのに対し、マタイにおいては三人称（5:3–10）と二人称（5:11–12）が混在しており、いずれの人称が原初的であるかという点に関して研究者の意見は二分されている（二人称：T. W. Manson 1949:47; Dibelius 1959:248; Schweizer 1973:123f; Sato 1988:256f; ルツ 1990:285f; H. Klein 2006:244 他／三人称：Dupont 1969:272–282; P. Klein 1980:151f; Fitzmyer 1983:631f; ブルトマン 1983:187; Bovon 1989:297 他）。確かに、幸いの言葉は多くの場合三人称で構成されているが、その一方で二人称による構成も確認できる（申 33:29; イザ 32:20; エチオピア・エノク 58:2; マタ 13:16; ルカ 14:14; ヨハ 13:17; Ⅰペト 3:14; 4:14）。おそらく最初の三至福は元来三人称で構成されていたが、第四至福に関してはすでにQ資料において二人称で構成されていたのであろう（原口 2011:51）。ルカはこの第四至福（さらには禍いの言葉）との関連におい

て、最初の三至福の人称を三人称から二人称へ移行させたと考えられるが、ルカがしばしば直接的な呼びかけを好むこともこの点を裏付けている（Cadbury 1920:124–126 参照）。ルカ（ルカ版Q）がなぜ、その変更を最初の三至福の前半部分（幸いの宣言文）にまで徹底させなかったのかという点は疑問として残るが、幸いの言葉は三人称で構成されていても後続文は二人称に変えられている例が旧約聖書にも見られ（詩 128:1; 箴 3:13–15）、この混合形を原初形態の残滓と見なすことは可能であろう。

【注解】

20節

平地に降り立ったイエスは、弟子たちを見上げ、幸いの言葉を語り始める。この言葉は明らかに弟子たちに向けて語られているが、「おびただしい民」もその場にいて、共に話を聞いていたことが前提とされている（6:17; 7:1）。幸いの言葉は古代世界の様々な文化圏に広まっていたが（Hauck, ThWNT IV:365–367; Davies/Allison 1988:431–434; 原口 2011:10–48 参照）、とりわけ旧約聖書やユダヤ教文献に多く見られ、知恵文学においては「行為─境遇」の関連表現として用いられ（ヨブ 5:17; 詩 1:1–2; 箴 3:13）、黙示文学においては終末論的な意味で用いられている（ダニ 12:12; ソロモン詩 17:44; エチオピア・エノク 99:10）。新約においても特に終末論的・宗教的観点が重要であるが（ルカ 14:14; ヤコ 1:12; 黙 14:13）、イエスの至福の言葉は、短い理由づけの後続文において将来的な救いを約束している点に特徴がある。

最初の幸いの言葉は「**貧しい者たち**」（πτωχοί）に向けられる（トマス福 54 参照）。この πτωχοί は「物質的な貧者」、それも無一文で、物乞いする他に生活手段をもたない極貧者を意味しており（Hauck, ThWNT IV:886; Scheffler 1993:60–63; Schottroff 1996:206f）、かろうじて自活できるレベルの貧者を意味する πένης（IIコリ 9:9 参照）とは区別される。その一方で、πτωχοί の直後に τῷ πνεύματι（霊において）が付加されているマタイ 5:3 では霊的（精神的）な意味が強調されているが、研究者の中には、ルカのテキストにおいても内面的・宗教的意味を読み取ろうとする者が少なくない（Ernst 1977:217; Schmithals 1980:80; Lohse 1981:55f; Talbert 2002:73f;

Wolter 2008:248f 他)。確かに πτωχοί は七十人訳聖書において、宗教的意味をもつ עָנִי (アニー) の訳語としてしばしば用いられているが (詩 14 [LXX13]:6; 22 [21]:25; 69 [68]:33; イザ 61:1 参照)、ルカにおいては一貫して物質的意味で用いられており (14:13, 21; 16:20, 22; 18:22; 19:8)、明らかに物質的な富者の意味で用いられている 24 節の πλούσιοι とこの πτωχοί が対比的に用いられていることもこの点を裏付けている。

文字通りに貧しい者こそが幸いだと告知するこの逆説的な言葉は、「**神の国はあなたたちのものだから**」(ヤコ 2:5 参照) という後続文によって根拠づけられる (創 30:13; トビ 13:16; マタ 16:17 参照)。すなわち、貧者たちが幸いなのは彼らの貧困のゆえにではなく、ただ彼らに神の国が属しているという理由によっている。この後続文は、貧しい者に福音を宣べ伝えるために神から遣わされたとイエスが語るルカ 4:18 (7:22 参照) と密接に関わり、旧約における預言的約束 (イザ 61:1) や貧者の希望 (詩 12:6; 37:11 他) とも響き合うが、黙示的終末論も貧者が豊かになる希望について語っている (十二遺訓ユダ 25:4; ソロモン詩 10:6)。この第一至福の後続文は、第二、第三至福の場合とは異なり現在形で記されているが、現在の意味ではなく (Bovon 1989:300f; Marshall 1995:250; ヴェーダー 2007:62 に反対)、(救いの確信は現存しているとしても) 後続の至福と同様に将来的な意味で理解すべきであろう (Schürmann 1990:336; Wolter 2008:249)。

ところで、この第一至福において幸いを告げられている貧者とは誰のことなのか。ルカの幸いの言葉は弟子たちに向けられ、しかも二人称で構成されていることから、多くの研究者は、イエスの弟子たちをこれらの貧者と同定している (Minear 1974a:104; Tannehill 1986:207; 荒井 1986:123; ショットロフ・シュテーゲマン 1989:149–155, 192; Schürmann 1990:326f; Gillmann 1991:63; H. Klein 2006:246; Wolter 2008:248; Neumann 2010:52 等)。確かにこの見解は、全財産を棄ててイエスに従って行ったというルカの弟子像と符合しているが (5:11, 28; 14:33; 18:28 参照)、ルカの文脈構成に従えば、幸いの言葉の直後に続く禍いの言葉 (24–26 節) も同様に弟子たちに向けられていることになる。多くの研究者はこの点を見落とし、富める者への禍いの言葉 (24 節) の対象を、イエスの教えを拒絶する人々 (Marshall 1995:255f) やその場に居合わせていない迫害者 (Dupont 1973:21–40)、あるいはユダヤ教の敵対者 (Horn 1983:134) と見なしてい

る。しかしながら、24節における聴衆の変更を示唆する記述は見当たらず、禍いの言葉も至福の言葉と同様、二人称で構成されていることからも、この禍いの言葉の対象も弟子たちと見なすべきであり、ここでの貧者を単純に弟子たちと同一視することはできないであろう。さらにルカにおける μαθητής（弟子）は一度たりとも πτωχός（貧者）に直接結びついておらず、弟子たちは物乞いを余儀なくされる極貧者として描かれていない（特に12:33; 16:9参照）こともこの点を裏付けている。確かに、史的イエスのレベルにおいては、語りかけられている貧者が弟子たちと同定されていた可能性は否定できないが、ルカにおける貧者は一部の弟子たちと重なっているとしても、彼らだけに限定されておらず、広く社会的弱者一般を意味していると見なすべきであろう（Green 1997:266f）。なお、ルカがこの幸いと禍いの言葉を彼の時代のキリスト者に向けていたことは確実であるが、ここでの貧者と富者をルカの教会の貧しいキリスト者と富めるキリスト者と同定するのは行き過ぎであろう（Karris 1978:118, 124に反対）。

21節

貧しい者たちの幸いの言葉に続く第二の至福の言葉は「**今飢えている者たち**」に向けられるが（トマス福69b; シリア・バルク29:6参照）、旧約聖書においても「貧者」と「飢えている者」がしばしば並記されている（イザ32:6f; 58:7,10; エゼ18:16–17）。確かに、「飢えている者」という表現はユダヤ教において宗教的な意味で用いられ（詩107:9; アモ8:11; シラ24:21）、事実マタイ5:6は、「義に飢え渇く者たち」（οἱ πεινῶντες καὶ διψῶντες τὴν δικαιοσύνην）と表現することによりこの至福を倫理的に理解しているが、ルカは明らかに現実の飢えについて語っている（Davies/Allison 1988:451; Marshall 1995:250に反対）。ルカはまた νῦν（今）を付加することにより、現在性を強調すると共に将来の状況との対比を際立たせている（21b, 25a.b節も同様）。

後続文ではこれらの飢えている者たちは満たされると述べられるが（1:53b参照）、受動態で構成されていることからも神の行為が前提にされている。その意味でも、飢えている者たちが幸いである根拠は、その飢えている状態でも宗教的資質でもなく、ひとえに来たるべき神の介入に存している。この第二至福においては後続文が未来形で叙述されており、第一

至福以上に終末論的性格が明瞭に示されている。すなわち、そのときには彼らはもはや飢えることがないというのであり（イザ 49:10; 黙 7:16 参照）、これによって、神支配の中心としての終末時の食事のことが暗示されているのかもしれない（13:29; 14:15 以下; 16:23; 22:16, 30 参照）。

第三至福は「**今泣いている者たち**」に向けられる。ここでも具体的に泣いている者のことが考えられており、自己の罪に関わる悲しみに限らず、あらゆる悲しみが問題になっており、彼らに対しては「**笑うようになる**」と告知される（詩 126:2f 参照）。笑うこと（< γελάω）と泣くこと（< κλαίω）の対比はコヘレト 3:4 にも見出されるが、そこではむしろ、この世的な意味での幸福と不幸が問題にされている。なお、「悲しんでいる者たち」（οἱ πενθοῦντες）が慰められると述べるマタイの並行箇所（マタ 5:4）は、イザヤ 61:2 LXX の影響をより強く受けている。

22–23 節

最後の至福は迫害されている人々に向けられる（トマス福 68–69a 参照）。ここでは四つの動詞を用いてユダヤ教との関係における差し迫った迫害状況が描写されており、最初の ὅταν 節（～するとき）に含まれる μισέω（憎む）が標題的機能を果たしている（6:27 参照）。この動詞は憎しみの感情だけでなく、それに起因する具体的な迫害行為も意味し、新約ではしばしばイエスの弟子たちが周囲から拒絶される状況を示しており（マコ 13:13 並行; マタ 10:22; ヨハ 15:18–19; 17:14 参照）、「私の名のゆえに、あなたたちはすべての人々から憎まれる」（21:17）というイエスの言葉と響き合う。

第二の ὅταν 節に含まれる三つの動詞は迫害の具体的内容を示しており、原文末尾の「**人の子のゆえに**」という表現は、迫害の対象がイエスの弟子たちであることを明らかにしている。最初の ἀφορίζω（排斥する）は、必ずしもユダヤ教会堂からの宗教的破門（ヨハ 9:22; 12:42; 16:2 参照）を意味しておらず（Bovon 1989:303; Schürmann 1990:333 に反対）、むしろ一般的な意味での弟子たちの社会的排斥や孤立の経験を示唆している（Hoffmann 1994:313–316; Wolter 2008:250）。これに続く ὀνειδίζω は、名誉を傷つけ、侮辱することを意味しており（マタ 5:11 参照）、I ペトロ 4:14 の「キリストの名のゆえに侮辱されているなら（εἰ ὀνειδίζεσθε ἐν ὀνόματι Χριστοῦ）、あなたたちは幸いである」という言葉と響き合う（イザ 66:5 も参照）。最

後の「あなたたちの名を悪しきものとして捨て去る」という表現は、ユダヤ教会堂からの除名や、それに続く破門のことではなく（Grundmann 1961:143f; シュトレッカー 1988:75; Schürmann 1990:333 に反対）、直前の ὀνειδίζω との関連からも中傷を意味しているのであろう。ここでの ὄνομα は個人名（Bovon 1989:304 に反対）ではなく、キリスト者の名（Ｉペト 4:16; ヤコ 2:7; 使 11:26; 26:28 参照）に関わっているが（Creed 1953:91; Fitzmyer 1983:635）、いずれにせよ、ここでは彼らの名（名声）が公の場で非難される状況が描かれている（Hoffmann 1994:306）。おそらく 22 節全体においては、イエスの時代におけるユダヤ人の迫害のみならず、最初期のキリスト教会が見舞われた迫害、さらにはルカの時代の異邦世界における迫害状況をも示唆しているのであろう（Hoffmann 1994:301f）。なおマタイにおいては、ルカの μισέω（憎む）や ἀφορίζω（排斥する）に対して διώκω（迫害する）が用いられ、さらに、「**あなたたちの名を悪しきものとして捨て去る**」に対して、「あらゆる悪しきことを言う」（εἴπωσιν πᾶν πονηρόν）という表現が用いられている（cf. ルカ 6:26：καλῶς εἴπωσιν［ほめる］）。

「**その日には**」（ἐν ἐκείνῃ τῇ ἡμέρᾳ）弟子たちは大いに「**喜び、飛び跳ねる**」べきである。ルカは他の箇所でも ἐκείνη ἡ ἡμέρα（ἡ ἡμέρα ἐκείνη）を非終末論的な意味で用いており（使 2:41; 8:1）、ここでも裁きの日ではなく（Fitzmyer 1983:635; Betz 1995:582; Löning 1997:208 に反対）、22 節の ὅταν 節が指示する具体的な迫害を受けた時と解すべきであろう（Bovon 1989:304）。なお、マタイの並行箇所の ἀγαλλιάω（大喜びする）が心と言葉による歓喜を表しているのに対して、「飛び跳ねる」（σκιρτάω）は明らかに身体による喜びの動作を示している。そして、その喜びの根拠は天における大きな報いに存するが（35 節参照）、この報いは応報思想に基づくものではなく、一方的な神からの恵みである。先行する三至福の場合とは異なり、ここでは幸いの根拠は、ὅτι 節によってではなく ἰδοὺ γάρ（**なぜなら見よ**）によって導入されている。

末尾の文章において、迫害されている者たちはかつて迫害されていた預言者たちと同列に置かれる。預言者に対する迫害は、旧約にも（王上 19:10; エレ 26:20–24; 38:6–13）新約にも（ルカ 11:49–50; 13:34–35 並行; 使 7:52; ロマ 11:3; ヘブ 11:32–40）言及されている。因みにルカは、マタイとは異なり、「**彼らの先祖**」（οἱ πατέρες αὐτῶν）、すなわち、彼らを迫害す

る人々の先祖が過去の預言者たちを迫害したと述べており、この箇所は、「あなたたちの先祖が迫害しなかった預言者がいたでしょうか」(使 7:52) というステファノの言葉と響き合う。

24節

四つの幸いの言葉のあとには四つの禍いの言葉が、それぞれ幸いの言葉に対応する形で続いている。οὐαί（禍いだ）は古典文献には稀であるが、七十人訳聖書に頻出し（イザ 1:4; 5:8–22; 10:5; 30:1; 33:1; アモ 5:18; 6:1）、新約用例 47 回中ルカ福音書に 15 回用いられている。

逆接を示す πλήν（しかし）によって導入される最初の禍いの言葉は富める者たちに向けられているが、第一至福の「貧しい者たち」(οἱ πτωχοί) と対をなす「**富んでいる者たち**」(οἱ πλούσιοι) は明らかに物質的・具体的な富者を意味している。この禍いの言葉が富者に向けられている理由は、彼らがすでに（この世的な）「**慰めを受けてしまっているから**」(16:25 参照)という後続文において示される。この部分は第一至福の後続文と同様、現在形で構成されているが、将来的な状況の変化についてではなく現在の状態について述べられている点においてそれとは異なっている。また、ここで用いられている ἀπέχω は古代の商業用語に由来し、「受け取る」、「領収する」を意味する（マタ 6:2, 5, 16; フィリ 4:18）。すなわち、富める者たちは彼らの報いに関して、受け取るべきものはすでに受け取ってしまっているため、これ以上受け取れるものはないというのである。一部の研究者は、この禍いの言葉が富者に向けられているのは、単に彼らが富んでいるためではなく、彼らが自分の財産を利己的に用いようとしているためと主張しているが（Grundmann 1961:144f; Marshall 1995:256）、後続の愚かな金持ちの譬え（12:13–21）や金持ちとラザロの譬え（16:19–31）の場合とは異なり、ここでは富める者たちの振る舞いや倫理的態度は特に問題にされていない。

25節

第二の禍いの言葉は「**今満腹している者たち**」に向けられるが、彼らは最初の禍いの言葉の「富んでいる者たち」とも密接に関わっており（12:19 参照）、後続文は、今満腹している彼らが飢えるようになると告知している。その意味で、第二の幸い／禍いの言葉（21a 節／25a 節）は、マリアの賛

歌の「飢えた者たちを良いもので満たし、富める者たちを空手で追い返されました」（1:53）という言葉と内容的に重なっている（さらにイザ 65:13 LXX; 詩 106:9 LXX 参照）。

これに続く第三の禍いの言葉は、「**今笑っている者たち**」に向けられ、彼らもまた悲しみ、泣くようになると告知される（ヤコ 4:9 参照）。この禍いの言葉は表現においても泣いている者への幸いの言葉（21b 節）に対応しているが、後続文においては κλαίω（泣く）に πενθέω（悲しむ）が加えられている（マタ 5:4; さらにサム下 19:2; IIエズラ 18:9 LXX［＝ネヘ 8:9］; マコ 16:10; ヤコ 4:9; 黙 18:11, 15, 19 参照）。この第二、第三の禍いの言葉においても、第二、第三至福の場合と同様、ルカが付加した νῦν（今）によって現在と将来の対比が強められ、約束の将来性が強調されている。

26 節
　最後の禍いの言葉は、あらゆる人から賞賛される人々に向けられる。この言葉は迫害されている者たちへの至福（22–23 節）に対応しているが、彼らに対する報いについては言及されておらず、その意味で両者の対応関係は厳密ではない。ここでは彼らに対するへつらいの言葉（お世辞）が示唆されているが、これは 22 節の中傷の言葉に対応している。これらの人々は、ここでは偽預言者に比べられ（マコ 13:22 並行; マタ 7:15; 24:11; 使 13:6）、彼らは民の間でもてはやされるだけでなく（エレ 5:31; ミカ 2:11; 使 8:9–11 参照）、彼らに調子を合わせようとする（イザ 30:10–11; エレ 6:14; 14:13; 23:16–17）。ここでルカは、彼の時代の偽預言者たちのことを考えていたのかもしれない（Schneider 1984:154; Schürmann 1990:338f）。

【解説／考察】

　幸いの言葉においては、第一至福（20b 節）は具体的な貧者に語られ、第二、第三至福（21 節）はそれぞれ、飢えている者、泣いている者に語られているが、ルカにおける貧者はしばしば、他の社会的弱者や被抑圧者たちと並列されていることからも（4:18; 7:22; 14:13, 21）、ルカは貧者を種々の社会的弱者の代表者として捉えている。その意味でも、これらの言葉は同一集団に向けられており、同様のことは、禍いの言葉の対象者（富

者、満腹している者、笑っている者）についても言うことができる。

　そして、幸いの言葉において貧者が幸いを告知されているのは、彼らの敬虔さや倫理的態度のためではなく、ただ彼らが慰めを受ける存在であるためであり、一方の富者が禍いを告げられるのも、彼らの倫理的態度のゆえにではなく、彼らがすでに慰めを受けているという理由によっている。その一方で、第四至福ではイエスの弟子たちの生き様に焦点が移り、状態よりも態度や姿勢に関わっており、同様のことは最後の禍いの言葉についても当てはまる。この幸いと禍いの言葉は、ルカの文脈においては特に弟子たちに向けて語られているが（20a節）、必ずしも聞き手は彼らに限定されておらず、より広くルカの時代のキリスト者にも向けられている。

　極貧者の幸いについて述べるこの言葉は、イエスに典型的な逆説的な言葉としてよく知られている。常識的には貧しいからこそ不幸なのであり、このような言葉は現実に貧困の中に生きている人々にとっては何の気休めにもならないとの批判が繰り返されてきたが、それだけに、マタイ版に見られるような倫理化が古くからなされてきたのであろう。しかしその一方で、この言葉が伝承され続けてきたという事実は、この言葉を真理として受け止めた人が少なからず存在したことを示している。おそらくこの言葉は、この世で何ものも持たざる者は、神に頼り切って生きる道しか残されておらず、それゆえ、この世的な価値観に捕らわれて誘惑に陥る危険性も少ないという意味で幸いだと語っているのであろう。

4. 愛敵の教え（6:27–38）

【翻訳】

6:27a「しかし、私は〔私の言葉を〕聞いているあなたたちに言う。b あなたたちの敵を愛し、c あなたたちを憎む者たちに親切にしなさい。28a あなたたちを呪う者たちを祝福し、b あなたたちを虐待する者たちのために祈りなさい。29a あなたの頬を打つ者には、もう一方の頬をも差し出しなさい。b また、あなたの上着を奪う者には、下着をも拒んではならない。30a あな

たに求める者には誰にでも与えなさい。^b また、あなたの持ち物を奪う者から取り戻そうとしてはならない。³¹ そして、人々からしてもらいたいと思うように、あなたたちも同様に彼らにしなさい。

³² また、あなたたちを愛してくれる者たちを愛したところで、あなたたちにどんな恵みがあろうか。罪人たちでも、彼らを愛してくれる者たちを愛しているのだから。³³ また、あなたたちに善いことをしてくれる者たちに善いことをしたところで、あなたたちにどんな恵みがあろうか。罪人たちでも同じことをしている。³⁴ また、返してくれることを期待できる者たちに貸したところで、あなたたちにどんな恵みがあろうか。罪人たちでも、同じものを返してもらおうとして罪人たちに貸している。^{35a} しかし、あなたたちの敵を愛し、〔彼らに〕善いことをし、失望することなく〔彼らに〕貸しなさい。^b そうすれば、あなたたちの報いは大きく、また、あなたたちは至高者の子らとなる。^c 彼(至高者)は、恩知らずな者たちにも悪人たちにも情け深いからである。

³⁶ あなたたちの父が憐れみ深いように、あなたたちも憐れみ深い者となりなさい。^{37a} また裁くな。そうすれば、あなたたちは裁かれることがない。^b また断罪するな。そうすれば、あなたたちは断罪されることがない。^c また赦しなさい。そうすれば、あなたたちは赦される。^{38a} 与えなさい。そうすれば、あなたたちに与えられる。^b 人々は押し入れ、揺すり入れ、あふれるほどに量りをよくしてあなたたちのふところに与えてくれる。^c あなたたちは自分の量るその秤で量り返されるからである」。

【形態／構造／背景】

　説教の冒頭で、まず弟子たちに対して幸いと禍いの言葉(6:20–26)を語ったイエスは、引き続いて今度はその場にいた聴衆全体に向かって、愛敵の教えを始めとする一連の倫理的な教えを語り始める。敵に対する善行を要求する訓戒は、旧約聖書他のユダヤ教文書のみならず当時のヘレニズム文献にも数多く見出されるが（出 23:4–5; サム上 24:20; 箴 25:21; シラ 28:6–8; エピクテートス『語録』3:22:54; ディオゲネス・ラエルティオス『ギリシア哲学者列伝』8:1:23 他）、いずれの場合も倫理的原則と見なされるには至っておらず、その意味でも、このように明確に愛敵を要求する言葉は独

特であり、イエスに由来すると考えられる。

　この段落は、冒頭の導入句（27a節）を除くと、愛敵の要求（27b–31節）、愛敵の要求の根拠とその報い（32–35節）、憐れみ深さの要求（36–38節）の三つの小段落に区分できる。最初の小段落は、愛敵に関わる四つの命令文（27b–28節）、抵抗の放棄に関わる四つの命令文（29–30節）及び黄金律（31節）から構成されている。次の小段落は、愛敵に関する三つの否定的実例（32–34節）、それらの実例にそれぞれ対応する三重の命令文（35a節）とそれに対する二重の報い（35bc節）から成っている。最後の小段落は、憐れみ深い神に倣うようにとの要求（36節）、裁かずに赦し、与えるように要求する四つの命令文（37–38a節）及び秤の比喩（38bc節）から構成されているが、37–38a節に含まれる四つの命令文はそれぞれその帰結を示す後続文を伴い、前半の二つは否定形、後半の二つは肯定形で構成されている。この箇所全体は以下のような構成になっており、δίδωμι（与える）という鍵語（30, 38節）によって枠付けられている。

（１）序：聴衆の変更（27a節）
（２）愛敵の要求（27b–31節）
　　(a) 愛敵に関わる四つの要求（27b–28節）
　　(b) 抵抗の放棄に関わる四つの要求（29–30節）
　　(c) 黄金律（31節）
（３）愛敵の要求の根拠とその報い（32–35節）
　　(a) 愛敵に関する三つの実例（32–34節）
　　(b) 実例に対応する三つの要求と二重の報い（35節）
（４）憐れみ深さの要求（36–38節）
　　(a) 憐れみ深い神に倣うようにとの要求（36節）
　　(b) 裁かずに赦し、与えるようにとの四つの要求（37–38a節）
　　(c) 秤の比喩（38bc節）

　この段落は総じてマタイ5:38–48（及び同7:12）に対応していることから、全体としてQ資料に由来すると考えられる（ディダケー1:2–5も参照）。マタイにおいてはこの箇所は二つの対立命題（第五、第六アンチテーゼ）に分けられているのに対し（マタ5:38–42, 43–48）、ルカにおいては愛

敵のテーマのもとに一つの段落にまとめられており、おそらくルカの方がＱ資料の元来の配列を保持している（Lührmann 1972:416; Schürmann 1990:345f）。

冒頭の 27a 節は、ルカに特徴的な ὑμῖν/σοι λέγω（私はあなたたちに／あなたに言う）という表現（5:24; 7:14; 11:9; 16:9; 23:43 参照）を含んでおり、ルカの編集句であろう。次の 27b–28 節の内、27b 節はマタイ 5:44a と逐語的に一致し、28b 節もマタイ 5:44c に対応していることから、両者はＱ資料に由来すると考えられる。その一方で、この両者に挟まれた 27c–28a 節はマタイには見られず、その起源が問題となるが、ルカ的語彙がほとんど見られないことからも（Jeremias 1980:141f）、ルカによる付加とは考えにくく（Fitzmyer 1983:637 に反対）、ルカ版Ｑ資料に由来する（Horn 1983:105; Kosch 1989:288–290）のでなければ、Ｑ資料に含まれていたこれらの言葉をマタイが省略したのであろう（ルツ 1990:437）。次の 29–30 節もマタイ 5:39b–40, 42 に対応しており、Ｑ資料に由来すると考えられる（ディダケ 1:4–5 参照）。ルカには含まれていないマタイ 5:41 について、多くの研究者はマタイ（あるいはマタイ版Ｑ）に帰しているが、ローマの軍隊が駐留していない場所で記したために（シュヴァイツァー 1978:140f; 荒井 2009:72）、あるいは護教的な理由から反ローマ的記述を避けるために（Sato 1988:27）、ルカがこの言葉を削除した可能性も否定できない。なお、29–30 節は前後の箇所とは異なり、二人称複数形ではなく二人称単数形で構成されているが、おそらくＱ資料の段階でこのルカの順序で直前の 27–28 節と結合していたのであろう。31 節の黄金律はマタイ 7:12 と逐語的に並行しており、やはりＱ資料に由来すると考えられ、ルカがこの位置に挿入したのではなく（ブルトマン 1983:165 に反対）、ルカ以前に 30 節と結合していたのであろう（Fitzmyer 1983:639; Schürmann 1990:350f; Marshall 1995:261）。

32–33 節は基本的にマタイ 5:46–47 に並行しており、全体としてＱ資料に由来すると考えられる。ルカの ποία ὑμῖν χάρις ἐστίν（あなたたちにどんな恵みがあろうか [32, 33, 34 節]）とマタイの τίνα μισθὸν ἔχετε（あなたたちは何の報いを受けるのか [マタ 5:46]）については、μισθός（報い）がルカ 6:35b に見られることから、マタイの方が原初的と考えられる。さらに、マタイの「徴税人たち」（οἱ τελῶναι）や「異邦人たち」（οἱ ἐθνικοί）

も、ルカの「罪人たち」(οἱ ἁμαρτωλοί) より原初的と考えられ（マタ 18:17 参照)、おそらくこれらは、非ユダヤ人読者にも理解できるようにルカによって（もしくはルカ版 Q の段階で）書き換えられたのであろう。34 節については、不定詞を伴う ἐλπίζω（期待する［共観福音書ではこの箇所とルカ 23:8 にのみ使用])、δανείζω（貸す［マタ 5:42 を除くと新約ではルカ 6:34$^{\times 2}$, 35 にのみ使用]) 等のルカ的語彙を含んでいることから、ルカが編集的に付加したのであろう（Marshall 1995:263 に反対)。また、27 節の内容を反復し、32–34 節に対応する 35a 節もルカの編集句と考えられる。ルカは、元来は 27 節の愛敵の要求と結びついていた 35b 節の報いの内容を付加できるように、35a 節をここに挿入したのかもしれない（ブルトマン 1983:165; Schulz 1972:131)。35bc 節はマタイ 5:45 に、36 節は同 5:48 に並行していることから、いずれも Q 資料に由来すると考えられる。

　四つの命令文から成る 37–38a 節については、マタイ 7:1 に対応する 37a 節は Q 資料に、これに続く 37bc 節はおそらくルカ版 Q 資料に由来する（Sato 1988:54; ルツ 1990:539)。内容的に 34 節に対応し、ルカ 11:9b（並行マタ 7:7a）と後続文 (καὶ δοθήσεται ὑμῖν [そうすれば、あなたたちに与えられる]) を共有する 38a 節はルカの編集句であろう。最後の 38bc 節のうち 38c 節に関しては、マタイ 7:2b だけでなくマルコ 4:24c にも並行しており（マコ 4:24–25 に並行するルカ 8:18 ではマコ 4:24c に対応する部分が欠如)、その一方で、マタイに見られない 38b 節は部分的にこのマルコ 4:24c の内容と関わっていることから、おそらくルカは、Q 資料から得た 38c 節の直前にマルコ 4:24c との関連から 38b 節を付加したのであろう。以上のことからも、ルカは Q 資料（ルカ版 Q）をもとにこの箇所全体を編集的に構成したものと考えられる。

【注解】

27a 節

　段落冒頭の ἀλλ' ὑμῖν λέγω（**しかし、私はあなたたちに言う**）という表現は、聞き手が変化したことを示している。すなわち、幸いと禍いの言葉（20–26 節）は主として弟子たちに語られていたが、これ以降は、イエスの言葉を「聞いている者たちに」(τοῖς ἀκούουσιν)、具体的には、イエスの

教えを「聞くために」（ἀκοῦσαι）集まって来た多くの民や群衆（6:17–18）に語られる（6:47; 7:1 参照）。

27b–28 節

　導入部分に続いて、まず表題である「敵を愛しなさい」（ἀγαπᾶτε τοὺς ἐχθρούς）という要求（27b 節）が述べられ、それに続く三つの命令文によってこの要求が展開されていく。ここでは「**敵**」（複数形）が「**憎む者たち**」、「**呪う者たち**」、「**虐待する者たち**」と表現され、愛敵の行為は、憎む者に親切にし、呪う者に祝福を祈り（ロマ 12:14; Iコリ 4:12; Iペト 3:9 参照）、虐待する者には執り成しの祈りをささげるというように、これらの「敵」に対する具体的な行為として示されている。「愛する」（ἀγαπάω）は、後続部分からも明らかなように、感情よりもむしろ具体的な行為を意味している。「憎む」（μισέω）は「敵」と密接に関わり（マタ 5:43 参照）、直前の「人々があなたたちを憎むとき」という表現（6:22）と関連づけられており、「親切にする」（καλῶς ποιέω）は、33, 35 節で愛敵の行為の具体例として言及される「善いことをする」（ἀγαθοποιέω）と内容的に重なっている。ἐπηρεάζω（虐待する）はしばしば身体的暴力の意味で用いられるが、ここでは「呪う」と並列されていることからも、その点はあまり強調されていないようである（Schürmann 1990:344 n. 11）。マタイにおいては、「迫害する者たち」（マタ 5:44）とあるように、具体的な「敵」としてキリスト教迫害者のことが考えられているが、ルカの文脈においては、この言葉は弟子以外の人々にも語りかけられており、「敵」の意味がやや一般化され、むしろ個人的な敵対者が想定されている（Foerster, ThWNT II:813; Schürmann 1990:345 参照）。

29–30 節

　悪行に対して善行で報いる愛敵の行為は、直後に続く抵抗の放棄を求める四つの命令文（29–30 節）においてより具体的に示される。27–28 節が二人称複数形で構成されていたのに対し、ここでは二人称単数形で構成され、また、肯定形（29a, 30a 節）と否定形（29b, 30b 節）が交互に用いられている。最初の「**あなたの頬を打つ者には、もう一方の頬をも差し出しなさい**」という要求は、何よりも悪に対して悪で報いることを戒めてい

る（ロマ 12:17 参照）。τύπτω（打つ）という行為は身体上の苦痛をもたらすのみならず、何より相手を侮辱する意味をもつ（cf. マタ 5:39: ῥαπίζω［平手で打つ］）。ここでは、（一方の）「頬」（マタ:「右の頬」）を打たれた際には、それに抵抗するのではなく、むしろもう一方の頬を差し出すように要求されている。抵抗の放棄を求める言葉は周辺世界にも見られるが、ここまで明確に要求する言葉は皆無である（cf. イザ 50:6:「打つ者には私の背中をまかせ、ひげを抜く者には私の頬をまかせた」、哀 3:30:「彼を打つ者に頬をまかせ」、エピクテートス『語録』3:22:54:「……自分は驢馬のごとく打たれねばならぬ。そして打たれるなら、自分を打つその人たちを、万人の父であり兄弟であるように愛さねばならない」）。

次の「**あなたの上着を奪う者には、下着をも拒んではならない**」という要求は、マタイでは上着と下着の順序が逆になっており、法廷での訴訟の状況が考えられているのに対し、ルカでは強盗に襲われたときの状況が想定されている（10:30; ディダケー 1:4 参照）。すなわちここでは、強盗に上着を奪われた際には、それを取り返そうとするのではなく、まだ奪われていない下着さえも差し出すように要求されている。三つ目の「**求める者には誰にでも与えなさい**」という要求は、二つ目の要求を一般化しており、ルカは「**誰にでも**」（παντί）を付加し、マタイの δός（δίδωμι［与える］の命令法アオリスト形）に対して δίδου（同、命令法現在形）を用いることによって要求を先鋭化している。ここでは、物乞いに金銭等を求められた際の状況が描かれているのであろう（Betz 1995:597; Eckey 2004:308）。最後の「**あなたの持ち物を奪う者から取り戻そうとしてはならない**」という要求も、正当な権利の放棄を要求している。借りようとする者を拒絶しないように命じるマタイの並行箇所（34 節参照）とは異なり、ルカにおいては 29b 節と同様、強盗に襲われた際の状況が想定されており（αἴρω［奪う］）、その意味でも「敵」が一般化して捉えられ、「与える」行為に関心が移っている。

31 節

ここにはいわゆる黄金律が記されているが、ここから人称は再び二人称単数から二人称複数に変わり、また、奪われた物を取り返そうとするなと要求する直前の 30b 節と内容的に結びついていないことから、むしろ 27–30 節全体の適用句と見なすべきであろう。黄金律は、しばしば否

定形で新約聖書の周辺世界の諸文献に見出される（トビ 4:15; シラ 31:15 LXX; バビロニア・タルムード「シャバット」31a 他参照）。研究者によっては、黄金律が当時のヘレニズム世界全般に広まっていた互恵の原則（Ⅰマカ 11:33; シラ 12:1 以下；エピクテートス『語録』2:14:18; ヘシオドス『仕事と日々』342–357 他参照）に基づいていると考え、この 31 節は互恵の原則を批判する後続の 32–34 節と緊張関係にあると主張している（Dihle 1962:113f 等）。しかしながら黄金律は、「他人からしてもらったことを他人にもしなさい」というように他人の行動を基準にしているのでなく、「自分が他人からしてほしいと思うことを他人にしなさい」というように他人の立場に自分の身を置いた際の自分の期待を基準にして他人に対する行動を規定しようとするものであり、厳密な意味での互恵の原則に基づいているわけではない。むしろ、この**「人々からしてもらいたいと思うように」**という表現の背後には、現実には他人からそのようにしてもらっていないという前提があり、まさに自分自身は望みながらも他人から受けていない愛の行為を他人には実践するように要求されていることになり、その意味では、自分に良くしてくれる人にだけ良くしようとする互恵の原則を批判する 32 節以下の内容とも繋がってくる（Theissen 1989:180 n. 42; シュトレッカー 1989:294f; Wolter 2008:258）。いずれにせよ、ここでは「敵」との関係ではなく、一般的な人間関係における倫理法則が問題になっている。一方でマタイにおいては、黄金律は「律法と預言者」に関わる一連の要求（マタ 5:17–7:11）の総括として位置づけられている（マタ 7:12）。

32 節

32–34 節の三つの否定的実例は、それぞれ 27b.c, 30 節の要求の内容に対応しているが、ここでは同等の報いが得られるという条件のもとで（のみ）善行するという前述の互恵の原則に基づく行動様式が批判されており、そのような条件付きの善行は恵みに値しないと述べられる（シラ 12:1 参照）。マタイ 5:46 の「報い」（μισθός）に対応する**「恵み」**（χάρις）は、後続の 35 節との関連からも、人から受ける恵み（誉れ／恩恵）というよりは神の恵みと解すべきであろう（van Unnik 1966:295f に反対）。注目すべきことに、ここで焦点は愛敵の教えから他者に「与える」行為の要求へと移行している。

最初の実例では、自分を愛してくれる者たちのみを愛そうとする姿勢が

問題視される。もちろん、そのような行為自体が非難されているわけではなく、そのような振る舞いなら誰でもしているという意味で、恵みに値しない行為として批判されている。なお、互恵の原則に基づいて行動する人々の例として、マタイの「徴税人たち」に対してルカは「**罪人たち**」を挙げ、一般化している。

33節

第二の実例では、同様のことが善行について述べられ、「**罪人たち**」(cf. マタ 5:47：「異邦人たち」)でも自分たちに善いことをしてくれる者たちには善いことをしていると述べている。ここでルカは、マタイの ἀσπάζομαι（挨拶する）に対して ἀγαθοποιέω（善いことをする）というヘレニズム的概念を用いているが（cf. καλῶς ποιέω［親切にする。27節］）、それによってヘレニズム世界の読者に対して愛の行為の具体性を示そうとしているのであろう（van Unnik 1966:298）。

34節

第三の実例は、返還を期待できる人にのみ貸そうとする姿勢を問題にしており、この行為も、罪人でも同様の姿勢で罪人に貸しているという理由から批判される。ここでの「**同じもの**」(τὰ ἴσα) は、貸したものそれ自体、もしくはそれに相当するものを指しており、利子のことは考えられていない（トマス福 95 参照）。いずれにせよ、ここでも先の二つの実例と同様、互恵の原則に立つ者は、誰もがすることをしているに過ぎないと強調される。もっともこの第三の実例では「貸してくれる者たちに貸したところで、……」ではなく、「**返してくれることを期待できる者たちに貸したところで、……**」となっており、先の二つの実例とは異なり、厳密には互恵の原則に基づいていない。また 29-30 節では、奪い取る者から取り返そうとするなと強盗に襲われたときの状況が問題になっていたのに対し、ここでは返してくれそうな人にだけ貸すことがないように、むしろ他人との貸し借りをめぐる日常的な振る舞いが問題になっており、この 32-34 節においても敵の意味は総じて一般化され、通常の人間関係における振る舞いが問題にされている。

35 節

　ここではまず、32–34 節の三つの否定的実例に対応する形で、敵を愛し、人に善いことをし、失望することなく貸すようにと要求される。この箇所はルカの挿入句と考えられるが、ここでも愛の行為の対象としての「敵」のイメージが一般化されている。その直後には、その愛の行いに対する報いについて述べられるが、ここでの「**報い**」(μισθός) は明らかに神からの終末論的な報いを示しており、具体的には「**至高者の子ら**」(υἱοὶ ὑψίστου) になることを意味している（1:32 参照）。

　続いてこの報いの根拠として、神は「**恩知らずな者たちにも悪人たちにも**」、すなわちどんな人にも「**情け深い**」ことが示される。マタイの並行箇所では、悪人にも善人にも太陽を昇らせ、義しい者にも義しくない者にも雨を降らせる神について記されているが、ルカにおいては簡略化され、また、「**悪人たち**」が「**恩知らずな者たち**」と並列され、ここでも敵のイメージが和らげられている（cf. セネカ『恩恵について』4:26：「もし君が神々を真似るのであれば、感謝しない者たちにも恩恵を与えたらどうか。太陽は悪人の上にも現れ、海洋は海賊のためにも広がっているのだから」）。

36 節

　この節は直前の 35c 節の内容をさらに展開し、一連の愛敵の教えの文脈との関連において、憐れみ深い父である神に倣って、自らも憐れみ深い者になるように要求している（エピクテートス『語録』2:14 参照）。神に対する「**あなたたちの父**」(ὁ πατὴρ ὑμῶν) という表現は、前節の「至高者の子ら」(υἱοὶ ὑψίστου) に対応しており、また、「**憐れみ深い**」(οἰκτίρμων) と前節の「情け深い」(χρηστός) はしばしば並列されており（詩 69 [LXX68]:17; 112 [111]:5; 145 [144]:8–9 参照）、両節を結合している。ルカによると、そのように神の憐れみ深さに倣うことによってのみ互恵の原則は克服されるのである。これに対してマタイは、神のように「完全な者」になるように要求している（マタ 5:48; 19:21）。

37 節

　ここでは憐れみ深い神に倣うようにとの 36 節の勧告が具体的に展開されている。37 節の三つの文章はいずれも、人を裁くのでなく赦しなさい

という趣旨の要求と、そうすることによって自分自身も神の審判を免れると述べる受動形による後続文から構成されている（ミシュナ「アヴォート」2:4; シラ 28:2; マタ 18:21–35; Ⅰクレメンス 13:2 参照）。これらの言葉の背景には、神の行為は人間の行為に対応するという旧約的理解がある（サム上 2:30; 代下 12:5; マラ 3:7）。

38節

続いて同様の形式で、唐突に「**与えなさい**」という要求が再び現れ（30a節参照）、そうすることによって神によって報いが与えられると述べられ、ここでも「与える」行為が愛敵の教えの文脈に関連づけられている。さらにここでは、この与える行為に対する報いについて、秤の比喩を用いて説明される。すなわち、他人に与える者に対しては量りをよくして（おまけして）十分に神から与えられると言明され、最後に「**自分の量るその秤で量り返されるから**」と根拠づけられる（イザ 65:6; エレ 39:18 参照）。もっとも、神の気前良さ（寛大さ）を強調する38b節は、同等のやり取りを前提とする38c節とは厳密には対応していない（Marshall 1995:267 参照）。

【解説／考察】

この段落は明らかに愛敵の教えのテーマの下に構成されているが、ルカのテキストは以下の点で元来の愛敵の教えとは異なっている。第一に、ルカにおいては愛敵の「敵」のイメージは漠然としており、異教徒でも民族共通の敵でもなく、マタイにおけるようにキリスト教迫害者でもなく、むしろ身近で個人的な敵対者のことが考えられている（29–30節）。第二に、愛敵の行為の内容はむしろ具体化され、欠乏する人に「与える」行為として捉えられている。このことは、「与えなさい」という要求が強調され（30a節：「誰にでも」）、同様の要求によって（38a節）この段落全体が締めくくられている点、他者に与え、善い行いをするようにとの要求（27c, 33, 34, 35a節）が編集的に付加されている点等からも明らかである。その意味でもルカは、「このイエスの愛敵の戒めを、善き業を行うことの問題へ引き寄せて解釈して」（ショットロフ・シュテーゲマン 1989:235）おり、イエスの愛敵の教えを日常的な人間関係における物のやり取りをめぐる愛

の行為として捉え直している。当時のルカの教会はもはや迫害状況にはなく、むしろ教会内の金銭トラブルが深刻な問題になりつつあったが（Horn 1983:97–107）、それゆえルカはこの愛敵の教えを、その本来の意味を保持しつつも自らの文脈から捉え直していくことにより強調点を移行させていったのであろう（Mineshige 2003:178）。

　さらに注目すべきことに、ルカはこの愛敵の行為を、マタイ以上に人間間の互恵の原則との対比によって強調している。互恵の原則は古くより様々な文化圏において見られ、日本でもこれに基づく慣習が伝統的に重んじられ、基本的な「礼儀」と見なされてきたが、ここではそれを越える行為が求められている。つまり、返礼を期待できない相手に善行することによって初めて愛の行為が成立し、それに対しては相手からではなく天からの報いが期待できるというのである。これと同様の考え方は、お返しのできない貧しい人や障がい者を食事に招くようにとの勧告（14:12–14）や、施しによって天に富を積むようにとの要求（12:33）にも見られる。そのような意味でも、ルカは、人間間の互恵の原則からは導き出され得ない他者に対する愛の行為を神からの報いによって動機づけることにより、読者を人間間の互恵の原則に基づく「横の関係」から神と人との「縦の関係」へと導いていこうとしている。ルカはこの愛敵のテキストを特に富めるキリスト者に向けて記しているが、弱い立場にあった貧しい信徒に「与える」愛の行為を神からの報いに動機づけることによって彼らに勧告する目的をもって、この段落を構成したのであろう。

　イエスの愛敵の教えは、キリスト教世界においても当初より実践不可能な教えと見なされてきたが、その一方で、この教えを現実的な教えとして文字通りに受け止めようとした人物も若干存在する。例えば、インドの独立運動指導者として知られるM. ガンジーは、愛敵の教えをはじめとする山上の説教の諸要求を個人倫理の次元に限定し、そのまま受け止めようとしない西欧キリスト教のあり方を批判し、この愛敵の教えを国家の悪に対する非暴力実践の原理とした。また、このガンジーから大きな影響を受けたアメリカの黒人解放運動の指導者M. L. キングは、イエスの愛敵の教えが、個人間の対立のみでなく、人種・民族間の対立にも有効であると考えるに至り、ガンジーと同様、この教えを実行可能で、かつ実行すべき教えとして捉えた。キングはまた、憎しみの連鎖を断ち切り、敵を友に変える

ことができるものは愛のみであると説いているが、まさに世界各地で争いが続けられている今日の状況を思う時、キングのこの言葉はイエスの愛敵の教えの真意を改めて示しているように思える。

5. 譬えによる教え（6:39–49）

【翻訳】

6:39 さて、彼（イエス）はまた彼らに譬えを語った。「盲人が盲人の道案内をできるだろうか。二人とも穴に落ちてしまわないか。40 弟子は師に優るものではない。しかし、誰でも十分に整えられるなら、その師のようになる。

41 また、あなたはなぜ、自分の兄弟の目の中のおが屑は見て、自分の目の中の梁に気づかないのか。42 あなたはどうして、自分の兄弟に『兄弟よ、あなたの目の中のおが屑を取り除かせてください』と言えるだろうか。あなた自身は自分の目の中の梁を見ていないのに。偽善者よ、まず自分の目から梁を取り除け。そうすれば、そのときはっきり見えるようになって、自分の兄弟の目の中のおが屑を取り除くことができる。

43 事実、良い木が腐った実を結ぶことはなく、また、腐った木が良い実を結ぶことはない。44 木はそれぞれ、その結ぶ実によって知られるからである。実際、茨からいちじくは採れないし、野ばらからぶどうは集められない。45 善人は心の善い倉から善いものを取り出し、邪悪な人は邪悪なもの（倉）から邪悪なものを取り出す。というのも、人の口は心からあふれ出ることを語るからである。

46 また、あなたたちはなぜ、私を『主よ、主よ』と呼びながら、私の言うことを行わないのか。47 私のもとに来て、私の言葉を聞き、それを行う者が皆、どんな人に似ているかを示そう。48 それは、地面を掘り、深く掘り下げ、岩の上に土台を置いて家を建てる人に似ている。洪水になって川の流れがその家に押し寄せたが、それはしっかり建ててあったので、それを揺り動かすことはできなかった。49 しかし、〔私の言葉を〕聞いても〔そ

れを〕行わない者は、土台なしで地面に家を建てた人に似ている。川の流れがそれ（その家）に押し寄せると、それはたちまち倒れ、その家の倒壊の様は甚だしいものとなった」。

【形態／構造／背景】

　幸いと禍いの言葉（6:20–26）と愛敵の教え（6:27–38）に続くこの段落は、平地の説教全体を締めくくる機能を果たしている。この段落は、敵を愛し、他者を裁くなという前段における要求の実践へと導く内的動機を扱う計五つの譬え及び比喩的言辞から構成されている。ルカの文脈設定に従うと、直前の愛敵の教えと同様、この段落も弟子たちのみならず民や群衆にも向けられているが（6:17–19; 7:1 参照）、総じて「弟子への教え」と「指導者の資質」が中心的な主題となっており、前段以上に弟子たちに焦点が当てられている。この段落全体は以下のように区分できる。

（１）弟子の資質（39–40節）
　　(a) 導入句（39a節）
　　(b) 盲人の道案内の比喩（39b節）
　　(c) 師と弟子の比喩（40節）
（２）おが屑と梁の比喩（41–42節）
　　(a) 二つの修辞疑問（41–42a節）
　　(b) 要求とその帰結（42bc節）
（３）木とその実の比喩（43–45節）
　　(a) 命題（43–44a節）
　　(b) 二つの実例（44b節）
　　(c) 適用句（45節）
（４）家と土台の譬え（46–49節）
　　(a) 導入句（46節）
　　(b) 土台の上に建てられた家の比喩（47–48節）
　　(c) 土台無しに建てられた家の比喩（49節）

　この段落における各構成要素の相互関係は必ずしも明確ではないが、冒

頭部の「盲人の道案内の比喩」(39b節)と「おが屑と梁の比喩」(41-42節)は「目」の主題によって緩やかに結ばれ、後者の比喩とその直後の「木とその実の比喩」(43-45節)は、木の主題(おが屑、梁、木、実)に加え、発音と綴りが近似する言葉(κάρφος［おが屑］／καρπός［実］)によって結びついている。さらに、いずれの小段落においても対照的な位置づけにある二者が描かれており(道案内する盲人／道案内される盲人、師／弟子、裁く者／裁かれる者、おが屑／梁、良い実／腐った実、良い木／腐った木、善い人／邪悪な人、善い倉／邪悪なもの(倉)、善いもの／邪悪なもの、聞いて行う者／聞いても行わない者、土台の上に建てられた家／土台無しに建てられた家)、特に(3)と(4)は対照的な二組の像の描写を通して行為を評価する点で一致している。なお、一部の研究者は(1)～(3)を偽教師に関する警告と見なしているが(Schmithals 1980:88f; Schürmann 1990:365-379)、(2)は明らかに兄弟への裁きを禁じている。

　この段落の導入句(39a節)はルカの編集句であろう(注解部分参照)。これに続く盲人の道案内の比喩(39b節)はマタイ15:14に並行し(トマス福34も参照)、次の40節も全体としてマタイ10:24-25に対応しており、両者ともQ資料に由来すると考えられるが(ヨハ13:16; 15:20も参照)、この点については疑問視する意見も見られる(ルツ1990:160, 538)。これら二つの比喩は元来、相互に独立した言葉であったが、ルカ以前の段階で結合し(Wrege 1968:128f; Marshall 1995:268)、最終的にルカが現在の文脈に持ち込んだのであろう(ブルトマン1983:170; シュトレッカー1988:276)。

　マタイ7:3-5とほぼ逐語的に一致する41-42節も同様にQ資料に由来するが(Wrege 1968:130fに反対)、この比喩の並行例はトマス福音書〔語録26〕やラビ文献(Bill. I:446f参照)にも見られる。この比喩はマタイにおいても、赦し、与えよとの要求(37-38a節 // マタ7:1-2)の直後に続いていることから、おそらく両者はQ資料の段階で結びついており、マタイとルカの相違点の多くはルカの編集作業に由来するのであろう(Bovon 1989:334 n. 30参照)。その意味でもルカは、両者間に39-40節を挿入することにより元来の文脈を解消している(ブルトマン1983:137)。これに続く43-44節はマタイ7:16-18(及び同12:33)に、45節は同12:34b-35に(言葉の配列は異なるが)並行しており、これらも総じてQ資料に由来すると見なしうる(トマス福45参照)。また、43-44a, 45節はマタイ12:33,

34b–35 にも並行していることから、これらの節はすでに Q 資料において結合していたのであろう（Nolland 1989:306; Schürmann 1990:375, 377）。なお、茨や野ばらからいちじくやぶどうは採れないとする 44b 節（並行マタ 7:16b; さらにヤコ 3:12 参照）は元来、独立した格言であったと考えられる。

　段落末尾の譬え（46–49 節）については、46 節はマタイ 7:21 に、47–49 節はマタイ 7:24–27 に並行しており、これらの箇所も総じて Q 資料に遡ると考えられる。両者はすでに Q 資料において結合しており、並行するマタイ 7:21 及び同 7:24–27 に挟まれた同 7:22–23（並行ルカ 13:25–27）はマタイが挿入したのであろう。46 節について、一部の研究者はマタイ版を原初的と見なしているが（Bovon 1989:339; Hahn 1995:97）、むしろルカ版の方が原初的と考えられ（ブルトマン 1983:198; Schürmann 1990:381）、おそらくマタイは、自らが挿入したマタイ 7:22–23 との関連から比較的強く編集の手を加えている（Schneider 1984:161; Marshall 1995:274）。47–49 節についてはルカの編集の痕跡が顕著に認められ、パレスチナ的な特徴を示すと共に対照的な構成がより顕著であるマタイ版の方が原初的と考えられる（H. Klein 2006:266 n. 2 参照）。なお、両者間には相違点が多く、一致する語は僅かであることから、相互に異なる Q 資料（マタイ版 Q とルカ版 Q）に遡る可能性が高い（ルツ 1990:591）。

　以上のことからも、前段に続くルカ 6:37–38, 41–42, 43–44, 46, 47–49 については、ほぼ同様の順序でマタイに並行箇所が見られることから、これらはすでに Q 資料の段階で緩やかに結びついていたと考えられる。おそらくルカは、Q 資料に由来するこの伝承に導入句（39a 節）及び（Q に由来する？）二つの比喩的言辞（39b, 40 節）等を付加し、適宜編集の手を加えることにより、この段落を構成したのであろう。

【注解】

39 節

　この段落は、「さて、彼（イエス）はまた彼らに譬えを語った」（εἶπεν δὲ καὶ παραβολὴν αὐτοῖς）という新しい段落の始まりを示すルカに特徴的な表現（5:36; 12:16; 13:6; 15:3; 18:1, 9; 21:29 他参照）によって始められている。

ここでは単数形の παραβολή（譬え）が用いられているが、文脈からも後続の一連の譬え（比喩的言辞）を指していると見なすべきであろう（15:3 参照）。特に聴衆の変更を示唆する文言がないことから、ここで直接語りかけられているのは、直前の 27–38 節の段落と同様、イエスの話を聞きに来た民や群衆であるが（6:17, 19; 7:1 参照）、内容的には、（弟子を含む）緊密な関係にある聴衆が想定されている（Ernst 1977:232）。

盲人に盲人の道案内はできないと語る最初の比喩は、古代世界に広く流布し、様々に適用されていた（ロマ 2:19–20; プラトン『国家』8:554b; クセノフォン『ソクラテスの思い出』1:4; ディオゲネス・ラエルティオス『ギリシア哲学者列伝』5:82; エピクテートス『語録』3:22; フィロン『徳論』7 等）。マタイ 15:14 においては、この格言は平叙文で構成されており、ユダヤの宗教指導者との論争の文脈に置かれ、ファリサイ派の人々が盲人の道案内人に同定されて批判されている。ルカにおいては二重の修辞疑問文によって構成され、前者が否定の答えを（μήτι）、後者は肯定の答え（οὐχί）を求めているが、批判の対象は明らかにされておらず、後続の師と弟子の比喩（40 節）との関連からも、むしろ先見の明のある真の指導力の必要性に強調点が置かれている。その意味でもここでは、偽教師に惑わされないように警告されているのではなく（Schürmann 1990:368 に反対）、目の見えない者に盲人の手引きをさせて両者ともに穴に落ち込むという事態を避けるためにも、真っ当な指導者になるために冷厳な目をもち、自らを顧みる必要があると弟子たちに語られているのであろう。なお、この箇所が裁きに関わる二つの小段落（37–38 節及び 41–42 節）に挟まれていることから、ブルトマン（1983:170）等はここでの「盲人」を「他人を裁こうとする人」の意で解しているが、39 節から新たな段落が始められているルカの文脈においては考えにくい。

40 節

「**弟子は師に優るものではない**」という格言は、マタイにおいては弟子派遣及び弟子への迫害の文脈に置かれているが（マタ 10:24–25）、ルカにおいては、直前の格言との関連において弟子が真の導き手になるという文脈で語られている。マタイではこの直後に続く「僕は主人に優るものではない」（ヨハ 13:16; 15:20 参照）という言葉がルカに見られないのは、両者

の社会的地位ではなく資質の違いが問題になっているためであろう。さらにマタイにおいては、「弟子は師のように、僕は主人のようになれば十分である」という言葉がこれに続いているのに対し、ルカにおいては、弟子は師を越えることはできなくても「**十分に整えられるなら、その師のようになる**」と、より肯定的な意味合いで記されており、師のようになれるよう努めるべきとの勧告が含意されている。双方の格言（39, 40節）の接合点は弟子の資質であり、いずれの場合も、イエスのような師になることが望まれている、教会の指導的地位にある弟子たちのことが念頭に置かれているのであろう。

41-42節

　二つの修辞疑問文とそれに続く要求及びその帰結から構成されているこの箇所は、前後の箇所とは異なり、二人称単数形で構成されている。ここではまたἀδελφοί（兄弟）が用いられていることからも明らかなように、特に指導者のあり方について述べられた直前の箇所とは異なり、共同体内の弟子同士の関係が問題にされている。この比喩は、「おが屑と梁」という誇張された比喩を用いて、兄弟を叱責しようとする際には自分自身も（それ以上に）不完全な存在であることを忘れてはならないと教えているが、同様の比喩はラビ文献等にも見られる（Bill. II:446f; プルタルコス『倫理論集』515d 参照）。自分の目の中の梁（大きな過失）の存在に気づかない者は兄弟の目にあるおが屑（小さな過失）を認識することはできないので、まず自分の目から梁を取り除くべきであり、そうすることによって初めてしっかりと見えるようになり、他人の目にあるおが屑を取り除くことができる。そのように、他人の欠点を指摘する前に自らの欠点を認めるべきであり、それを克服して初めて他人の欠点を指摘できるというのである。なお、「**偽善者**」（ὑποκριτής）という表現は、通常は部外者や敵対者に対して用いられるが（12:56; 13:15; マコ 7:6; マタ 6:2, 5, 16）、ここでは聞き手である弟子や民に対して用いられている。

　そのようにここでは、自らをしっかりと省みるなら兄弟を裁くことは不可能であることが示されており、元来は前出の37-38節と同様、自らが神に赦されている存在であることを覚えて他者を裁くのではなく赦すように要求されていたのであろう。しかしながら、元来は結合していた「裁く

な」との要求（37節）とこの譬えを分断したルカは、この要求を教会の構成員相互の振る舞いの観点から捉え直している。すなわちルカは、他人の目の中のおが屑は見えても自分の目の中の梁に気づかない「**偽善者**」に言及することにより、教会の他のメンバーを批判し、指導的地位に立とうとする彼の時代のキリスト者に警告しようとしているのであろう。

43–44節

　木とその実の比喩について語る43–45節は、命題（43–44a節）、二つの実例（44b節）及び適用句（45節）から構成されており、43–44節では、οὐ γάρ ... οὐδέ ...（事実、〜でも〜でもなく）という構文が繰り返されている。また43節と45a節は、それぞれ肯定的実例と否定的実例の双方について述べられているが、その一方で44b節では否定的な例のみが挙げられている。なお、並行するマタイ7:15がこの箇所を偽預言者への批判と結びつけているのに対し、ルカにおいてはこの点は明らかではなく、むしろ弟子たちに求められる姿勢が問題にされている（Marshall 1995:271; カルペパー 2002:186）。

　良い木は腐った実を結ばず、腐った木は良い実を結ばないと語る冒頭の一対の言葉は、それぞれ良い実と腐った実を結ぶ同一種類の二本の木について語っている（3:8–9; 13:6–9参照）。その点において、木はその実によって識別できると言い換えている直後の44a節も同様であり、ここでは人間の内面（本質）が行為によって外部に現れることが示されている。もっとも、44a節を複数の異なる種類の木を前提とした言葉と見なし、後続の44b節の導入と見なすことも可能であろう（Bovon 1989:336; Schürmann 1990:373f）。なお、行為の象徴としての木の実の比喩は旧約聖書にも見られる（イザ3:10; エレ17:10）。

　44b節は、その否定的な実例として「**茨／いちじく**」と「**野ばら／ぶどう**」を取り上げているが（エレ2:21参照）、ここでは、複数の異なる種類の木について語られることにより、価値の低い種類の木から価値ある実の結実は期待できないという新しい観点が導入される。なお、マタイ7:16bでは「茨／ぶどう」と「あざみ／いちじく」が、ヤコブ3:12では「いちじく／オリーブ」と「ぶどう／いちじく」が例として挙げられており、両者とも修辞疑問文で構成されている。

45節

　二つの言葉から構成されているこの節はこれらの言葉を人間に適用しており、43–44節における καλός（良い）／ σαπρός（腐った）の対立がここでは ἀγαθός（善い）／ πονηρός（邪悪な）の対立に移行している。すなわち、善人は善いものを「**心の善い倉**」から取り出し、邪悪な人は邪悪なものを心の邪悪な倉から取り出すというのである。「**心**」（καρδία）はマタイの並行箇所（マタ 12:35; さらに同 13:52 も参照）には欠けているが人間の本質を表しており、「**人の口は心からあふれ出ることを語る**」という最後の文からも明らかなように、ここでは人間が語る（善い／邪悪な）発言の根源としての心のことが考えられている。つまり、口から発せられる言葉はその人間の心の内実を示しており（シラ 21:26; 27:6–7 参照）、邪悪な者たちから良い実は期待できないというのである。

　口で語ることと心の中で考えていることの間には大きな相違があることは周知の事実であるが、ここでは、人間の口は遅かれ早かれ心の中にある思いを吐露するという意味で述べられているのであろう（Wolter 2008:264）。注目すべきことに、ここで心の内実の表現として示されているのは行為ではなく言葉であり、その意味では、39–45a 節では主に行為に焦点が当てられていたのに対し、45b 節では強調点は言葉に移行している。なお、45節と並行するマタイ 12:34b–35 は、ルカとは逆の順序で構成されており、43–44a 節に並行する二本の木の格言（マタ 12:33）及びルカにはない蝮の子らへの言葉（マタ 12:34a）に続いている。

46節

　46節以下の末尾の小段落ではイエスの言葉を聞いて行うことが要求されており（8:21; 11:28 参照）、39節以下の一連のイエスの教えのみならず、平地の説教全体を締めくくる機能を果たしている。この箇所は、導入部分（46節）と譬え本文（47–49節）から構成されているが、両者は元来、相互に独立していたと考えられ、前者は元来、奴隷に対する主人の叱責を意味する格言だったのかもしれない（Schmithals 1980:89）。

　「**主よ、主よ**」と呼ぶだけでイエスの要求を実行しない姿勢を批判するこの節は、言葉と内実（行為）との隔たりを強調している点で、その人の

内実を示す言葉について語る直前の 45 節とは緊張関係にあり、ここでは言葉と行為が対立的に捉えられている。もっとも、45 節の「人の口は心からあふれ出ることを語る」という部分を人の行為を比喩的に示す表現と解するなら、両節とも行為と内実の関係を強調していることになり、45 節と 46 節以降との緊張関係は解消するであろう。

この 46 節は、マタイ 7:21 の場合とは異なって疑問形で記され、「天国に入る」という終末論的視点が見られず、さらに「天の父の意志」(マタ 6:9f 参照) ではなく、イエスが語ることを行うことが問題になっている。「私の言うこと」(ἃ λέγω) は、ここでのイエスの発言のみならず、平地の説教、ひいてはイエスの教え全体を指している。また、ここでの「主よ」との呼びかけ (5:8, 12 参照) は、最初期のキリスト教会の信仰告白か (ロマ 10:9; Ⅰコリ 12:3; フィリ 2:11 参照)、あるいは祈り (Bovon 1989:339f; 三好 1991:300; Hahn 1995:97f) と見なされる。その意味でもこの箇所は、部外者ではなく教会内部の人々に向けられており、信仰を表明しても (あるいは祈りを唱えても) それを実践しない人々が批判されているが、それは後続の譬えにおいて問題視される、聞いても実行しない人に対応している。

47–48 節

47 節から始まる家と土台の譬えは、木とその実の比喩 (43–45 節) と同様、肯定的な例 (47–48 節) と否定的な例 (49 節) から構成されている。もっとも、直前の 46 節では言葉と行為の対立が強調されていたのに対し、この譬えでは聞くことと行うこと (聞いて行うか、聞いても行わないか) の対立が問題になっており (ロマ 2:13; ヤコ 1:22–25 参照)、強調点は移行している (Schürmann 1990:380)。この譬えはまた、神の声に聞き従って掟を守るか、神の声に聞き従わずに掟を守らないかが問題にされる旧約の記事に対応している (申 28:1–44; レビ 26:3–17)。

まず、イエスのもとに来て、彼の言葉を聞いて (6:17–18 参照) それを行う者はどのような人に似ているか、肯定的な例が語られる。彼らは地面を**「深く掘り下げ、岩の上に土台を置いて家を建てる人」**に比べられる (箴 24:3 参照)。ルカはここで、マタイ版にはない基礎作りの部分を編集的に付加しているが、これはギリシア世界における建築方法に対応している。さらに、マタイ版では岩の上の家と砂上の家が対照的に描かれているのに

対し、ルカ版では岩と砂の対立は見られず、土台の有無が問題になっている。その意味でも、マタイにおいては両者の家は異なる場所に建てられているのに対し、ルカにおいては同じ場所（川のほとり）に異なる仕方で建てられたことが前提にされている（Wolter 2008:265）。なお、マタイにおいては、家を建てる人が「賢い人」（ἀνὴρ φρόνιμος）／「愚かな人」（ἀνὴρ μωρός）と特徴づけられることにより倫理化されており、その意味でも、ルカが建築の経緯に焦点を当てているのに対し、マタイは建築者の特徴づけを重視している（Betz 1995:638）。

その結果、岩の上に土台を置いて堅固に建てられた家は、洪水になって川の水が押し寄せても、揺り動かされることはなかった。ルカはマタイとは異なり、天災の描写について風や雨を破壊的要素として挙げていないが（マタ 7:25 参照）、このことはルカが風や雨の影響を受けない都市の石造りの家を想定していたことを示しており、マタイほどにはノアの洪水との関連性が認められず（17:27 参照）、裁きに関わる終末論的な色彩は薄められている（Ernst 1977:236 に反対）。以上の点は、ルカのテキストの方が総じて二次的であることを示している。

49 節

ここでは前節の肯定的な例に続いて、イエスの言葉を「**聞いても行わない**」否定的な例について述べられている。彼は「**土台なしで**」家を建てたため、川の水が彼の家を一気に押し倒してしまう。最後の「**その家の倒壊の様は甚だしいものとなった**」という表現は、その壊滅の様子が徹底したものであった点を際立たせており、読者に対して最終的な警告を発している。このように弟子と民衆に対する一連の教えである平地の説教は、行為の有無の観点から二つの集団を対比的に捉える言葉によって結ばれており、聞いて行う者だけがイエスの弟子として留まることが強調される。

【解説／考察】

冒頭の 39 節では指導者たる者の資質について、直後の 40 節では弟子たる者の姿勢について述べられ、これに他人を裁くなとの要求（41–42 節）が続き、ここまでの前半部においては、他者への指導（裁き）の問題も含

めた他者との関係のあり方が問題にされ、真の指導者となるために自己を顧みる冷厳な目を養っていくことが特に弟子たちに要求されている。後半部では、まず 43–45 節では行為に現れる人格（資質）について述べられ、最後の家と土台の譬え（46–49 節）では、冒頭の弟子の資質の観点を前提としつつ、聞くだけでなく行うことの重要性が強調され、具体的な行為の勧告に焦点が移っている。種々の内容を含む比喩的言辞から構成されているこの段落全体を貫く統一的視点を導き出すことは容易ではないが、総じてこの段落で扱われている主題は、偽教師との対決でも終末論でもなく、直前の段落と同様、他者に対する倫理的姿勢であり、弟子たちを中心とする聞き手に対して、弟子の資質と密接に関わる行為の実践が要求されている。

　マタイの山上の説教の場合と同様、この平地の説教においても全体として行為の実践が強調されていることは明らかであり、この点は、この説教を締めくくる家と土台の譬えの論旨からも確認できる。その一方で、ここでは聞くことと行うことが二者択一的に捉えられているのではなく、行いだけが強調されているわけでもない。この譬えに並行するエリシャ・ベン・アブヤの譬えにおいては、多くの善き業とトーラーを学んだ男が、まず石で土台を造り、その後、煉瓦で壁を造った男に比べられ、その土台は大量の水が押し寄せて来ても揺り動かされることはないが、その一方で、多くの善き業もトーラーも学ばなかった男は、土台を造らずに家を建てた男に比べられ、その家は僅かな水流であっても即座に倒壊すると記されている（Bill. I:469 参照）。このアブヤの譬えは、岩の上の家と砂上の家を対比的に描くマタイ版より、土台の有無を問題にするルカ版に近いが、ルカ版の譬えにおける土台とは、行うことだけではなく、聞いて行うことを意味している。そのように、ここでは神の言葉を聞いて行うことが重要視されているが、この主題はルカ 8:4–21 においてさらに展開されていくことになる。

Ⅳ. 弱者への視点と民の分化の始まり（7:1–50）

　ここまでの記述（平地の説教）においてはイエスの教え（言葉）に焦点が当てられていたが、7章ではイエスの業（癒し、蘇生、罪の赦し）に焦点が移り、ルカ 8:4 以下では再びイエスの教えについて述べられる。特にこの 7 章では、異邦人、やもめ、徴税人等、社会的弱者に対するイエスの視点が強調されているが、これはルカ文書全体を貫く特徴である。ここではまた、福音を受容する民や異邦人、罪人、徴税人と、福音を拒絶するファリサイ派や律法学者等のユダヤ人指導者層との対立関係が次第に鮮明になり（7:29–30, 39）、民における分化が生じ始める。この 7 章全体は内容的に以下のように区分できる。

1. 百人隊長の信仰（7:1–10）
2. やもめの息子の蘇生（7:11–17）
3. 洗礼者ヨハネとイエス（7:18–35）
4. 罪深い女性の赦し（7:36–50）

　このように、このセクションは計四つの段落から構成されている。特に前半の二つの奇跡物語（1、2）は、いずれもイエスの活動場所を示す導入句によって始まり、死の主題を共有し（7:2, 12a）、さらには、前者は百人隊長（男性）の僕の癒し、後者はやもめ（女性）の息子の蘇生というように対照的な内容になっている（使 9:32–43 参照）。これに続く（3）のヨハネとイエスに関する段落はこの箇所の中心に位置しており、前後の段落と多くの点で結びついている。

　なお、（1）がカファルナウム、（2）以降はナインが舞台となっており、また、「預言者」（16, 26$^{\times 2}$, 39 節）という語が（2）～（4）を結びつけている。さらに、先行するナザレ説教の段落（4:16–30）とこのセクションとの間には、異邦人の軍人（4:27／7:1–10）、女性と息子（4:25–26／7:11–17）、イザヤ書からの宣教プログラム（4:18–19／7:22）、解放と救い

(4:18–19 ／ 7:36–50)、イエスに対する様々な反応（4:22, 28–30 ／ 7:16–17, 34, 49）等、多くの対応箇所が確認できる（Green 1997:282 参照）。

　この箇所の伝承と編集について言えば、この 7 章全体とその直後の要約的記述（8:1–3）は、マルコ資料を含まない「小挿入」（6:20–8:3）の後半部を構成しており、（1）と（3）が Q 資料に、女性を主人公にする（2）と（4）がルカ特殊資料に由来する。おそらくルカは、それぞれ伝承から得た資料をもとに、自らの視点から適宜編集の手を加えつつ、この箇所全体を構成したのであろう。

＊　＊　＊

1. 百人隊長の信仰（7:1–10）

【翻訳】

$^{7:1}$ 彼（イエス）は彼のすべての言葉を民の耳に満たしてから、カファルナウムに入って行った。^{2} ところで、ある百人隊長の僕——彼は彼（百人隊長）に重んじられていた——が病気になり、死にかかっていた。^{3} さて、彼（百人隊長）はイエスのことを聞いて、ユダヤ人の長老たちを彼のもとに遣わして、自分の僕を助けに来てくれるように彼に頼んだ。^{4} そこで、彼ら（長老たち）はイエスのもとに来て、熱心に彼に願って言った。「あの方は、そのことをかなえてあげるのにふさわしい方です。^{5} というのも、彼は私たちの民族を愛し、私たちのために自ら会堂を建ててくれたのです」。^{6} そこでイエスは彼らと一緒に出かけた。ところが、彼がその家からさほど遠くない所にまで来たとき、百人隊長は友人たちを送り出して彼に言った。「主よ、ご足労なさいませんように。なぜなら、私はあなたを自分の屋根の下にお迎えする値打ちのある者ではありません。^{7} ですから、私の方からあなたのもとへお伺いするのもふさわしくないと思いました。むしろ、お言葉をおっしゃってください。そして私の僕を癒してください。^{8} というのも、私も権威の下に置かれている者ですが、私の下には兵士た

ちがおり、この者に『行け』と言えば彼は行きますし、別の者に『来い』と言えば彼は来ます。また私の僕に『これをしろ』と言えば、彼は〔それを〕します」。⁹すると、イエスはこれを聞いて彼に驚嘆し、自分に従っていた群衆〔の方〕を振り向いて言った。「私はあなたたちに言っておくが、イスラエルの中でも私はこれほどの信仰を見出したことがない」。¹⁰そして、送り出された人たちが家に帰ってみると、その僕は元気になっていることがわかった。

【形態／構造／背景】

平地での一連の説教（6:20–49）を語り終えた後、イエスは再びカファルナウムを訪れる。ここでは異邦人の百人隊長の僕の癒しについて語られているが、その百人隊長の信仰が高く評価されることにより将来の異邦人宣教が暗示されている。直前の段落においては倫理的行為の実践勧告が強調されていたのに対し（6:39–49）、この段落からは再び具体的なイエスの宣教活動が描写されることになる。この段落は以下のように区分できる。

（1）序：イエスのカファルナウム行きと百人隊長の僕の病（1–2節）
（2）第一の使者の派遣：ユダヤ人の長老たちの証言とイエスの同行（3–6a節）
（3）第二の使者の派遣：百人隊長の謙遜な態度と遠隔治癒の依頼（6b–8節）
（4）イエスの百人隊長賞賛（9節）
（5）結び：使者の帰還と僕の回復（10節）

この段落はマタイ 8:5–13 とヨハネ 4:46–54 に並行しているが、特にルカ版においては、イエスの癒しの業そのものよりもむしろ百人隊長の信仰に焦点が当てられている。マタイとの並行関係は、テキストの全体的な枠組み及び前半部の記述内容に関してはそれほど顕著ではないが、後半部（6b–9節）はマタイ 8:8–10 と比較的緊密に並行しており、両者は全体としてQ資料に遡ると考えられる（特殊資料に帰すレングストルフ 1976:197f, 200 に反対）。また、ルカとマタイ双方の記述はいずれも一連の説教の直後

に位置していることから（マタ 8:1–4 はおそらくマタイによる挿入）、すでに Q 資料の段階でこの文脈に置かれていたのであろう。

その一方で、マタイにおいてはイエスと百人隊長の直接の対話が中心になっているのに対し、ルカにおいては二度にわたって使者（ユダヤ人の長老たちと友人）が派遣され、彼らを介して対話がなされている点、マタイ版の後半部に出てくる神の国の宴会に関する言葉（マタ 8:11–12）がルカには欠けている点、両者の結び（10 節／マタ 8:13）が内容的に明らかに異なっている点等、両者間には少なからず相違点が認められる。この内、マタ 8:11–12（並行ルカ 13:28–29）については、マタイ以前にはこの段落には属しておらず（シュヴァイツァー 1978:279f に反対）、マタイが付加したのであろう（Fitzmyer 1983:649; ルツ 1997:28）。それ以外の相違点については、① ルカの編集（拡大）によるのか（Fitzmyer 1983:649; Schneider 1984:165; H. Klein 2006:270）、② マタイの編集（短縮）によるのか（Schürmann 1990:395f）、③ 両者が相互に異なる Q 資料を用いたことに起因するのか（Grundmann 1961:155; Sato 1988:55; Marshall 1995:278）、あるいは、④ ルカが Q 資料に加えてそれとは別個の資料を用いたためか（Schramm 1971:40–43; Wiefel 1988:141f; Bovon 1989:347）、四つの可能性が考えられる。まず④の可能性については、そのように内容的に類似した資料がさらに別個に偶然存在したとは想定しにくいことから除外される。また②の可能性についても、マタイの方が Q 資料の内容を忠実に伝えていると考えられることから（Fitzmyer 1983:648f; ルツ 1997:28）蓋然性は高くない。それゆえ、①と③の 2 つの可能性に絞られるが、ルカにおける拡大部分はユダヤ人キリスト教的な要素を含んでいるため、ルカによる全面的な編集作業を想定するのは難しく、ここには伝承（ルカ版 Q）に起因するものとルカ自身の編集によるものの双方が含まれていると見なすべきであろう。

なお、冒頭の 1 節は多くのルカ的語句（ἐπειδή［～してから。新約ではパウロ書簡を除いてルカ文書にのみ 5 回使用］、πληρόω［満たす。新約用例 11 回中ルカ文書に 9 回使用］、πάντα τὰ ῥήματα［すべての言葉／こと。新約ではルカ文書にのみ 5 回使用］、λαός［民。新約用例 138 回中ルカ文書に 84 回使用］等）を含んでいることから（Jeremias 1980:151 参照）、ルカが伝承を用いて編集的に構成したのであろう（マタ 7:28a; 8:5 参照）。さらに、百人隊長が直接イエスに会わ

ずに二度にわたって使者が派遣される設定の他、διό（それゆえ）や ἀξιόω（ふさわしい）等のルカ的語彙を含み（Jeremias 1980:154f 参照）、前後の文脈をやや乱している 7a 節の百人隊長の発言もルカが編集的に挿入した可能性が高い（Schramm 1971:42; Schulz 1972:238f; Marshall 1995:281）。

　以上のことからも、ルカは資料（ルカ版 Q）から受け取った伝承に導入句（1 節）を加え、さらに適宜編集の手を加えることによってテキスト全体を構成したのであろう。一方でヨハネの並行箇所（ヨハ 4:46–54）においては、カファルナウム在住の王の役人がカナに滞在していたイエスのもとを訪れ、死にかかっていた息子を癒しに来てくれるように請い、イエスはその病人のもとを訪れることなく彼を癒すという筋になっている。このヨハネのテキストは、依頼人（百人隊長／役人）が直接イエスのもとを訪れ、イエスに「主よ」と呼びかけて助けを求めている点でマタイと共通しており、さらに、マタイ版における「僕」とヨハネ版における「息子」には共通して παῖς が用いられていることからも（マタ 8:6, 8, 13 ／ヨハ 4:51; さらにルカ 7:7 参照）、元来は同一の伝承に遡ると考えられるが、マタイやルカに見られる権威に関する言葉はヨハネには含まれておらず、Q 資料との間に直接的な依存関係は認められない。

　なお、この段落と列王記下 5 章のアラムの王の軍司令官ナアマンのエピソードとの間には、《主人公たる異邦人の軍人への言及（2, 4–5 節／王下 5:1）→第三者（ユダヤ人の長老／イスラエルの少女）の癒しへの介入（3–5 節／5:2–3）→イエスと会わない百人隊長／エリシャと会わないナアマン（6–9 節／5:5–10）→遠隔地における癒し（10 節／5:14）》というように構造上の一致が見られる（Green 1997:284）。その一方で、この物語とシリア・フェニキアの女性の物語（マコ 7:24–30 並行）との間には、確かに異邦人の信仰やイエスによる異邦人の子どもへの遠隔治癒等、主題上の類似性が認められるが、両者間に直接的な依存関係は確認できない（ブルトマン 1983:68f に反対）。

　この物語の生活の座は、異邦人の改宗者や神を畏れる者の受容を試みていた最初期のキリスト教会に求められる。ルカ版の物語は総じて異邦人を高く評価しているが、この点は特にユダヤ人の長老たちの肯定的な発言（4–5 節）において強調されている。

【注解】

1 節

　平地の説教の直後に続くこの段落は、イエスが民に対する一連の説教を終えてから、かつて宣教活動を行ったカファルナウム（4:31–44; さらに 4:23 も参照）に赴いたという記述によって導入される。冒頭の「**彼は彼のすべての言葉を……満たしてから**」（Ἐπειδὴ ἐπλήρωσεν πάντα τὰ ῥήματα αὐτοῦ）という表現は、直前の平地の説教との関連性を示しているが、その意味でもこの節は、直前の段落からの移行句として機能している。カファルナウムはガリラヤのはずれに位置し、徴税所が置かれ（5:27 他参照）、ヘロデ・アンティパスの小守備隊の駐屯地であったとされる。ヨセフスによると、ローマの軍隊がパレスチナに駐屯するのは紀元 44 年以降であることからも（『ユダヤ古代誌』17:8:3）、この物語に出てくる百人隊長は異邦人であるが（5, 6, 9 節）、おそらくローマ人ではなく（Lagrange 1927:205; Fitzmyer 1983:651; Green 1997:285 に反対）、ヘロデ・アンティパスの兵士であったと考えられる（ヨハ 4:46 参照）。なお、ここではイエスが単独でカファルナウムに赴いたかのように単数形で記されているが（εἰσῆλθεν）、9 節では「従っていた群衆」に言及されていることからも、弟子たちも同行していたことが前提とされている。

2 節

　物語の冒頭から百人隊長がイエスの前に現れるマタイの物語とは異なり（マタ 8:5）、ルカ版ではまず百人隊長の僕の病状について述べられている。マタイにおいては、彼は中風で寝込んで苦しんでいたと記されているのに対し（マタ 8:6）、ルカにおいては、ヨハネの並行箇所と同様（ヨハ 4:47）、彼の病状はより深刻なものになっており、死にかかっていたと述べられる。さらに、この僕が百人隊長から「**重んじられていた**」という記述は、事態の切迫性を強調すると共に、僕の癒しのために長老たちをイエスのもとに派遣する次節における百人隊長の行動を説明している。

3 節

　この節から実質的な物語が始まり、イエスのことを伝え聞いた百人隊

長は（4:23, 37 参照）、自らイエスのもとに赴くのはふさわしくないと考え（7節参照）、「ユダヤ人の長老たち」を派遣して、彼の僕を助けに来てくれるように依頼する。この百人隊長の要請の背景には、イエスがカファルナウムで行った癒しの業に関する情報があったものと考えられる（4:35–36; 39–41 参照）。ここでの「長老たち」（πρεσβύτεροι）は最高法院（サンヘドリン）のメンバーではなく、その地域の（会堂の）指導者層に属す人々であったと考えられるが、ユダヤ人の長老たちがこの任務を承諾したことは、彼らがこの百人隊長を高く評価していたことを示している。自らが異邦人であることを自覚し、ユダヤ人と異邦人との厳格な分離を定める律法規定を尊重して（使 10:28 参照）ユダヤ人であるイエスとの接触を避けようとするこの百人隊長の振る舞いは、彼の謙遜な態度を示しており、この点は後続の記述においてさらに強調される。

4–6a 節

こうしてイエスのもとにやってきたユダヤ人の長老たちは、その百人隊長が援助するに「ふさわしい」（ἄξιος）人物であることを熱心に訴える。すなわち、彼はユダヤ人を愛し、ユダヤ人のために（経済的支援によって）会堂を建て、ユダヤ人の信仰に対しても理解を示しているというのである。一介の百人隊長がそれだけの財産を持っていたとは想像しにくいが（Eckey 2004:337 参照）、このような記述は、信仰心があつく神を畏れ、多くの施しをしていたカイサリアの百人隊長コルネリウスのエピソード（使 10 章）を思い起こさせ、この百人隊長もコルネリウスと同様、ユダヤ教の教えに共鳴して会堂の礼拝に参加し、主要な律法を遵守していた「神を畏れる者」（使 13:16, 26）の一人であったと考えられる。そして、長老たちの話を聞いたイエスはその依頼を承諾し、彼らと共に百人隊長の家へ向かって行った。

6b–7 節

ところが、その家に到着する前に第二の使者がイエスのもとに遣わされることにより、イエス一行の行動は中断させられることになる。百人隊長は、今度は彼の「友人たち」（φίλοι）を派遣して彼自身の意向を伝えようとしており、ここで友人たちは百人隊長になり代わり、一人称単数形を用

いて彼の言葉をそのまま代弁している。この点においてこの物語は、同様に奇跡物語の枠内で信仰が主題になっている後続のヤイロの娘の蘇生の物語 (8:40–56) と構造的に類似しており、その物語においても、ヤイロ自身がイエスと共に自宅に向かう途中、娘の死を使者から知らされることによってその行動を一旦中断させられており、また、百人隊長が発した「**ご足労なさいませんように**」（μὴ σκύλλου）という言葉に用いられている動詞 σκύλλω は、このヤイロの娘の物語にも用いられている (8:49)。

百人隊長の言葉を代弁する友人たちはイエスに「主よ」と語りかけ、自分にはイエスを自宅に迎えるだけの値打ちがないので（οὐ γὰρ ἱκανός）来て頂くには及ばないとして、最初の使者に託した「来てくれるように」との依頼を自ら撤回している（使 10:28; ヨハ 18:28 参照）。多くの研究者はこの「主よ」（κύριε）との呼びかけを通常の呼びかけの意で解しているが、一部の研究者は、イエスの権威を認識してへりくだろうとする百人隊長の謙虚な姿勢との関連から、これを信仰的な意味での呼びかけと見なしている（Nolland 1989:317; Schürmann 1990:389, 393; Hahn 1995:82f, 85 他）。

さらに百人隊長は、イエスのもとへ自ら赴くことも自分にはふさわしくないという理由から、ただ言葉を発して（遠隔地から）僕を癒してくれるように願っている。ここでは 4 節に続いて「ふさわしさ」が問題になっているが、この百人隊長を「ふさわしい」（ἄξιος）と評価するユダヤ人の長老たちの評価に対して、百人隊長自身は自らをイエスのもとに赴くのに「**ふさわしくない**」（οὐδέ ... ἠξίωσα）と見なしており、彼の謙虚さが一層強調されている。なお、一部の写本では、ἰαθήτω（**癒してください**［命令法アオリスト受動態］）ではなく、ἰαθήσεται（癒されるでしょう［直接法未来受動態］）が用いられているが（マタ 8:8 参照）、これはマタイのテキストへの二次的な同化であろう（蛭沼 1988:2197）。また、この 7 節の「僕」は δοῦλος (2, 3, 10 節参照）ではなく παῖς（マタ 8:6, 8 参照）が用いられているが、これはおそらく語り手ではなく百人隊長自身が発した言葉であるためであり、両者の親しい関係を示しているのであろう（Schürmann 1990:391 n. 12; Wolter 2008:272）。

ルカ版において、（二度にわたる）使者の派遣が設定されているのは、異邦人と接触することも異邦人の家に赴くことも「不浄」であるという理解のためであるが、なぜ二度の派遣を設定する必要があったかという点

は必ずしも明らかではない（最初に遣わしたユダヤ人の長老たちを介して遠隔治癒も依頼できたはずである）。おそらくは、自らを否定的に評価する百人隊長の態度と彼に対するユダヤ人の長老たちの肯定的な評価との対比を強調するために、（文脈を乱してまでも）この二度目の派遣が設定されたのであろう（Tannehill 1986:114f）。ここではまた、イエスが異邦人の家に立ち入ることによって生じる問題が回避されているのみならず、この異邦人が、直接的な接触によらず、遠隔地であっても言葉を発することによって治療をなしうるイエスの権威と力を認識していたことが示されている（4:35–36, 39; 5:13, 24; 6:10 参照）。

8 節

さらに百人隊長は、権威の下にいる彼自身も、部下の兵士や僕たちに命令するとその命令は実行されると語っている。「**私も権威の下に置かれている者ですが**」の「**私も**」がどこにかかるかは必ずしも明らかではない。おそらくここは、百人隊長が権威の下にあるようにイエスも父なる神の権威の下にいるがゆえにイエスの言葉は神の言葉として働くと解するよりも、「小から大へ」の推論を用いて、権威の下にいる彼の命令でさえ実行されるなら、神の権威を有する主イエスの命令の言葉はより一層強力なはずであるという意で理解すべきであろう（Bovon 1989:351）。そのようにこの百人隊長は、病や悪霊をも支配するイエスの力を前提として語っている。

9 節

これを聞いたイエスは「**驚嘆し**」（θαυμάζω）、突然姿を現す「**自分に従っていた群衆**」（cf. マタ 8:10：「従っていた人々」）の方を向く。そして、イエスの言葉が癒しをもたらすことを確信するこの異邦人の信仰を、イスラエルの信仰と比較することにより賞賛するが、これは福音書の記述においてイエスが人間に対して驚嘆する唯一の箇所である。このイエスの言葉がこの段落の中心点であり、それはまた同時に、この百人隊長のような信仰を持つようにとの読者に対する要請となっている。一部の研究者は、この発言におけるイスラエルへの批判的姿勢を指摘しているが（Grundmann 1961:158; Fitzmyer 1983:653）、この点は明らかではない。確かに、イスラエルに対して間接的な批判がこめられていることは否定できないが、「**イ**

スラエルの中でも私はこれほどの信仰は見出したことがない」(οὐδὲ ἐν τῷ Ἰσραὴλ τοσαύτην πίστιν εὗρον) と記すルカにおいては、文頭に「まことに」(ἀμήν) を伴い、「イスラエルの中の誰にも……見たことがない」(παρ' οὐδενὶ ... ἐν τῷ Ἰσραήλ) と記すマタイに比べて批判的姿勢は幾分抑えられており、むしろ、イスラエルの信仰を引き合いに出すことにより、この異邦人の信仰がより効果的に評価されている（Nolland 1989:318）。その一方でマタイは、この直後にイスラエルの人々を痛烈に批判する言葉（マタ 8:11–12）を付加することにより、批判的な視点を一層強調している。

10節

この僕が癒されたことは段落末尾において示される。マタイにおいては、イエスが百人隊長に「あなたが信じた通りになるように」と語った際に僕の病気が癒されたと明確に述べられているのに対し（マタ 8:13）、ルカにおいては癒しの言葉や経緯については直接言及されることなく、遣わされた使者たちが帰って来たときには彼は「**元気になっていることがわかった**」と簡潔に述べられる。このように、ルカにおいては癒しの描写が明確でないことからも、ここでの癒し行為は必ずしもこの段落の主題ではなく、イエスの言葉の権威の裏付けとして機能している。古代世界においては、癒しの奇跡は身体的な接触を通して生じるという考え方がある一方で（5:17; 6:19 参照）、遠隔治癒の可能性も否定されていなかったが（Bill. II:441 参照）、ここでは遠隔治癒そのものよりもそれを可能にする神の権威が問題になっている。なお、家に帰ってきた「**送り出された人たち**」(οἱ πεμφθέντες) とは、百人隊長が最初に遣わした (ἀπέστειλεν) ユダヤ人の長老が異邦人の住居に帰って来るとは考えにくいことからも、後から送り出した (ἔπεμψεν) 友人たちのことであろう。

【解説／考察】

平地の説教に続くこの段落では、イエスの言葉の権威を示すだけでなく、直前の説教において示された貧しい人々に対する神の国の告知の具現化について語られる。ここではまた、先行する中風患者の癒しの物語 (5:17–26) と同様、仲介した第三者の信仰による癒しが語られているが、

それを越えて、異邦人である百人隊長の信仰と、それによって病人との接触なくして実行された彼の僕に対するイエスの癒しの業について述べられており、救いをもたらすのは救済者との物理的な接近（接触）ではなく、信仰の姿勢であることが示されている。

その一方で、ユダヤ人と異邦人を隔てる壁についてはこの物語において特に問題視されておらず、両者の区別をわきまえる百人隊長の態度が賞賛されているような印象も受ける。もっとも段落の後半部においては、この両者の区別よりも、むしろ自らをふさわしくないとするこの百人隊長の謙虚な姿勢が強調されており、当初のユダヤ人と異邦人の区別の問題は「ふさわしさ」をめぐる主題へと移行しており、それによって将来における異邦人宣教が示唆されている（使10:35参照）。

いずれにせよ、自分の僕の病の癒しのために尽力し、周囲の人々に配慮し、ユダヤ社会に敬意を示す、謙遜かつ敬虔なこの百人隊長は、異邦人信徒の理想像を示している。おそらくルカは、このエピソードを通して、異邦人信徒が多数を占めていた彼の時代の教会の人々に信仰者のモデルを提示しようとしたと考えられるが、このような百人隊長の姿は、現代に生きる私たちに対しても、信仰者としてのあるべき姿を指し示している。

2. やもめの息子の蘇生（7:11–17）

【翻訳】

7:11 さて、その後間もなく彼（イエス）はナインと呼ばれる町に赴いた。そして彼の弟子たちや大勢の群衆も彼に同行していた。12 彼が町の門に近づくと、見よ、ある母親の一人息子が死んで担ぎ出されているところであったが、彼女はやもめであった。そして町の多くの群衆が彼女に付き添っていた。13 すると主は彼女を見て、彼女のことを憐れに思い、「泣くのをやめなさい」と彼女に言った。14 そして、彼が近づいて行って棺に触れると、〔それを〕担いでいた人たちは立ち止まった。そこで彼は、「若者よ、私はあなたに言う、起きなさい」と言った。15 すると死人は身を起こして語り

出した。そして彼は彼（息子）をその母親に渡した。16 すると恐れがすべての者を捕らえ、彼らは神を崇めて、「大預言者が私たちの間に起こされた」、また「神はその民を顧みてくださった」と言った。17 そして、彼（イエス）についてのこの評判はユダヤ全土と周辺の全地域に広まった。

【形態／構造／背景】

　カファルナウムで瀕死の状態にあった百人隊長の僕を癒したイエスは、今度はナインにおいてやもめの息子を蘇生させるが、これにより、イエスがエリヤやエリシャに優る預言者であり、主であることが示される。この段落と先行する百人隊長の僕の癒しの物語とは、いずれもイエスの活動場所を示す導入句によって始まり、死の主題（瀕死の病人の癒しと死人の蘇生）を含み（2, 12a 節）、イエスとその奇跡行為の対象者と関係する人物（百人隊長とやもめ）に焦点が当てられている点で共通している。さらに両者は、前者は百人隊長（男性）の僕の癒し、後者はやもめ（女性）の息子の蘇生というように対照的な内容を扱っている（使 9:32–35, 36–43 も参照）。この段落はまた、後続の段落の「死者たちは生き返り」（7:22）という自らの活動内容に関するイエス自身の証言の例証として機能している。この段落は以下のように区分できる。

　　　（1）序：状況設定（11–12 節）
　　　　　(a) イエス一行のナイン行き（11 節）
　　　　　(b) やもめの息子の葬送（12 節）
　　　（2）イエスの憐れみと若者の蘇生（13–15 節）
　　　　　(a) やもめに対するイエスの反応（13 節）
　　　　　(b) 棺への接触と若者への指示（14 節）
　　　　　(c) 死人の蘇生と母親への帰還（15 節）
　　　（3）結び：人々の反応（16–17 節）
　　　　　(a) 人々の恐れと神への賛美（16 節）
　　　　　(b) イエスの評判の広がり（17 節）

　この全体構成からも明らかなように、この段落は、中心となるイエスに

よる奇跡行為の場面（13–15節）が序（11–12節）と結び（16–17節）によって囲い込まれる構造になっており、中心部分においては、イエスによる奇跡行為（14–15a節）が母親に対するイエスの慰めの言葉（13b節）と行為（15b節）によって枠付けられている。

　この段落は他の福音書に並行記事が見られず、多くの非ルカ的表現を含んでいることから（Jeremias 1980:156–160参照）、全体としてルカ特殊資料に由来すると考えられる。この物語は、やもめの一人息子の甦りを主題とするエリヤの物語（王上17:17–24）や、同様にある女性の一人息子の蘇生について語るエリシャの物語（王下4:18–37）との間に顕著な並行性が認められ、特にこの段落とエリヤの物語は、旅路にあった奇跡行為者（イエス／エリヤ）が町の入り口付近でやもめと出会い（7:12／王上17:10）、そのやもめの一人息子を生き返らせ、最後に生き返った息子を母親のもとに返す（7:15／王上17:23）という共通の筋をもっている（カルペパー2002:196参照）。その意味でも、この段落はこのエリヤの物語に直接依拠しないまでも、そこから少なからず影響を受けているものと考えられる。なお、フィロストラトスの『テュアナのアポロニオス伝』4:45にも、結婚式の最中に花嫁が急死して担架で運ばれていたところに出くわしたアポロニオスがその一行を停め、彼女に触れて呪文を唱えると彼女は生き返って大きな声を上げたという類似したエピソードが見られるが（大貫／筒井2013:112f）、この物語の成立は明らかにルカの物語よりも後代であり、福音書の物語との間に直接的な依存関係は確認できない（ラビ文献については Bill. I:560 参照）。ブルトマン（1987:25）は、蘇生奇跡のヘレニズム的な型を示すルカの物語はヘレニズム的ユダヤ人キリスト教において成立したと主張しているが、舞台設定が聖書には他に言及のないナインの町であることに加えて、イエスを大預言者と見なす証言やイスラエルの民への言及（16節）が見られることからも、この伝承はむしろ最初期のパレスチナのキリスト教会に由来すると考えられる（Petzke 1990:92; Schürmann 1990:405）。

　その一方で、冒頭の11–12節は多くのルカ的語句（《καὶ ἐγένετο＋時を示す句＋結びの動詞》、ἑξῆς［次に。新約ではルカ文書にのみ5回使用］、πορεύομαι［行く。新約用例154回中ルカ文書に89回使用］、人名／地名等の名詞と結びつく καλέω［呼ぶ］の分詞形［新約用例27回中ルカ文書に24回使用］、ὡς δέ［同70

回中 47 回使用]、ἐγγίζω［近づく。同 42 回中 24 回使用]、「唯一の」を意味する形容詞 μονογενής［共観福音書ではルカ 8:42; 9:38 にのみ使用］等）を含んでおり（Jeremias 1980:156–158 参照）、特に 11 節に関しては、ナインという地名以外はルカの編集的構成によるものと考えられる（H. Klein 1987:35f; Petzke 1990:91f）。同様に結部の 16–17 節にも比較的多くのルカ的表現が含まれ（Jeremias 1980:159f 参照）、さらに類似表現がルカ文書の他の箇所に確認されるが（16 節→ルカ 1:68, 78; 19:44; 使 15:14、17 節→ルカ 4:37; 5:15）、特にイエスの評判の伝播について述べる末尾の 17 節はルカの編集句であろう（H. Klein 1987:37; Petzke 1990:92）。以上のことからも、ルカは特殊資料に由来する伝承をもとに、特に物語の枠組みの部分については編集の手を加えつつこの段落全体を構成したのであろう。おそらくルカは、次段落でイエスの活動内容として死者の蘇生が挙げられているにも拘らず（7:22）、その具体例についてはここまで言及がなかったため、このエピソードをこの位置に挿入したものと考えられる。

【注解】

11 節

　百人隊長の僕を癒した後、イエスは旅を続けるが、間もなくナインという町に到着する。「**その後間もなく**」（ἐν τῷ ἑξῆς［ἐν τῇ ἑξῆς とする異文を採ると「翌日」の意]）という表現は、この段落を前段に結びつける機能を果たしている。ナインはナザレの南東 9km に位置するガリラヤの町と考えられるが、聖書においてはこの箇所以外には言及されていないことからも、この地名は当初からこの物語の伝承に含まれていたと考えられる（ヨセフス『ユダヤ戦記』4:511, 517 参照）。因みにこの町は、エリシャがある女性の息子を生き返らせたシュネム（王下 4:8, 36）から比較的近距離の場所に位置している。ここにはまた、弟子たちや大勢の群衆（6:17 参照）もイエスに同行していたと記されているが、彼らはイエスによる蘇生の奇跡の証人としての役割を果たすことになる。

12 節

　ナインの町の門に近づいたとき、イエスは葬送の一行と出会った。こ

こでは ἤγγισεν（近づいた）という単数形動詞が用いられ、イエス単独の行為として記述されているが、前節の記述からも弟子たちや大勢の群衆が同行していたと見なすべきであろう。καὶ ἰδού（[そして] 見よ）は、予期しない状況に読者の目を向けさせている。あるやもめの「**一人息子**」（μονογενὴς υἱός）が亡くなり、彼の遺体を納めた棺が町の外に位置する埋葬所へ運び出されていくところであり、多くの人が付き添っていた。その意味では、イエスに先導された生（命）の一行とやもめを中心とする遺族たちの死の一行との出会いがここには描かれている。葬送・埋葬に随行することは重要な愛の業と見なされていたことからも（Bill. VI:578–592）、この場面でやもめに「**町の多くの群衆**」（ὄχλος τῆς πόλεως ἱκανός）が付き添っていたことは、必ずしも多くの人が彼女に同情的であったことを示しておらず（Schürmann 1990:400; H. Klein 2006:276 に反対）、むしろこの設定は、すべての者が神を崇める（16 節）という段落末尾の描写を準備する機能を果たしている。また、すでに寡婦であったこの女性がその一人息子を失ったということは、あらゆる権利と保護の喪失のみならず、生きる希望の喪失を意味しており、事態の悲劇性を高めている（エレ 6:26; アモ 8:10; ゼカ 12:10 参照）。

13 節

そのやもめを見て憐れに思ったイエスは、「**泣くのをやめなさい**」（8:52 参照）と彼女に語りかける。イエスはここで「**主**」（κύριος）と表現されているが（5:8, 12; 6:46; 7:6 参照）、このように κύριος がイエスの代名詞として地の文で用いられるのは、共観福音書ではルカ福音書のみであり（計 15 回）、これが最初の例である（マコ 11:3 並行のみ参照）。この表記を伝承に帰す研究者も多いが（Jeremias 1980:158; Hahn 1995:88–90）、ルカはしばしば κύριος をこの意味で編集的に付加していることからも（7:19; 10:1; 11:39; 12:42; 17:6; 22:61; 24:3）、おそらくルカが後出の「大預言者」（16 節）という称号の不十分さを補うために挿入したのであろう（Schürmann 1990:401; Wolter 2008:275）。また σπλαγχνίζομαι（憐れに思う）は、ルカ福音書では計 3 回用いられているが（10:33; 15:20）、イエス自身の態度として表現されているのはこの箇所のみである。イエスのこのような態度と「**泣くのをやめなさい**」という慰めの言葉は、直後の奇跡行為を予示している。

14 節

イエスが近づいて行って「**棺**」(σορός) に触れると、それを担いでいた人々は立ち止まった。σορός は本来（閉じられた）「棺」を意味するが、15節に「死人は身を起こして」とあることからも、「担架」の意で用いられているのであろう (Marshall 1995:286)。また、棺に触れるという行為が奇跡行為と直接関連しているのか、それとも、ただ単に葬列の一行を停めようとした行為であったかは明らかではない。確かに、接触による癒しや蘇生の記述も見られることから（王上 17:17 以下；王下 4:18 以下；使 20:10 参照）、おそらくここでも元来は生命をもたらす神的な力と関連づけられていたが、後になって魔術に批判的な理解から葬列の一行を停める行為と解されるようになり、強調点はイエスの言葉に移っていったのであろう (Bovon 1989:363)。因みに Grundmann (1961:160) は、イエスが汚れることも恐れずに（民 19:11, 16）棺に触れたため、担いでいた人々は（驚いて）立ち止まったと想定している。続いてイエスは、「**若者よ、私はあなたに言う、起きなさい**」(5:23–24; 6:8; 7:22 参照) と語りかけるが、この「**起きなさい**」(ἐγέρθητι = ἐγείρω の命令法アオリスト受動態二人称単数形) という指示は、眠りから目覚めなさいという意味のみならず、永遠の眠り（死）から目覚めなさい、すなわち死からの復活への招きの言葉とも解しうる（7:22; 9:7, 22; 20:37; 24:6, 34 参照）。

15 節

すると、その死人は「**身を起こして**」(ἀνεκάθισεν [使 9:40 参照]) 語り出した。前述の『テュアナのアポロニオス伝』においては蘇生した花嫁が仮死状態であった可能性が指摘されているのに対し、この「**死人**」(ὁ νεκρός) という表現はその若者が完全に死んでいたことを裏付けており、蘇生した若者が身を起こして語り出したという描写は、彼が完全に生き返ったことを示している。

ここでのイエスの奇跡行為は、誰かに依頼された結果なされたのでもなく、やもめの信仰心が呼び起こしたのでもない。イエスの憐れみの感情が契機となり、あくまでもイエス主導のもとでなされており、事実ここには、息子の母親であるやもめの行動や反応については何も記されていない。その意味では、ここでの奇跡行為はイエスの憐れみ（13 節）に根拠づけら

れているが、ルカにはイエスの感情表現を抑える傾向があるだけに、この点は注目に値する。また、蘇生の際に祈りをささげたエリヤやエリシャの場合とは異なり（王上17:21; 王下4:33）、イエスは言葉のみによってその若者を死から甦らせており（4:35, 39参照）、ここでは死をも凌駕するイエスの権威が強調されている。

最後にイエスは、生き返ったこの青年を母親のもとに返しているが、この「**彼は彼（息子）をその母親に渡した**」（ἔδωκεν αὐτὸν τῇ μητρὶ αὐτοῦ）という表現は、やもめの息子を蘇生させたエリヤのエピソードで用いられている表現（王上17:23 LXX）と逐語的に一致しており、さらに、悪霊に取りつかれた子をイエスが癒してその父親に返す後続の奇跡物語の末尾の場面（9:42：ἀπέδωκεν αὐτὸν τῷ πατρὶ αὐτοῦ［彼（イエス）は彼をその父親に返した］）にも対応している。この描写は、このやもめの生きる支えであった息子が生き返って戻ってくることにより、彼女の命が再び生気を取り戻したことを象徴的に示している（Green 1997:292）。

16節

その場にいた人々は皆、イエスの一行も葬送の随行者もこの出来事を目の当たりにして恐れに捕らえられるが、宗教的な意味をもつこの恐れは神への賛美へと移行し（5:26; 1:64-65参照）、彼らは神を崇めて二重の信仰告白を発する。一つは、神はイエスにおいて大預言者を起こした（出現せしめた）というイエスの本質に関わる告白であり（4:24; 24:19参照）、もう一つは、神がその民を顧みたという神の救いを確信する告白である。

「**大預言者**」（προφήτης μέγας）という表現は預言者エリヤを思い起こさせるが、ここでの「**起こされた**」（ἠγέρθη = ἐγείρωの直接法アオリスト受動態三人称単数形）も、14節の「起きなさい」と同様、復活をも暗示しており、その意味では、イエスがイスラエルの多数の預言者の中から復活した預言者と見なされていたことを示唆している。また、神がその民を「**顧みてくださった**」（ἐπεσκέψατο）という告白の類似表現はルカ1:68, 78にも見られ（さらに19:44; 使15:14も参照）、この信仰告白はザカリアの賛歌（1:68-79）の成就とも見なしうる（Wolter 2008:276）。いずれにせよ、ここではイエスではなく神が崇められており、イエスは神から遣わされたイスラエルの民の預言者であり、神はイエスを通してその民を恵み、憐れ

んだという理解が示されている。なお Schürmann（1990:403）は、ここでの「民」（λαός）が文字通りのイスラエルの民に限定されている一方で、ルカがここですでに民族の枠を越えた神の民の姿を予示している可能性を指摘している。

17節

最後の結びの句は、イエスに関する「この評判」（ὁ λόγος οὗτος）がユダヤ全域及びそれを越えた地域にまで広まったことを示しており（4:14, 37, 44; 5:15, 17; 6:17 参照）、イエスのここまでのガリラヤでの宣教活動を締めくくる機能を果たしている。この記述はまた、神の言葉がパレスチナ以外の地域に広がっていく使徒行伝の記述を予示している（Bovon 1989:365）。

【解説／考察】

イエスはここでやもめの息子を死から甦らせることにより、自らがエリヤのような預言者であるだけでなくそれを凌駕する大預言者であり、かつ命の主であることを明らかにしている。また、この蘇生の奇跡が母親であるやもめの願いや信仰によるものではなく、ひとえにイエスの憐れみによって根拠づけられることにより、神から遣わされた主としてのイエスの権威がより一層明らかに示されることになる。

死というものは、私たち人間の生を規定し、限界づけているという意味においても人生における最大のテーマである。死はまたそれゆえに、人生のはかなさのみならず、その意味を私たちに教えてくれるが、この点は今も昔も何ら変わらない。この段落には、一人息子を失ったあるやもめが登場するが、その事態が、すでに夫を失っていた彼女に、生活基盤の喪失による社会的な痛手以上に深刻な悲しみと苦しみをもたらしたことは想像にかたくない。それだけにこの息子の蘇生は、彼女のみならず、周囲の人々に大きな喜びをもたらしたことであろう。それと共にこのエピソードは、死に打ち勝つ存在であるイエスによって新しい命が与えられるという希望を私たちに与えてくれる。

3. 洗礼者ヨハネとイエス（7:18–35）

【翻訳】

7:18 さて、ヨハネに彼の弟子たちは、これらすべてのことについて報告した。そこで、ヨハネは彼の弟子たちの中から二人を呼び寄せ、19 こう言って主のもとに送った。「来たるべき方はあなたですか。それとも、私たちはほかの方を待つべきでしょうか」。20 そこで男たち（二人）は、彼（イエス）のもとにやって来て言った。「洗礼者ヨハネが私たちをあなたのところに遣わし、『来たるべき方はあなたですか。それとも、私たちはほかの方を待つべきでしょうか』と言っています」。21 そのとき、彼は病気や苦しみや悪霊たちから多くの人々を癒し、大勢の盲人たちの目を見えるようにしていた。22 そこで、彼は彼らに答えて言った。「行って、あなたたちが見聞きしたことをヨハネに報告しなさい。すなわち、盲人たちは見えるようになり、足の不自由な人々は歩き、重い皮膚病患者たちは清められ、耳の聞こえない人々は聞こえるようになり、死者たちは生き返り、貧しい人々は福音を告げ知らされている。23 そして、幸いだ、私につまずかない者は」。

24 さて、ヨハネの使者たちが去ってから、彼は群衆にヨハネについて話し始めた。「あなたたちは何を見に荒れ野へ出て行ったのか。風にゆらぐ葦か。25 では、何を見に出て行ったのか。柔らかい衣服で装った人か。見よ、華やかな衣装で身をまとい、贅沢に暮らす人たちなら宮殿にいる。26 では、何を見に出て行ったのか。預言者か。そうだ、私はあなたたちに言っておくが、預言者以上の者である。27 この人こそそう記されている者である。『見よ、私はあなたの面前に私の使者を遣わす。彼はあなたの前にあなたの道を整える』。28 私はあなたたちに言っておくが、およそ女性から生まれた者の中で、ヨハネより偉大な者はいない。しかし、神の国で最も小さな者でも、彼よりは偉大である」。

29 さて、民は皆〔ヨハネの教えを〕聞き、また徴税人たちもヨハネの洗礼を受け、神を義とした。30 しかし、ファリサイ派の人々や律法の専門家たちは、彼から洗礼を受けないで、自分たちに対する神の御心を拒んだ。

31 「では、この時代の人々を何にたとえたらよいか。彼らは何に似てい

るか。³² 彼らは広場に座って、互いに呼びかけ、〔こう〕言っている子どもたちに似ている。『私たちはあなたたちのために笛を吹いたのに、あなたたちは踊ってくれなかった。私たちは弔いの歌を歌ったのに、あなたたちは泣いてくれなかった』。³³ というのも、洗礼者ヨハネが来て、パンも食べず、ぶどう酒も飲まずにいると、あなたたちは『あれは悪霊に取りつかれている』と言い、³⁴ 人の子が来て、食べたり飲んだりすると、あなたたちは『見ろ、大食漢で大酒飲みだ、徴税人たちや罪人たちの仲間だ』と言う。³⁵ しかし知恵は、その（知恵の）すべての子らによって義とされる」。

【形態／構造／背景】

　百人隊長の僕の癒し（7:1–10）とやもめの息子の蘇生（7:11–17）の記事に続くこの段落では、その投獄の記述（3:19–20）以降、しばらく表舞台から姿を消していた洗礼者ヨハネに再び焦点が当てられる（1:5–80; 3:1–20; 5:33 参照）。ここまでの箇所においてヨハネはすでにイエスの先駆者として描かれていたが（1:15, 76–77; 3:16）、ここではヨハネとイエス双方に関する記述を通して両者はそれぞれ何者かという主題が扱われ、さらに両者相互の関係について述べられる。

　段落冒頭の、ヨハネに彼の弟子たちが報告した「これらすべてのこと」（18 節）は、具体的にはルカ 3:21 以降の一連のイエスの活動、特に直前の二つの奇跡物語（7:1–10, 11–17）を指している。また、「死者たちは生き返り」というイエスの証言（22 節）は直前の蘇生物語を受けており、その一方で「徴税人たちや罪人たちの仲間」というイエスに対する非難（34 節）は、後続の罪深い女性の赦しの物語（7:36–50）へと自然につながっている。

　このテキスト全体は、（1）ヨハネのイエスへの問いとイエスの自己証言（18–23 節）、（2）ヨハネに関するイエスの証言（24–28 節）、（3）この時代の人々に対するイエスの非難（29–35 節）という三つの小段落から構成されている。冒頭の（1）は、ヨハネの弟子たちを通して発せられたイエスの本性に関するヨハネ自身の問い（18–21 節）と、それに対するイエスの答え（22–23 節）から構成されているが、後半のイエスの言葉に頂点をもつ伝承資料（アポフテグマ）と見なしうる。次の（2）は、ヨハネに

関する並行する三つの修辞的問い（24b, 25a, 26a 節）とそれへの答え（25b, 26b）及びヨハネに関するイエスの証言（27–28 節）から構成されている。この三つの問いは同様の構造をもつ二つ一組の疑問文から構成されており、いずれも τί ἐξήλθατε ... θεάσασθαι (ἰδεῖν)（「何を見に出て行ったのか」）という表現で始められている。最後の（3）ではヨハネとイエスが同列に置かれ、両者に対する人々の態度が記されているが、ヨハネに対する民や徴税人の肯定的態度を記す冒頭の 29 節は知恵の子らについて記す末尾の 35 節に対応し、ファリサイ派らの否定的態度を記す 30 節は直後の 31–34 節に対応している。この箇所はまた、πᾶς（すべて）及び δικαιόω（義とする）によって枠付けられており（29, 35 節）、その意味で、この時代の人々の否定的態度（30–34 節）は、民や徴税人、知恵の子らの肯定的態度によって囲い込まれている。

なお 29–30 節は、後続の 31–35 節を導入すると共に直前のイエスの証言（24–28 節）を締めくくる機能も果たしており、一部の研究者はこの箇所を直前の（2）に組み入れている（Fitzmyer 1983:670–676; カルペパー 2002:202f）。この段落全体は以下のように区分される。

（1）ヨハネのイエスへの問いとイエスの自己証言（18–23 節）
　（a）ヨハネの弟子たちのヨハネへの報告（18a 節）
　（b）ヨハネの弟子たちの派遣（18b–19 節）
　（c）ヨハネの使者たちの問い（20–21 節）
　（d）イエスの答え（22–23 節）
（2）ヨハネに関するイエスの証言（24–28 節）
　（a）ヨハネの使者たちの退去とイエスの発言（24a 節）
　（b）ヨハネに関する問いと答え（24b–26 節）
　（c）先駆者ヨハネに関する証言（27–28 節）
（3）この時代の人々に対するイエスの非難（29–35 節）
　（a）ヨハネに対する人々の反応（29–30 節）
　（b）この時代の人々の譬え（31–32 節）
　（c）ヨハネとイエスに対する非難（33–34 節）
　（d）知恵の義しさ（35 節）

ルカ 7:18–35 は基本的にマタイ 11:2–19 に並行していることから全体として Q 資料に由来すると考えられ、すでに Q 資料において百人隊長の僕の癒しの物語（7:1–10）の直後に続いていたのであろう（Bovon 1989:369）。なお、マタイ版もルカ版と同様、三つの小段落から構成されており、各部分は元来は個別の伝承であったと考えられる。

最初の 18–23 節は総じてマタイ 11:2b–6 に対応しており、全体として Q 資料に由来する。その一方で、ルカに特徴的な ἀπαγγέλλω（報告する［新約用例 44 回中ルカ文書に 27 回使用］）を含み、前段との接合部を作り出している冒頭の 18 節はルカの編集句であろう（Schulz 1972:190 n. 117; Jeremias 1980:160 参照）。同様に、παραγίνομαι（やって来る［新約用例 36 回中ルカ文書に 28 回使用］）や ἀνήρ（男［同 127 回中 116 回使用］）等のルカ的語彙を含み（Jeremias 1980:161 参照）、19 節の内容を反復する 20 節と、《θεραπεύω ἀπό + 病名》という構文（新約ではルカ 5:15; 6:18; 7:21; 8:2 のみ）や πνεῦμα πονηρόν（悪霊［新約用例 8 回中ルカ文書に 7 回使用］）等のルカ的表現を含み、22 節のイエスの証言を準備する 21 節はマタイに見られず、ルカによる二次的拡大と考えられる（Jeremias 1980:161f; Fitzmyer 1983:663; Bovon 1989:370）。なお、この箇所の伝承部分（19, 22–23 節）は、洗礼者ヨハネをイエスの先駆者と見なす最初期のキリスト教会の理解にそぐわないことから古い層に遡ると考えられる。ブルトマン（1983:188）は、22–23 節（並行マタ 11:5–6）は元来独立して存在したロギオン（イエスの言葉伝承）であり、史的イエスに遡ると主張しているが、この点は確実ではない。また、このテキストの背景にイエスとヨハネ双方の弟子集団の間の対立関係があったかどうかという点も明らかではない。

次の 24–28 節は、直前の箇所以上にマタイのテキスト（マタ 11:7–11）に緊密に対応しており、Q 資料に由来する。この伝承は直前の箇所以上に古い伝承に遡ると考えられ、特に 24–26 節のヨハネに関する言葉は史的イエスに遡る可能性も指摘されている（ブルトマン 1983:286f; Marshall 1995:293; H. Klein 2006:283）。なお、三つの問いによって構成されているこの箇所の並行性を乱している 25c 節は二次的挿入と考えられ（ルツ 1997:229）、ヨハネをイエスの先駆者と見なす引用句の 27 節（出 23:20; マラ 3:1 参照）やヨハネの偉大さについて述べる 28 節（特にヨハネへの肯定的評価を相対化する 28b 節）も Q 資料以前の段階で二次的に付加されたと

考えられる。

　末尾の 29–35 節は全体としてマタイ 11:16–19 に対応している。もっとも、ヨハネに対する人々の反応について述べる 29–30 節はマタイの並行箇所に欠けており、部分的にマタイ 21:32 に対応してはいるが、Q 資料に由来するとは考えにくい（Schneider 1984:172f; Schürmann 1990:422f に反対）。一方でこの 29–30 節には、πᾶς (ἅπας) ὁ λαός（すべての民 [新約用例 21 回中ルカ文書に 18 回使用]）、「ヨハネの洗礼」(τὸ βάπτισμα [τὸ] Ἰωάννου [マコ 11:30 // マタ 21:25 を除くと新約ではルカ文書にのみ 5 回使用]）、βουλή（意志 [新約用例 12 回中ルカ文書に 9 回使用]）等、ルカ的語彙が比較的多く認められることから、ルカは別個の資料から得た記述を編集的にここに付加し（ブルトマン 1983:40; Bovon 1989:373; Wolter 2008:284）、それによって人々の否定的反応（30–34 節）を肯定的反応（29, 35 節）によって枠付け、民の分化（29–30 節の注解参照）を強調しようとしたのであろう。なお、ルカに欠けているマタイ 11:12–13 はルカ 16:16 に対応しているが、元来の Q 資料の文脈にはなく（Fitzmyer 1983:162 に反対）、おそらくマタイは、Q 資料の別の箇所から得たこの言葉に自らが構成したマタイ 11:14–15 を加えてここに挿入したのであろう（ブルトマン 1983:39f）。

　31–32 節の譬えは Q 資料に由来し、32 節はより古い伝承（史的イエス？）に遡ると見なしうる。それに続く適用句（33–34 節）は元来の譬えには付随しておらず（Marshall 1995:298 に反対）、おそらく Q 資料以前の段階で二次的に付加されたのであろう（ブルトマン 1983:267; Schürmann 1990:423–426）。結びの 35 節も元来はこの文脈にはなく、Q 資料以前の段階でこの位置に付加されたと考えられる。なお、ルカ版の「そのすべての子らによって」(ἀπὸ πάντων τῶν τέκνων αὐτῆς) がマタイ版では「その働きによって」(ἀπὸ τῶν ἔργων αὐτῆς) となっているが、おそらくルカ版の方が原初的であり、マタイは τέκνον（子）を ἔργον（働き）に置き換えることにより、マタイ 11:2–19 の段落全体を τὰ ἔργα（同 11:2）と τῶν ἔργων（同 11:19）によって枠付けようとしたのであろう（Schulz 1972:480; ルツ 1997:242）。一方でルカに特徴的な πάντων（すべての）はルカの編集句であろう（29 節も参照）。

　以上のことからも、ルカは Q 資料から得た一連のテキスト（19, 22–23, 24–28, 31–35 節）に 18, 20–21, 29–30 節等を編集的に付加することにより、

この段落全体を構成したのであろう。

【注解】

18–19 節

この段落は時間と場所を明示することなく始まっている。イエスと洗礼者ヨハネについてはすでに福音書の冒頭部分でも並行する形で記述されていたが、ここで初めてヨハネからイエスに問いが発せられる。すなわち、ヨハネの弟子たちがイエスの活動に関する情報（特に 7:1–17 参照）を耳にし、それを獄中の（3:20 参照）ヨハネに伝えたところ、ヨハネは二人の弟子をイエスのもとに遣わし（10:1; 使 8:14; 9:38; 13:2; 19:22 参照）、彼が「**来たるべき方**」（3:16 参照）なのかどうか、尋ねさせたという。比較的多くの研究者は、この「**来たるべき方**」（ὁ ἐρχόμενος）をメシア的称号と見なしているが、これがメシア（キリスト）を意味する表現として当時のユダヤ教世界で一般に用いられていたかどうかは明らかではない。

ルカのヨハネがすでに自らをイエスの証人として自認し、「より優れた方」の出現について証言していた点を考えるなら（3:16–17 参照）、このようなヨハネの問いは奇異に感じられる。その意味でも、その史的信憑性は別として、この言葉は古い伝承に遡る可能性があり、イエス復活後の洗礼者教団の状況を反映しているのかもしれない（Bovon 1989:374）。このヨハネの問いが、肯定的な意味での驚嘆や期待を意味しているのか、それとも疑念や戸惑いを示しているのかは明らかではないが、ヨハネが描写する終末の審判者のイメージ（3:16–17）と後出のイエスの応答（22 節）との相違は、イエスの宣教活動がヨハネの期待に沿うものではなかったことを想像させる。Fitzmyer（1989:95–99）によると、歴史的ヨハネは元来イエスを再来のエリヤと見なしており、ヨハネの死後、むしろイエスがヨハネを再来のエリヤと見なすようになるが、ここでのヨハネの問いは、噂に聞くイエスの活動内容がエリヤのイメージと相容れないという疑念といらだちから発せられたと見なしうる（カルペパー 2002:200）。事実この点は、「**それとも、私たちはほかの方を待つべきでしょうか**」（3:15 参照）という後続の問いにも符合している。いずれにせよ、ここでは明らかに「イエスとは何者か」という問いが主題となっており、直前のルカ 7:13 と同様、

イエスを「主」（κύριος）と表現するルカは（א, A, W 等の写本は「主」ではなく「イエス」と記載）、この問いに対する答えを先取りして示そうとしているのであろう（9:7–9, 18–20 参照）。

20–21 節

二人のヨハネの使者はヨハネの指示通りにイエスに尋ねるが、そのときイエスは、病気や悪霊等に悩んでいる人々や盲人たちを癒していた（4:40–41; 5:15; 6:18–19 参照）。この描写はルカによる設定であり、ヨハネの使者たちに直接イエスの活動の現場を見せることにより、その目撃証人としての役割を果たさせている。なお、ここで特に悪霊追放に言及されているのは（4:35, 41; 6:18 参照）、おそらく直後のイエスの証言（22 節）では触れられていないためであり、一方で、盲人たちの癒しに言及されているのは、後続のイエスの証言ではイエスの活動の一要素として提示されているにも拘らず、ルカにおいては、マタイの場合とは異なり（マタ 9:27–31 参照）、ここまでイエスによる盲人の癒しについてはほとんど触れられてこなかったためであろう（4:18 のみ参照）。

22 節

イエスの本質に関わるヨハネの弟子たちの問いかけに対して、イエスは直接答えずに自らの活動を具体的に列挙している（4:18 参照）。すなわち、イエスはここで、盲人たちの癒し（21 節及び 4:18 参照）、足の不自由な人々の癒し（5:17–26 参照）、重い皮膚病患者たちの清め（5:12–16 参照）、耳の聞こえない人々の癒し（1:20, 64; 11:14 参照）、死者たちの蘇生（7:11–17 参照）、貧しい人々への福音告知（4:18; 6:20 参照）について述べ、使者たちに対して「**あなたたちが見聞きしたこと**」（ἃ εἴδετε καὶ ἠκούσατε）をヨハネに伝えるように指示している。この箇所はマタイ版では「あなたたちが聞いて見ていること」（ἃ ἀκούετε καὶ βλέπετε）となっており、時制に加えて、「聞く」と「見る」の順序が異なっているが、おそらくルカは、ヨハネの使者たちにイエスの行為を目撃させた後にイエスの言葉を聞かせる（21–22 節）自らのテキストの構成に即して動詞の順序を入れ替えたのであろう（Bovon 1989:369）。なお、ここに挙げられているイエスの活動は、イザヤ 61:1（貧しい人々への福音告知と盲人たちの癒し［LXX のみ］）の

他、同 26:19（死者の蘇生）、同 29:18–19（耳の聞こえない人々と盲人たちの癒し、貧しい人々の喜び）、同 35:5–6（盲人たちや耳の聞こえない人々、歩けない人々の癒し）、同 42:18（耳の聞こえない人々と盲人たちの癒し）等の本文を反映していることからも、ここでのイエスの発言はイザヤの預言の成就を意味しており、救いをもたらすイエスの宣教活動を包括的に示している。なお、最後に言及されている「**貧しい人々**」への福音告知に強調が置かれていることは明らかであるが、ここでは物質的貧者のみならず広く社会的弱者一般を意味しているのであろう。

23 節

これに続く幸いの言葉は、イエスにつまずかないように警告すると同時に、そのつまずきを克服してイエスを受け入れるように要請しており、イエスの癒しの業と宣教において神はその救いの時代を開始したことが前提にされている。このイエスの発言に対してヨハネの使者たちがどのように反応したかについては全く触れられておらず、その意味でも、ここではむしろ読者に向かって語られている。なお Bovon (1989:374) は、この段落とヨハネ福音書のトマス物語（ヨハ 20:24–29）との構造と内容（疑いのモチーフとイエスの行為による証し、幸いの言葉による結び等）における近似性を指摘している。

24 節

ヨハネの使者たちが立ち去った後、イエスは群衆に向かって今度は洗礼者ヨハネについて語り始めるが、ここまではイエスに関するヨハネの問いが問題になっていたのに対し、24 節以降はヨハネに対するイエスの評価について述べられる。ここでイエスは τί ἐξήλθατε という表現で始まる修辞疑問文を三度にわたって繰り返しているが、冒頭の τί は「なぜ」ではなく「何を」の意で解すべきであろう。すなわちここでは「（あなたたちは）何を見に（荒れ野へ）出て行ったのか」という問いが繰り返され、「**風にゆらぐ葦**」、「**柔らかい衣服で装った人**」、「**預言者**」という三つの可能性に言及することを通して、ヨハネが何者であるかを明らかにしようとしている。ここではまた、ヨハネが「**荒れ野**」(1:80; 3:2, 4, 7 参照) で活動し、その荒れ野が悔い改めの場であることが前提とされており、最初の二つの

問いについては明らかに否定的な答が前提とされている。

最初の「**風にゆらぐ葦**」の意味は必ずしも明らかではなく（王上 14:15 参照）、文字通りに荒れ野における葦、すなわち荒れ野の日常的な情景を意味している可能性も否定できないが（Klostermann 1971:96; Davies/Allison 1991:247）、そうだとすると、何の目的もなく荒れ野に赴いたのかという皮肉が込められていることになる。あるいは、葦は古典文献においてしばしば「揺れ動く者」や「病弱な者」に例えられることから、比喩的に権力や時流になびく人を指しているとも考えられるが、そうだとすると、領主ヘロデ・アンティパスの悪事を指摘したために投獄された洗礼者ヨハネとは対極にある人物が示唆されていることになる（マコ 3:19–20 参照）。その一方で、ヘロデ・アンティパスは葦を個人的象徴とした硬貨を製造させており、そこから葦がヘロデを暗示していた可能性も否定できないであろう（Theissen 1992:25–44 参照）。

25 節

次の「**柔らかい衣服で装った人**」の意味は明らかであろう。そのような「**華やかな衣装で身をまとい、贅沢に暮らす人たち**」（あるいは「華やかで贅沢な衣装で身をまとった人たち」）は、荒れ野ではなく宮殿で暮らしている。その意味でも、ここで描かれているイメージは、らくだの毛衣を着用し（マコ 1:6 // マタ 3:4）、禁欲的な生活を実践するヨハネのイメージには適合しておらず、「**贅沢に暮らす**」という表現が付加されているルカにおいてはマタイ以上にそうである。また、μαλακός には「柔らかい」の他に「軟弱な」という意味もあるが、このイメージもヨハネには当てはまらない。あるいは、最初の二つの比喩（24–25 節）はいずれもヨハネを投獄したヘロデ・アンティパスを暗示しているとも考えられ、そうだとすると、落ち着かずに揺れ動き、華やかな衣装をまとって宮殿で暮らす彼と、周囲に影響されることなく荒れ野で質素に暮らすヨハネとが、対照的に描かれていることになる。なお、24–25 節についてはトマス福音書〔語録 78〕に並行箇所が見られるが、トマスにおいては、洗礼者ヨハネの文脈に置かれずに内容は一般化され、柔らかい衣服を身につけている王や高官は真理を悟ることができないと述べられている（荒井 1994:241f 参照）。

26節

　ヨハネを「預言者」と同定しようとする最後の問いに対しては、ここまでとは異なり、一旦は肯定的に答えられる。しかし、この答えも十分ではなく、これに引き続き、洗礼者ヨハネは単なる預言者ではなくそれ以上の者、すなわち特別の（終末論的）預言者であると言明される。

27節

　続いてその「預言者以上の者」の具体的な意味について説明される。この節の前半部は出エジプト 23:20、後半部はマラキ 3:1 を引用しており（マコ 1:2 参照）、元来の文脈ではヤハウェが自らの道を整えさせるためにまず使者（＝エリヤ）を派遣することが記されていたが（マラ 3:23）、「私の前に道を整える」（マラ 3:1）が「**あなたの前にあなたの道を整える**」に変えられていることからも明らかなように、最初期のキリスト教会はこの言葉をイエスに関する言葉として捉え直し、ヨハネをその使者に位置づけている（マコ 1:2; マタ 11:10 参照）。おそらくルカ自身は洗礼者ヨハネとエリヤを同定しようとしていないが（マコ 9:9–13; マタ 11:14 参照）、ここではヨハネは再来のエリヤのイメージで捉えられており、イエスにおいて具現化される神の到来の出来事の直前に現れる最後の預言者という意味でヨハネは預言者以上の存在なのである。

28節

　続いて、「**私はあなたたちに言っておく**」（λέγω ὑμῖν）という誓いの形式が導入され、μείζων（**より偉大な**）という形容詞を伴う二つの対立的な言葉が続いている。まず、預言者以上の存在であるヨハネは、女性から生まれた誰よりも偉大であると述べられる。「**女性から生まれた**」という表現は「人間」一般を指す表現として聖書にも用いられるが（ヨブ 14:1; 15:14; 25:4; ガラ 4:4; 死海文書「宗規要覧」11:21）、多くの場合は神から隔絶されている状況が強調されている。

　しかしその直後の箇所では、「**神の国で最も小さな者**」でもヨハネより偉大であると、ここまでのヨハネに対する肯定的評価が相対化されている（トマス福 46 参照）。この表現の真意は必ずしも明らかでないが、この世においてごく小さな者であっても、イエスの教えに聞き従う者は神の国にお

いて（この世に属する）ヨハネ以上に偉大な存在になると、この世とは全く異なる基準に立つ神の国の新しさが強調されているのであろう。その意味でも、ここではヨハネの偉大さが評価されると共に、その偉大さが限定的であることが表明されている。その一方で、この言葉をイエスの自己証言と見なし、イエスはヨハネの後継者（若輩者）であるという意味でこの世ではイエスの偉大さは隠され、ヨハネより小さな者と見なされているが、神の国ではより偉大であるとする教会教父以来の見解は、文脈からも考えにくい。

29–30 節

ヨハネに関するイエスの証言に続いて、ヨハネに対する人々の二重の反応について総括的に述べられる。すなわち、すべての民（3:21 参照）や徴税人たち（3:12 参照）は、ヨハネの教えを受け入れて洗礼を受け、「**神を義とした**」が（ソロモン詩 3:5; 8:7–8 参照）、その一方で、「**ファリサイ派の人々や律法の専門家たち**」は洗礼を受けず、「**神の御心を拒んだ**」。νομικός（律法の専門家）は、マタイ 22:35 とテトス 3:9, 13 を除くと新約ではルカ福音書にのみ用いられ（7:30; 10:25; 11:45, 46, 52; 14:3）、γραμματεύς とほぼ同義的に用いられる。また、ルカに特徴的な βουλή（意志、ここでは「御心」と訳出）は、総じて神の計画の意味で用いられる（使 2:23; 20:27 参照）。ここではこのように、ヨハネの教えを受け入れる人々と拒絶する人々が対照的に描かれ、イスラエルの民が広い意味で二つに分化した状況が伝えられているが、その意味でこの箇所は、ヨハネに対する人々の好意的な反応を前提とする 24–28 節から人々の拒絶的な振る舞いを描く後続の 31–34 節へと橋渡しする機能を果たしている。なお一部の研究者は、この 29–30 節もイエス自身の発言と見なしているが（Schürmann 1990:421f; Wolter 2008:284）、前後の文脈からも語り手（ルカ）の注釈と見なすべきであろう。

31 節

31–34 節では譬えを用いて「**この時代の人々**」（οἱ ἄνθρωποι τῆς γενεᾶς ταύτης［11:29–32; 11:50–51 参照］）に対する批判が語られているが、この表現の背後には不信仰なイスラエルの民の姿を描く旧約の証言がある（申 32:5, 20; 士 2:10）。この箇所は、「民は皆〔ヨハネの教えを〕聞き」と記す

29節と緊張関係にあり、むしろ、ヨハネに拒絶的な態度をとった前節のファリサイ派の人々や律法の専門家のイメージと結びつく。なお、ルカにおいて「この時代」（マタ 11:16）ではなく「**この時代の人々**」と記されているのは、すべての人が拒絶したわけではないという理解のためであろう。またルカ版においては、「〜は何にたとえたらよいか」、「〜は何に似ているか」という二重の修辞疑問文（13:18, 20 参照）によって導入されるが、後者の表現はマタイには見られない。

32節

続いて、その「この時代の人々」が、「**広場**」（ἀγορά）に座って「笛を吹いたのに踊ってくれなかった」、「弔いの歌を歌ったのに泣いてくれなかった」と言い合う子どもたちのイメージを通して語られる。この箇所をそのまま読めば、「この時代の人々」は不満を言い合っている子どもたちに対応することになり、事実エレミアス（1969:178f）はこの理解から、自分たちの期待に応えようとしないヨハネやイエスの態度を彼らが非難する状況をこの譬えから読み取ろうとしている（Marshall 1995:301 も同様）。しかしこの理解は、後続の適用部分（33–34 節）の内容には適合しておらず、ここではやはり語りかけられている子どもたちが比較の対象となっており、そこからヨハネやイエスの呼びかけに応えようとしない今の時代の人々の態度が批判的に語られていると解すべきであろう。

ここでは二組の子どもの集団が想定されているようであるが、一方の再三の誘いに他方が応えようとしない状況が描かれているのか、それとも、双方の誘いにそれぞれが拒絶している状況が描かれているのか、明らかではない。確かに、「この時代の人々」への批判という論旨を勘案すれば、前者の理解がより適切であるが、「**互いに**」（ἀλλήλοις）言い合っている状況について語るルカ版においては後者の意味で解すべきであろう。また、「**弔いの歌を歌った**」（ἐθρηνήσαμεν）は明らかに葬儀の状況を示していることからも、踊ってくれるように笛を吹くという前者の記述は婚宴の状況を示唆していると考えられ、前者の踊りへの誘いがイエスの喜びの福音に、後者の泣くことへの誘いはヨハネの悔い改めに（逆の順序で）対応しているとも見なしうる。この他、ここではむしろ子どもたち全員が比較の対象となっており、一つになれず、他者の呼びかけを拒絶する彼らのきまぐれ

な態度が問題にされているという可能性も考えられるが（ルツ 1997:244f）、いずれにせよ、特に強調されているのは相手の呼びかけを拒絶する側の子どもたちの態度であろう。

33–34 節

続いてこの譬えの適用句が続き、「洗礼者ヨハネ」及び「人の子」イエスとこの時代の人々との関係について述べられ、生活スタイルにおいて明らかに異なる両者が、「この時代の人々」から共に拒絶されている状況が描かれる。すなわち、一方の禁欲的な生活を実践するヨハネに対しては「悪霊に取りつかれている」という非難がなされる。ここでルカは、「食べも飲みもしないでいると」とのみ記すマタイとは異なり（マタ 11:18）、パンとぶどう酒に言及している（申 29:5 参照）。ヨハネがぶどう酒を飲まないことはすでに天使ガブリエルが告知していたが（1:15）、ヨハネの質素な食生活に関する記述（マコ 1:6 並行）を欠くルカにおいては、パンを食べないという点は新しい情報である。なお、ルカはここで、「ヨハネ」とのみ記すマタイとは異なり、「洗礼者ヨハネ」と表現しているが（20 節も同様）、これはヨハネからの受洗の有無を、神を義とする行為と神の御心を拒む行為にそれぞれ対応させている 29–30 節との関連のためであろう。

その一方で、食べたり飲んだりするイエスに対しては、「大食漢で大酒飲み」、「徴税人たちや罪人たちの仲間」という非難が向けられるが、禁欲主義が肯定的に評価もされ得る態度であるのに対して、「大食漢で大酒飲み」は明らかに否定的な表現である（申 21:20; 箴 23:20 参照）。また、「徴税人たちや罪人たちの仲間」という非難は、日頃から徴税人や罪人らと親しく交わるイエスの態度を反映している（5:30; 15:2; 19:7 参照）。なお、これらのイエスの言葉が誰に向けて語られているかは必ずしも明らかではないが、マタイとは異なり、この非難の言葉が三人称複数形ではなく二人称複数形で構成されているルカにおいては、イエスの言葉の対象がファリサイ派の人々と律法の専門家であることがより明瞭に示されている（Wolter 2008:287）。

35 節

ここでは再び神の御心を受け入れた者について述べられるが、この節

は直前のこの時代の人々の譬え（31–32節）と「子ども」（παιδίον/τέκνον）という概念によって結びついている。この箇所はルカ福音書には数少ないイエスの知恵の言葉の一つであり、ここでの「**知恵**」（ἡ σοφία）は神の救いの計画（cf.「神の御心」[30節]）を指しており、それゆえ、「**その（知恵の）すべての子ら**」とは、「この時代の人々」とは異なり、神の計画に従う者のことである（cf.「知恵の子ら」[箴 8:32–33; シラ 4:11]）。まさに、29節の神の義しさに対応する神の知恵の義しさは、外的な要素によってではなく、知恵に従う彼らによって示されるというのである。

【解説／考察】

　この段落では洗礼者ヨハネとイエスの両者に焦点が当てられ、一方ではヨハネとイエスの差異が強調され（22節）、その意味でヨハネは相対化され、限界づけられている（28b節）。しかし、他方でヨハネは、この世において比類なき預言者以上の存在として高く評価され（26節）、ヨハネの宣教はイエスの宣教と同様に神の御心との関連において捉えられている（29–30節）。ここではまた、両者の宣教に対する受容と拒絶という人々の相異なる反応について述べられているが（29–35節）、その意味でも、ここにはイスラエルの民が二つの集団に分化していく様子が描かれており、神の恵みが宣教を受容する社会的弱者に向けられていく状況が示されている。

　31–34節の比喩は私たちに多くの示唆を与えてくれる。笛を吹いたのに踊ってくれず、弔いの歌を歌ったのに泣いてくれなかったという描写（31–32節）は、ルカのテキストの文脈を越えて、人と人とが意思の疎通をはかり、理解し合うことの難しさを示唆している。事実、現代人の悩みの多くは人間関係に関わるものであり、なかなか他者と協調できず、一つになれない人間の姿がここには示されている。また、断食するヨハネに対しては悪霊に取りつかれていると断じ、会食するイエスに対しては「大食漢で大酒飲み」と非難する人々の描写は、自分に都合のいい尺度で他人を否定的に評価し、自らの価値判断を基準にして他人を裁こうとする、私たち自身もしばしば陥る弊を暗示している。

4. 罪深い女性の赦し（7:36–50）

【翻訳】

7:36 さて、あるファリサイ派の人物が彼（イエス）に自分と一緒に食事をしてくれるように頼んだので、彼はそのファリサイ派の人物の家に入り、〔食事の〕席に着いた。37 すると見よ、この町で罪人であった女が、彼がそのファリサイ派の人物の家で〔食事の〕席に着いていることを知り、香油の入った石膏の壺を持って来て、38 泣きながら彼の足もとに後方から立ち、涙で彼の両足を濡らし始め、自分の髪の毛で〔何度も〕拭い、彼の両足に〔繰り返し〕接吻して香油を塗り続けた。39 しかし彼を招待したファリサイ派の人物はこれを見て、「この人がもし預言者なら、自分に触れている女が誰で、どのような人間か、分かるはずだ。罪深い女なのに」と心の中で言った。

40 そこで、イエスが彼に答えて、「シモン、あなたに言っておきたいことがある」と言うと、彼は、「先生、おっしゃってください」と言う。41 「ある金貸しに二人の負債者がいた。一人は五百デナリオン、もう一人は五十デナリオンの負債があった。42 彼らには返済できなかったので、彼（金貸し）は二人とも帳消しにしてやった。この二人のうち、どちらがより多く彼を愛するだろうか」。43 シモンは、「より多く帳消しにしてもらった方だと思います」と答えて言った。すると彼（イエス）は、「あなたの判断は正しい」と彼（シモン）に言った。44 そして彼（イエス）は、その女の方を振り向いてシモンに言った。「あなたはこの女を見ているか。私があなたの家に入って来たとき、あなたは私に両足を洗う水をくれなかったが、彼女は涙で私の両足を濡らし、自分の髪の毛で拭ってくれた。45 あなたは私に接吻してくれなかったが、彼女は私が〔家に〕入って来てから私の両足に接吻してやまなかった。46 あなたは私の頭にオリーブ油を塗ってくれなかったが、彼女は私の両足に香油を塗ってくれた。47 だから私はあなたに言うが、彼女の多くの罪が赦されていることは彼女が多く愛したことから〔分かる〕。赦されることが少ない者は愛することも少ない」。

48 そして彼は彼女に「あなたの罪は〔もう〕赦されている」と言った。

⁴⁹ すると同席の人たちは、「罪さえも赦すこの人は何者だ」と心の中で言い始めた。⁵⁰ しかし彼はその女に言った。「あなたの信仰があなたを救った。安心して行きなさい」。

【形態／構造／背景】

　洗礼者ヨハネとイエスについて記された段落の直後には、罪の赦しを中心的主題とする罪深い女性のエピソードが続いている。前段では、ヨハネとイエスに関する記述を通して、イエスの宣教の本質が明らかにされると共に、「徴税人たちや罪人たちの仲間」(7:34)であるイエスの生き様が示されていたが、ここではその点を裏付ける罪深い女性に対するイエスの振る舞いが描かれており、さらに食事のモチーフやファリサイ派に対するイエスの批判的な姿勢においてもこの段落は前段と結びついている。なお、39 節の預言者への言及は、イエスが大預言者と見なされるやもめの息子の蘇生の物語(7:11–17)を思い起こさせ、また、女性が中心的な役割を担っている点において、この物語は直後の段落(8:1–3)とも結びついている。この物語はまた、食事の席で罪人と交わるイエスを批判するファリサイ派らの敵対者に対してイエスが譬え(比喩)を用いて反論している点でルカ 5:29–32 や同 15:1–32 と共通している。この段落は以下のような構成になっている。

（1）序：状況設定（36 節）
（2）罪深い女性の行為とファリサイ派シモンの非難（37–39 節）
（3）二人の負債者の譬え（40–43 節）
（4）譬えの適用とイエスの結論（44–47 節）
（5）結び：罪の赦しの宣言（48–50 節）

　この段落全体は、譬えを含むイエスの言葉を中心に構成されているが（40–42, 43b–48, 50 節）、各構成要素の間には様々な不整合が存在し、一貫した構成になっていない。物語そのものは実質的に、イエス、罪深い女性、ファリサイ派の人物シモンの三者によって展開されており、罪深い女性とファリサイ派シモンは明らかに対照的に位置づけられている。なお、こ

の段落においては頻繁に「(イエスの) 両足」に言及されている (38$^{×3}$, 44, 45, 46節)。

　このテキストの伝承史的背景は非常に複雑である。この物語はマルコを始めとする他の三福音書の受難物語の冒頭部に配置されているベタニアでの塗油物語 (マコ 14:3–9; マタ 26:6–13; ヨハ 12:1–8) と部分的に並行しており、ルカの受難物語の対応箇所にはこの塗油物語は見られない。マルコとルカの物語は、イエスがシモンの家での食事に招かれた際の出来事について記され、食事に招かれていない一人の女性が香油の入った石膏の壺をもってその場に現れ、イエスに香油を注いで人々に非難されるが、イエスはその女性の行為を評価したという筋書きにおいて一致している。もっとも、実質的に並行しているのはルカの物語の冒頭部分 (36–38節) のみであり、ルカの物語の中心主題である罪の赦しについては塗油物語では問題にされておらず、また、マルコの物語では彼女の香油注ぎの行為がイエスの埋葬の先取りと見なされているのに対し (マタイも同様)、ルカにおいては愛のしるしとして捉えられている。その他にもマルコとルカの物語は、時 (マルコ:過越祭の二日前/ルカ:エルサレム入城以前) と場所 (ベタニアの皮膚病患者シモンの家/ガリラヤ某所のファリサイ派シモンの家)、中心人物 ([一般の] 女性/罪深い女性)、塗油の対象 (頭 [体] /足)、非難する人物 (招待客/招待主のファリサイ派シモン)、非難の対象 (香油を注いだ女性/イエス) 及びその理由 (無駄遣い/罪人との接触) 等において異なっている。なお、マタイとヨハネの物語は比較的緊密にマルコのテキストに並行しているが、マタイにおいては、その女性を非難するのは弟子たちであり、三百デナリオンという香油の値段については触れられておらず、ヨハネにおいては、ラザロの姉妹であるマルタとマリアの家が舞台となっており、妹のマリアが香油を (ルカと同様) イエスの足に注いでいる (ヨハ 11:2 も参照)。

　いずれにせよ、マルコ版とルカ版は大きく相違していることから、ルカがこのテキストをマルコの物語から編集的に構成したとは考えられず (Schramm 1971:43–45; 木原 2012:221 に反対)、むしろルカはマルコとは異なる資料 (ルカ特殊資料) からこの物語を取り入れて構成し (Haenchen 1968:472; H. Klein 1987:56–64; Schürmann 1990:441f)、マルコの物語に対応する箇所では重複を避けてそれを削除したと考えるべきであろう。もっとも、二つの物語の類似性に鑑みて、両者は原初的には同一のエピソード

に遡ると考えられ（Bovon 1989:387f; 村上 2007:86f）、また、ルカとヨハネの物語が、その女性がイエスの足に香油を塗り、髪の毛で足を（香油または涙を）拭ったとする点で一致していることは（38 節／ヨハ 12:3）、双方の記述が伝承の段階で関連していたことを想定させる。おそらくルカは、この物語が直前の 7:31–35 と同様、食事や罪人との交わりやファリサイ派批判等の要素を含んでいたためにここに配置したのであろう。

このテキストの分析に際してさらに問題となるのが、① 赦しを前提としない冒頭の罪深い女性の振る舞いの描写（37–39 節）と赦しを前提とするその直後の二人の負債者の譬え（41–43 節）との関係、② 赦されることと愛することの関係を負債者の像を用いて量的観点から描き出す譬え（41–43 節）と愛の業の有無について語る譬えの適用部分（44–46 節）との整合性、そして、③ 赦しの結果としての愛の業について語る譬え（41–43 節）及び 47(a)b 節と赦しの根拠としての愛の業（信仰）について語る 48 節以下のイエスの言葉との間の緊張関係である。

特に重要な最後の点については、譬え（41–43 節）と末尾のイエスの言葉（48–50 節）のいずれが原初的であるかが問題となるが、48–50 節は譬えを前提とする 44–47 節の内容とは自然に繋がらず、直前の結びの文句（47b 節）とは明らかに矛盾する別の結語を改めて提示していることからも二次的であり、譬えの方が原初的と考えられる（Jülicher 1910:299f; ブルトマン 1983:35f）。またこの 48–50 節は多くのルカ的語彙を含んでおり（48 節：εἶπεν δέ [しかし彼は言った]、ἀφέωνται [赦されている]、49 節：ἤρξαντο [〜し始めた]、τίς οὗτός ἐστιν [この人は何者だ]、ὃς καί、50 節：εἶπεν δὲ πρός ... [しかし彼は〜に言った]、ルカ 8:48b と逐語的に一致する末尾の ἡ πίστις σου σέσωκέν σε· πορεύου εἰς εἰρήνην [あなたの信仰があなたを救った。安心して行きなさい]）、48–49 節とルカ 5:20–21（並行マコ 2:5）は、ἀφέωνται ... αἱ ἁμαρτίαι [罪は赦されている] 及び ἁμαρτίας ἀφίησιν (ἀφεῖναι) [罪を赦す] という表現を共有し、50 節の「あなたの信仰があなたを救った」という表現もルカ 5:20–21 の内容と密接に関連している（Leroy 1973:88–90; Jeremias 1980:33, 173f 参照）。それゆえ、ルカはおそらくこのルカ 5:20–21 の内容をもとに 48–50 節を編集的に構成したのであろう（Jülicher 1910:299; H. Klein 1987:57; Petzke 1990:99）。その一方で譬え部分（41–43 節）は、直前の罪深い女性の振る舞いの描写（37b–39 節）にも後続の適用部分（44–46

節）にも適合していないことから、最初からこの文脈に置かれていたとは考えにくく（Wilckens 1973:401f; ブルトマン 1983:36 に反対）、おそらく、ある女性の塗油に関するエピソード（37–39, 47 節）が伝承されていく過程でこの文脈に挿入されたのであろう。なお、43 節と 47 節は内容的に自然に接合することから、両者間に位置する譬えの適用句（44–46 節）は、物語の冒頭部分（37–38 節）との関連において二次的に構成されたものと考えられる（Wilckens 1973:400; Schürmann 1990:436）。

そこで、この物語の起源から最終的な編集に至るまでの大よその経緯は以下のようにまとめられる（Petzke 1990:100f; 小河 2017:141f も参照）。この物語は元来、イエスに香油を注いで人々から非難されたある女性の行為をイエスが評価したという内容のエピソード（37b–39, 47a 節）であったと想定される（第一段階）。この物語はその後、マルコ型伝承とルカ型伝承に枝分かれし、それぞれ別々の経路で伝承されていくが、ルカ型伝承にはその後、二人の負債者の譬え（41–43 節）、さらにその適用句（44–46 節）が付加され、この過程において、この女性の愛の業が赦しへの応答として捉えられていくと共にこの女性とファリサイ派シモンの対比が強調されていく（第二段階）。ルカは 36 節から 47 節までが結合した状態で伝承を受け取り、その内容を受け継ぎつつも 48–50 節を編集的に付加することにより、むしろその愛の業において示された彼女の信仰によって彼女に赦しが与えられたという点を示そうとした（第三段階）。なお、イエスがファリサイ派の人物の家で会食するという冒頭の状況設定（36 節）はルカに特有の描写であることから（11:37; 14:1）、ここにもルカの編集の手が加えられていると考えられる。

【注解】

36 節

この物語は、時と場所、及び直前の段落との明確な繋がりを示すことなく始められる。一部の研究者はこの物語の舞台をナイン（7:11 参照）と見なしているが（Green 1997:305; Eckey 2004:359）、他の提案（カファルナウム、エルサレム）と同様、推測の域を出ない。「**あるファリサイ派の人物**」（τις τῶν Φαρισαίων）がイエスを食事に招いたところ、イエスはこれに応

じ、彼の家に入って食事の席に着いたという。ルカにおけるファリサイ派のイメージは他の福音書ほど否定的ではないが（【トピック：ルカにおけるファリサイ派と律法学者】［本書223–24頁］参照）、直前の段落では、ヨハネから洗礼を受けず、神の御心を拒んだ人々として否定的に記述されている（7:30）。イエスが食事の席に着く場面をルカは頻繁に描いており（5:29; 10:38; 15:2; 19:5）、ファリサイ派の人物のもとでのイエスの会食に言及しているのは福音書記者の中でもルカのみである（11:37; 14:1 参照）。エレミアス（1969:139）は、このファリサイ派の人物はイエスが安息日に会堂で説教した直後に彼を食事に招いたと推定しているが（H. Klein 2006:295 も参照）、この点は明らかにすることはできない。なお、この食事の場面は、イエスを「大食漢で大酒飲み」と揶揄する直前の段落の非難の言葉（7:34）を思い起こさせる。

37–38 節

　するとそこへ、イエスの来訪を伝え聞いたこの町に住む罪人の女性が香油の入った壺を持って現れる。彼女の罪の内容については明らかにされていないが、彼女は娼婦であったと考えられる。他の福音書記者とは異なり（マコ 14:3; マタ 26:7; ヨハ 12:3 参照）、ルカはその香油の価値に触れていないことからも、彼の関心はそこにではなく、専らその女性の行為に向けられている。比較的多くの研究者は、この物語には前史があり、イエスはこれ以前に彼女と出会っており、その際に彼女の罪を赦していた（47 節参照）と想定している（エレミアス 1969:139f; Schürmann 1990:431f; Marshall 1995:306f）。確かに、赦しへの応答としての愛の業について語る後続の譬え及びその適用句からそのように推論することは可能であり、元来は存在した前史が後の伝承の段階で（ルカによって？）削除されたという可能性も十分に考えられるが、現行のテキストから直接それを読み取ることはできない。さらに、預言者なら彼女がどんな人物か見通せるはずだという後続のファリサイ派の人物の心の中の発言（39 節）は、少なくとも彼が、イエスと彼女が初対面であったと考えていたことを示している。

　彼女は「**泣きながら彼の足もとに後方から立ち、涙で彼の両足を濡らし始め、自分の髪の毛で拭い、彼の両足に接吻して香油を塗り続けた**」。彼女が泣いていた理由については明記されておらず、自らの罪に対する

悔悟の涙として（Klostermann 1975:93; Bovon 1989:391, n. 38）、あるいは、罪が赦されたことに対する喜び（感謝）の涙として（エレミアス 1969:139; Zahn 1988:322 他）、もしくはその双方の意味（Fitzmyer 1983:689; Weinmann 2007:19）で理解されているが、罪の赦しについてはこの時点では触れられていないことからも、文脈上は罪の赦しに対する喜びとは考えにくい。また、彼女が涙でイエスの足を濡らしたという記述は、意図的にそうしたのではなく、不覚にも濡らしてしまったという状況を示しているのであろう（エレミアス 1969:140）。しかしながら、涙でイエスの足を濡らし、髪の毛で拭うという彼女の振る舞いが、後続の適用部分ではファリサイ派の人物の振る舞いとの比較においてイエスに対する愛の業として捉えられていくことにより（7:44）、本来とは異なる意味で理解されるようになったものと考えられる（Drexler 1968:164）。なお、髪の毛で拭うという描写はヨハネの並行箇所にも出て来るが（ヨハ 12:3）、ヨハネの場合は、髪の毛で拭ったのは涙ではなく香油であり、より一層不自然な描写になっている。また、接吻は深い敬意や感謝の表明であり（Marshall 1995:309; Bill. I:995f）、足への接吻は特別の敬意のしるしと見なされていた（Stählin, ThWNT IX:136）。香油を頭に塗ることは当時も日常的に行われていたのに対し、足に香油を塗ることは異常な行為であったと考えられるが（ヨハ 12:3 も同様）、いずれにせよ物語の語り手は、この一連の振る舞いを彼女の謙遜と敬意の思いを表す行為として描いている。宴会の際、家の扉は開かれており、このように招待されていない者が宴会の席に足を踏み入れること自体は十分にあり得たようであるが（Bill. IV/2:615; プラトン『饗宴』174b; クセノフォン『饗宴』1:11 参照）、それでも、町でよく知られた罪人の女性が入って来て客の身体に触れるという状況はやはり異常なことと感じられたであろう。

39 節

様子を見ていた招待者のファリサイ派シモンは、このような女性の振る舞いを拒絶せず、それを制止しようともしないイエスの態度を見て、預言者としてのイエスの資質に疑念を抱き始める（5:30 参照）。イエスが実際に預言者（7:19 参照）であるなら、彼に触れている女性が誰であり、どのような女性であるか、見抜けるはずだと彼は考えたのである。

40 節

しかしながら、実際にはイエスは彼女の素性のみならずシモンの心の中の思いも見通しており、シモンが考えていた預言者の資質をイエスは十分に備えていたことがこれ以降のイエスの発言から明らかになる。ここでイエスは、「**シモン、あなたに言っておきたいことがある**」と語りかけており、ここで初めてそのファリサイ派の人物（36, 37, 39 節）の名前が明らかになるが（40, 43, 44 節）、ファリサイ派の人物の個人名に言及しているのは共観福音書ではこの段落のみである。ここではまた、イエスが彼に個人名で呼びかけていることからも、両者がある程度親しい関係にあったことが想定される。このイエスの語りかけに対してシモンは、「**先生**」（διδάσκαλε）と応答してイエスに応じる姿勢を示したが、この呼びかけの言葉は、ルカにおいてはしばしば弟子以外の人物から発せられている（7:40; 9:38; 10:25; 11:45; 12:13; 18:18; 19:39; 20:21, 28, 39; 21:7）。

41–43 節

そこでイエスは、二人の負債者に関する譬えを語り始めるが、この譬えは極めて簡潔に構成されており、具体的な状況等については一切省かれている。二人の負債者は金貸しから、それぞれ五百デナリオン、五十デナリオンの金を借りていたが、二人とも返済できなかったので、金貸しは二人の借金を「**帳消しにしてやった**」。この譬えは現実にはありそうにない異常な状況を語っているが、その意味でも、ここにおける金貸しと負債者の関係は神と人間の関係を隠喩的に示しており、人間の罪を無償で赦す憐れみ深い神の姿が暗示されると共に、それに対する人間の側の応答の姿勢が問題にされている（マタ 18:23 以下参照）。

譬えを語り終えてから、イエスはシモンに対して、この二人の内、どちらがより多くその金貸しを愛するかと、負債免除額の大小と金貸しに対する愛情の大小との相関関係を問う修辞的な問いを投げかける（42b 節）。ここでの「**愛する**」（ἀγαπάω）は、エレミアス（1969:140）が指摘するように、ヘブライ語やアラム語には「感謝（する）」に相当する語が存在しないことを勘案するなら、「感謝する」の意で解すべきかもしれない。このイエスの問いかけに対してシモンは、帳消しにしてもらった負債額が多い方がより多く金貸しを愛すると思うとためらいがちに（慎重に）返答し、

それに対してイエスは「**あなたの判断は正しい**」と述べて彼の答えを認証している。

44–46 節

　そこでイエスはその女性の方を振り向き、シモンに「**あなたはこの女を見ているか**」とその女性に注意を促しつつ語り始める。ここでイエスは、その女性がイエスに示した愛の業とシモンが怠っていた行為を、三点ずつ対比的に指摘することにより、その女性の愛の行為を正当化しようとしている。これら三つの文章（44c–46 節）は、シモンとその女性の行動が交互に記述される形で構成されており、シモンに関する記述は、原文ではいずれも彼が怠った行為を示す語（**水、接吻、油**）によって始められ、否定詞 οὐκ を含んでいるのに対し、女性に関する記述はいずれも αὕτη δέ（[しかし]**彼女は**）という表現によって始められている。

　第一に、イエスがシモンの家を訪れたとき、シモンはイエスに「**両足を洗う水**」を与えなかったが、この女性は涙で彼の足を濡らし、自分の髪の毛でそれを拭った（44 節）。長旅のあとの客の足を洗う水の供与については旧約聖書にも典拠が見られるが（創 18:4; 19:2; 24:32; 43:24）、ユダヤ教文献においては客に対する通常のもてなしとしては言及されておらず、また足を洗うのは奴隷の仕事であった（サム上 25:41; ヨハ 13:13–14; Bill. II:557 参照）。その意味では、それは必ずしも義務ではなかったが、推奨される行為と見なされていたのであろう（Marshall 1995:312）。

　第二に、シモンはイエスが到着したときに接吻をしなかったが、この女性はイエスが入って来てから彼の足に接吻し続けた（45 節）。接吻は挨拶の行為と見なされていたが、客に対する当然の行為とは見なされておらず（Bill. I:995f 参照）、ルカはギリシア的習慣を念頭に置いていたのかもしれない（Stählin, ThWNT IX:136, n. 224 参照）。なお、この「**私が〔家に〕入って来てから**」（ἀφ᾽ ἧς εἰσῆλθον）という箇所を文字通りに読むと彼女はイエスが来る前からこの場にいたことになり、37 節の描写と矛盾する。確かに εἰσῆλθον（一人称単数形）を εἰσῆλθεν（三人称単数形）と記す写本（L*, f¹³ 他）の読みを採用するなら、「彼女が家に入って来てから」という意味になり、文脈に合致するが、写本上の証拠は弱い。その意味でもこれは誇張表現と見なすべきであろう。

そして第三に、シモンはイエスの頭にオリーブ油を塗らなかったが、この女性はイエスの足に（はるかに高価な）香油を塗った（46 節）。客の頭にオリーブ油を塗ることは通常行われなかったが、それを提供することはあり得ないことではなかった（Eckey 2004:362f; Bill. I:426f, 986）。

客人のもてなしに関わる以上の三つの行為は、必ずしも招待者がなすべき義務として定められていなかったことからも、その意味では、シモンは招待者として一応正当に振る舞ったと見なすことも可能であり、特に責められるべき落ち度があったとは考えられない（Green 1997:312f は別意見）。しかし、そうであったとしても、シモンがイエスを客として必ずしも尊重しておらず、イエスに特別の愛の業を示そうとしなかった点は否定できないであろう（Hofius 1990:171–77）。その意味でも、この女性はただ単にシモンが怠っていたことを実行したのみならず、それ以上のことを実践したことがここには示されている。

47 節

ここでイエスは、この女性が示した愛の業と彼女の罪の赦しとの関係について述べている。一部の研究者は文中の ὅτι を通常の原因・根拠の意味で解し、「彼女の多くの罪は赦された。というのも彼女は多く愛したからである」と訳出しているが（荒井 1988:128f; Schürmann 1990:437f; Wolter 2008:296; さらに小河 2017:136–38 参照）、そうすると赦しの根拠としての愛について語っていることになり、赦しの結果としての愛について語る前後の箇所（41–46 節及び 47b 節）とは明らかに矛盾する。それゆえ、この ὅτι はむしろ認識の根拠の意で解し、「**彼女の多くの罪が赦されていることは彼女が多く愛したことから〔分かる〕**」と訳出すべきであろう（Wilckens 1973:404–411; Fitzmyer 1983:686f; Marshall 1995:306f, 313; さらに岩波訳や新共同訳等）。もっとも、47a 節は元来、赦しの根拠としての愛について語っていたが、伝承の第二段階で譬え及びその適用句（41–46 節）と結合する過程において、赦しの結果としての愛について語る言葉として解されるようになった可能性も否定できないであろう。

これに続いて、「**赦されることが少ない者は愛することも少ない**」と、より一般化されたもう一つの帰結が導き出されるが、この言葉は先行する譬えの内容ともスムーズに接合している。その意味では、多くを赦された

ために多く愛したその女性とは異なり、赦されることが少ないファリサイ派シモンは愛することも少ないと解しうる。おそらくこの言葉は、悔い改めた罪人たちも属していた当時のキリスト教会の状況を反映しているのであろう（Schneider 1984:178 参照）。

48 節

続いてイエスは、今度はその女性に語りかけ、「**あなたの罪は〔もう〕赦されている**」と罪の赦しを宣言する。一部の研究者は、（47 節までの内容との整合性に鑑みて）赦しがすでに彼女の愛の業以前になされていたと考えており（Zahn 1988:326f; Marshall 1995:314; Green 1997:314）、例えば Green は、ここでのイエスの赦しの言葉は、彼女の新生をまだ知らない他の人々のために書き加えられた赦しの認証と見なしている（Leroy 1973:87 も同様）。しかしながら、完了形の「**赦されている**」（ἀφέωνται）という発言は（マコ 2:5, 9 は ἀφίενται〔現在形〕）、この発言の背景にあるルカ 5:20 においても中風患者を屋根からつり降ろすという人々の信仰を示す行為との関連において発せられており、ここでの彼女の罪の赦しもすでに以前になされていたわけではなく、彼女の愛の業との関連においてなされたと見なすべきであろう。その意味でも、ルカが編集的に構成した 48–50 節においてこの物語の論旨は明らかに変化している。すなわち、ここまでは愛が赦しの結果として捉えられていたのに対し、ここではむしろ愛が赦しの根拠と見なされており、《赦し→愛》から《愛→赦し》へと「愛」と「赦し」の順序が逆転しているが（6:35, 37 参照）、この点はしばしば主体的な愛の業の実践を勧告するルカの姿勢とも合致している（10:25–37; 14:12–14; 19:1–10 参照）。

49 節

イエスの発言を聞いていた人々は、「**罪さえも赦すこの人は何者だ**」と心の中で考え始める。ここでは、ルカ 5:21 における律法学者やファリサイ派の言葉とは異なり、非難の意味合いは含まれておらず、むしろ人々の純粋な驚きが強調されている。

50 節

このような人々の反応に対してイエスは直接答えずに、その女性に「**あなたの信仰があなたを救った**」と語る。この表現はしばしば病の癒しとの関連において用いられているが（8:48; 17:19; 18:42）、ここにおいて主題が「愛」から「信仰」へと移行し、イエスに対するこの女性の愛の業が（罪の赦しを前提とする）神に対する彼女の信仰へと捉え直されている。ただし、ルカにおいて信仰はしばしば具体的な行為を意味していることからも（5:20; 8:48; 17:19; 18:42）、「信仰」と「愛」を相互に無関係な概念と見なすことはできないであろう（Marshall 1995:306 に反対）。最後の「**安心して行きなさい**」という言葉は、彼女に与えられた赦しと救いが完全なものであったことを示している（5:24; 8:48; 17:19 参照）。

【解説／考察】

ルカ以前の伝承においては、罪深い女性の愛の業の描写（37–38 節）と二人の負債者の譬えとその適用（41–47 節）を通して赦しへの応答としての愛の業が強調されていたが、ルカは 48–50 節を付加することにより、むしろそのイエスに対する愛の業に示された彼女の信仰によって彼女に赦しが与えられたという点を強調している。ここで問題となるのは、47 節までの部分と 48 節以下の部分との緊張関係であるが、おそらくルカは、愛と赦しの関係を双方向的に捉えており、その女性の愛の業には赦しの根拠とその結果の双方が含意されているのであろう（Tannehill 1986:118）。すなわち、赦しの結果としての愛を強調する伝承を受け取ったルカはそれを否定するのではなく、それと相対立する愛を赦しの根拠として捉える視点を編集的に加えることにより、双方の視点を併存させている（Braumann 1963/64:492; Bovon 1989:394f; 三好 1996:216）。もっとも、ルカが相対立する二つの視点を併存させたとするなら、双方の視点を相互に関連づけて捉えようとしていたと考えられ、恵みによって与えられた赦しは愛の業へと具現化されるが、この愛の業を通して赦しがさらに確かなものとされるのであり、赦しと愛は相互に作用を及ぼし合う（Schürmann 1990:438）。このような理解をさらに推し進めるなら、人を赦しへと導く愛の行為そのものが、罪の赦しの自覚から生じる信仰に根差しているという理解も可能で

あり、ルカは赦しと愛との関係を《赦し→信仰（→愛）→赦し……》というように循環的に捉えており、両者間の方向性は最終的には重要でなかったと見なすことも可能であろう（Hotze 2007:167f）。その意味でも、赦しの結果としての愛を強調する物語伝承を受け取ったルカは、その視点を受け継ぎつつも、愛を赦しの根拠と見なすもう一方の視点を提示することにより、主体的な愛の業の実践を勧告すると共に、愛と赦しの関係が一方向に限定されるものでなく、相互作用的・循環的に捉えられるものであることを示そうとしたのであろう。

　なお、ファリサイ派シモンは、罪人の女性と接触するイエスの姿を目の当たりにしてイエスの預言者としての資質に疑念を抱くが（7:39）、むしろ、このように罪人と積極的に交わり、その罪を赦すイエスは「大預言者」（7:19 参照）であることが物語全体を通して示され、それと共に、シモンの態度に対する批判的な叙述を通して同様の態度をとる読者に対して警告が発せられる。そしてまたこの罪深い女性の振る舞いは、イエスの宣教活動に加わり、その運動を特に資金面から支えていた女性たちの働きについて記す直後の段落を導入する機能を果たしている。

Ⅴ．言葉と業によるイエスの活動 (8:1–56)

　直前の7章においては社会的弱者に対するイエスの姿勢と業に焦点が当てられていたが、それに続く8章では、イエスの神の国の宣教の概要について述べる冒頭部（8:1–3）に続いて、神の言葉を聞き、行うことに関する一連の教え（6:47–49 参照）が譬えを用いて記され（8:4–21）、さらには、自然奇跡、癒し、蘇生等の奇跡物語が語られていく（8:22–56）。8章全体は以下のように区分できる。

1．イエスの宣教活動と女性たちの奉仕（8:1–3）
2．種まきの譬え（8:4–15）
3．ともし火の譬え（8:16–18）
4．イエスの母と兄弟（8:19–21）
5．嵐を静める奇跡（8:22–25）
6．悪霊に取りつかれたゲラサ人の癒し（8:26–39）
7．ヤイロの娘の蘇生と長血の女性の癒し（8:40–56）

　このセクションの資料及び編集に関しては、冒頭の（1）は全体としてルカの編集的構成と考えられるが、（2）以降の箇所は基本的にマルコの記事（マコ 3:31–4:25; 4:35–5:43）に並行しており、ルカはこのマルコの記述を全体的に短縮し、各段落をより緊密に結合させつつ構成している。なお、マルコにおいては、イエスの家族に関するエピソード（4）は種まきの譬え（2）の前に位置しているが、ルカはこのエピソードを、（2）と（3）で扱われている御言葉を聞いて行うという主題の結びに位置づけようとして後置したのであろう。なお、イエスによる奇跡について語る（5）〜（7）は、恐れのモチーフ（8:25, 35, 37, 50）において相互に結びつき、信仰のモチーフ（8:25, 50）及び ἐπιστάτα（師よ）という呼びかけ（8:24, 45）によって枠付けられている。

なお、ルカのテキストにはマルコ 4:26–34 に対応する部分が欠けているが、この内、成長する種の譬え（マコ 4:26–29）とからし種の譬え（マコ 4:30–32）については、神の言葉を聞いて行うという主題を前面に押し出すルカの編集的意図にそぐわないために省略されたのであろう。もっとも、後者については、ルカ 13:18–19 に並行記事が見られ、ルカはこの譬えをマタイの並行記事と同様、パン種の譬え（13:20）と一組にして伝承している（マタ 13:31–32, 33 参照）。一方で譬えを用いる理由に関する記述（マコ 4:33–34）の省略については、譬えの用い方に対する関心がマルコに比べてルカには希薄であったことに起因すると考えられる（マコ 4:2, 13 も参照）。さらに、マルコ 3:20–30 に対応する部分もルカには欠けているが、気が変になったと思われたイエスを身内の者が取り押さえに来る様子を描くマルコ 3:20–21 については、彼らを最初期のキリスト教会のメンバーと見なすルカの理解（使 1:14 参照）にそぐわないために省略され、またベルゼブル論争（マコ 3:22–30）については、後続の旅行記事の中にマルコではなく Q 資料に依拠する形で記載されていることからも（11:14–23）、重複を避けるために省略されたのであろう。

* * *

1. イエスの宣教活動と女性たちの奉仕 （8:1–3）

【翻訳】

8:1 その後、彼（イエス）自身は神の国を宣べ伝え、その福音を告げ知らせながら、町や村を巡って行った。また、十二人も彼と一緒にいた。2 そして、悪霊や病気から癒された何人かの女性たち、〔すなわち、〕七つの悪霊が（彼女から）出ていったマグダラの女と呼ばれるマリア、3 また、ヘロデの家令クザの妻ヨハナ、それにスサンナ、そのほか多くの女性たちも〔一緒にいたが〕、彼女たちは自分たちの所有物によって彼ら（一行）に仕えていた。

【形態／構造／背景】

　罪深い女性の赦しのエピソード（7:36–50）に続くこの段落では、巡回によるイエスの宣教活動と十二人の弟子たちの同行について（4:18–19, 43–44 参照）、さらには多くの女性たちの同行と彼女たちの奉仕について語られる。この段落は、女性について語られている点において直前の罪深い女性の赦しの物語と結びつき、冒頭の ἐν τῷ καθεξῆς（その後）という表現も両者の結びつきを示している（1:3; 使 3:24; 11:4; 18:23 参照）。この箇所はまた、マルコに依拠しない「小挿入」（6:20–8:3）の末尾に位置しており、その挿入部分、ひいてはガリラヤ宣教の記述全体を締めくくると共に、再びマルコ資料に戻るルカ 8:4 以降の箇所へと橋渡しする機能も果たしている（Green 1997:317）。事実、神の国への言及（8:1）は、神の国を主題とする後続の種まきの譬え（8:4–15、特に 8:10 の「神の国の奥義」参照）への導入となっている。

　この段落は、イエスの宣教に関する要約的報告（1 節）と女性たちの奉仕に関する記述（2–3 節）の二つの部分から構成されている。冒頭の要約的記述はユダヤにおけるイエスの宣教活動の要約的報告（4:43–44）を思い起こさせるが、弟子たちの同行に言及している点においてそれとは異なっており、続く 2–3 節にはそれと並行する形で女性たちの活動について記されている。

　この段落の記述内容はルカ福音書に特有であり、特に 1 節はルカ的表現が多く含まれており（καὶ ἐγένετο［新約用例 60 回中ルカ文書に 35 回使用］、καθεξῆς［続いて。新約ではルカ文書にのみ計 5 回使用］、καὶ αὐτός［そして彼自身は。福音書用例 39 回中ルカに 34 回使用］、σύν［〜と一緒に。新約用例 127 回ルカ文書に 75 回使用］）、ルカの編集句と考えられる（Jeremias 1980:174–176 参照）。後続の 2–3 節に関しても、人名のリストを除けば多くのルカ的語彙が認められることから（Jeremias 1980:176–178 参照）、この箇所全体が伝承資料に依拠しているとは考えにくく（Schürmann 1990:447–449; Petzke 1990:101f; Marshall 1995:315f に反対）、ルカの編集によるものと考えられる（Fitzmyer 1983:695; Bovon 1989:397; 三好 1991:306）。おそらくルカは、人名リストを中心とする伝承素材を用いてこの箇所全体を編集的に構成したのであろう。

【注解】

1節

ここではまず、町や村（マタ 9:35 参照）を巡回して展開されるイエスの宣教活動について簡潔に述べられるが（4:14–15, 43–44 参照）、地域や場所の詳細については触れられていない。事実、コンツェルマン（1965:81）が指摘しているように、ここに描かれている巡回による宣教活動（旅遍歴）はルカ 9:51 以降のエルサレムへの旅とは明確に区別されている。ここでのイエスの活動の中心は、「**神の国を宣べ伝え、その福音を告げ知らせる**」ことにあり（4:18–19, 43–44; 6:20; 7:28 参照）、言葉による宣教が前面に出ているが（8:4–21 参照）、直後の 2–3 節の記述内容からも明らかなように、業による宣教が除外されているわけではない。またイエスの弟子たちも同行しており、彼らは選出されて以来（6:12–16 参照）、ここで初めて「**十二人**」（οἱ δώδεκα）と表現されるが、後に彼ら自身も宣教へと遣わされることになる（9:2）。

2–3節

イエスに同行する男性の弟子たちの記述に続いて、それと並行する形で女性たちの同行について語られるが、ここに記されている女性たちのリストは十二人の弟子のリスト（6:12–16）に対応している（Löning 1997:228）。事実ルカ福音書においては、ザカリアとマリア（1:11–12 ／ 27–29）、シメオンとハンナ（2:25 ／ 36）、羊飼い（男性）と貧しい女性（15:3–7 ／ 8–10）、からし種をまく男性とパン種を扱う女性（13:19 ／ 21）、寝ている二人の男性と臼をひく二人の女性（17:34 ／ 35）等、しばしば男女の登場人物が並行する形で記されている。

ルカ福音書のここまでの記述においては、女性個人に対する癒しは一例しか報告されていないが（4:38–39）、ここで言及されている女性たちは、召命によってイエスに従って行った男性の弟子たちの場合とは異なり、イエスによって「**悪霊や病気から癒された**」経験をもち、そのことへの感謝の思いから自主的にイエスに従って来たと想定される。巡回して宣教活動を行うイエス一行に女性が加わっていたことを示す福音書の記述はここの

みであり、注目に値する。一部の研究者はこの箇所の歴史的信憑性を主張しているが（Petzke 1990:101f; Marshall 1995:317; Wolter 2008:302）、女性の地位が極めて低く、宗教的行事等から除外され、公の場で活動できなかった当時のユダヤ社会の状況に鑑みても（ヨハ 4:27; Bill. I:438 参照）、多数の女性信徒の同行を示唆するこのような記述がイエス時代の歴史的実情を示しているとは考えにくく、むしろ、女性信徒が主要な役割を担うようになる後代の教会の状況を反映しているのであろう（Eckey 2004:371 参照）。

ここでは特に三人の女性の名前が記されている。最初に「**マグダラの女と呼ばれるマリア**」が挙げられるが、マグダラ（=「魚の塔」）はティベリアスの北方 5 km に位置するゲネサレト平原南端の町である。彼女はかつて「**七つの悪霊**」（11:26 参照）をイエスに追い出してもらった女性として紹介されるが、その点はマルコのテキスト末尾の後代の付加部分（マコ 16:9）にも記されている。「七」が多数を意味することからも、「**七つの悪霊**」（δαιμόνια ἑπτά）という表現は、その症状が特に深刻であったことを示している。彼女はまた、イエスの死を遠くから見守り、イエスの墓を訪れた女性の一人として言及されると共に（マコ 15:40, 47; 16:1 並行）、復活の証人とも見なされている（マタ 28:1–10; ルカ 24:6; ヨハ 20:11–18; 使 1:21–22）。彼女の名前は、新約ではヨハネ 19:25 を除いて常にリストの冒頭に記されているが（マコ 15:47 並行; 16:1 並行; ルカ 24:10）、このことは、最初期のキリスト教会における彼女の重要な位置づけを示唆している。因みに彼女は後代の伝承において、直前の段落の罪人の女性（7:36–50; さらにマコ 14:3–9 並行参照）やヨハネ福音書の姦淫の女性（ヨハ 7:53–8:11）と同定されていくようになる。

次に言及されている「**クザの妻ヨハナ**」は、後続の復活物語においてイエスの墓を訪れた女性としてマグダラのマリアに続いて言及されるヨハナと同一人物と考えられるが（24:10）、他の福音書には全く言及されていない。彼女の夫はヘロデ・アンティパス（9:7–9 参照）の「**家令**」（ἐπίτροπος）であったとされ、いずれにせよ高い地位にあったと考えられる。そのような夫をもつ女性がイエスに従うことが実際にあり得たかどうかは疑問であるが（18:29 参照; さらに Green 1997:320f; カルペパー 2002:220 参照）、ルカにとっては、このような高位の女性がイエスの宣教活動に参与していたことを示すことが重要だったのであろう。最後の「**スサンナ**」は、新約では

ここにしか見られず、イエスの墓を訪れたどの女性とも同定できない。

ルカによると、以上の三人の他にも多くの女性たちがイエス一行に加わっていたとされるが、これらの女性たちは、自分たちの所有物を用いてイエスとその弟子たちに仕えていたという。2節の「悪霊や病気から癒された」という記述が3節の「**そのほか多くの女性たち**」にもかかっているかどうかという点と同様、「**自分たちの所有物によって……仕えていた**」という部分が三人の女性にもかかっているかという点は文法的には確定できないが、双方の要素とも三人を含めたすべての女性たちに該当していると見なすのが自然であろう。なお、διακονέω（仕える）はしばしば食事の世話の意味で用いられるが（4:39参照）、「**所有物**」（τὰ ὑπάρχοντα）に言及されている点に加え、彼女たちが日常的にイエスの旅に同行しながら食事の世話をしていたとは想定しにくいことからも（Schweizer 1986:93）、ここでは何より物資の供与による援助を意味しているのであろう（Wolter 2008:301）。おそらくルカは、このような描写を通して、ガリラヤからイエスに付き従い、その宣教活動に当初から関わった女性たちの存在を強調すると共に（23:49, 55; さらにマコ15:40–41参照）、これらの女性たちを彼の時代の女性信徒の理想像として描こうとしているのであろう。

【解説／考察】

この段落においても、イエスは言葉で宣教し、同時に人々を癒すメシアとして描かれている。巡回して宣教するイエスに男性の弟子たちが同行するが、さらに多くの女性たちもこの運動に参画する。ルカはここで、このような神の国宣教に刻印されたこの共同体の新しさを語ろうとしているが、それと共に、早期からイエスの宣教に関わっていた女性たちに言及することにより、後にイエスの十字架、復活の証人となる彼女たちの存在をあらかじめ知らしめ、彼の時代の女性信徒たちの模範として描こうとしている（コンツェルマン1965:82参照）。

これらの女性の同行者たちへの言及は、最初期のキリスト教会の状況を示すとともに、今日のキリスト教会のあるべき姿をも指し示している。当時の社会状況を鑑みて、一つの社会集団において女性たちが大きな役割を担っていたこと自体、注目に値するが、その意味でも最初期のキリスト教

会は男女間の壁を部分的にであれ克服していたのであり、このことは男女共に平等な立場で神に仕えるという信仰共同体の本来のあり方を指し示している。

2. 種まきの譬え（8:4–15）

【翻訳】

8:4 さて、大勢の群衆が集まり、町々から人々が彼（イエス）のもとにやって来たので、彼は譬えを通して語った。5「種をまく人が彼の種をまきに出て行った。そして、彼が種をまいている間にあるもの（種）は道端に落ち、〔人々に〕踏みつけられ、そして空の鳥たちがそれを食べてしまった。6 また、他のあるものは岩の上に落ち、生え出たが、水気がないために枯れてしまった。7 また、他のあるものは茨の真ん中に落ち、茨も一緒に伸びてそれをふさいでしまった。8 また、他のあるものは良い地に落ち、生え出て、100倍の実を結んだ」。このように話して彼は、「聞く耳のある者は聞きなさい」と声を上げた。

9 そこで彼の弟子たちは、この譬え〔の意味〕は何であるかと彼に尋ねた。10 すると彼は言った。「あなたたちには神の国の奥義の知識が与えられているが、他の人々には譬えで〔語られる〕。それは、『彼らが見ても見えず、聞いても理解できない』ようになるためである。

11 この譬え〔の意味〕はこうである。種は神の言葉である。12 道端に〔落ちた〕ものとは、〔言葉を〕聞いても、あとから悪魔が来て、彼らの心から言葉が奪い去られる人たちである。そのため彼らは、信じて救われることがない。13 岩の上に〔落ちた〕ものとは、言葉を聞くと喜んで受け入れるが、根がないので、しばらくは信じても試練の時には捨ててしまう人たちである。14 そして、茨の中に落ちたものとは、〔言葉を〕聞いても、人生の歩みにおいて思い煩いや富や生の快楽に覆いふさがれて、実を熟させない人たちである。15 しかし、良い地に〔落ちた〕ものとは、良い善良な心で言葉を聞き、よく守り、忍耐して実を結ぶ人たちである」。

【形態／構造／背景】

巡回によるイエスの宣教活動とその男女の同行者について要約的に述べる前段（8:1–3）に続いて、譬えによる一連のイエスの教え（8:4–18）が記されているが、この段落では種まきの譬えを通して、神の言葉を聞いてそれを守り、実を結ぶように勧告されている。

この段落は、（1）譬え本文（4–8節）、（2）譬えで語る理由（9–10節）及び（3）譬えの解釈（11–15節）の三つの小段落から構成されており、（1）の四種の種の記述（5b, 6, 7, 8a 節）はそれぞれ、（3）の四種の種の解説（12, 13, 14, 15 節）に対応し、この両者が譬えで語る理由について述べる（2）を囲い込む構造になっている。また各小段落は、神の「言葉」（11, 12, 13, 15 節）を「聞く」（8, 10, 12, 13, 14, 15 節）という主題によって相互に結びついており、さらにこの主題は、いかに聞くべきかという観点において後続の段落まで貫いている（18, 21 節）。このように、この箇所全体（8:4–21）が統一的な視点のもとに構成されていることは、イエスの家族に関する段落（ルカ 8:19–21 // マコ 3:31–35）において、マルコにおける「神の意志を行う」（マコ 3:35）が「神の言葉を聞いて行う」（ルカ 8:21）に修正され、マルコでは一連の譬えの直前に置かれていたこの段落がこの箇所全体の末尾に位置づけられている点からも確認できる。なお、前出の平地の説教末尾の家と土台の譬え（6:46–49）や後出の真の幸いの教え（11:27–28）においても「（神の言葉を）聞いて行う」という主題が扱われている。

マルコの並行箇所（マコ 4:1–20）では各小段落が明確に区分されているのに対し、ルカにおいては、マルコにおける中間部の導入部（マコ 4:10）や「またイエスは言った」という解釈部分の導入句（マコ 4:13）が省かれている上、（2）と（3）は対応表現（τίς αὕτη εἴη ἡ παραβολή ［この譬え〔の意味〕は何であるか。9 節］／Ἔστιν δὲ αὕτη ἡ παραβολή ［この譬え〔の意味〕はこうである。11 節］）によって結びついており、各小段落は相互により緊密に結合している。その一方で、マルコの場合と同様、冒頭の譬え本文（4–8節）では群衆が主な対象になっているが（4節）、9節以降の言葉は内容的には弟子たちに向けられている。なおマタイ版においては、この段落は統

一的に構成された一連の譬え集（マタ 13:1–52）の冒頭部に配置されている。この段落全体は以下のように区分される。

（1）譬え本文（4–8 節）
 (a) 状況設定（4 節）
 (b) 導入句（5a 節）
 (c) 四種の種（5b–8a 節）
  ①道端に落ちた種（5b 節）
  ②岩の上に落ちた種（6 節）
  ③茨の中に落ちた種（7 節）
  ④良い地に落ちた種（8a 節）
 (d) 結び（8b 節）
（2）譬えで語る理由（9–10 節）
 (a) 弟子たちの問い（9 節）
 (b) イエスの答え（10 節）
（3）譬えの解釈（11–15 節）
 (a) 神の言葉としての種（11 節）
 (b) 四種の種の意味（12–15 節）
  ①道端に落ちた種（12 節）
  ②岩の上に落ちた種（13 節）
  ③茨の中に落ちた種（14 節）
  ④良い地に落ちた種（15 節）

ルカは 6:20 以降、マルコ以外の資料（Q 資料及びルカ特殊資料）を用いてテキストを構成してきたが（「小挿入」）、ルカ 8:4 から 9:50 までは基本的にマルコのテキストに依拠しつつ記述している。この段落は全体としてマルコ 4:1–20 及びマタイ 13:1–23 に並行しており、（特に 4–10 節に関して）マルコ以外の資料を想定する必要はなく（Schramm 1971:114–123; Nolland 1989:377 に反対）、ルカはここでもマルコを唯一の資料として用いたのであろう。

マルコのテキストに関して言えば、譬え本文（マコ 4:3–9）と解釈部分（同 4:13–20）は伝承に遡ると考えられ、特に譬えの中核部分（同 4:3b–8）

はイエスに由来する可能性が高いと想定されるが、その一方で、両者に挟まれた譬え論（同 4:10–12）はマルコによって現在の文脈に挿入されたと考えられる（ブルトマン 1987:203f, 注 1; 大貫 1993:219）。なお、元来は終末論的視点を強くもっていたこの譬えを寓喩的に解釈し、強調点を宣教論的なものへ移行させている解釈部分は、マルコ以前に、すなわち最初期のキリスト教会において構成されたのであろう。エレミアス（1969:82–84）はその根拠として、① 絶対的用法の「御言葉」（ὁ λόγος）はイエスの発言としてはここ以外に見られない点、② この箇所には他の福音書には見られない語彙が多く用いられている点、③ 終末論的視点の欠如等を挙げている。その一方で、今日でも一部の研究者はこの解釈部分をイエス自身に帰している（Nolland 1989:382f; Marshall 1995:323f）。なお、譬え本文についてはトマス福音書〔語録 9〕にも並行記事が見られ、さらに並行例として、Ⅳエズラ（エズ・ラ）8:41 に「農夫が地に多くの種をまき、多くの苗を植えるが、時が来ても、まかれたものがすべて無事に芽を出すわけではなく、植えられたものがすべて根づくわけでもない」という記述が見られる。

　なお、ルカとマタイとの間には多くの共通点が見られる（不定詞 σπεῖραι［まく］の直前の冠詞 τοῦ［5 節／マタ 13:3］や不定詞 σπείρειν の主語 αὐτόν［5 節／マタ 13:4］に加え、ἀκούετε［聞きなさい］というイエスの呼びかけ［マコ 4:3］や ἐγένετο［マコ 4:4］、καὶ καρπὸν οὐκ ἔδωκεν［マコ 4:7］、ἀναβαίνοντα καὶ αὐξανόμενα［マコ 4:8］の欠如、ὃς ἔχει［マコ 4:9］に対する ὁ ἔχων［〜を持つ者。8 節／マタ 13:9］、οἱ περὶ αὐτὸν σὺν τοῖς δώδεκα［マコ 4:10］に対する οἱ μαθηταί［弟子たち。9 節／マタ 13:10］、καὶ ἔλεγεν … τὸ μυστήριον［マコ 4:11］に対する ὁ δὲ εἶπεν … γνῶναι τὰ μυστήρια［10 節／マタ 13:11］、さらには τὰ πάντα γίνεται［マコ 4:11］や弟子の無理解に関する言葉［マコ 4:13］の欠如等）。これらの「弱小一致」を他の資料の存在（Schramm 1971:114–123; Marshall 1995:318）や口伝からの影響（Schneider 1984:182; Bovon 1989:405; Schürmann 1990:461）から説明することは難しく、ここはむしろルカとマタイの両者がマルコの改訂版を用いたと見なすべきであろう（Ennulat 1994:117–133）。

　その一方でルカは、このテキストを巡回によるイエスの宣教活動の文脈（8:1）に位置づけ、すでにルカ 5:3 で用いた湖畔の群衆にイエスが舟から教えるというマルコの状況設定（マコ 4:1）を、（イエスが宣教した）複数の町からやってきた群衆にイエスが語るという設定（4a 節）に置き換えて

いる他、マルコの表現を総じて省略／短縮（マコ 4:5b–6, 8, 20）している。その意味でも、ルカはマルコの改訂版を主な資料として用い、それを適宜編集しつつこの段落全体を構成したのであろう。

【注解】

4 節

　さて、「**大勢の群衆**」がイエスのもとに集まって来たので（σύνειμι［集まる］は新約ではルカ文書にのみ使用［ルカ 8:4; 9:18; 使 22:11]）、イエスは譬えで教え始めた。多くの人々が「**町々から……やって来た**」（τῶν κατὰ πόλιν ἐπιπορευομένων）ことを伝えるこの導入文は、「町や村を巡って」（διώδευεν κατὰ πόλιν καὶ κώμην）イエスが神の国を宣教していた（8:1）と報告する直前の段落にこの段落を結びつけている。その意味でも、ここで言及されている群衆は、イエスが宣教に赴いた地域でイエスの言葉を聞いて、イエスのもとにやって来たことが前提とされているのであろう。先行する平地の説教（6:20–49）は総じて弟子たちに向けて語られていたのに対し（6:20a）、ここでは群衆が主な対象となっているが、十二人を始めとする弟子たちもこの聴衆の中に含まれていたと考えられる（9, 11 節参照）。また、イエスが譬え（複数）で多くのことを教えたと記すマルコ 4:2 に対して、ルカは譬え（単数）を通して語ったと述べている。

5 節

　この節から譬え本文が始まるが、ルカはマルコの「よく聞きなさい」というイエスの冒頭の言葉を省略することにより、「聞きなさい」（ἀκούετε/ἀκουέτω）という言葉によって枠付けられたマルコの枠構造（マコ 4:3, 9）を解消している。さらにルカにおいては、「**種をまく人が彼の種をまきに出て行った**」というように、「彼の種を」（τὸν σπόρον αὐτοῦ）という表現が動詞 σπείρω（種をまく）の目的語として加えられることにより、重心が「種をまく人」から「まかれる種」に移行し、まかれた種の運命、すなわちイエスが聴衆に語る神の言葉の運命に焦点が当てられている。ここでは四種の種の運命について語られ、その内の三つが失敗に帰しているが、このような種まきの描写は、誇張されているとは言え、地を耕す

前に種をまくパレスチナの農法を考慮するなら、あり得ないことではなかったと考えられる（Linnemann 1966:121; Jeremias 1966:48–53; エレミアス 1969:3 等参照；さらにミシュナ「シャバット」7:2; バビロニア・タルムード「シャバット」73b 等参照）。もっとも、耕してから種をまく状況を示す証言も少なくないことから（イザ 28:24–25; エレ 4:3 参照）、耕す前に種をまくという方法が常にとられていたと断定することはできないであろう（大貫 1993:228–230）。

最初の「**道端に**」落ちた種は踏みつけられ、「**空の鳥たち**」（9:58; 13:19; 使 10:12; 11:6 参照）に食べられてしまう（ヨベル 11:11; ヘシオドス『仕事と日々』467–471 参照）。「**踏みつけられ**」（κατεπατήθη）という表現はルカにのみ加えられているがこのような状況は現実には考えにくく、むしろ神の言葉に対する敵意（蔑視）を暗示しているのであろう（Schürmann 1990:453 参照）。

6 節

「**岩の上に**」落ちた次の種は芽を出すが、水気がないために枯れてしまう。ルカはここでマルコのテキストを大幅に短縮しており、「土の多くない岩地の上に」（ἐπὶ τὸ πετρῶδες ὅπου οὐκ εἶχεν γῆν πολλήν）は「**岩の上に**」（ἐπὶ τὴν πέτραν）に簡略化され（13 節も同様）、「土が浅いので」という種が芽を出した理由を記す句や「太陽が昇ると焼けて」という表現は省かれ、さらに枯れた理由に関して、「根がないために」という表現は「**水気がないために**」に置き換えられている。

7 節

三番目の「**茨の真ん中に**」落ちた種も同様に実を結ぶには至らなかった（エレ 4:3 参照）。マルコがその理由として「茨が伸びて覆いふさいだ」と記しているのに対し、ルカは「**茨も一緒に伸びてそれをふさいでしまった**」と、茨が種と同様に成長した様子を描写している。

8 節

実を結ぶに至らなかった以上の三つの例とは対照的に、最後の「**良い地に**」落ちた種は、生え出て、大きな実りを結ぶに至る。マルコが、失

敗に終わった三つの例に対応する形で実りを得た種の様子を 30 倍、60 倍、100 倍と三段階にわたって表現しているのに対し、ルカは「**100 倍の実を結んだ**」とのみ記しており、失敗例と成功例とのコントラストがより鮮明に描写されている。100 倍の実りは、あり得ないとは言えないまでも（創 26:12 参照）やはり異常なことであり、誇張表現と見なされ、読者の目を神の介入の事実へと向けさせる機能を果たしている。そのようにここでは、三度にわたる失敗を補って余りあるほどの最後の成功例について述べられている。

本来この譬えは終末論的意味をもち、様々な障害があっても最終的には豊かに実を結ぶ種の描写を通して、イエスによる宣教活動が困難な状況に遭いながらも進展し、神の国が成長していく様子を示そうとしている。その一方で、この譬え部分を後続の解釈部分、ひいては 4–21 節全体の枠組の関連において捉えるならば、すでにこの譬え部分においても倫理的視点が含まれ、神の言葉を聞いて、守り、実を結ぶようにとの要求（15 節参照）が含意されていると見なしうるであろう（Schürmann 1990:456; Marshall 1995:324）。

最後にイエスは、譬えの聴衆に対して「**聞く耳のある者は聞きなさい**」（14:35 及びマタ 11:15; 13:9, 43 参照）と語り、この譬えを締めくくるが、この言葉は明らかに宣教的視点を含んでおり、イエスの神の国の宣教の進展を信じるのみならず、神の言葉に聞き従うように要求している。

9 節

譬えで語る理由について述べる 9–10 節はマルコ 4:10–12 に並行しているが、ルカはここでもマルコのテキストを簡略化しつつ叙述している。イエスが種まきの譬えを語った後、弟子たちはイエスに譬えの意味について尋ねているが、マルコの並行箇所においては場面の変更が明示され、イエスが一人になってから十二人の他、周囲にいた人たちがイエスに尋ねたと記される。つまり、ここまで譬えの聴衆であった群衆はもはやその場に存在しないことが前提にされている。これに対してルカにおいては、直前の譬え部分から場面は継続しており、（十二人に限定されない）弟子たちが尋ねたとされ、群衆は弟子たちの背後に退く形になるが、それでもその場に残って話を聞いていたことが前提にされている（19 節参照；Wolter

2008:305f に反対)。さらにマルコにおいては、弟子たちは譬え（複数）に関する全般的な問いを発しているのに対し（マコ 4:10）、ルカにおいてはこの譬え（単数）の意味について尋ねており、その問いに対しては直接ここで答えられるのではなく、後続の 11 節以降の解釈部分で答えられることになる。その意味では、この箇所はルカの文脈においては、この譬えの解釈について述べる 11 節以下を導入する機能を果たしている。なお一部の研究者は、ここでの弟子たち（οἱ μαθηταί）の中に直前の段落で言及された女性たち（8:2-3）も含まれると見なしているが（Fitzmyer 1983:707; 三好 1991:307 他）、そのことを示す明確な根拠は見出されない。

10 節

ここでイエスは弟子たちに答えているが、マルコと同様ルカにおいてもイエスの弟子たちとそれ以外の者たちとが対照的に位置づけられている。「**あなたたちには**」（ὑμῖν）という表現からも明らかなように、弟子たちとイエスは親しい関係にあり、彼らには「**神の国の奥義**」を知ることが許されている。マルコにおいてはその奥義（τὸ μυστήριον [単数]）そのものが与えられていると記されているのに対し、マタイと同様ルカにおいてはその奥義（τὰ μυστήρια [複数]）の知識が与えられているとなっているが、ここでの奥義の知識は、閉鎖的集団における秘義的知恵ではなく、神の国の到来に関わる知識を意味しているのであろう。

その一方で、「**他の人々**」には「**譬えで**」（ἐν παραβολαῖς）語られるが、それは彼らが「**見ても見えず、聞いても理解できない**」ようにするためであると、マルコ 4:12 と同様、イザヤ 6:9-10 を部分的に引用して説明されている。注目すべきことに、ここでは「譬え」があたかも人々の理解を妨げるために用いられているように語られているが（ヨハ 16:25, 29; シラ 39:3 参照）、このような発言は、イエスが譬えを用いて神の国の教えを語ろうとしている文脈を明らかに乱している。さらに、神の国の奥義を与えられる弟子集団（＝内）とそこから排除されているそれ以外の集団（＝外）とを明確に区別する理解はイエスの宣教理解に対応しておらず、すでに述べたように（本書 351 頁参照）、この箇所はマルコによってこの文脈に持ち込まれたと考えられる。エレミアス（1969:6）は、「譬え」を意味するギリシア語の παραβολή に対応するアラム語（マトラー）が「謎」とも

解しうることに着目し、本来は「謎」の意味で理解されていたこの箇所をマルコが「譬え」の意味で理解してこの文脈に挿入したと想定しているが、これが最も蓋然性の高い理解であろう。その一方で、ルカの文脈においてこの箇所がどのように理解されていたかは判断が難しいが、Marshall (1995:322f) はこの箇所を「他の人々」は譬えでのみ語られるという意で解している。つまり「あなたたち」と「他の人々」は譬えで語られる点では共通していても後者には「神の国の奥義の知識」が欠如しているとの理解から ἵνα 節（翻訳の「それは」以下）を結果の意味でとり、その知識を欠いている「他の人々」は、その結果、『見ても見えず、聞いても理解できない』ようになる」と解している（Fitzmyer 1983:708f も同様）。

なおルカにおいては、マルコにおける「外の人々」（マコ 4:11）は「他の人々」（18:9, 11; 24:10; 使 5:13; 17:9; 27:44; 28:9 参照）に変えられ、また、「すべてが譬えで示される」の「すべて」は省略されており、両者の対照性は幾分弱められている。さらにマルコのテキストではこれに続く「こうして彼らは立ち帰って赦されることがない」（マコ 4:12）という引用部分はマタイと同様ルカには見られず、その意味でもルカは、弟子たちと区別される他の人々（群衆）の将来的な悔い改めと赦しの可能性を完全には否定していない。もっともルカにおいても、弟子たちを中心とする人々はそれ以外の人々から区別されており（民の分化）、弟子たちは神の言葉を聞くだけでなく理解し、それに従い、それを守る存在として捉えられている（8:21; 11:28 参照）。因みにルカは、使徒行伝の末尾でもイザヤ 6:9–10 を引用しているが（使 28:26–27）、そこでは省略せずにこの箇所全体を引用している（さらにヨハ 12:40 参照）。

11 節

譬えで語る理由に引き続き、イエスはここから種まきの譬えの意味について語り始める。ルカにおいてはマルコの導入部分（マコ 4:13）は見られないが（マタイも同様）、おそらくルカは、イエスが譬えに関する弟子たちの無理解を指摘するこの箇所が弟子たちにとって不名誉だと考えたか、あるいは、弟子たちを特別視する先行する部分（10 節）と矛盾すると考えたためにこの箇所を省略したのであろう。11 節以降の解説部分は 9 節の弟子たちの問いに対応する答えになっており、確かにルカの文脈において

は群衆もその場に留まっていることが前提にされているが（4節）、それでも9節以降、彼らは背景に退いており、神の国の奥義を知ることが許されている弟子たちに対して今やこの譬えの深遠な意味が寓喩的解釈を通して示されることになる。ルカはこの解釈部分でもマルコのテキストをもとに自らのテキストを構成しているが、独自の視点から部分的に編集の手を加えることにより宣教論的視点をさらに強調している。

ルカはまず、マルコの「種をまく人は神の言葉をまくのである」に代えて「**種は神の言葉である**」と記すことにより、5a節と同様、種をまく人から種そのものに焦点を移行させている。ここではまかれる種は神の言葉と同定されているが、その意味では、イエスは（言及されてはいないが）種をまく人に、譬えの聞き手は種がまかれる個々の土壌になぞらえられている。もっとも、ルカにおいてはこのような理解は必ずしも徹底されておらず、12節以降の解釈部分では（それぞれの場所に）まかれた種はむしろ個々の聞き手と同定されており、まかれた種の運命は神の言葉の運命でなく個々の聞き手の運命を示している（Bovon 1989:409; Schürmann 1990:463）。

12節

ここから四種類の種の運命について説明がなされていく。前半の二文（12, 13節）は οἱ δέ ...（男性複数形）、後半の二文（14, 15節）は τὸ δέ ...（中性単数形）という表現によって始められ、統一性を欠くが、14節の「（茨の中に）落ちた」という表現からも明らかなように、ルカにおいてはいずれの文章もそれぞれの地にまかれた種が主語になっている。

最初の「**道端に**」落ちた種は、御言葉を聞いても悪魔がその人の心から御言葉を奪い去るために信仰に至らず、救われることのない人々を指し示している。注目すべきことに、ここでは前出の種を食べる空の鳥（5節）が「**悪魔**」（διάβολος）と表現されている（cf. マコ 4:15：σατανᾶς［サタン］）。因みにルカは、ここまでは常に διάβολος を用いてきたが（4:2, 3, 6, 13; 8:12）、これ以降は σατανᾶς を用いている（10:18; 11:18; 13:16; 22:3, 31）。ルカはまた「**そのため彼らは、信じて救われることがない**」という文を付加しているが、この表現には明らかに初期キリスト教会の宣教活動における苦い経験が反映されており、10節で省略された「こうして立ち帰って

赦されることがない」（マコ 4:12b = イザ 6:10）という記述と関連しているのかもしれない（三好 1991:307）。さらにルカは、マルコには見られない「**心から**」（ἀπὸ τῆς καρδίας）という表現を用いることによって、御言葉は心によって受け止められるべきであることを強調している（15 節参照）。

13 節

　二つ目の「**岩の上に**」落ちた種は、当初は喜んで聞いて信じるが、根がないために試練に遭うとすぐにそれを捨ててしまう人々を指している。ルカはここで、マルコの「しばらくは続いても」（πρόσκαιροί εἰσιν［マタイも同様］）を「**しばらくは信じても**」（πρὸς καιρὸν πιστεύουσιν）に置き換える一方で、譬え本文（6 節）では省略したマルコの「根がない」という理由をここではそのまま受け継いでいる。ルカはまた、御言葉から遠ざける要素として挙げられているマルコ 4:17 の「御言葉ゆえの艱難や迫害」（θλῖψις ἢ διωγμὸς διὰ τὸν λόγον）を「**試練**」（πειρασμός）に置き換えているが、この修正は、迫害状況になかったルカの時代の教会の状況を反映しているのであろう。この「**試練**」という概念は、先行する荒れ野でのイエスの誘惑の記事（4:1–13）を思い起こさせるが、おそらくルカは、より広い意味での日常的な生活全般に関わる誘惑のことを考えているのであろう（Nolland 1989:385 も同意見）。

14 節

　三つ目の「**茨の中に**」落ちた種は、聞いても人生における「**思い煩い**」（12:22; 21:34 参照）や「**富や生の快楽**」にふさがれ、実を結ぶに至らない人々と同一視されている。ここでルカは、マルコ 4:19 の「欲望」（ἐπιθυμία）を「**快楽**」（ἡδονή）に置き換え、「**人生の歩みにおいて**」（τοῦ βίου πορευόμενοι）という表現を付加している。いずれにせよ、信仰にとって障害となる要素が現存していることがここでは示唆されているが、おそらくルカの時代の状況が反映されているのであろう。因みに、福音書記者の中でも特にルカは、富者やこの世の富を批判し、しばしば貪欲に対して警告を発している（1:53; 6:24; 8:14; 12:13–21; 16:13–14, 19–31; 18:18–30; 使 1:18; 5:1–11; 8:18–20 参照）。また、マルコにおいては御言葉が覆いふさがれると記されているが（マコ 4:19）、ルカにおいては御言葉のみに限定さ

れておらず、覆いふさがれる状況がより一般化して表現されている。

15 節
　最後の「**良い地に**」落ちて実を結んだ種の例においては、神の言葉を聞くだけでなく、それを守り、忍耐して実を結ぶ人々について語られている。マルコにおいては「御言葉を聞いて受け入れる」とのみ記されているのに対し、ルカにおいては、「**良い善良な心で**」御言葉を聞いてそれを「**よく守り**」（κατέχω）、「**忍耐して**」（ἐν ὑπομονῇ）実を結ぶというように書き換えられている。「**良い善良な心で**」の καλὸς καὶ ἀγαθός（良い善良な）はヘレニズム的な人生の理想を表現した概念である（トビ 5:14; Ⅱマカ 15:12 参照）。ここではまた、御言葉を聞くだけでなく、様々な状況においてそれを守り、忍耐して実を結ぶように勧められていることからも明らかなように、ルカにおいては人間の振る舞いがより一層強調されている。その一方で、マルコにおける 30 倍、60 倍、100 倍という三段階にわたる実りの描写は譬え本文と同様にここでも省略されているが、これはおそらく、ルカにおいては、結実の量よりも個々の人々が御言葉を聞くと共に忍耐してそれを守ることに焦点が当てられているためであろう。

　なお、最初の三つの集団は否定的な例として描かれているが、いずれの人間集団も御言葉を「聞いた」ことについては明言されており（12, 13, 14 節）、そのこと自体は否定されていない（6:46–49 参照）。その意味でもルカにおいては、「聞く」だけでは不十分であり、その聞いた御言葉を守り、実を結ぶことの大切さが強調されている。

【解説／考察】

　ルカはこの段落を、基本的にマルコのテキストに依拠しつつも、この箇所の各構成要素を相互に結合させつつ編集的に構成している。マルコが「御言葉を聞く」という点に主眼点を置いているのに対し（マコ 4:3, 9）、ルカはそこから一歩進んで、ただ単に御言葉を聞くだけではなく、むしろその御言葉を守り、実を結ぶことの重要性を強調している（15 節）。事実、譬え本文の中で挙げられる三つの失敗例は、いずれも聞くには聞いたが結実しなかった事例であり、問題は、聞いたか聞かなかったかではなく、聞

いて行ったか、聞いても行わなかったか、なのである。これにより、ルカにおいては焦点が「聞くこと」から「行うこと」へと移行しているが、この点は後続の箇所（8:16–21）でより鮮明に打ち出されていくことになる。

この譬えは元来、イエスによる神の国宣教が困難な状況に遭いながらも少しずつ進展していくことを示そうとしていたと考えられる。このルカの箇所においても、まかれた四種の種の内、最初の三つが失敗に帰し、最後の種のみが実を結ぶに至ったという譬えの内容は、どんな事柄であれ、それが成就に至り、結実することの難しさを示唆している。そしてまた同時にこの譬えは、困難な状況の中にいる私たちに、たとえ見通しは悪くても、最終的には道が開け、結実するという希望を抱かせる。

3. ともし火の譬え（8:16–18）

【翻訳】

8:16「ところで、誰もともし火をともして、それを器で隠したり、寝台の下に置いたりはせず、燭台の上に置く。入って来る人々にその光が見えるようにするためである。17 確かに、隠れているものであらわにならないものはなく、秘められたもので、人に知られず、あらわになるに至らないものはない。18 だから、どのように聞いているか、見ていなさい。というのも、持っている人はさらに与えられ、持っていない人は、持っていると思っているものまでも取り上げられる」。

【形態／構造／背景】

種まきの譬えに続いて、ここではともし火の譬えを中心とする一連の比喩的言辞が語られる。マルコの並行箇所とは異なり、導入句（マコ 4:21a 参照）のないルカの記事においては、直前の譬えとより緊密に結びついており、内容的にも「聞く」という主題によって相互に結びついている。その一方で、前段においては神の国（神の言葉）の秘義性が強調されていた

のに対し（10節）、ここではむしろ神の言葉の開示性が強調されている。この箇所は以下のように三つの部分から構成されている。

(1) 譬え本文：ともし火の譬え（16節）
(2) 譬えの適用：あらわになる隠れているものに関する言葉（17節）
(3) 結部：正しく聞くようにとの勧告及び持つ者と持たざる者に関する言葉（18節）

　各小段落は接続詞のγάρ（17節）及びοὖν（18節）によって相互に結びつき、特に（2）と（3）は、後者の導入句（マコ 4:24a 参照）を欠くルカにおいてはマルコ以上に緊密に結びついている。その一方で、これら三つの言葉は内容的には必ずしも相互に関連しておらず、元来はそれぞれ独立した言葉であったと考えられる。

　この段落に含まれる三つの言葉は共観福音書の随所に並行記事が見られ、「浮動格言」とも呼ばれるが、置かれている文脈によってその意味もそれぞれ異なっており、ルカはこの箇所を、マルコ 4:21–25 を資料として、それを短縮しつつ編集的に構成している。冒頭の 16 節は基本的にマルコ 4:21 に依拠しているが、Q 資料の影響も強く受けている（マタ 5:15 // ルカ 11:33；トマス福 33b 参照）。マタイ版や二つのルカ版（16節と 11:33）とは異なり、マルコ 4:21 は二つの修辞疑問文から構成されており、エレミアス（1969:133）や H. Klein（2006:309）はこの言葉をイエスの真正の言葉と見なしている。直後の 17 節もマルコ 4:22 に依拠しているが、マタイとの間に ὃ οὐ(κ) や γνωσθῆ(-σεται) 等の共通語も見られ、ここにも Q 資料の影響が認められる（マタ 10:26 // ルカ 12:2；トマス福 5b–6 参照）。ルカはまた、マルコ 4:23 の「聞く耳のある者は聞きなさい」という命令文を、すでに 8 節で言及したためか（14:35 も参照）、あるいは聞くことに対する相対的評価のゆえに、（マコ 4:3 の「よく聞きなさい」と同様）省略している。これに加えて（すでに 6:38 で用いられた）秤の比喩（マコ 4:24c）も省略されているが、おそらく内容的に文脈にそぐわないためであろう。また、18a 節はマルコ 4:24b に、18bc 節はマルコ 6:25 にそれぞれ依拠している（マタ 25:29 // ルカ 19:26；トマス福 41 参照）。

【注解】

16節

ルカはマルコ 4:21a の「イエスはまた彼らに言った」という導入句（移行句）を省略することにより、この箇所と直前の種まきの譬えとを緊密に結びつけている。その意味でも、前段と同様、ここでも弟子たちが引き続き主な対象と見なされており、この点は群衆を対象とする並行箇所のルカ 11:33 の場合とは異なっている。ルカはここで、神の国の奥義の知識を与えられている弟子たちに、神の言葉をどのように扱うべきかを示そうとしている。すなわち、誰であれ、「**ともし火**」（λύχνος）をともしたなら、それを「**器**」（σκεῦος, cf. マコ 4:21／ルカ 11:33：μόδιος［升］）で隠したり、寝台の下に置いたりせずに、燭台の上に置こうとする。それと同様に、「**光**」としての神の言葉も隠されるべきではなく、外に向けて照らし出されるべきであり、その意味でもこの言葉は宣教論的な視点をもっている。なおエレミアス（1969:133）は、ともし火を器で覆う行為は火を消す際の通常のやり方であったとして、この箇所を「ともし火をともして、すぐにそれを消す人はいない」と訳出しているが、消された火はもはや隠されている火とは見なせないことからも（Schürmann 1990:466 n. 164）説得的ではない。

ここでルカは、二つの修辞疑問文によって構成されていたマルコの文章を平常文に書き換え、さらに「**入って来る人々にその光が見えるようにするためである**」（11:33 参照）という表現を付加することにより、彼の宣教論的意図を明らかにしている。すなわち、この「**入って来る人々**」は、神の言葉を受け取ろうとしている外部の人々（8:10 参照）を指しており（Fitzmyer 1983:718; Schneider 1984:187）、弟子たちによる将来の宣教活動が示唆されている。その意味でも、すでにマルコにおいても神の言葉と光が関連づけられていたが、ルカはその点をさらに強化し、光としての神の言葉をさらに他の人々に伝えていくように弟子たちに促している（Bovon 1989:46 参照）。なお一部の研究者は、ルカの描写は、一部屋からなるパレスチナの住居とは異なり（cf. マタ 5:15：「家の中のものすべてを照らす」）、玄関のある住居が前提にされていると指摘しているが（ドッド 1964:187、注 32; エレミアス 1969:20、注 1）、玄関を伴わない住居であっても「**入って来る人々にその光が見える**」点は同様であり、また寝台に言及

されていることからも、必ずしもそのように想定する必要はないであろう（Schürmann 1990:467 n. 166）。

17節

　16節の内容は、接続詞 γάρ（確かに）によって導かれる直後の17節において説明される。つまり、「**隠れているもの**」であらわにならない（未来形）ものはなく、「**秘められたもの**」で人に知られないままのものはない。Q資料に由来すると想定される並行箇所（12:2 // マタ10:26）では、神の裁きの日には人のすべてのことがあらわになるという主旨で語られているが、ここでは16節の内容を受けて神の言葉の性質に関連づけられており、将来の復活時におけるイエスの本性の開示が示唆されているのかもしれない（Marshall 1995:328）。なお、マルコとは異なり、ルカにおいては「**人に知られず**」（οὐ μὴ γνωσθῇ）という表現が付け加えられることにより（12:2 // マタ10:26参照）、開示性が一層強調されている。その意味でも、ルカ8:10で強調されていた神の国（言葉）の秘義性（閉鎖性）や限定性はここでは相対化されており、弟子たちにしか知らされていなかった神の国の奥義（神の言葉）があらゆる人々にあらわにされることが示されている。

18節

　ここではまず、正しく聞くようにとの勧告がなされているが、ルカはマルコの「何を聞いているか」（τί ἀκούετε）を「**どのように聞いているか**」（πῶς ἀκούετε）に修正することにより、聞いていることを前提とした上で、聞く対象よりも聞き方に強調を置いている。その意味でこの勧告は、神の言葉を保持し、守ることによって実を結ぶ（8:15）という前段の内容と結びついている。

　最後に、持っている者はさらに与えられ、持っていない者は持っているものまで取り上げられるという格言によってこの段落は締めくくられる。この格言はムナの譬えの結部にも用いられており（19:26 // マタ25:29）、元来は貧富の格差が拡大していく矛盾に満ちた社会状況を指し示す格言であったが、この文脈においては文字通りに金銭等の物質的財産が問題にされているのではなく、転義的に「神の言葉を聞く」こととの関連で理解されている。その意味でも、持っている者は、神の言葉を正しく聞き、豊か

に実を結ぶ人々に対応し（8, 15 節）、持たざる者とは、神の言葉を聞いても実を結ぶに至らなかった直前の譬えの三種の集団に対応している（5–7, 12–14 節）。なお、ルカはここで、持っていない者は「**持っていると思っているものまでも取り上げられる**」と、「〜と思っているもの」（ὃ δοκεῖ ＋不定詞）という表現を付け加えることにより、彼らが実際には最初から所有していなかったことを示している。

【解説／考察】

　ルカはこの段落をマルコの記事をもとに構成しているが、神の言葉の開示性を強調すると共に、いかに神の言葉を聞くべきかという主題を明確に打ち出している。すなわち、まさにともし火の光は覆い隠されるのではなく照らし出されるべきであるように、弟子たちは神の言葉を聞くだけでなく、光としての神の言葉を他者に伝えていくことによって実を結ぶべき存在なのである（6:47–48; 8:15 参照）。

　最後の格言においては、神の言葉を受け入れて豊かに実を結ぶ人（＝持っている人）と、神の言葉を拒絶して外部に留まっている人（持っていない人）とが対比的に描かれているが、ルカは後者を、実際には持っていないのに持っていると思っている人と見なしている。すなわちこのことは、持たざる人の多くが自分自身の現実の状況を的確に把握していないことを示唆しており、私たちも、「持っている」かのように錯覚していないかどうか、常に自己検証するように求められている。

4. イエスの母と兄弟（8:19–21）

【翻訳】

8:19 さて、彼（イエス）のところに彼の母と兄弟たちがやって来たが、群衆のために彼に近寄ることができないでいた。20 そこで彼に、「あなたの母上とあなたのご兄弟たちが、あなたに会おうとして外に立っておられま

す」と伝えられた。²¹ すると彼は答えて、〔そのことを告げた〕彼らに「神の言葉を聞いて行う者たちが、私の母、私の兄弟たちである」と言った。

【形態／構造／背景】

　譬えによる教え（8:4–18）に続いて、ここではイエスの母と兄弟たちがイエスを訪ねて来たときのエピソードについて記され、神の言葉を聞いて行う人こそがイエスの真の母であり兄弟であると言明される。マルコにおいてはこの段落は種まきの譬えの直前に置かれているが（マコ 3:31–35）、ルカにおいては種まきの譬え及びともし火の譬え（8:4–15, 16–18）の直後に続いており、内容的にも「神の言葉を聞いて行う」という主題においてそれらの先行する箇所と結びつき（8:15, 18 参照）、それらを締めくくる機能を果たしている。

　この段落は、（1）イエスの母と兄弟たちの訪問（19 節）と（2）家族来訪の知らせとイエスの反応（20–21 節）の二つの部分から構成されている。ルカ 8:4 以降、マルコの配列（マコ 4:1–25）に従ってきたルカは、マルコ 4:26–34 の内容には触れず（本書 343 頁参照）、その対応箇所では記載しなかったマルコ 3:31–35 の内容をここに配置している（並行マタ 12:46–50；トマス福 99）。なお、マルコのテキストに関して言えば、神の言葉を聞くことに焦点が当てられている 31–34 節と神の御心の実践を強調する 35 節との伝承史的関係がしばしば問題にされてきたが、いずれがより古い伝承に遡るかは明らかではない。

　ルカはここでもマルコのテキストを主な資料として用い、基本的にその内容を受け継いでいる。ここでもまた、マタイとルカの間に多少の弱小一致が見られるが（ζητοῦσιν ［彼らは捜している。マコ 3:32］に対する ἑστήκασιν ［彼らは立っている。20b 節／マタ 12:47］、λέγει ［彼は言う。マコ 3:33］に対する εἶπεν ［彼は言った。21 節／マタ 12:48］等）、それらは双方の福音書記者の独立した編集作業の結果と見なしうるであろう（Ennulat 1994:111–114 も参照）。その意味でもルカは、マルコのテキストを短縮する等、適宜編集の手を加えつつ（19 節の παραγίνομαι ［やって来る］は新約用例 37 回中ルカ文書に 28 回使用、20 節の ἀπαγγέλλω ［伝える］は同 45 回中 26 回使用）、この箇所全体を構成したのであろう。

【注解】

19 節

　ある時、イエスの母と兄弟たちがイエスに会いにやって来たが、大勢の群衆がいたために会うことができずにいた。マルコにおいては明らかに家の中での状況が想定されているのに対し（マコ 3:20 参照）、ルカの文脈においては 8:4 以降、イエスが戸外で群衆に教える場面が継続しており、(20 節の ἔξω［外に］にも拘らず) ここでも戸外の状況が想定されている（H. Klein 2006:311 に反対）。イエスの母と共に言及されている οἱ ἀδελφοί（兄弟たち）は親類等のより広い意味でも解しうるが（Fitzmyer 1983:723f 参照）、ここでは明らかにマリアの他の子どもたちを指している。マルコにおいては、身内の者が「気が狂った」イエスを取り押さえにきたという記述が先行することから（マコ 3:21）、彼らはここでもイエスを連れ戻すためにやって来たものと想定されるが、ルカにはそのような記述は見られず（マタイも同様）、彼らの訪問の目的は明らかではない。事実この点は、後続の部分でマルコにおいては彼らがイエスを捜している（<ζητέω）と記されているのに対し（マコ 3:32）、ルカでは単に会いに（ἰδεῖν）来たと表現されていることにも対応している。またマルコ版では、母と兄弟たちは自分たちからイエスに近づいて行こうとはせずに人をやってイエスを呼ばせているが、ルカにおいては、彼らは（イエスに会おうと試みたが）群衆がいたためにイエスに会えなかったと記されている。その意味では、ここでもルカはイエスの母や兄弟たちをマルコの場合ほど批判的には描いておらず、さらにマルコにおいては（マタイも同様）、戸外に立っている母や兄弟たちとイエスの周囲に座っている人々とが明らかに対比的に描かれているのに対し（マコ 3:31–32a）、ルカにおいてはこの対比は曖昧になっている。

20 節

　そこでイエスに、彼の母親と兄弟たちが「**会おうとして外に立って**」いると告げられる。前述したように、イエスが戸外で教えていることを前提とするなら、「**外に**」（ἔξω）という表現は不自然であるが、「群衆の外側に」という意味でこの表現が用いられているのか（Schneider 1984:188）、あるいは、「内の者」である弟子たちとそれ以外の「外の者」との区別（8:10

参照）が念頭に置かれているのかもしれない（Schürmann 1990:470f）。因みにコンツェルマン（1965:83f）は、ルカにおいてはイエスの親族は彼にナザレで活動させようとしており、ヘロデのようにイエスの奇跡を「見よう」とした（9:9; 23:8 参照）と主張しているが、推測の域を出ない。

21節

家族来訪の報せを受けて、イエスはそのことを彼に知らせた人々に向かって、「**神の言葉を聞いて行う者たちが、私の母、私の兄弟たちである**」と答え（cf. 11:28：「幸いだ、神の言葉を聞いて〔それを〕守る者たちは」）、イエスの母と兄弟の新しい定義を提示している。マルコにおいては、イエスは返答する前に「私の母、兄弟たちとは誰か」と（彼の肉親にとって）辛辣な問いを発した上で、周囲の者を見回して「見よ、ここに私の母、私の兄弟たちがいる」と述べており（マタイも同様）、肉親であるイエスの親族と周囲の人々との対比を強調しつつ、前者ではなく後者が自分の家族であると明言している（マコ 3:33–34）。それに対して、この部分が省略されているルカにおいては、「イエスの真の母と兄弟たち」は必ずしも周囲の者たちに限定されておらず、ルカはここでもイエスの母や兄弟たちに対するマルコの批判的な視点を和らげている。さらにマルコにおいては（マタイも同様）、神の御心を行う者こそが私の兄弟、姉妹、母であるとイエスが述べているのに対し、ルカのイエスは、「**神の言葉を聞いて行う者たち**」が私の母、兄弟たちであると述べているが、これは直前の「良い地に〔落ちた〕ものとは、良い善良な心で言葉を聞き、よく守り、忍耐して実を結ぶ人たちである」（8:15）という言葉に対応している。

以上の点からも、ルカがイエスの母と兄弟たちに対するマルコの否定的なイメージを抑える仕方で比較的肯定的に彼らを描き出そうとしていることは明らかであるが、その一方で、ルカのテキストにおいてもイエスの母と兄弟たちが神の言葉を聞いて行う者と見なされていると断定することはできず（荒井 1985:200; 2009:212; ハイスター 1988:96–98; Ernst 1991:177f らに反対）、ましてや、彼らを「模範的な弟子」（Fitzmyer 1983:723）と見なすことはできないであろう。確かにマリアに関しては、天使の言葉を従順に受け入れ、イエスの本質を理解した女性として描かれており（1:38, 45; 2:19, 51 参照）、そのような想定もあり得なくはないが、イエスの兄弟

たちの場合は明らかに事情が異なり、ルカ福音書には彼らがイエスの言葉を傾聴していたことを示唆する記述は全く出てこない（使 1:14 のみ比較参照）。なお、一部の研究者は 21 節の「私の母、私の兄弟たち」を主語と見なし、「私の母と私の兄弟たちは、神の言葉を聞いて行う者たちである」（Brown et al 1978:168）や「私の母と私の兄弟たち——これらは神の言葉を聞いて行う者たちである」（Fitzmyer 1983:722, 725; 1989:76）と訳出することにより彼らを弟子たちの模範と見なそうとしているが、この「私の母、私の兄弟たち」（μήτηρ μου καὶ ἀδελφοί μου）には定冠詞が欠けていることからも、このような解釈は難しい（Nolland 1989:395）。その意味でも、ルカにおいてはイエスの母と兄弟が比較的好意的に描かれているとは言え、彼らに対する否定的なイメージが完全に払拭されたわけではない。確かにルカにおいては、イエスの親族と周囲の者たちとの対比がマルコの場合ほど鮮明ではなく、例えばマルコ 6:1–6 に並行するイエスのナザレ説教（4:16–30）の段落でも、家族に対するイエスの否定的な発言が削除されているが（マコ 6:4 とルカ 4:24 を比較参照）、このことは必ずしも、ルカがここでイエスの親族を「神の言葉を聞いて行う者」と見なしていることを意味しない。事実、この段落の主眼点はマルコと同様、血縁関係を越える信徒間の交わりであり、実の肉親である母マリアとイエスの兄弟は、やはりここでも消極的に描かれていると見なすべきであろう。

【解説／考察】

ルカはマルコ 3:31–35 を資料として用いてこの箇所を構成しているが、この段落をルカ 8:4 以降の一連の譬えによる教えの結びとして位置づけ、神の言葉を聞いて行うという観点から編集的に構成している（6:47–49 参照）。マルコにおいては、イエスの肉親が批判的に評価され、そのような血縁による家族関係ではなく、神の御心を行う人々によって構成される新しい共同体の姿が示されているが、ルカはそのようなマルコの基本的な視点を受け継ぎつつ、その共同体が「神の言葉を聞いて行う者たち」によって構成されることを強調している。

そのように、ここでは血縁による家族関係を越えた、新しい共同体のあり方が示されているが、近年では日本においてもこれまでの伝統的な家族

主義が解体しつつあり、家族のあり方そのものが問われるようになってきている。その意味でも今日のキリスト教会が、身寄りのない人々や孤独な人々を受け入れ、互いに支え合う真の共同体になり得ているかどうか、改めて問い直す必要があるだろう。

5. 嵐を静める奇跡（8:22–25）

【翻訳】

8:22 さて、ある日のこと、彼（イエス）自身は舟に乗り込み、彼の弟子たちも〔同様にした〕。そこで彼は彼らに「湖の向こう岸に渡ろう」と言った。そして彼らは船出した。23 さて、彼らが航行していくうちに彼は眠ってしまった。すると突風が湖に吹き降ろして来て、彼ら（弟子たち）は水びたしになり、危機に瀕した。24 それで彼らは近寄って来て彼を起こし、「師よ、師よ、私たちは滅んでしまいます」と言った。そこで彼は起き上がり、風と水の大波とを叱りつけた。すると、それらは静まって凪になった。25 そして彼は、「あなたたちの信仰はどこにあるのか」と彼らに言った。そこで彼らは恐れ驚いて互いに言った。「いったいこの人は何者だ。風や水さえもこの方が命じると彼に聞き従うとは」。

【形態／構造／背景】

　神の言葉を聞いて行うように勧告する一連の教え（8:4–21）のあとには、嵐を静める奇跡（8:22–25）、悪霊に取りつかれた人を癒す奇跡（8:26–39）、死人を蘇生させる奇跡（8:40–56）というように三つの奇跡物語が（物語を重ねることにより徐々に強調していく「漸層法」的な順序で）続いており、ここまでの言葉による教えから行為による教えへと主題が移行している。もっとも、これらの奇跡行為はイエスの言葉を通して実行されており（8:24, 32, 54)、その意味でもこれらの物語は、イエスがこの世のあらゆるもの（自然界、悪霊、病、死）を凌駕する存在であることを強調すると共に、イ

エスの言葉が神的な権威を有することを改めて示している。

ここで扱う奇跡物語は、イエスが嵐を静めた自然奇跡について語っており、イエスが神と同様、大自然をも支配する存在であることが示される。この段落は以下のように区分できる。

（1）序：状況設定（22節）
（2）イエスの居眠りと突風による危機（23節）
（3）弟子たちの懇願とイエスの奇跡行為（24節）
（4）結び：イエスの問いと弟子たちの反応（25節）

直前のイエスの家族の訪問に関する段落（8:19–21）で一旦マルコの配列から離れたルカは、これ以降は8章末尾まで再びマルコの配列（マコ4:35–5:43）に従っている。この段落はマルコ4:35–41及びマタイ8:23–27に並行しているが、ルカはここでもマルコのテキストを唯一の資料として用い（Schramm 1971:124fに反対）、総じてマルコのテキストを切り詰めつつ編集的に構成している。特に段落冒頭の状況設定部（22節）は多くのルカ的語彙を含んでおり（ἐγένετο δέ［新約ではルカ文書にのみ計38回使用］、ἐν μιᾷ τῶν ... καὶ αὐτός［5:17参照］、εἶπεν πρὸς αὐτούς［彼は彼らに言った。Jeremias 1980:33参照］、λίμνη［湖。四福音書においてはルカにのみ計5回使用］、ἀνήχθησαν < ἀνάγω［船出する。新約用例23回中ルカ文書に20回使用］等）、ルカの編集句と考えられる。

また、ルカとマタイには、「夕方」という時間設定（マコ4:35）、別の舟への言及（同4:36）、艫の方で眠るイエスの描写（同4:38）、イエスに対する弟子たちの非難の言葉（同4:38）、風と湖に対するイエスの叱責の言葉（同4:39）等、マルコに含まれている要素が幾つも欠如していることに加え、両者間には多くの弱小一致が認められる（弟子たちの乗船への言及［22節／マタ8:23］、οἱ μαθηταὶ αὐτοῦ［彼の弟子たち。22節／マタ8:23］、突風［嵐］の対象としての湖への言及［23節／マタ8:24］、προσελθόντες ... διήγειραν (ἤγειραν) αὐτὸν λέγοντες［彼らは近寄って来て彼を起こし、言った。24節／マタ8:25］、ἐθαύμασαν λέγοντες［彼らは驚いて言った。25節／マタ8:27］等）。これらの一致点のすべてを両福音書記者の編集作業として理解することも（Schürmann 1990:474に反対）、口頭伝承における一致から説明することも

（Bovon 1989:421 に反対）難しいことから、両者はマルコの改訂版を用いたと考えるべきであろう（Ennulat 1994:137–145; H. Klein 2006:313）。また、この物語と旧約のヨナ書1章との間には多くの類似点が存在し、特にマルコ版との間には言語上の共通点も多く確認できることから（ヨナ 1:4, 5, 6, 10, 11, 15, 16 とマコ 4:37–39, 41 を比較参照）、ヨナ書からの影響も十分に考えられる。さらにマルコのテキストについては、その形成過程において先行する悪霊追放の物語（マコ 1:21–28 // ルカ 4:33–36）からも影響を受けている可能性が高い。

【注解】

22節

マルコが「その日の夕方になって」（マコ 4:35）という導入句によって、この奇跡物語を先行する一連の譬えによる教え（同 4:1–34）に継続する同日の出来事として描いているのに対し、ルカはこの物語の直前にイエスの家族に関するエピソード（8:19–21）を配置することにより、一連の譬え（8:4–18）とは明確に区別し、ἐγένετο δὲ ἐν μιᾷ τῶν ἡμερῶν（さて、ある日のこと、……が起こった）という新しい段落の始まりを示す表現によってこの段落を始めている。すなわち、「**ある日のこと**」、イエスは弟子たちと共に舟に乗り込み、彼らに「**湖の向こう岸**」に渡るように指示し、船出する。一部の研究者は、ルカ 8:2–3 の記述内容との関連から、この弟子たちの中に女性たちも含まれていると見なしているが（Fitzmyer 1983:729; Bovon 1989:424）、ルカにおいては οἱ μαθηταί（弟子たち）に女性を含める例は見られず、また通常の漁師の舟の容量を勘案しても、それは考えにくいであろう（Green 1997:332 参照）。

マルコ 4:1–2 とは異なり、イエスがそれまで船上で一連の譬えを語っていたという状況を前提としないルカは、ここで「乗り込む」（ἐμβαίνω）という記述を加えている（マタイも同様）。ルカはまた「**舟**」を無冠詞で表現しており（εἰς πλοῖον）、誰の所有であるかを明らかにしていない。また、最初の弟子召命の記述（5:1–2）と同様、ルカはここでも θάλασσα（海／湖）ではなく（マコ 4:39, 41 参照）、λίμνη（湖）を用いているが（ゲネサレト湖 [5:1] ?）、コンツェルマン（1965:85）によると、湖は（霊的な）力の顕現

のために設定された場所であり、ここでは不気味な様相が強調されている。なお、ここで弟子たちはイエスの言葉に黙って従っているが、すでにこのような描写においてイエスの権威が示されている。

23 節

ところが、彼らが向こう岸へと渡って行く途中、イエスは寝入ってしまう。前述したように、ルカ版ではこのエピソードはマルコのように夕方に設定されていないことからも、イエスが寝入ったのは日が暮れたためではない。旧約においては神の眠りの描写は神の不在を意味しているが（詩35:23; 44:24; 59:5–6）、いずれにせよ、常に危険が伴う舟の中で寝入ることは異常な行為であり、ここにもイエスの権威が示されている。なお、マルコは嵐の描写の後にイエスの居眠りについて記しているが、嵐の前にイエスの居眠りに言及するルカの描写の方が自然であろう。

ところが突風が起こり、湖に吹き降ろして来たため、弟子たちは水をかぶって危機的状況に陥った（κινδυνεύω［使 19:27, 40 参照］）。「**彼ら（弟子たち）は水びたしになり**」という箇所は、しばしば「弟子たち」ではなく「舟」を主語と見なして、「舟は水で満たされ」と訳出される。確かにこの訳文の方が状況に則しているが、ここでは複数形動詞（συνεπληροῦντο = συμπληρόω の未完了過去三人称複数受動態）が用いられていることからも、やはり主語は「舟」（単数）ではなく「弟子たち」（複数）と見なすべきであろう。また、嵐の中でも目を覚まそうとはしなかったイエスの姿は、彼が危険な状況をものともしなかったことを示しており、その意味でも、嵐に遭って慌てふためく弟子たちと、嵐を意に介さず眠り込むイエスとのコントラストが際立たされている。なお、嵐の中の居眠りの描写はヨナの物語を思い起こさせる（ヨナ 1:5–6）。

24 節

そこで弟子たちは、イエスのもとに近寄って来て彼を起こし、二度にわたって「**師よ**」（ἐπιστάτα）と呼びかけ、自分たちが危機的状況にあることを伝える。ἐπιστάτα（cf. マコ 4:38：διδάσκαλε［先生］／マタ 8:25：κύριε［主よ］）という呼びかけはルカにのみ見られ（5:5; 8:24, 45; 9:33, 49; 17:13 参照）、ルカ 17:13 以外の箇所ではいずれも、イエスの真意や力を理解でき

ないでいる弟子たちによって発せられているが（Tannehill 1986:213）、前出のルカ 5:5 では、湖上の舟上で大漁の奇跡の直前にペトロがイエスに同様に「師よ」と呼びかけている。ルカにおいては、弟子たちはイエスに対して非難がましい発言をするわけではなく（cf. マコ 4:38：「私たちが滅んでもあなたは構わないのですか」）、またイエスに助けを直接求めることもなく（マタ 8:25 参照）、ただ、滅んで（溺れて）しまいそうな自分たちの危機的な状況を伝えるに留まっており、弟子たちに対する批判的な記述は抑えられている。なお、動詞 ἀπόλλυμι（滅びる）は、精神的・肉体的危機を示している（4:34; 13:3, 5; 15:24, 32 参照）。

そこでイエスが起き上がり、先に悪霊を叱りつけたように（4:35, 39, 41 参照）、「**風と水の大波とを叱りつけ**」ると、それらは静まって凪になった。マルコにおいては、「風を叱り、湖に『黙れ、静まれ』と言った」（マコ 4:39）と記されており、ルカはここでマルコの「湖」（ἡ θάλασσα）に代えて「水の大波」（ὁ κλύδων τοῦ ὕδατος）と記している（25 節も参照）。このような描写は、海や天候を制する神のイメージと重なり合い（詩 18:16; 29:3; 65:8; 89:10; 104:6f; 106:9; 107:23–32; ナホ 1:4 参照）、ここに描かれている「突風と嵐」と「静けさと凪」の対比は、自然の猛威が神の言葉の権威に従ったことを強調している。古代世界において水は邪悪な力の住みかと信じられ、突然起こる嵐は悪霊の仕業と見なされていたことからも、この物語は悪霊追放の物語とも見なされ、さらに、イエスの神的な力と本質を示す神顕現の物語とも見なしうるであろう。

25 節

結びの部分では、イエスの問いと弟子たちの問いが記されている。まずイエスが「**あなたたちの信仰はどこにあるのか**」と弟子たちの姿勢を問いただしているが、マルコ 4:40 における「なぜ怖がるのか。まだ信じないのか」というイエスの言葉とは異なり、弟子たちの信仰そのものは完全には否定されておらず、特定の状況において信仰をもって行動できない彼らの姿勢が問題視されており、彼らに対する批判的な口調はやや抑えられている。

これに対して弟子たちは、その問いには直接答えず、事のありさまを見て恐れ驚くが、その驚きの中で、神のように「**風や水**」（マコ／マタ：「風や湖」）を従わせるこの人物は何者だろうかと問いを発する。この問いは、

すでに律法学者たち (5:21) や洗礼者ヨハネの弟子たちが発し (7:20)、ファリサイ派シモン宅での会食に同席していた人々も投げかけ (7:49)、さらに後にヘロデも問い (9:9)、イエス自身も弟子たちに問うことになる (9:20) キリスト論的問いである。なお、マルコにおいては弟子たちの恐れについて記されるのみで (マコ 4:41)、彼らの驚きについては言及されておらず、逆にマタイにおいては恐れの記述はなく、驚きについてのみ記されている。

【解説／考察】

　ルカはここでもマルコの記事をもとに自らのテキストを構成しているが、イエスが嵐を静める奇跡行為の描写を通して、イエスが自然をも支配する権威の持ち主であり、神と同等の力を与えられた主であることを改めて強調している。事実、この物語はこのような描写を通して、「この人は何者だ」という弟子たちの問いに対して示唆を与えると共に、危機的な状況にあっても神の子としてのイエスの力を信頼するように読者に勧告している。
　古来、人間は大自然の脅威に晒されてきたが、それだけにこの種の自然奇跡の記述は、人間の力が及ばない諸力をも支配する神の主権を描こうとしている。換言すれば、まさに神は人間をあらゆる隷属から解放する存在なのである。その一方で、近代以降、科学文明の発展に伴い、人類は自らの力で自然に手を加え、それを意のままに利用しようとしてきたが、この奇跡物語は、そのように神になり代わって自然を自らの支配下に置こうとする人間の傲慢な態度に対して警告を発しているようにも思われる。

6. 悪霊に取りつかれたゲラサ人の癒し (8:26–39)

【翻訳】

8:26 さて、彼ら（イエス一行）はガリラヤの対岸にあるゲラサ人の地方に入港した。27 そして彼（イエス）が〔舟から〕出て陸に降り立つと、悪霊た

ちに取りつかれているこの町出身の男が彼（イエス）と出会った。彼（男）は長い間、衣服を身に着けず、家の中に住まずに墓場に住みついていた。[28] すると彼は、イエスを見ると叫びながら彼のもとにひれ伏し、大声で言った。「お前は俺と何の関わりがあるのだ、至高の神の子イエス。お願いだから俺を苦しめないでくれ」。[29] というのは、彼（イエス）はこの汚れた霊にこの人から出ていくように命じたからである。というのも、それ（汚れた霊）は長期にわたって彼（この人）を捕らえており、彼は鎖と足枷で繋がれて監視されていたが、縛っているものを引きちぎっては、悪霊によって荒れ野へと駆り立てられていた。[30] そこでイエスは彼に「お前の名は何というのか」と尋ねた。すると彼は「レギオンだ」と言った。多くの悪霊たちが彼の中に入っていたからである。[31] そして彼ら（悪霊たち）は底なしの淵へ行くように自分たちに命じないように彼（イエス）に懇願した。[32] ところで、その辺りではたくさんの豚の群れが山で飼われていた。そこで彼らはそれら（豚の群れ）の中に入ることを自分たちに許可してくれるように彼に懇願した。そこで彼は彼らに許可した。[33] すると悪霊たちはその人から出て来て、豚〔の群れ〕の中に入った。そして、その群れは崖を下って湖の中へと突進し、溺死した。

[34] すると、この出来事を見ていた豚飼いたちは逃げ出し、その〔ゲラサの〕町や〔周辺の〕村落に〔このことを〕知らせた。[35] そこで彼ら（町や村落の人々）は、その出来事を見ようとして出て来た。そして彼らはイエスのところに来て、悪霊たちを追い出してもらった人が服を着て、正気になってイエスの足もとに座っているのを見出し、そして恐れた。[36] また、〔事の成り行きを〕見ていた人たちは、悪霊に取りつかれていた人がどのように救われたかを彼らに知らせた。[37] そこで、ゲラサ人の周辺地域の人々は皆、自分たちのところから立ち去るようにと彼（イエス）に願った。大きな恐れに彼らは捉えられていたからである。そこで彼自身は舟に乗り込んで帰って行った。[38] しかし、悪霊たちを追い出してもらったその男は、彼（イエス）と一緒にいたいと彼に願ったが、彼（イエス）はこう言って彼（その男）を去らせた。[39]「あなたの家に帰りなさい。そして、神があなたに行われたことをすべて語り聞かせなさい」。するとその人は立ち去り、イエスが彼に行ったことをすべて町中に宣べ伝えた。

【形態／構造／背景】

　嵐を静めるイエスの奇跡行為の記述に続いて、ここでは悪霊に取りつかれた男に対する癒しの奇跡について語られ、悪霊の力を凌駕するイエスの神的権威が再び示される。この段落はルカ福音書の中で唯一、異邦人地域でのイエスの活動を記しており、異邦人世界においても発揮されるイエスの力を示すと共に（使 16:16-18; 19:13-20 参照）、将来の異邦人宣教をも予示している。

　この段落はガリラヤの対岸のゲラサ人の地方を舞台としているが、湖上での場面から始められていることからも、イエスが湖上で嵐を静める直前の段落にスムーズに接続しており、双方の段落の結びつきは、すでに前段において、イエスが湖の向こう岸に渡る意向を表明している点（8:22）にも示されている。この箇所は後続の段落（8:40-56）とも、「出来事」（τὸ γεγονός［34, 35 節／56 節］）や「救われる」（ἐσώθη/σωθήσεται［36 節／50 節］）という共通の語句によって結びついている。この段落はまた、先行する汚れた霊に取りつかれていた人の癒しの記述（4:33-37）とも、霊が追放される際に大声でイエスに「お前は俺［俺たち］と何の関わりがあるのだ」（τί ἐμοὶ (ἡμῖν) καὶ σοί）と叫び（28 節／4:34）、人々がその状況を見て驚く（37 節／4:36）点において一致している。さらに、この段落とイザヤ 65:1-5a は、① 墓、豚等の汚れの要素、② 求めない人間にも見出される神、③ 関わりを拒絶する敵対者の振る舞い等のモチーフを共有している。

　この段落は複雑な構造をもち、複数のレベルで物語が展開している。この段落全体は以下のように区分されるが、「衣服を身に着けず」（27 節）は「服を着て」（35 節）に、「家の中に住まずに」（27 節）は「家に帰りなさい」（39 節）に、さらには、制御不能であったこの男の狂気に関する描写（27b, 29b 節）は正気になった彼の描写（35 節）にそれぞれ対応している。

　（1）序：状況設定（26-27 節）
　　　(a) ゲラサ人の地方への入港（26 節）
　　　(b) 悪霊に取りつかれた男との出会い（27 節）
　（2）イエスと悪霊の対話（28-31 節）

（3）悪霊の退去（32–33 節）
　（4）人々の反応（34–37 節）
　　　(a) 豚飼いたちの反応（34 節）
　　　(b) 知らせを聞いてやって来た人々の反応（35–36 節）
　　　(c) ゲラサ地方の人々の反応（37 節）
　（5）癒された者の帰還（38–39 節）

　この段落はマルコ 5:1–20 及びマタイ 8:28–34 に並行している。ルカはここでもマルコを唯一の資料として用い（Schramm 1971:126; Schürmann 1990:487）、基本的にマルコのテキストの内容を受け継ぎつつ自らのテキストを構成しているが、多くの言語的・文体的修正を加えている（Bovon 1989:430–432; H. Klein 2006:316 n. 4 参照）。特に目立っているのは、悪霊に取りつかれた男の様子が二箇所に分けて描写されている点であり（27 節／29 節）、さらにルカにおいては、悪霊が最初からイエスに屈服していたように描かれている。なお、悪霊に取りつかれた豚の群れが溺死する様子を記すマルコのテキスト末尾の部分（マコ 5:18–20）はマルコによって付加された結部と考えられ（Dibelius 1959:70f, 84; 田川 1972:362, 365f 他；一方で Marshall 1995:336 は別意見）、さらにマコ 5:8 もマルコの編集句と見なされるが（ブルトマン 1987:17）、荒井（2009:220–222）はそれらに加えてマコ 5:1–2a, 16–17 もマルコの編集句と見なしている。マタイ版もマルコを資料としているが、極めて簡潔に構成されており、悪霊に取りつかれていた人の数は一人ではなく二人になっている（マタ 8:28）。
　この物語は悪霊追放物語に属し、《悪霊と追放者との出会い→悪霊の拒絶と追放者との対決→悪霊への退去命令→他の対象への乗り移り→目撃者の反応》という、悪霊追放物語に特徴的な五つの要素を含んでいる。その一方で、この物語は異邦人地域におけるイエスの神的力を示している点で顕現物語の性格も有している（Kremer 1988:97）。おそらくこの物語は、民間における悪霊追放物語が変形されていったか、あるいは、単純なイエスの悪霊追放物語が拡大することによって成立したのであろう。

【注解】

26節

　海上で嵐を静めた後、イエスとその一行は、当初より意図していたように（8:22参照）、ガリラヤの対岸にあるゲラサ人の住む地域に赴いた。ゲラサはデカポリス（「10の都市」の意）に属する都市であり、東ヨルダンのガリラヤ湖南東約55kmの場所に位置し、住民の大半は非ユダヤ人であった。この Γερασηνῶν（ゲラサ人の）の表記については、Γεργησηνῶν（ゲルゲサ人の）や Γαδαρηνῶν（ガダラ人の）等の異文があり、マルコとルカにおいては Γερασηνῶν が、マタイでは Γαδαρηνῶν が優勢であるが、このような異文が生じたのは、ゲラサが湖から遠く離れており、文脈上不自然と考えられたためであろう（Metzger 1975:145; 蛭沼 1990:2421f）。その意味では、元来は湖から離れたゲラサを舞台としていた悪霊追放物語が、後に悪霊に取りつかれた動物が湖で溺死するという民間の悪霊追放物語と結びついたとも考えられる（Kremer 1988:97）。また、マルコ 5:1 とは異なり、ルカはここで「**ガリラヤの対岸**」と表現することにより、この地域が異邦人地域であることを強調している。ルカ福音書においても異邦人との接触についてはすでに何度か言及されてきたが（6:17; 7:1–10 参照）、イエス自身がユダヤ人地域の境界を越えて異邦人地域を訪れるのはこれが唯一の機会である。なお、ルカはマルコの ἦλθον（やって来た）に対して、新約ではここにのみ見られる κατέπλευσαν（**入港した**）という語を用いているが、この語は水上での移動を描写するルカの文脈に適している。

27節

　陸に上がったイエスは、悪霊（4:41; 8:2 参照）に取りつかれた男と出会うが、ルカはここで、マルコ 5:2 の「汚れた霊に取りつかれている人」（ἄνθρωπος ἐν πνεύματι ἀκαθάρτῳ）に対して、「**悪霊たちに取りつかれている……男**」（ἀνήρ τις ... ἔχων δαιμόνια）と表現している（cf. 4:33：ἄνθρωπος ἔχων πνεῦμα δαιμονίου ἀκαθάρτου [汚れた霊に取りつかれている人]）。彼は本来この町の住民であったが、すでに長い間、衣服を着用せず、墓場を住みかとしていた（イザ 65:4 参照）。なお、ここでは単数形動詞が用いられ（ἐξελθόντι ... αὐτῷ）、イエスが単独で行動したかのように記されているが、

必ずしも弟子たちは船内に残っていた（Eckey 2004:390f）と考える必要はないであろう。

ルカにのみ見られる「この町出身の」（ἐκ τῆς πόλεως）という表現は、「町から出て来た」とも訳しうるが、いずれにせよ、悪霊に取りつかれていた男が墓場へと追いやられ、町から疎外されていた状況を示している（Löning 1997:235）。事実、当時のユダヤ社会において、悪霊は汚れた場所である墓場に住んでいると考えられていた（Bill. I:491; IV:516）。また、「**衣服を身に着けず**」という部分はマルコには見られないが、ここでの ἱμάτιον（衣服）は狭義の「上着」に限定して解する必要はなく（Wolter 2008:317 に反対）、彼が裸同然であったことを意味しているのであろう。マルコにおいてはさらに、この男の悲惨な状況を描写する叙述が続くが（マコ 5:3b–5）、ルカはその箇所を省略（一部は後述）することにより、即座にイエスとの出会いの場面に移行している。

28–29 節

悪霊たちに取りつかれていたこの男は、イエスを見ると叫びながらひれ伏し、大声で語り出す。ルカはここでマルコの「走り寄って」（ἔδραμεν）を省略し、さらに、「拝する」（προσκυνέω）に代えて「ひれ伏す」（προσπίπτω）を用いているが、ルカが προσκυνέω を用いるのは神（4:7–8）と復活のイエス（24:52）に対してのみであり、そのようにこの語が宗教的敬意の意味合いを含んでいたためにここでは用いなかったのであろう（Nolland 1989:408）。

「**お前は俺と何の関わりがあるのだ**」（τί ἐμοὶ καὶ σοί）という発言は、イエスの本質を認識した上で、一切の関わりを避けようとする悪霊の態度を示している（4:34; 王上 17:18 LXX 参照）。ルカはここで、「**至高の神の子イエス**」（Ἰησοῦ υἱὲ τοῦ θεοῦ τοῦ ὑψίστου）というマルコの表現を引き継いでいるが、「至高者」（ὁ ὕψιστος）は神を表すヘレニズム的概念であり（1:32, 35, 76; 使 16:17 参照）、「至高の神」（ὁ θεὸς ὁ ὕψιστος）は七十人訳聖書に頻出する（創 14:18, 19, 20, 22; 詩 56:3; 77:35, 56）。一部の研究者は、悪霊はイエスの本質を明らかにすることによってイエスから力を奪おうとしてこのように発言したと考えているが（カルペパー 2002:235）、ルカの文脈では悪霊は出会った時点ですでにイエスに屈服していたと見な

すべきであろう。事実、直後の「**俺を苦しめないでくれ**」という要望に関して、マルコにおいては悪霊は誓いの形式によって要請しているのに対し (ὁρκίζω σε τὸν θεόν［神によってお前に頼む。マコ 5:7］)、ルカにおいては明らかに嘆願しており (δέομαί σου［お願いだから］)、本来的な意味での両者間の争いは描かれていない。これは悪霊たちが最初からイエスを至高の神の子と認識していたためであり (4:34 参照)、また、彼らがこのように述べたのは、イエスが汚れた霊 (単数) にその男から出ていくように命じていたためであると語り手によって説明されており、ここにおいてすでにイエスの優位性が示されている。因みにマタイにおいては、「まだその時ではないのに、俺たちを苦しめるためにここに来たのか」(マタ 8:29) となっており、終末前に悪霊が裁かれるという理解が前提とされている。

これに続いて、マルコではすでに冒頭部分で語られている、悪霊たちに取りつかれていたこの男の状態について述べられるが (マコ 5:3–5 参照)、それによると、この男は長期にわたって悪霊に捕らえられ、鎖や足枷で繋がれてもそれらを引きちぎったという。マルコにおいては、この直後に、この男が墓場や山で叫んだり、石で自らを打ちたたいたりしたという説明が続くが (マコ 5:5)、ルカはこれには言及せず、その一方で、この男が「**悪霊によって荒れ野へと駆り立てられていた**」という記述を付け加えている。ここではまた、この男と悪霊たちとが相互に入り混じる形で記述されており、συνηρπάκει (捕らえていた) の主体は悪霊であるが、直後の ἐδεσμεύετο (繋がれていた) 以下の動詞の主体は取りつかれた男になっている。マルコとは異なり、ルカはここで改めて悪霊に取りつかれた男の悲惨な状況を具体的に描写しているが、それによってイエスがこの男を癒した理由を示そうとしたのであろう (Schürmann 1990:483)。

30 節

そこでイエスが悪霊 (単数) に名前を尋ねると、「**レギオンだ**」という答えが返って来る。この直後には、多くの悪霊がこの男に入っていたためとする語り手の説明が続くが、マルコにおいては悪霊自らがその名について説明している (マコ 5:9)。「**レギオン**」(λεγιών) はラテン語の legio に相当するが、ローマ帝国の一軍団を意味し、新約時代は (通常) 歩兵六千人とそれに付随する騎兵隊より構成されていた。悪霊物語においてはしば

しば、相手の名を知ることが優位な立場に立つことを意味したが、ここで悪霊がイエスに自分の名を告白していることは、すでにイエスの権威の前に屈服していたことを示している。

31 節

現在の住みかに居続けることが難しいと判断した悪霊たちは、28b 節に続いて第二の願いをイエスに申し出る。マルコ 5:10 においては、悪霊はこの地方から追い出さないようにイエスに願っているのに対し、ルカにおいては、悪霊が終末に投獄される場所として知られる「**底なしの淵**」（ἄβυσσος）へ行くことを命じないように懇願しており、ここでは終末における主権をも有するイエスの権威が示されている。ἄβυσσος は陰府を意味し、新約ではこの箇所とローマ 10:7 を除けば、ヨハネ黙示録にのみ用いられ（黙 9:1, 2, 11; 11:7; 17:8; 20:1, 3）、七十人訳聖書に頻出する（創 1:2; 7:11; 8:2; 詩 32:7; 35:7; 70:20; 106:26 等）。新約聖書は、宇宙を天と地と地下の三層からなるとする理解をユダヤ教から受け継ぐと共に、地下にある陰府を悪霊たちが刑罰を受ける牢獄と見なす黙示文学的理解も受け継いでいるが、ここでは悪霊がその場所に追いやらないように懇願しているのである。

32 節

ここで物語は新たな局面を迎えることになるが、おそらくこれ以降の箇所は元来は別個に伝承されていたと考えられる。悪霊が人間から他の動物に移動するのは悪霊追放物語の特徴であるが、悪霊たちはこのとき、辺りの山で「**飼われていた**」（βοσκομένη、あるいは「餌［草］を食べていた」）豚の群れの中に入ることを許可してくれるようにイエスに懇願した。不浄な動物と見なされている豚は異邦人のしるしと見なされており（レビ 11:7; 申 14:8; イザ 65:4）、豚の群れや豚飼いの存在は、そこが異邦人地域であったことを示している（15:15 参照）。その意味では、不浄な世界に属する悪霊は自ら不浄な豚への移行を提案したのである。注目すべきことに、前節の底なしの淵に言及する懇願が反復を意味する未完了過去形（παρεκάλουν < παρεκαλέω）で表現されていたのに対し、より具体的な内容をもつここでの懇願は一度限りの行為を示すアオリスト形（παρεκάλεσαν）で記されており、さらに「許可する」（ἐπιτρέπω）という語は、悪魔の懇願の内容にお

いてもイエスの動作においてもアオリスト形で表現されている。

33節

イエスがその願いを聞き入れたので、悪霊たちは取りついていた人から出ていき、豚の群れの中へと入って行ったが、すると、豚の群れは崖を下り、「湖」（λίμνη [cf. マコ 5:13 : θάλασσα]）になだれ込んで溺れ死んだ。その結果、悪霊がどのようになったかは記述されていないが、汚れた霊が汚れた動物の中に入って行ったという意味でも、この描写は悪霊追放が成功裏に行われたことを視覚的に示している。なお、マルコにおける「二千匹ほどの豚の群れ」（マコ 5:13）という表現はルカには欠けているが、それはこの数が、悪霊が自称した「レギオン」が示唆する六千人に比べて少なかったためかもしれない（Eckey 2004:389）。また、無実の豚の群れが犠牲になることの倫理性がときに問題にされるが、悪霊追放が完全になされたことを確証させるために、あるいはイエスの神的権威を強調するために、このように描写されたと見なすべきであり、少なくとも当時のユダヤ人キリスト者には違和感を与えなかったのであろう。なお、須藤（2016:87–90）によると、豚はローマの第十軍団「海峡隊」のシンボルであり、レギオンが豚に乗り移って溺死するという筋には、ローマの軍事的支配に対するユダヤ民衆の憎悪と怒りが表出されている。また、コンツェルマン（1965:86）は、悪霊自体はまだ滅ぼされておらず、この世から彼らにふさわしい場所へと追放されたと解している。

34節

34–37節では悪霊追放の出来事に対する人々の反応について記されるが、イエスと悪霊に取りつかれていた人を中心に、三組の脇役（豚飼い、知らせを聞いてやって来た人々、ゲラサ地方の人々）が入れ替わり登場する。34節と36節は ἰδόντες（見ていた）及び ἀπήγγειλαν（知らせた）の二つの動詞を共有し、35節と37節は恐れのモチーフ（ἐφοβήθησαν [彼らは恐れた]／φόβῳ μεγάλῳ [大きな恐れに]）を共有している。

まず、豚の群れの持ち主である豚飼いたちは、この様子を見て逃げ出すが、このような描写は、事態の異常さと共にイエスに対する異邦人たちの無理解を示している。そして彼らは、自分たちの目の前で起こった出来事

を「その〔ゲラサの〕町や〔周辺の〕村落に」(εἰς τὴν πόλιν καὶ εἰς τοὺς ἀγρούς)、すなわち「至る所で」(Bovon 1989:438; Wolter 2008:321) 知らせた。

35節

知らせを聞いて人々がその場にやって来たが、彼らは悪霊に取りつかれていた男が癒されているのを目の当たりにして恐れた。衣服を身に着けていなかったその男は、今や「**服を着て、正気になって**」イエスの足もとに座っていたからである。ルカに特有の「**イエスの足もとに座っている**」という描写は、師に相対する弟子の姿勢を示している（7:38; 8:41; 10:39; 17:16; 使5:2参照）。

36節

その場でその出来事を見ていた目撃者たちは、先程の豚飼いたちの全般的な報告とは異なり、悪霊に取りつかれていた人が癒された次第を人々に語り聞かせた。マルコにおいては、悪霊に取りつかれていた人の身に起こったことに加えて豚のことについても伝えられたと記されているが（マコ5:16）、ルカにおいては豚については直接言及されず、さらにこの癒しの業は救いの出来事と見なされている（使14:9参照）。一部の研究者は、これらの目撃者たちを（知らせを聞いた人々と共に現場に戻って来た）豚飼いたちと同一視しているが（Nolland 1989:412; Eckey 2004:392 他）、ルカのテキストからはその点は確認できない。

37節

しかし、人々の反応は否定的であり、彼らは皆、イエスに彼らのもとから立ち去るようにと願った。ルカにおいては、ここでイエスに退去を要請した人々は「**ゲラサ人の周辺地域の人々**」と表現されており、ゲラサ人のみならず、その居住地域と境界を接する地域の住民も含まれているのであろう（Wolter 2008:321 参照）。彼らが拒絶的な反応を示した理由をマルコは明らかにしていないが、それは彼らが、話を聞いてその場にやって来た人々と同様、非常に恐れたためとルカは説明している。ここでの「**恐れ**」は、誕生物語における恐れ（1:13, 30）とは異なり、否定的に捉えら

れており、彼らは信仰には至らなかった。そこでイエスは、彼らの願いに応じてそこを立ち去るが（8:40 参照）、その意味では異邦人地域での宣教はここでは本格化されることなく終わっている。なお一部の研究者は、使徒行伝 16:16 以下や同 19:23 以下を例に挙げて、彼らがイエスを拒絶したのは経済的損失を被ったためと見なしているが（レングストルフ 1976:235; Talbert 2002:102f）、テキストからは根拠づけられない。

38–39 節

　その一方で、その癒された男は、他の人々の反応とは逆にイエスのもとに留まりたいと願ったが（8:1–3 参照）、その願いは聞き入れられなかった。イエスが彼の願いを拒絶した背景には、ルカにおいてはまだ異邦人宣教の時期は来ていないという理解があったのであろう。その代わりにこの男は、自分の家に帰って神が彼になしたこと、すなわち自らの癒しについて語り伝えるようにとイエスから指示される。なお、マルコにおいては、イエスが舟に乗り込んだときにその男はイエスのもとに留まることを願い出ているのに対し（マコ 5:18）、ルカは、イエスの帰還（37 節）について述べた後にその願いに言及しており、時間軸上のずれが見られる（3:19–20, 21–22 も同様）。この点について一部の研究者は、これをルカの文学的手法と見なしているが（Green 1997:341; Eckey 2004:393）、むしろルカの編集上の不手際と見なすべきであろう。

　この男はイエスの指示を聞き入れ、そこを立ち去って町の中の自分の家に帰り、自分の身に起こったことを町中に宣べ伝えるが、その意味で彼は、異邦人世界における最初の証人（宣教者）として描かれている。また、イエスは「**神が……行われたこと**」（cf. マコ 5:19：「主が……行われたこと」）を語り聞かせるように要請したのに対し、彼自身は「**イエスが……行ったこと**」を宣べ伝えたと記されていることからも、イエスは神と同等の存在として捉えられており、イエスを通して神が行動しているという理解がここには示されている。なお、マルコにおいては、彼がそのことをデカポリスで言い広め、それに対して人々は皆驚いたと記されているのに対し（マコ 5:20）、ルカはデカポリスという地名や人々の驚きには言及していない。この地名の省略とルカのみがイエスの帰還を明記している点を考え合わせるなら、ルカにおいては、悪霊、イエス、癒された人の三者すべてが

それぞれの場所に帰還することによってこの物語は閉じられることになる（Löning 1997:237）。

【解説／考察】

　前段と同様、ここでも言葉を通してイエスの神的権威が強調されており、悪霊が早々にイエスに屈服している描写を通して、悪霊を凌駕する神の力が神の子イエスを通して働いたことが示されている。この物語はまた、悪霊がイエスを神の子と見なしていたことを示しているが（28節）、その意味でこの悪霊の言葉は、前段の末尾で弟子たちが発した「いったいこの人は何者だ」（8:25）というイエスの本質に関わる問いに対応している。

　古代世界の人々の多くは、悪霊等の様々な霊の存在を信じ、それらが自然現象を起こしたり、人間に取りついたりすると考えていたが、もちろん現代人にはこのような考え方は受け入れられない。しかしその一方で、多くの人が種々の精神的な病（心の病）を患い、そのことで本人のみならず家族や近親者が大きな負担と精神的苦痛を負わされるという状況は今日においても全く同様である。そして、そのような苦痛の大部分は周囲の人々の偏見や無理解によってもたらされるが、イエスはここで、その悪霊に取りつかれた人に手を差し伸べて癒し、このような人々に寄り添う姿勢を示している。

　この物語はまた、ルカ福音書においては唯一、イエスが異邦人地域において力ある業を示した様子を語っている。結果的には、その地域の人々は恐れからイエスを拒絶し、この活動自体は不首尾に終わるが、その一方で、癒された人がイエスにつき従って行く決意を表明し、イエス（神）の業を宣べ伝える活動を実践していくことになる。事実、ルカ福音書においては異邦人宣教そのものは具現化されず、予示されるに留まっているが、その実現については続篇である使徒行伝において報告されることになる。ここではまた、招かれた者が今度は自ら宣教に赴くようにと促されているが、その意味では、私たち一人ひとりが宣教に赴くように呼びかけられている。

7. ヤイロの娘の蘇生と長血の女性の癒し（8:40–56）

【翻訳】

8:40 さて、イエスが戻って来ると、群衆は彼を出迎えた。というのも、彼らは皆、彼を待っていたのである。41 すると見よ、〔そこに〕ヤイロという名の男がやって来たが、この人は会堂の指導者であった。そして、彼はイエスの足もとにひれ伏し、自分の家に入って来てくれるように彼に願った。42 なぜなら、彼（ヤイロ）には12歳ほどの一人娘がいたが、彼女は死にかけていたのである。そして彼（イエス）がそこに行く途中、群衆が彼を押しつぶしそうであった。

43 さて、12年間出血が止まらず、[医者に全財産を費やしたが]誰にも治してもらえなかった女がいたが、44 彼女が後ろから近寄って来て、彼（イエス）の服の房に触れると、直ちに彼女の出血が止まった。45 そこでイエスは、「私に触れたのは誰か」と言った。しかし皆が否定したので、ペトロが「師よ、群衆があなたに押し迫り、押し合っているのです」と言った。46 しかし、イエスは言った。「誰かが私に触れた。というのも、私は自分から力が出て行くのがわかったのだ」。47 そこで女は隠しきれないと悟り、震えながら進み出て彼の前にひれ伏し、彼に触れた理由と直ちに癒された次第をすべての民の前で話した。48 そこで彼は彼女に言った。「娘よ、あなたの信仰があなたを救った。安心して行きなさい」。

49 彼がまだ話しているときに、会堂長の家からある人がやって来て言った。「あなたのお嬢さんは亡くなりました。この上は先生をお煩わせになりませんように」。50 しかし、〔これを〕聞いてイエスは彼に答えた。「恐れるな。ただ信じなさい。そうすれば彼女は救われる」。51 さて、彼（イエス）はその家に入るとき、ペトロ、ヨハネ、ヤコブ、そしてその少女の父と母のほかは誰も彼と一緒に入ることを許さなかった。52 さて、皆は泣いて、彼女（その少女）のことで嘆いていた。そこで彼は言った。「泣くな。彼女は死んだのではなく眠っているのだ」。53 すると人々は、彼女が死んだことを知っていたので彼をあざ笑った。54 そこで彼は彼女の手を取り、「子よ、起きなさい」と呼びかけて言った。55 すると彼女の霊が戻っ

て来て、彼女はすぐに起き上がった。そこで彼は、彼女に食べ物を与えるように指示した。⁵⁶ すると彼女の両親は非常に驚いた。しかし彼は、この出来事を誰にも話さないように彼らに命じた。

【形態／構造／背景】

　二つの奇跡物語に続くこの段落は、ヤイロの娘の蘇生と長血の女性の癒しを主題とする二重の奇跡物語を含んでおり、ここに至ってイエスの奇跡行為が最高潮に達するという意味で、一連の奇跡物語を締めくくる機能を果たしている。ここでは癒しと蘇生の奇跡行為の描写を通して、イエスが自然の秩序や悪魔的諸勢力だけでなく病や死をも支配する主であることが示されるが、それと共に信仰による救いのモチーフが強調される（48, 50 節）。

　二つの奇跡物語を含むこの段落は、一方の物語（41–42, 49–56 節）が他方の物語（43–48 節）を囲み込む形で構成されている。いずれの物語も主人公は女性で、一方は 12 歳の少女、他方はすでに 12 年間病気を患っている長血の女性であり、双方の物語は ἐτῶν δώδεκα（12 年［42 節／ 43 節］）、θυγάτηρ（娘［42, 49 節／ 48 節］）、σωθήσεται/σέσωκεν（< σῴζω：救う［50 節／ 48 節］）等の語句を共有し、いずれも「ひれ伏す」（πίπτω/προσπίπτω）行為に言及し（41 節／ 47 節）、不浄と見なされる接触を伴う即座の奇跡行為について語っている（44 節／ 54 節）。ルカはまた、マルコ 5:23 の θυγάτριον（幼い娘）を θυγάτηρ（娘）に修正し（42 節）、「信仰と救い」（48 節）のモチーフを 50 節にも導入することにより、二人の主人公の関連性をマルコ以上に強調している。

　この段落は、イエスのゲラサからの帰還について述べる冒頭句によって直前の悪霊追放の物語とマルコ以上に緊密に結ばれており（40 節の注解参照）、両者は「不浄」に関する律法規定を克服する癒しというモチーフや τὸ γεγονός（出来事）という表現（34, 35 節／ 56 節）を共有している。その一方で、前段では癒されたゲラサ人に対して奇跡の出来事を告げ知らせるようにイエスは指示していたのに対し、この段落においては蘇生した娘の両親に沈黙命令が発せられている。なお、マルコにおいては、この段落の直後に故郷ナザレにおけるイエスに関する記述（マコ 6:1–6a）が続いているが、これに対応するナザレ説教の記事（4:16–30）をすでに記載したル

カにおいては、十二弟子の派遣記事（9:1–6）がこの直後に続き、両者はδύναμις（力）という語によって結びついている（46節／9:1）。

この段落全体は以下のような構成になっており、中心的主題が（3）の病人の癒しから（4）の死人の蘇生（王下 4:8–37; ヨハ 11:1–44; 使 9:36–42 等参照）へと緊張感を高めつつ移行しているが、前半の奇跡行為が群衆への公的な教えの性格を持っているのに対し（47節）、後半の奇跡行為は一部の弟子たちの間の秘義的な教えとして叙述されている（56節）。なお、長血の女性の癒しのエピソードと前出の罪深い女性の赦しの物語（7:36–50）は、救いを求めて背後からイエスに近寄った女性の振る舞いが信仰の行為と見なされ、救いに至っている点で共通している。

（1）序：状況設定（40節）
（2）ヤイロの願い（41–42節）
（3）長血の女性の癒し（43–48節）
　　(a) 長血の女性の境遇とその癒し（43–44節）
　　(b) イエスとペトロの対話（45–46節）
　　(c) 長血の女性の告白とイエスの言葉（47–48節）
（4）ヤイロの娘の死と蘇生（49–56節）
　　(a) 娘の死の知らせとイエスの言葉（49–50節）
　　(b) 人々とイエスとの対話（51–53節）
　　(c) 娘の蘇生とイエスの指示（54–56節）

この段落はマルコ 5:21–43 及びマタイ 9:18–26 に並行しており、ルカはここでもマルコのテキストを唯一の資料として用いている。確かにマタイのテキストとの間には多くの弱小一致が見られるが（ἰδού ... ἄρχων［見よ…指導者。41節／マタ 9:18]、θυγάτηρ［娘。42節／マタ 9:18]、προσελθοῦσα ... τοῦ ἱματίου αὐτοῦ［近寄って来て、彼の服の。44節／マタ 9:20]、ἐλθών ... εἰς τὴν οἰκίαν［その家に入るとき。51節／マタ 9:23］及び ἐν τῷ ὄχλῳ［群衆の中に。マコ 5:27］の省略等）、これらは Q 資料ではなく、両者が用いたマルコの改訂版に由来するのであろう（Ennnulat 1994:157; Eckey 2004:396）。一方で多くのルカ的語彙（ἐν τῷ + 不定詞［ルカ文書に計 39 回使用]、ὑποστρέφω［戻る。新約用例 35 回中ルカ文書に 32 回使用]、ἀποδέχομαι［出迎える。新約にはルカ文書に

のみ 7 回使用]、προσδοκάω [待つ。新約用例 16 回中ルカ文書に 11 回使用]）を含む冒頭の 40 節はルカの編集句であろう。なお、マタイ版は総じて短縮されており、特に長血の女性の物語は極度に切り詰められている。

長血の女性の物語とヤイロの娘の物語は、いずれも元来は独立した物語であったと考えられるが（Creed 1953:122 に反対）、このことは、マルコ版においても前者と後者の間に明らかな相違点が見られる（歴史的現在の多用とアオリストまたは未完了過去時制による構成、短文多用と長文多用、僅かな分詞と分詞の多用）ことからも確認できる（Fitzmyer 1983:743）。その一方で、両者の結合の時期は明らかではなく、Schürmann（1990:492）は、このような囲い込みの構造はマルコに典型的であることから（マコ 3:20-35; 6:7-30; 11:12-21; 14:1-11, 53-72）、両者の結合をマルコに帰しているが、ブルトマン（1987:23f）や Kertelge（1970:111-113）は、マルコ以前に両者は結合していたと見なしている。いずれにせよ、娘の癒しを求めるヤイロの懇願と娘の死の知らせとの時間的間隙を埋めるために長血の女性の物語が導入されたと考えられる。実際、イエスが長血の女性とやりとりしている間にヤイロの娘が亡くなったという描写は、イエスが病人を癒すだけでなく死者を蘇生させる力を有することを印象的に描き出している。なお、マルコにおいて特徴的なのは沈黙命令であり（マコ 5:43）、これによってマルコは、地上でのイエスの業の真意がイエスの復活後に初めて明らかになること、そして、ヤイロの娘の蘇生が終末論的に理解されるべきであることを示している。また、この物語と百人隊長の信仰の物語（7:1-10）との間には幾つかの共通点が存在するが（イエスへの癒しの依頼 [41 節／7:3]、μηκέτι σκύλλε/μὴ σκύλλου [(もはや) 煩わすな。49 節／7:6]、παῖς [子。51, 54 節／7:7] 等）、両者間に伝承史的依存関係は認められない。以上のことからも、ルカはマルコのテキストをもとにその内容を切り詰めて修正し、また双方の物語を相互に関連させつつこの箇所全体を編集的に構成したのであろう（H. Klein 2006:322 参照）。

【注解】

40 節

この二重の奇跡物語は、ゲラサから戻って来たイエスを群衆が出迎え

たという記述によって始められる。この節は、前段から橋渡しすると共に（冒頭の ἐν δὲ τῷ ὑποστρέφειν と 8:37 の ὑπέστρεψεν を比較参照）新しい段落を導入する機能を果たしているが、具体的な場所や時間等については明らかにされていない。また、ここに出てくる群衆とルカ 8:4 以下の譬えの聞き手である群衆との関係は明らかではないが（8:4, 19 参照）、ルカにおいては、彼らはイエスが異邦人地域から帰還するのを待ち受けており、イエスを（喜んで）「**出迎えた**」（< ἀποδέχομαι）と記されていることからも、イエスに拒絶的な態度を取ったゲラサ地方の人々とは明らかに対照的に描かれている。なお、動詞 προσδοκάω（待つ）は終末論的待望を含意しており（1:21; 3:15; 7:19–20; 12:46 参照）、その意味でもルカはここに神学的意味を付与している（Bovon 1989:446）。また、ここでの群衆への言及は、ヤイロの家に向かうイエスのもとに群衆が押し迫る後続の場面を準備している。

41 節

そこへ会堂の指導者であるヤイロがイエスの前に現れ、「**イエスの足もとにひれ伏し**」て自分の家に来てくれるよう願った。このような彼の謙遜な態度は彼の社会的地位と対をなしており、彼の切迫した状況とイエスに対する敬意を際立たせている。「**会堂の指導者**」（ἄρχων τῆς συναγωγῆς）という表現はここにしか見られず、後続の 49 節では、マルコと同様に「会堂長」（ἀρχισυνάγωγος）が用いられているが、ルカは明らかに両者を同義的に用いている。ルカは他の箇所でも ἀρχισυνάγωγος を用いていることから（13:14; 使 13:15; 18:8, 17）、この「**会堂の指導者**」はルカの編集句とは考えにくく、マタイにおいては「ある指導者」（ἄρχων εἷς）となっていることからも（マタ 9:18）、おそらくマルコの改訂版に由来するのであろう。ヘブライ語名のヤイロ（Ἰάϊρος = יָאִיר［申 3:14; 民 32:41; 士 10:3–5］/ יָעִיר［代上 20:5］）は、「彼は輝かす（起こす）」という意味をもつことから、ここに象徴的意味を読み取ろうとする意見も見られるが、その点が特に強調されているとは考えにくい。なお、マタイ版にはヤイロという名は記載されていない。

42 節

ヤイロがイエスに自分の家に来てくれるように願ったのは、彼の 12 歳

ほどの娘が死にかけていたためであった。この娘の年齢はマルコ版では段落末尾で明らかにされるが（マコ 5:42）、長血の女性が病気にかかっていた 12 年という期間と明らかに関連づけられている。12 歳という年齢は男性にとっては成人になる直前の年齢であり（2:42 参照）、女性にとっては結婚できる年齢であった（Bill. II:142, 374）。なお、ルカのみがこの少女を「**一人娘**」（θυγάτηρ μονογενής）と特徴づけており、父親の哀れさがより一層強調されているが、この表現は「一人息子」（μονογενὴς υἱός）を亡くしたナインのやもめの物語（7:11-17）を思い起こさせる（cf. 9:38：「一人息子」[μονογενής]）。事実、両者は共に唯一の子どもの蘇生について物語り、エリヤの記事に類似し（王上 17:8-24）、いずれも「泣くな」（52 節／7:13）及び「起きなさい」（54 節／7:14）というイエスの指示を含んでいる。なお、マタイにおいては、この時点でこの娘はすでに亡くなっており、最初から癒しではなく蘇生への期待が表明されている（マタ 9:18）。

　マルコにおいてはヤイロ自身が彼の願いの理由を述べているのに対し、ルカにおいては語り手が説明している。ルカはまた、イエスが手を置いてくれれば娘は助かるだろうというヤイロの発言（マコ 5:23）を省略しているが、これは魔術的な印象を避け、救いと信仰（8:12, 25a, 50 参照）の関連性を強調するためであろう（Bovon 1989:443）。この省略の結果、事態の切迫性がより一層強調されることになるが、それだけに後続の長血の女性とのやりとりが、ヤイロの家に向かうイエスの行動を阻むものとして印象づけられている（Wolter 2008:322）。

　イエスは、ヤイロの願いを聞き入れて彼の家に向かう途中、群衆に押しつぶされそうになるが、ここで用いられている συμπνίγω は「覆いふさぐ」という意味でルカ 8:14 にも用いられている。なお、これらの群衆はイエスの奇跡行為を見るために押し迫って来たと考えられるが（Fitzmyer 1983:746; Schneider 1984:197）、この場面は次の長血の女性の癒しのエピソードを準備している。

43-44 節

　この節以降の中間部（43-48 節）では長血の女性の癒しについて語られるが、彼女が置かれている社会的境遇はヤイロの娘の場合とは明らかに異なっている。彼女は 12 年間出血が止まらず、全財産（βίος [15:12, 30;

21:4］）を費やして多くの医者にかかったが、誰にも治してもらえずにいた。「**出血が止まらず**」と表現されている症状は、生理期間外の出血もしくは長期に及ぶ子宮内出血であろう。ルカは医者にひどく苦しめられていたとするマルコ 5:26a の記述を省いているが、それは必ずしも医者（同業者？）を擁護しようとしているのではなく、病の深刻さのゆえに誰も彼女を救えなかった状況を強調しようとしているのであろう。旧約において、血液は生命の担い手であり、魂の居場所と見なされ（創 9:4; レビ 17:11, 14; 申 12:23）、血の流出は生の減少と捉えられていた。それゆえ彼女の症状は、単なる病に留まらず、持続的な宗教的汚れを意味し（レビ 15:25-31）、その結果、彼女は社会から疎外され、彼女との接触は律法で禁じられていた。その意味でも彼女は健康も財産も失い、汚れた存在として社会から疎外されるという、身体的・経済的・社会的な意味での三重の苦しみを背負わされ、絶望的な状況にあった。「**医者に全財産を費やした**」（ἰατροῖς προσαναλώσασα ὅλον τὸν βίον）という一文は一部の有力な写本には欠けているが（𝔓75, B, D 等）、この箇所はマルコ 5:26 の記述内容に従って後から付加されたのかもしれない（Schweizer 1986:98 他）。

　ところが、この女性が人ごみの中、背後からイエスに近寄って来て彼の服に触れると、直ちに出血が止まった。ルカはマタイと同様、マルコとは異なり、ここで彼女がイエスの服の「**房**」（κράσπεδον）に触れたと厳密に描写しているが、この κράσπεδον は衣服の縁（飾り）の意でなければ、律法で衣服に縫い付けるように定められた四隅の房（民 15:38; 申 22:12; マタ 23:5 参照）を指しているのであろう（Bovon 1989:443; Marshall 1995:344）。

　イエスとの接触による癒しについてはすでに幾度も言及され（5:17; 6:19; 7:14）、さらに使徒行伝には奇跡行為者の衣服等の持ち物との接触による癒しが示唆されているが（使 5:15; 19:11-12）、注目すべきことに、ここでは奇跡行為者のイエスではなく、癒される側の女性がイエスの服に触れることによって彼女は癒されている（マコ 6:56 // マタ 14:36 参照）。律法規定及び当時の慣習によれば、不浄とされる女性は公衆の場に行くことは禁じられており、彼女が誰かに触れることはその人を不浄な状態にすることを意味し、それだけにここでは「**触れる**」（ἅπτομαι）という行為が問題になっている（44, 45 節）。もっともルカは、48 節で信仰による救いを強調していることからも、ここで奇跡に関するヘレニズム的魔術的観念を受

け入れようとしているのではなく、霊に満たされたイエスの神的力を強調しようとしている（4:14; 5:17 参照）。ルカはまた、イエスの服に触れれば癒されると彼女が思っていたというマルコの記述（マコ 5:28）を省略しているが、それは彼女が迷信から行動したかのような印象を避けるためであろう（Marshall 1995:345）。なお、彼女が即座に癒されたことは（47 節参照）、イエスの癒しの力と権威を強調している。

45 節

ルカはここで、その女性が癒されたことを身体で感じ、イエスが自分の中から力が出て行ったことに気付いたというマルコ 5:29–30 の記述を省略し、そのままイエスに「**私に触れたのは誰か**」と問わせている。このイエスの反応については、人の思いを見抜くイエス像（5:22; 6:8; 9:47）との矛盾を指摘すべきでなく、むしろこの問いは物語の展開上必要な要素と見なすべきであろう。マルコ版ではまた、群衆が押し迫っている状況の中でそのような問いを発するイエスに対し、弟子たちが非難めいた反応を示しているのに対し（マコ 5:31：「あなたに押し迫っている群衆を見て〔いても〕『私に触れたのは誰か』と言われるのですか」）、ルカにおいては、イエスの問いに対して（その女性も含めて？）皆が否定したので、弟子を代表してペトロがイエスに「**師よ**」と呼びかけ（5:5; 8:24 参照）、誰かが触れてもおかしくない状況を指摘しようとしており、非難めいた口調は後退している。因みに一部の写本では、ὁ Πέτρος（ペトロ）の直後に καὶ οἱ σὺν αὐτῷ (μετ᾽ αὐτοῦ)（及び彼と共にいる人々）という表現が続いている（ℵ, A, C, D 他）。

46 節

しかしイエスはペトロに反論し、単に人ごみの中で誰かと接触したのではなく、誰かが意図的に触れたことを確信して、「**自分から力が出て行く**」のを感じたのだと証言する（マコ 5:30 参照）。この記述は、イエスの内に神の力が宿っていることを改めて示しているが、後続のイエスの発言（48 節）が示しているように、イエスとの接触によってそのまま神の力が流出するというわけではない。なお、並行するマルコ 5:32 においては、イエスの直接法によるこの証言の代わりに、イエスが自分に触れた者を見出そうと辺りを見回した様子が描写されている。

47節

　ここに至ってその女性は、自分の行為がすでにイエスに気づかれており、もはや隠しきれないと考え、恐れで震えながらイエスの前に進み出て、会堂長の場合と同様に「**ひれ伏し**」(8:28参照)、自分が触れたことを告げた。ルカはここでマルコ5:33の「女は自分の身に起こったことを悟って」という箇所には触れておらず、事態を把握しているのはイエス一人であることを強調している。またマルコにおいては、彼女はイエスにすべてをありのままに話したと記されているのに対し、ルカにおいてはそれらのことをイエスがすでに知っていることを彼女は前提としており、イエスに触れた理由と直ちに癒された次第を「**すべての民の前で**」述べるが、その意味では、娘の蘇生について沈黙が命じられる段落末尾の描写(56節)とは対照的である。

48節

　そこでイエスは彼女に「**娘よ**」と優しく語りかける。やや不自然にも思えるこの呼びかけの言葉は、神の家族の意味でイエスが神の立場を代弁する形で用いられたのかもしれない(Eckey 2004:401)。イエスはここで、前出の罪深い女性への発言(7:50)と同様、彼女の信仰が彼女に救いをもたらしたと告げる。すなわち、イエスの服の房に触れた彼女の行為は彼女の信仰のしるしと見なされ、これにより癒しに関するあらゆる魔術的理解は退けられ、単に彼女の病が癒されただけでなく、彼女が一人の人間として救われたことが示される。そのようにここでは、当時のユダヤ社会においては律法に反する行為と見なされていた彼女の振る舞いが信仰の行為と見なされ、また彼女の信仰は、イエスに起因する癒しをもたらす力に対する信頼として捉えられている。最後にイエスは「**安心して行きなさい**」と語るが、この言葉は、これまで社会から疎外されていた彼女が孤独から解放され、社会に復帰したことを示唆している。

49節

　ここから再びヤイロの娘の話に戻っている。イエスがなおも話している間に会堂長の家から「**ある人**」(cf. マコ5:35:「人々」)がやって来て、ヤイロに娘が亡くなったことを伝え、この上は「**先生**」(διδάσκαλος)を煩わ

すことのないようにと進言する。ルカはマルコの歴史的現在形をほとんど常に他の時制に変更しているが、ここでは例外的に現在形動詞（ἔρχεται［やって来る］）をそのまま受け継いでいる（計90回中ここのみ）。この使者は、その娘が亡くなった以上、もはやイエスに来てもらう必要はなくなったと考えたのであり、イエスに対する人々の期待はあくまでも病人の癒しまでであり、死者の蘇生については最初から期待されていなかったことが示されている。

50節

しかし、この使者の言葉を聞いたイエスは、会堂長に対して「**恐れるな**」（μὴ φοβοῦ）と語りかけ（1:13, 30; 2:10; 5:10; 12:7, 32 を参照）、信じるなら彼女は救われると述べる。ルカはここで、「**ただ信じなさい**」（μόνον πίστευσον）という伝承句に「**そうすれば彼女は救われる**」（καὶ σωθήσεται）という後続文を付加することにより、癒された女性に対する直前のイエスの言葉（48節）と同様、信仰と救いを関連づけ、双方の物語をより密接に結びつけている（さらに 8:12; 使 2:21; 16:31 参照）。

51節

続いてルカは、イエス一行がヤイロの家に向かう道中の場面については触れることなく、いきなりイエスが会堂長の家の中に入って行く場面を描写している。マルコにおいては、ペトロ、ヨハネ、ヤコブの三人の弟子だけが会堂長の家への同行を許され、その後改めてイエスは両親と三人の弟子だけを連れて子どもの部屋に入ったと記されているのに対し（マコ 5:37, 40）、ルカにおいては群衆もヤイロの家まで同行したかのように記されているが、三人の弟子と少女の両親以外の者は家の中に入ることは許されなかった。ルカはまた、マルコとは異なり、ここではヨハネをヤコブの前に位置づけている（9:28; 使 1:13; 一方で 5:10; 6:14; 9:54 は逆順）。

52節

人々は皆、その娘の死を嘆き悲しんでいたが、イエスは彼らに、彼女は「**死んだのではなく眠っている**」だけだから（Ⅰコリ 15:6, 18; Ⅰテサ 4:13 以下）泣かないように命じた。ここで嘆き悲しんでいる「**皆**」（πάντες）は、

イエスを「あざ笑った」という次節の記述からも娘の両親や三人の弟子たちのことではなく、元々家の中にいた彼ら以外の人々（親類、友人、弔問客や泣き女？）と見なすべきであろう。また、ここでの「**眠っている**」（καθεύδει）は終末論的な意味で理解されており、仮死状態としてではなく、生死を超越するイエスの視点においては、死も眠りのように一時的なものに過ぎないという意味で暫定的な「死」の状態と見なされている。

53節

人々はイエスの言葉を聞いて「**あざ笑った**」が、ルカはここで「**彼女が死んだことを知っていたので**」という根拠を書き加えることにより、そのとき娘が実際に死んでいたことを改めて強調している。そのように彼らはなお、イエスが有する力を認識するに至っていないが、イエスが他の人々を外に出して娘の両親と三人の弟子だけを連れて子どものいる所に入ったと記すマルコ 5:40 を省略するルカにおいては、結果的に弟子たちと両親以外の人々も奇跡の場（家の中）に居合わせ（Löning 1997:240）、間接的に死者の復活の証人となったように描かれている。もっとも一部の研究者は、これらの人々は家の中ではなく中庭（H. Klein 2006:325 n. 42）もしくは戸外（Schweizer 1986:98; Schürmann 1990:494）にいたと想定している。

54節

ルカにおいては、イエスらが死人の部屋に入って行く場面は描写されないまま、イエスはここで、その娘の手を取って「**子よ、起きなさい**」（ἔγειρε）と呼びかけている（7:14 参照）。ここでの「手を取る」という振る舞いは癒しの行為とは直接関係なく、同様の表現は旧約にも見られ（イザ 41:13; 42:6 他）、マルコに特徴的であるが（マコ 1:31; 5:41; 9:27）、ルカ福音書においてはこれが唯一の用例である（使 3:7; 9:41 のみ参照）。ルカはまた、アラム語を音写したマルコの「タリタ・クム」という表現を省き、「少女」（τὸ κοράσιον）を「子」（ἡ παῖς）に変えているが、マタイにおいてはこのイエスの発言は省略されている。なお、ἐγείρω（起こす）の受動態は、イエスの復活の文脈においても用いられている（24:6）。

55節

すると「彼女の霊」（τὸ πνεῦμα αὐτῆς）が再び死者のところに戻って来て（王上17:21f参照）、彼女は即座に「起き上がった」（ἀνέστη）。霊が戻って来るという記述の背景には、人間の死において魂（霊）は肉体から分離するが（23:46; 使7:59）、死者の世界に赴くまで（三日間？）死体の近くに留まっており、蘇生の際に肉体に戻って来るという理解があった。なお、ἀνίστημι（起き上がる）は、前節のἐγείρωの受動態と同様、復活の意味でも用いられる。

続いてイエスは「彼女に食べ物を与えるように指示」するが、この記述は後続の娘の蘇生に驚く両親に関する記述（56a節）と同様、この奇跡を裏付ける機能（4:39; 5:25参照）を果たしており（Ernst 1977:280; ブルトマン 1987:25）、イエスが復活後に魚を食べる場面（24:42-43）に対応している。なお、起き上がった少女が歩き出したというマルコ5:42の記述はルカには欠けている。

56節

娘の蘇生を目の当たりにした両親は非常に驚くが、イエスは彼らに「**この出来事を誰にも話さないように**」命じる。この点は、悪霊から解放された人にその奇跡行為を告げ知らせるように指示した前段の物語（8:39参照）とは対照的である。マルコにおいてはまた、娘の蘇生に驚いた人々に対して沈黙命令が発せられているのに対し、ルカにおいては両親の驚きについてのみ記され、彼らにのみ沈黙が命じられている。その意味でメシアの秘密のモチーフは後退しているが、いずれにせよこの沈黙命令は、この出来事が不用意に知れ渡るのを避けるために発せられたと考えられる。もっとも、多くの人々がこの状況を背後で見守っていたことを勘案すれば、この命令は現実的ではなく、ここで話さないように命じられているのは、娘の蘇生の事実そのものではなく、それがイエスによる業であったという点か（Schürmann 1990:496）、あるいはそれが信仰による救いであったという点（三好1991:311参照）であるかもしれない。

【解説／考察】

　ここには二人の女性に対するイエスの癒しと蘇生の業が記されているが、いずれの場合も、律法においては不浄と見なされていた存在（長血の女性及びヤイロの娘の死体）との接触を通して奇跡が実行されている。このことは、社会的に弱い立場に置かれていた女性に対するイエスの視座を示すと共に、イエスの福音宣教が困窮するあらゆる人々に向けられていることを裏付けている。もっともこれらの奇跡行為は、イエスは自分たちを救うことができると確信してやって来た会堂長ヤイロと長血の女性が示したイエスに対する信仰によって実現したのであり、いずれの場合も信仰による救いが強調されている。その意味でも、一連の奇跡物語を締めくくるこの段落は、種まきの譬え及び後続の箇所（8:4–21）で示された、イエスの言葉を聞いて行うことによる結実（＝信仰による救い）の具体的な例を示している。

　また、一旦死去したヤイロの娘をイエスは眠っているだけと見なしていたが、このことは、イエスが人間の生死を、通常の肉体の生死の次元で捉えていなかったことを示している。換言すれば、イエスの癒し／蘇生の業は単なる（表面的な）肉体の救いに留まるものではなく、より高度な次元における人間の全存在に関わる救いを意味している。イエスによる癒し／蘇生の奇跡の意味について考える際には、その点を踏まえておくことが肝要であろう。

Ⅵ. イエスと弟子
(9:1–50)

　イエスの教えと業が中心的な主題となっていた 8 章に続く 9 章では、ここまではイエスの随行者として描かれていた弟子たちが前面に現れ、彼らに対する様々な訓戒が述べられると共に、7 章以降、問題にされていた「イエスとは何者か」という主題がここで頂点に達する。このようにイエスの本質と弟子のあり方について述べるこのルカ 9:1–50 の箇所は、4:14 以降のイエスのガリラヤ宣教の記述を締めくくると共に、9:51 以降のエルサレムへの旅行記事へと橋渡しする機能を果たしている。

　ルカ 9:1–50 は以下のような構成になっており、ペトロのキリスト告白（4）とイエスの変貌の記述（6）を核とし、これに二度の受難（復活）予告等を加えたキリスト論的言述（2〜4、6〜8）が弟子に直接関わる記述（1、5、9、10）によって枠付けられており、さらに（3）、（7）、（8）でも部分的に弟子主題が扱われている。

1．十二人の派遣（9:1–6）
2．ヘロデの問い（9:7–9）
3．十二人の帰還と五千人の供食（9:10–17）
4．ペトロのキリスト告白と第一回受難予告（9:18–22）
5．信従の道（9:23–27）
6．イエスの変貌（9:28–36）
7．悪霊に取りつかれた子どもの癒し（9:37–43a）
8．第二回受難予告（9:43b–45）
9．最も偉大な者（9:46–48）
10．逆らわない者は味方（9:49–50）

　なお、9 章前半部と復活物語に含まれるエマオ物語（24:13–35）は、①「日が傾いた」という記述（12 節／24:29）、② イエスによるパン裂き（16

節／24:30)、③ 弟子たちの認識（20 節／24:31)、④ イエスの受難と復活（栄光）の予告（21–22 節／24:26)、さらには⑤ 宣教への弟子たちの派遣（1–2 節／24:47）等、多くの点で並行している（Wolter 2008:331)。

このルカ 9:1–50 は全体としてマルコ 6:7–9:40 に対応しているが、マルコ 6:45–8:26 の箇所は収録されていない（「大割落」［コンツェルマン 1965:90–95 参照])。この欠落部分の冒頭及び末尾の段落はベトサイダにおける活動の記述であるが（マコ 6:45; 8:22 参照)、ベトサイダという地名（9:10）等、ルカがこの箇所の存在を知っていたことを示唆する要素も認められることから、ルカが短縮版の（もしくは一部欠損した）マルコのテキストを用いたことに起因するのでも、マルコの二つの供食物語（マコ 6:30–44; 8:1–10）を混同して両者に挟まれた部分を誤って省略したのでもなく、この部分はルカ自身が意図的に削除したと考えられる（Wolter 2008:330)。この削除によってペトロの信仰告白は五千人の供食の記事の直後に続くことになり、また、弟子の無理解に関する記述（マコ 6:52）も省略され、弟子たちはパンの出来事について理解したかのように描かれている。ルカにおいてはさらに、洗礼者ヨハネの処刑（マコ 6:17–29)、弟子への休息の指示と彼らの航行（マコ 6:31–32)、受難・復活予告直後のペトロの諌めとイエスの叱責（マコ 8:32–33)、エリヤの到来（マコ 9:9–13）等の記述も省略されているが、それによってこの箇所はキリスト論的に、さらには十二人との関連から教会論的に特徴づけられている。

＊　＊　＊

1. 十二人の派遣（9:1–6）

【翻訳】

9:1 そこで彼（イエス）は十二人を呼び集め、あらゆる悪霊を〔支配し〕、病を癒す力と権能を彼らに授けた。² そして彼は、神の国を宣べ伝え、［病人を］癒すために彼らを遣わした。³ そして彼は彼らに言った。「道中

に何も持って行くな、杖も袋もパンも銀貨も、また二枚の下着も持つな。⁴ そして、どこかの家に入ったら、そこに留まり、そこから出て行きなさい。⁵ しかし、誰であれ、あなたたちを迎え入れない者〔に対して〕は、その町から出て行くとき、彼らへの証しのためにあなたたちの両足から埃を払い落としなさい」。⁶ そこで彼らは出て行き、村から村へと巡り、至る所で福音を告げ知らせて〔病を〕癒した。

【形態／構造／背景】

　使徒に選ばれて以来（6:12–16）、十二人の弟子たちはイエスにつき従い、彼の教えを聞き、力ある業を目の当たりにしてきたが、ここに至って彼らは、神の国の福音を告知し、悪霊を追放し、病人を癒すために派遣される。この派遣の記述は、後出の七十二人の派遣記事（10:1–12）と同様、単なる弟子たちの派遣の報告ではなく、将来のキリスト教会の宣教のあり方をも示している。

　ルカ 8:4 以降、ルカは総じてマルコの記述の順序に従ってきたが、ナザレにおけるイエスに関する記述（マコ 6:1–6）については、これと対応するナザレ説教の記事（4:16–30）をすでに記載しているため、ここでは省略されている。これによってルカは、この十二人の派遣記事を、先行する悪霊追放及び癒しと蘇生の物語（8:26–39, 40–56）に直結させているが、段落冒頭（9:1）における悪霊と病を凌駕する力と権能への言及は両者をスムーズに接合させている（Nolland 1989:425; Löning 1997:241）。

　この段落は以下のような構成になっており、十二人へのイエスの具体的指示（3–5 節）が序（1–2 節）と結び（6 節）によって囲い込まれ、θεραπεύω（癒す［1, 6 節］）という語が段落全体を枠付けている。

　　（1）序：十二人への権能賦与と派遣の目的（1–2 節）
　　（2）イエスの具体的指示（3–5 節）
　　　　(a) 装備に関する禁令（3 節）
　　　　(b) 迎え入れられる場合の振る舞い方（4 節）
　　　　(c) 迎え入れられない場合の振る舞い方（5 節）
　　（3）結び：イエスの指示の実行（6 節）

十二人の派遣について記すこの段落は、マルコ 6:6b–13 及びマタイ 10:1, 5–15 に並行しているが、ルカのテキストは全体としてマルコの記述に基づいている。もっとも、双方のテキストの間には相違点も多く、厳密に一致する語句は限られており、さらに、もう一つの派遣記事（10:1–12）に総じて反映されている Q 資料の影響も一部認められる。ルカがこのように、マルコと Q 資料の二種類の資料をもとにして二つの派遣記事を構成しているのに対し、マタイは両者を組み合わせて構成している（Fitzmyer 1983:751; Schürmann 1990:504; ハーン 2012:44）。その意味でも、マルコに対してルカとマタイに共通する箇所（ἔδωκεν αὐτοῖς［彼は彼らに与えた］及び病の癒し［νόσους θεραπεύειν/θεραπεύειν ... νόσον］への言及［1 節／マタ 10:1］、神の国［天の国］と癒しに関わる記述［2 節／マタ 10:7］、直接法による装備に関する指示及び杖［ῥάβδος］の携帯の禁令［3 節／マタ 10:9–10］、ἐξερχόμενοι ... τῆς πόλεως ἐκείνης［その町から出て行くとき］及びマコ 6:11 の τὸν χοῦν に対する τὸν κονιορτόν［埃。5 節／マタ 10:14b］等）は Q 資料に由来すると考えられる。その一方で、ルカ的語彙も比較的多く認められるが（1 節：συγκαλέω［呼び集める。新約ではマコ 15:16 以外はルカ文書にのみ計 7 回使用］、δύναμις［力。4:36; 5:17; 8:46; 9:1; 19:37; 使 1:8 参照］、πᾶς［すべての。Jeremias 1980:30f 参照］、2 節：ἡ βασιλεία τοῦ θεοῦ［神の国。新約用例 64 回中ルカ文書に 38 回使用］、3 節：εἶπεν πρὸς αὐτούς［彼は彼らに言った。Jeremias 1980:30f, 33 参照］、6 節：διέρχομαι［出て行く。新約用例 43 回中ルカ文書に 30 回使用］、εὐαγγελίζω［福音を告げ知らせる。同 54 回中 25 回使用］、πανταχοῦ［至る所で。同 7 回中 4 回使用］）、これらはルカの編集句と考えられる。

　弟子たちの派遣について語るこれら二つの資料（マルコと Q 資料）は基本的な構造において一致していることから、原初的には唯一の伝承に遡ると考えられる（ブルトマン 1983:251; Bovon 1989:455; Marshall 1995:350）。なお、イエスによる弟子派遣の史実性の論証は難しいが、弟子を召命したイエスが彼らに何らかの宣教の指示を与えた可能性は否定できないであろう。この派遣言辞の真正性についてハーン（2012:49）は、形式そのものは最初期のキリスト教会に帰されるが、装備に関する極端な指示は、私物の放棄を命じるイエスへの信従の言葉及びイエスの態度と一致しており、また、神の国宣教や力ある業の実践の指示も真正のものと見なすべきであるとしている。いずれにせよ、二度にわたって派遣言辞を記すルカは、将

来的に宣教活動に従事することになるイエスの直弟子たちがイエスの生前にすでに宣教に赴いたという点を強調しようとしている。

【注解】

1節

マルコの導入句（マコ6:6b）を削除したルカは、時と場所を明示することなく、やや唐突に十二人の派遣について語り始める。ルカはここで、マルコ6:7（並行マタ10:1）の προσκαλέω（呼び寄せる）を συγκαλέω（呼び集める）に修正しているが、この改変は、イエスが三人の弟子のみを同行させて他の弟子たちと分離した直前の段落の状況（8:51）に対応している。ルカにおいて十二人が集合体として現れるのは、イエスの弟子集団の中から十二人が選抜されて使徒と名付けられ（6:13）、女性の集団と共にイエスに付き従う集団として十二人が言及された（8:1）のに続き、これが三度目であるが、ここに至って彼らはイエスの宣教活動に直接参与することになる。なおルカは、二人一組での弟子たちの派遣（マコ6:7）について、ここではなく七十二人の派遣記事で言及しているが（10:1）、それは十二人を集合的に捉えていたためかもしれない（Bovon 1989:460; Schürmann 1990:500）。

十二人の派遣に際し、マルコのイエスは彼らに「汚れた霊に対する権能」を賦与するが（マコ6:7; さらにマコ3:15の「邪悪な霊を追放する権能」も参照）、ルカのイエスは、あらゆる悪霊を支配し、病を癒す「力」（4:14, 36; 5:17; 6:19; 8:46; 10:19; 使3:12; 10:38）と「権能」（4:32, 36; 5:24）を賦与している（悪霊追放と病の癒しの結合については6:18; 7:21; 8:2; 13:32; マタ10:1b参照）。ルカはここで「力」（δύναμις）を付加して「権能」（ἐξουσία）と結合させているが（4:36も同様）、前者を病の癒しに、後者を悪霊追放にというように、両者をそれぞれ別々に関連づけようとしているのではなく（Grundmann 1961:184; Bovon 1989:456に反対）、むしろイエス自身が有する力と権能が十二人に与えられたことを述べようとしているのであろう（Ernst 1977:285; Schürmann 1990:500 n. 11）。ルカはまた、動詞 δίδωμι（授ける）に関して、マルコの未完了過去形（ἐδίδου）に対してアオリスト形（ἔδωκεν）を用いているが（マタイも同様）、おそらくそれは、この力と

権能の付与を一度限りの出来事と見なしているためであろう（Schneider 1984:201; Schürmann 1990:500）。

2節

続いてこの十二人の派遣の目的が、「神の国を宣べ伝え」、病人を「癒す」点にあることが明らかにされる。神の国宣教（4:43; 8:1 参照）と病の癒し（4:39–40; 5:13, 15, 17, 24–25; 6:10, 19; 7:21–22; 8:2, 44, 47 参照）は、イエスの宣教活動の中心内容であるが、両者はマタイの並行箇所でも結合しており（マタ 10:7–8 // ルカ 10:9 参照）、Q 資料に遡ると考えられる。事実、マルコが段落末尾において初めて悪霊追放と病人の癒しという弟子たちの活動内容に言及しているのに対し（マコ 6:13）、ルカにおいては冒頭の１節に続いてここでも病人の癒しに言及されていることは（さらに 9:6 も参照）、単に癒しの行為が重要視されているだけでなく、神の国宣教と癒しの業が密接に関連づけられていることを示している（6:19–20; 11:20 参照）。そのように十二人は、ここまでイエスの業として記されてきたことを実践すべきなのであり、これらの任務を全うすることによって彼らはイエスの宣教に参与することになる（10:16a 参照）。なお、ルカのイエスが、十二人に指示した神の国宣教と病人の癒しを彼らの帰還直後に自ら実践しているのも（9:11）偶然ではないであろう（Johnson 1977:113; Löning 1997:242）。因みに、一部の写本では、ἰᾶσθαι（癒す）に τοὺς ἀσθενεῖς（病人を）という目的語が加えられているが（א, A, D, L 他）、これは後代の付加であろう。

注目すべきことに、マタイ 10:7 が天の国（神の国）の接近に言及しているのに対し、ルカはそれについては触れていない。コンツェルマン（1965:200、注5）が指摘するように、確かにルカは神の国の近さの告知をしばしば「神の国を宣教する」という表現に置き換えているが（9:11, 60; さらに 4:43 も参照）、その一方で、七十二人の派遣記事では神の国の接近に言及している（10:9）。

3節

続いて派遣に際しての具体的な規則について語られる。十二人の外的装備については、マルコ 6:8–9 の内容とは多くの点で異なっており、持ち物

に関する禁令は明らかに厳格化されている。ルカにおいては「**道中に何も持って行くな**」と、まず一般的禁令が述べられ、続いてμήτεを伴う計五つの禁止項目が挙げられる。

最初に挙げられる「杖」（ῥάβδος）は、マルコにおいては許可されているのに対し（マコ 6:8）、マタイと同様、ルカにおいては禁じられているが、これはQ資料の影響によるのであろう。杖は単に歩行を支えるためだけでなく、野獣や強盗から身を守る武器として必要とされたが、この禁令は抵抗の放棄の要求（6:29 並行）の具現化とも見なしうる（Theissen 1989:92 n. 36）。続いて、マルコとは逆の順序で「袋」（πήρα）と「パン」（ἄρτος）が挙げられる。エピクテートスの『語録』3:22:10 によると、キュニコス派は袋（πηρίδιον）を物乞い用の頭陀袋（乞食袋）として用いており（πήραに言及するディオゲネス・ラエルティオス『ギリシア哲学者列伝』6:8 も参照）、一部の研究者は、（特にマルコにおいては）物乞いを禁止する意図から、これが乞食袋の意で用いている可能性を指摘しているが（Hoffmann 1972:241; Lührmann 1987:110）、ここで用いられているπήραは食糧袋を意味する一般的な語である（ルツ 1997:749、注 46）。「パン」はマルコには見られるが（マコ 6:8）、七十二人の派遣記事にもマタイにも見られない（cf. ディダケー 11:6：「パン以外は受け取るべきではない」）。ルカはまた、マルコの銅貨（χαλκός）に対して「**銀貨**」（ἀργύριον）を挙げているが（cf. マタ 10:9：「金貨、銀貨、銅貨」［χρυσόν, ἄργυρον, χαλκόν］）、これは必ずしもルカの読者層の裕福さを示しているのではなく（カルペパー 2002:244 に反対）、一般的な金銭の意で用いているのであろう（Wolter 2008:334）。

マルコにおいてはまた、二枚の下着（3:11 参照）の着用が禁じられているが（マコ 6:9）、ルカにおいては長旅の必需品である着替え用の二枚目の下着の携帯が禁じられているようである（マタイも同様）。因みに、当時は高位の人々や旅行者、さらに奴隷も二枚の下着を着用していた（ヨセフス『ユダヤ古代誌』17:136 参照）。なお、マルコにおいては履物（σανδάλια）の着用が認められているのに対し（マコ 6:9）、ルカはその点に触れていないが、おそらくそれは、後続の七十二人の派遣記事では履物（ὑποδήματα）が禁止されているためであろう（ルカ 10:4 // マタ 10:10 = Q）。

このようにイエスの弟子たちは、旅に際して最低限必要とされるこれらの装備さえも認められず、実質的に何も持たずに旅立つように要求されて

いるが、その意味で彼らは、外套と頭陀袋と杖のみで装備していた放浪のキュニコス派の哲学者（ディオゲネス・ラエルティオス『ギリシア哲学者列伝』6:13, 22–23; エピクテートス『語録』1:24:11; 3:22:10, 50 参照）とは明らかに区別される（嶺重 2012:134–149）。いずれにせよ、ここでは使命の緊急性が強調されており、派遣された十二人は、ただ神のみを信頼し、一切を神に委ねて旅立たねばならず、彼らの唯一の装備は神から賦与された力と権能であった。もっとも、後出の受難物語の中でこれらの装備の規則は解消されていることからも（22:36）、これらの規則は永続的なものとしてではなく、地上のイエスの時代に限定されたものとして捉えられている。

4 節

外的装備に関する指示に続いて、派遣先で迎え入れられた場合と拒絶された場合の振る舞い方について述べられるが、その意味でも、前節における厳格な装備の指示は、使者たちが派遣先で迎え入れられる見通しとの関連において理解する必要がある。ここではまた、イエスの使者を受け入れる者はイエスを受け入れる者であり、彼らを拒絶する者はイエスをも拒絶する者である（10:16 参照）という前提がある。ここで使者たちは、迎え入れられたらその家に留まり、その家から旅立つように指示される。すなわち、後続の七十二人の派遣記事にも家から家へと渡り歩くなと指示されているように（10:7）、使者たちはより居心地の良い滞在場所を求めて移動すべきではなく、その場所（町）から旅立つまで一つの家に留まるように指示されており、使徒行伝にも一つの家に長期滞在する例が幾つか記されている（使 9:43; 16:15; 18:3）。ラビたちも滞在場所を変えないように勧められていたが（Bill. I:569）、その一方で、『十二使徒の教訓』（ディダケー）11:4–5 では、使徒が一つの家に留まるのは 1 日、あるいは事情によっても 2 日までが限度であり、3 日間留まったなら彼は偽預言者であると断言されており、この文書で前提とされている後代の状況は、共観福音書において前提とされている宣教の状況とは明らかに異なっている。

5 節

その一方で、迎え入れられない場合は、その町を去り、「**両足から埃を払い落としなさい**」と命じられる（10:10–12; 使 13:51; 18:6; 22:23 参照）。

拒絶された場合のこの指示は、異邦人地域を去る際のユダヤ人の振る舞い（Bill. I:571）に対応しており（もっとも Nolland 1989:428; Wolter 2008:335 はこの点に懐疑的）、このような象徴行為は人間関係の断絶を示している。なお、「**彼らへの証しのために**」という表現はおそらく終末の審判の表象に関わっており、ここでは、神の国との関係を失い、終末時に裁かれることになる住民に対する警告となっている（10:10–16 参照）。

6 節

指示を与えられて十二人は出発するが、ここでは彼らは「**村から村へ**」（κατὰ τὰς κώμας）巡ったと記されている。一部の研究者は、ルカにおいては（経験の乏しい）十二人は村々において宣教し、イエスは特に町で活動した（4:31, 43; 5:12; 7:1, 11; 8:1, 4）と主張しているが（Bovon 1989:459; Schürmann 1990:504）、5 節では弟子たちの派遣先として「町」に言及されていることからも（10:8–11 も参照）、宣教地域をイエスと弟子たちの間で単純に区分することはできず（cf. 8:1:「町や村を」）、むしろルカは、「町」と「村」の双方の概念をより一般的な意味で用いているのであろう（Ernst 1977:286）。

使者たちの活動についてマルコは、十二人は悔い改めさせるために宣教し、多くの悪霊を追放し、塗油によって多くの病人を癒したと記しているが（マコ 6:12–13）、ルカにおいては、彼らは至る所で福音を告知し、病を癒したと記されている（2 節参照）。「**至る所で**」（πανταχοῦ）という表現は、使者たちの活動の成果を示していると考えられ、このような使者たちの活動は、使徒行伝に描かれている使徒たちの巡回宣教の先駆と捉えられる。

【解説／考察】

十二人の弟子たちは派遣されるに際して、実質的に何も持たないように要求されるが、力と権能をイエスから付与された彼らは、それ以上の旅の装備を必要とせず、ただ神への信頼をもって旅立つように求められる。このような厳格な要求は、全所有物の放棄の要求（14:33; 18:22 他）に対応しているが、ここではあらゆる信従志願者ではなく、十二人の弟子たちに向けられている点で異なっている。ルカによると、使者たちは何より神の

国を宣べ伝え、病人を癒すために派遣されたが（2,6節）、それによって彼らはイエスの活動の参与者となるのである。

ルカはこのイエス時代の弟子派遣の事実を一回的な歴史的な出来事として記述し、厳格な装備の規則も期限付きのものとして捉えているが（22:35-36参照）、それでもこの描写は、将来の最初期のキリスト教会における宣教活動を暗示する機能を果たしている。さらに、この派遣の言葉は一人ひとりの読者にも向けられており、私たちも神の国の宣教という使命を帯びて神を信頼して旅立つことが求められている。

また、使者たちが何も持たずに旅立つことが出来たのは、派遣先で迎え入れられる見通しがあったためであるが、その意味でも、派遣先の共同体に対しては、派遣された宣教者を迎え入れ、もてなすことが求められており、まさにそのような姿勢が、キリスト者相互の絆を深めていったのであろう。事実、共同体の成員相互のもてなしの実践は、真の共同体を創り出す上で大きな力となる。

2. ヘロデの問い（9:7-9）

【翻訳】

9:7 ところで四分領主ヘロデは、これらの出来事すべてを聞き、そして困惑した。「ヨハネが死者の中から甦った」と言う人もいれば、8「エリヤが現れた」と言う人もおり、また「昔のある預言者が復活した」と言う人もいたからである。9 しかしヘロデは言った。「ヨハネならこの私が首をはねた。だが、私がこれらのことを耳にするこの人は何者だ」。そして彼は、彼（イエス）に会ってみたいと思った。

【形態／構造／背景】

ルカはマルコと同様、十二人の派遣（9:1-6 // マコ 6:6b-13）について述べたあと、彼らの帰還（9:10 // マコ 6:30）について述べる前に、洗礼者ヨ

ハネを逮捕・殺害したヘロデ・アンティパスを話題にしている。もっとも、洗礼者ヨハネの殺害前後の状況について詳細に物語るマルコとは異なり、ルカが記述しているのはイエスの噂を聞いたヘロデの反応についてのみであり、ヨハネの逮捕（マコ 6:17–18）についてはすでにルカ 3:19–20 で言及しているため、ここでは繰り返されず、それ以降の記述（マコ 6:19–29）も完全に省略されている。ヨハネの死に関する記述自体はルカにとっても不都合ではなかったと考えられるが、この主題そのものはルカにとっては特に重要でなかったため、冗長さを避けるために省略されたのであろう（Schmithals 1980:109; Wolter, 2008:336）。イエスの噂に対するヘロデの反応は、マルコの文脈においては一連のヨハネの死に関する報告の導入部に過ぎないが、ルカの文脈においては、ヘロデのイエス殺害の意図を伝えるエピソード（13:31–33）やヘロデによるイエスの尋問の記述（23:6–12）を準備するのみならず、「この人は何者だ」というヘロデ自身の問いを通して、ここまでしばしば問題にされてきたイエスの本質をめぐる問いへと導き（5:21; 7:16, 19–20, 49; 8:25 参照）、ペトロのキリスト告白（9:18–20）へと橋渡しする機能を果たしている。この小段落は内容的に、（1）イエスに関する噂とヘロデの困惑（7–8節）と（2）ヘロデの反応（9節）とに区分できる。

　この箇所はマルコ 6:14–16 及びマタイ 14:1–2 に並行しており、ルカはここでもマルコを主な資料として用いている。ルカとマタイの間の共通要素として、βασιλεύς（王［マコ 6:14］）に対する τετραάρχης（四分領主［7節 // マタ 14:1]）や ἐγήγερται（ἐγείρω［甦らせる］の完了形受動態［マコ 6:14］）に対する ἠγέρθη（同アオリスト形受動態［7節 // マタ 14:2]）が挙げられるが、いずれも両福音書記者それぞれの編集作業として説明することが可能であり、特に ἠγέρθη についてはマコ 6:16（οὗτος ἠγέρθη［この人が甦った］）の影響によるものと考えられる（Schramm 1971:128f; Bovon 1989:463 参照）。その意味でも、ルカはここでも基本的にマルコに依拠し、適宜編集の手を加えつつテキストを構成している。なお、キリスト教的特質を含まないヨハネに関するマルコのエピソード（マコ 6:14–29）はヘレニズム・ユダヤ教に遡ると考えられるが（ブルトマン 1987:171）、人々の様々なイエス理解を示すマルコ 6:14–15 の記述は、後出のペトロのキリスト告白に際しての弟子たちの証言（マコ 8:28 並行）と並行している。その一方で、マタイ

の並行箇所は極めて簡潔に構成され、イエスの本質に関する人々の見解は省略されている。

【注解】

7-8節

ここで、ヘロデ大王の息子であり、ガリラヤの「**四分領主**」であるヘロデ・アンティパス（3:1, 19-20; 8:3 参照）が登場する。マルコが一般的な βασιλεύς（王）を用いているのに対し、ルカはマタイと同様、より正確に τετραάρχης（四分領主）を用いている（3:1, 19 も参照）。ヘロデが耳にした「**これらの出来事すべて**」（τὰ γινόμενα πάντα）とは、十二人の活動内容（9:6）やイエスによる一連の奇跡行為（8:22-56）に限らず（Wiefel 1988:171; Schürmann 1990:506 に反対）、ルカ 4:14 以降のイエスのガリラヤ宣教全体を指しているのであろう。また、ヘロデは十二人の派遣中にそれらの情報を耳にしたという意味では、彼がこの情報を十二人の宣教活動を通して得た可能性も十分に考えられる（Schneider 1984:203）。そして彼が困惑したのは、何より人々がイエスに関して様々な判断を下していたためであり、この点において、自らが殺害したヨハネが生き返ったと確信するヘロデの様子を記すマルコやマタイの記述（マコ 6:16 // マタ 14:2）とは異なっている。なお、διαπορέω（困惑する）は新約ではルカ文書にのみ使用されており（使 2:12; 5:24; 10:17）、ここではマルコ 6:20 の ἀπορέω（当惑する）の影響があるのかもしれない。

ここではイエスの本質に関して、① 死者から甦った洗礼者ヨハネ（使 13:25 参照）、② 再来のエリヤ（マコ 15:36; ルカ 9:30 参照）、③ 復活した昔の預言者（9:18-19 // マコ 8:28 参照）という三種の見解が紹介されている。ルカの文脈においては、ヨハネは逮捕された（3:19-20）後もしばらく生存していたように描かれているが（7:18 以下参照）、ここにおいて初めてヨハネの処刑（死）の事実について明らかにされる。また、①の「**甦った**」（ἠγέρθη）と③の「**復活した**」（ἀνέστη）は明らかに同義であるが、その一方で②のエリヤに関して「**現れた**」（ἐφάνη）と記されているのは、預言者エリヤが、エノクと同様、死には至らず、天に挙げられたという伝統的な理解（王下 2:1-18 参照）に基づいているのであろう（Bovon 1989:464 参照）。

事実、エリヤは終末時に天から戻って来て終末を告げると期待されていた（マラ 3:1, 23–24; シラ 48:10 参照）。ルカはまた、マルコの「〔昔の〕預言者の一人のような預言者だ」（マコ 6:15）を「昔のある預言者が復活した」に修正することにより、最初と最後の見解を「甦り／復活」のモチーフで結びつけ、結果的にイエスを過去の預言者の再来と見なす点で三つの見解を結び合わせている。これら三種類の見解をルカは基本的にマルコの記述に従って記載しているが、第一の見解に重点を置くマルコとは異なり、ルカは三種の見解をそれぞれ接続詞 ὅτι に導かれる文章を用いて表現し、さらに「だから、〔奇跡を行う〕力が彼の中に働いている」（マコ 6:14）というヨハネに関する解説文を削除することにより分量的にも均等化し、それらの並行性を高めている。

　このように、いずれもイエスを復活（再来）の預言者と見なす人々の見解は、イエスを単なる預言者と見なす理解からは幾分進歩していると見なしうるが（7:16 参照）、彼らの理解はなお不十分であり（7:18–23 参照）、いずれにせよ彼らは、過去の預言者の生き返りという理解を越えるには至らなかった。因みにルカは、洗礼者ヨハネをしばしばエリヤのイメージで描き出しているが（1:17, 76–77; 3:4）、マルコやマタイとは異なり（マコ 9:11–13 // マタ 11:14）、ヨハネを再来のエリヤとは見なしていない。なお、ヨハネが復活したという理解は同時代の文献には見られない（Schürmann 1990:506f）。

9 節

　ルカにおいては、イエスに関する人々の見解を聞いたヘロデは、この噂の主は「何者だ」と自問する。同様の問いは、すでに様々な人から発せられてきたが（7:49; 8:25 他）、イエスと敵対する領主ヘロデの口から発せられることにより、この問いは一層強調されることになる。マルコやマタイにおいてはヘロデ自身がイエスを甦ったヨハネと見なしているのに対し、ルカのヘロデは、自らがヨハネの首をはねたことを述懐し（ヨセフス『ユダヤ古代誌』18:5:2 参照）、その可能性をはっきりと否定している。死者からの甦りという考えとは無縁であったヘロデには、その噂の主が自らが殺害したヨハネであるとは考えられず、同様の理由からそれが再来のエリヤとも、他の預言者の生き返りとも考えられなかった。

そこで、困惑したヘロデはその人物に会ってみたいと思った。この「**彼は、彼に会ってみたいと思った**」（ἐζήτει ἰδεῖν αὐτόν）という表現は（cf. 19:3：ἐζήτει ἰδεῖν τὸν Ἰησοῦν）、ヘロデがエルサレムでの尋問に際してイエスに会った際に、ずっと以前から「彼に会いたいと思っていた」（ἦν ... θέλων ἰδεῖν αὐτόν）と伝える受難物語の一場面（23:8）の伏線となっている（コンツェルマン 1965:88）。このような彼の態度の理由についてはここでは明示されていないが、ルカ 23:8 の記述によるとヘロデの関心はイエスの奇跡行為（魔術）に向けられており、その背後に否定的な理由が存在していたことは、ヘロデのイエス殺害の意図に言及するルカ 13:31 の記述からも明らかであろう（使 4:27 も参照）。

【解説／考察】

イエスの噂を耳にしてヘロデは困惑するが、それは、マルコの場合のように、ヘロデがこの噂の主を甦った洗礼者ヨハネと考えたためではなく、人々の見解が様々であり、しかもヘロデがそれらのどの見解にも納得できなかったためであった。ルカはマルコから受け継いだこのエピソードをこのような観点から編集的に構成することにより、読者の視点を「イエスとは何者か」という問いに向けさせているが、この問いに対する答えは、後出のペトロのキリスト告白（9:20）において示されることになる。なお、ここでヘロデによる洗礼者ヨハネの殺害の事実が初めて明らかになるが、批判者を弾圧する権力者（独裁者）が不安感や猜疑心に苛まれる例は、今日においてもしばしば見られるものである。

3. 十二人の帰還と五千人の供食（9:10–17）

【翻訳】

9:10 さて、使徒たちは帰って来て、自分たちが行ったことをすべて彼（イエス）に語り聞かせた。そこで彼は彼らを連れ、自分たちだけでベトサイ

ダと呼ばれる町に退いた。[11] しかし群衆は〔そのことを〕知って彼について来た。そこで彼は彼らを迎え、彼らに神の国について語り、治療の必要な人々を癒した。

[12] さて、日が傾き始めたので、十二人はやって来て彼に言った。「群衆を解散させてください。そうすれば、彼らは周りの村や里へ行って宿をとり、食べ物を見つけるでしょう。私たちはこんな人里離れた所にいるのですから」。[13] しかし、彼は彼らに「あなたたちが彼らに食べ物を与えなさい」と言った。そこで彼らは言った。「私たちにはパン五つと魚二匹しかありません、これらのすべての民のために私たち自身が食べ物を買いに行かない限り」。[14] というのは、男が五千人ほどいたからである。しかし彼は自分の弟子たちに、「人々を五十人［ぐらい］ずつ組にして座らせなさい」と言った。[15] そこで彼らはそのようにして皆を座らせた。[16] すると、彼は五つのパンと二匹の魚を取り、天を見上げて、それらを祝福し、細かく裂いて、群衆に配るように弟子たちに渡した。[17] そこで、すべての人が食べて満腹した。そして、彼ら〔のもと〕に残ったパン屑を集めると十二籠にもなった。

【形態／構造／背景】

十二使徒の派遣（9:1–6）及びイエスの噂に対するヘロデの反応（9:7–9）に続いて、ここではまず十二人の帰還について述べられることにより派遣の記事が締めくくられるが、洗礼者ヨハネの処刑に関するマルコの記述（マコ 6:17–29）を欠くルカにおいては、十二人の派遣と帰還の記述がマルコ以上に相互に接近している。これに続いて五千人に対するイエスの供食の奇跡が語られ、神の子イエスの力が改めて示される。また、マルコ 6:45–8:26 に対応する部分も欠いているルカにおいては、その直後にペトロの信仰告白（9:18–20）が続いており、その意味でも、イエスの本質を主題とする二つの段落に挟まれたこの供食物語はキリスト論的な意味合いを含んでいる。なお、従来この物語は様式史的に「自然奇跡」に分類されていたが（ブルトマン 1987:28f）、今日では、G. タイセンの影響のもとに（Theissen 1974:111–114）、「贈与奇跡」（Geschenkwunder）と特徴づけられている（5:1–11; ヨハ 2:1–11 参照）。この箇所全体は以下のように区分できる。

（1）序：使徒たちの帰還とベトサイダへの移動（10–11節）
　　　　　(a) 使徒たちの帰還と報告（10a節）
　　　　　(b) イエス一行のベトサイダ行き（10b節）
　　　　　(c) 群衆の後追いとイエスの宣教活動（11節）
　　　（2）十二人の提案とイエスの指示（12–15節）
　　　　　(a) 状況設定及び使徒たちの提案（12節）
　　　　　(b) イエスの要求（13a節）
　　　　　(c) 弟子たちの反論とその根拠（13bc–14a節）
　　　　　(d) イエスの具体的指示と弟子たちの実行（14b–15節）
　　　（3）増量の奇跡（16–17節）
　　　　　(a) イエスの奇跡行為（16節）
　　　　　(b) 人々の満腹と残ったパン屑（17節）

　この供食物語は新約聖書の四福音書すべてに含まれている唯一の奇跡物語である（並行マコ6:30–44; マタ14:13–21; ヨハ6:1–14）。マルコとマタイはこれとは別に四千人の供食物語を含んでいるが（マコ8:1–9 // マタ15:32–39）、その物語はルカが省略した「大割落」（マコ6:45–8:26）に含まれており、ルカの供食物語との間に直接的な関連性は認められない。これらの供食物語の諸伝承は原初的には同一の伝承に遡ると考えられるが、その伝承の経緯は複雑で、「最後の晩餐」伝承（マコ14:22–23 // ルカ22:15–20）との関連も否定できないであろう。

　ルカはここでもマルコを主要な資料として用いて編集的に構成しており、それ以外の資料の存在は考えにくい（Schramm 1971:129f; Fitzmyer 1983:763に反対）。一方で、ルカとマタイの間には多くの弱小一致が認められ（οἱ ὄχλοι ... ἠκολούθησαν αὐτῷ［群衆は……彼について来た。11節／マタ14:13］、イエスの癒し行為への言及［11節／マタ14:14］、τὸν ὄχλον/τοὺς ὄχλους［群衆を。12節／マタ14:15］、οἱ δέ ... οὐκ［13節／マタ14:17］、βρώματα［食べ物を。13節／マタ14:15］、ὡσεί［およそ。14節／マタ14:21］、εἶπεν［彼は言った。14節／マタ14:18］、τὸ περισσεῦσαν/περισσεῦον ... κλασμάτων［パン屑の余ったもの。17節／マタ14:20］等の語句やマコ6:31, 33a, 34, 37b–38a等の欠如）、これらすべてを両福音書記者の編集作業に帰すことはできないことから、両者はマルコの改訂版を用いたのであろう（Ennulat 1994:179; H. Klein 2006:334）。

ルカの編集作業は特に冒頭部分に認められ、ルカのみがイエス一行のベトサイダ行きに言及しており、イエスの活動内容として神の国宣教と病人の癒し（9:2, 11 参照）を挙げているのもルカだけである（さらに 11 節の ἀποδέχομαι［迎える。新約にはルカ文書にのみ計 7 回使用］も参照）。一方でヨハネ版の物語は内容が大きく異なっており、過越祭前の時期の山上での出来事として語られ、フィリポ及びアンデレとイエスとの対話によって話が展開し、さらに五つの（大麦の）パンと二匹の魚の持ち主が少年と特定され、奇跡の後、人々がイエスを預言者と見なす等、独自の要素が多く見られ、ルカのテキストとの間に際立った並行性は確認できない。

パンの増量の奇跡については、旧約におけるマナやうずらの奇跡（出 16 章；民 11 章）、エリヤやエリシャに関する記述（王上 17:8-16; 王下 4:42-44）等が関連記事として挙げられるが、特に大麦パン二十個で百人の人々を満腹させたエリシャの物語とイエスの供食物語は、《パンを分け与えるようにとの主人公（イエス／エリヤ）から部下（弟子たち／召使い）への指示→量の不足に関わる反論→さらなる指示→指示の実行→人々の満腹と食物の残余》という筋を共有している。

【注解】

10 節

派遣された十二人の「**使徒たち**」（οἱ ἀπόστολοι）は派遣先での任務を終えて帰還し、彼らが行ったことをすべてイエスに報告した（使 14:27 参照）。派遣先での彼らの具体的な行動については記されていないが、神の国の福音宣教と癒しがその中心であったと想定される（9:2, 6 参照）。ルカはここでもルカ 8:39（並行マコ 5:19）と同様、マルコの ἀπαγγέλλω（知らせる）を διηγέομαι（語り聞かせる）に書き換えている（使 8:33; 9:27; 12:17 参照）。なお、共観福音書の中ではマタイだけが、派遣された者たちのイスラエルの町々での活動は人の子が到来するまで続くという理解から（マタ 10:23 参照）、使徒たちの帰還には言及していない。

イエスはその後、使徒たちだけを連れてその場を離れるが、イエスが弟子たちに休むように指示しているマルコにおいては、それが明らかに休息のためであったのに対し（マコ 6:31）、ルカにおいては、同様の理由も

考えられなくはないが（Marshall 1995:157）、直後のルカ9:18にも示唆されているように、むしろ祈るためであったと考えられる（Bovon 1989:471; Green 1997:362f）。一方でマタイにおいては、洗礼者ヨハネの処刑が契機となってイエスは舟に乗って人里離れた所に退いたと記されているが（マタ14:12-13）、イエスがヘロデを避けて移動したという記述は歴史的にも蓋然性が高く（Schürmann 1990:512参照）、ルカにおいても、イエス一行はヘロデを避けるために彼の支配領域外に移動したという前提があったのかもしれない（レングストルフ1976:245; Eckey 2004:411f, 414）。

なお、マルコ6:32においては、イエス一行（マタ14:13はイエス単独）は舟に乗って人里離れた所へ移動したと記されているが、ルカは彼らの乗船については言及しておらず、またルカのみが行き先をガリラヤ湖北東岸の「**ベトサイダと呼ばれる町**」（πόλις καλουμένην Βηθσαϊδά）と明記している。もっとも、ルカにおいても供食の奇跡は人里離れた場所で行われており（12節）、ここで町に言及されているのは不自然である。それゆえ、10b節のεἰςを「～の方向に」や「～の近くに」の意に解し、供食の奇跡はベトサイダ途上で（Bovon 1989:468; H. Klein 2006:335f）、あるいは周辺の人気のない場所で（Schneider 1984:205; Schürmann 1990:514）行われたという見解、さらには、ベトサイダを人里離れた場所に位置する町（Eckey 2004:414）、もしくは広大な田園地帯の中心地（Green 1997:363 n. 30）と見なす主張も見られる（ベザ写本[D]はπόλις[町]をκώμη[村]に修正し、一部のシナイ写本[א]は「人里離れた場所」と記載）。いずれにせよ、ルカがここでベトサイダという地名を採用したのは、それが省略されたマルコのテキストに言及されていたためと考えられるが（マコ6:45; 8:22）、ベトサイダにおけるイエスの奇跡行為（11b節）を前提とする後出のイエスの発言（10:13）との関連も考えられる。なお、ヨハネによるとベトサイダはペトロとアンデレの兄弟及びフィリポの出身地であり（ヨハ1:44; 12:21）、ここからErnst（1977:290）は、この時のイエス一行の移動の目的を「故郷での休暇」と見なしている。

11節

ところが、そのようなイエスの意図に反してイエス一行の移動に気づいた群衆が彼らの後を追ってきたため（4:42参照）、当初の予定の変更を

余儀なくされ、群衆から解放されるという目的の実現はルカ 9:18 まで持ち越されることになる。マルコにおいては、イエス一行が舟に乗って出て行こうとするのに気づいた群衆が、すべての町から一斉に駆けつけ、イエス一行より先にそこに着いたと記され、さらに、イエスが飼い主のない羊の群れ（民 27:17; 王上 22:17 参照）のような様子の群衆を見て深く憐れみ、教え始めたと述べられているが（マコ 6:33–34）、ルカにおいては憐れみの描写はなく、（当初は避けようとしていた）群衆をイエスは迎え（< ἀποδέχομαι）、彼らに「**神の国について語り**」、病人を「**癒した**」と記されている。この記述は派遣先での使徒たちの行動（9:2, 6）に対応しており、癒しの業への言及は、ルカが省略した二つの癒しの物語（マコ 6:53–56; 8:22–26）の要約とも見なしうる（Schürmann 1990:513; Marshall 1995:360）。ここではまた、未完了過去形動詞（ἐλάλει［彼は語った］及び ἰᾶτο［彼は癒した］）が用いられており、神の国について語り、病人を癒すイエスの活動が継続的になされていたことが示されている。

　マルコ 6:34 とは異なり、ルカはここでイエスが「教えた」（< διδάσκω）ことについては直接言及しておらず、段落冒頭の使徒たちの帰還報告においても彼らの教え（マコ 6:30）については触れていない。一方でマタイにおいては、群衆に対するイエスの深い憐れみについてはマルコと同様に記されているが、教えではなく病人の癒しのみが言及されており（マタ 14:14; さらにヨハ 6:2 も参照）、飼い主のない羊の比喩は別の箇所（マタ 9:36）に記されている。いずれにせよ、神の国の宣教と病人の癒しは、派遣の際に弟子たちに託され、実践された行為（9:2, 6 参照）であり、その意味でもイエスの活動に関するこの記述は、弟子たちの宣教とイエスの宣教を改めて関連づけると共にイエスの働きがなお必要とされていることを示唆しており、さらにはイエスを終末におけるメシア的な羊飼いとしてではなく、人々を助ける救い主として描き出している。

12 節

　これ以降、供食の奇跡物語について語られるが、奇跡そのものについては末尾の 16–17 節で簡潔に語られている。ルカにおいては「**日が傾き始めたので**」（24:29; エレ 6:4 参照）という表現によって始められていることからも（cf. マコ 6:35：「すでに時もだいぶたったので」、マタ 14:15：「夕

方になったので」）、夕食のことが想定されており、あるいは、すでにここで初期キリスト教会における主の晩餐が暗示されているのかもしれない (Marshall 1995:360)。

そこで「**十二人**」(οἱ δώδεκα) は、群衆たちが「**周りの村や里**」で宿や食べ物を見つけることができるよう、彼らを解散させることをイエスに提案する。注目すべきことに、夕刻の時間帯が前提とされているルカにおいては、マルコとは異なり、食物よりもまず宿泊のことが配慮されている（24:29 参照）。なお、十二人の弟子が主体的に行動するのはこれが最初であり、この箇所は彼らの派遣の記事（9:1–6）との関連において読まれるべきであろう。その一方で、派遣に際してはパンも金も持参しなかったはずの彼らが、ここで食事の心配をしている点は少々奇異に感じられるが、弟子たちの理解がまだ不十分であったことが示されているのかもしれない（Green 1997:363f）。また、食物を「買う」(ἀγοράζω) のではなく（マコ 6:36 // マタ 14:15）「**見つける**」(< εὑρίσκω) と表現するルカのテキストは、人里離れた場所という状況設定に対応しているが、それでも五千人もの人々が人里離れた場所で食べ物や宿泊場所を見つけるというのは非現実的であることからも、この記述はむしろ、絶望的な状況を示すことにより直後の奇跡の出来事をより効果的に描き出す機能を果たしている。なお、マルコやマタイとは異なり、ルカが「弟子たち」ではなく「**十二人**」と表記しているのは、ここでも派遣に際してと同様（9:1 参照）、彼らが集合体として（使 6:2 参照）捉えられているためか (Fitzmyer 1983:766)、あるいは、後のキリスト教会における役割（使 2:14 参照）を示すためであろう (Schweizer 1986:101)。因みに、物語の後半部ではマルコと同様に「弟子たち」が用いられ（14, 16 節）、「十二人」という表記はこれ以降、ルカ 18:31 まで用いられない。

13 節

五千人の群衆が宿を見つけること以上に非現実的なのは、それに続いてイエスから発せられた「**あなたたちが彼らに食べ物を与えなさい**」という要求であるが、その真意は明らかではない。この言葉は、エリシャが召使いに対して発した「人々に与えて食べさせなさい」（王下 4:42）という言葉の反映とも考えられ、その指示に対して召使いは「どうしてこれを百

人の人々に分け与えることができましょう」と答えるが、それに対してエリシャは同じ言葉を繰り返し、「彼らは食べきれずに残す」(王下 4:43) という神の言葉を引用している。この「**彼らに食べ物を与えなさい**」という十二人に対する指示は、字義的意味を越えて、使徒たちが信徒たちの聖餐や食事の世話をする、後の教会における状況 (使 6:1–2 参照) を暗示しているのかもしれない (Schürmann 1990:514)。

イエスの要求に対して使徒たちは、自分たちの手元には「**パン五つと魚二匹**」しかなく、これらの大人数の人々のために食べ物を買いに行かない限り、この要求に応えるのは不可能であると反論するが、この返答は、一ヶ月間六十万人もの民に肉を食べさせようと語る神に反論するモーセの言葉 (民 11:21) を思い起こさせる。マルコにおいては、この弟子たちの返答の前に「二百デナリオンものパンを買って彼らにパンを食べさせるのですか」という弟子たちの無理解を示す発言とパンの数を確認するようにとのイエスの指示が続いているが (マコ 6:37b–38a)、ルカにおいてはこの部分は見られず (マタイも同様)、結果的にイエスの指導性は相対化され、使徒たちの主体性が強調されている。このような使徒たちの主体性は、ルカが加筆した「**これらのすべての民のために**」という表現においても強化されており、ここでは彼らが、すべての人々のために食料を調達する責務を負っていることが暗示されている (Löning 1997:245)。また、ここで「民」(λαός) が用いられているのは、神の国の実現のしるしとしての食事が示唆されているためかもしれない (三好 1991:314)。なお、マルコにおいてはこれらの食物が群衆の中に見出されたように記されているのに対し、ルカやマタイにおいては使徒たち (弟子たち) がそれを所有していたように記されている。

14–15 節

客一人をもてなすために三つのパンが必要であることを示唆する後出の譬えの記述 (11:5) を勘案すると、五つのパンはおよそ二人分の食事に相当し、それに魚を添え物として加えるのは通常のことであったと考えられる (ヨハ 21:9 参照)。いずれにせよ、五つのパンと二匹の魚は「**五千人**」という群衆の数に対して明らかに少量であり、その意味で両者は対をなしており、それらの群衆のために食べ物を買いに行くという提案も現実味を

欠いている。因みに、エリシャの物語（王下 4:42–44）では大麦パン二十個に対して百人であったが（1 対 5）、ここではパン五個に対して五千人であり（1 対 1000）、比率は飛躍的に増大している。また、ここではあくまでも男性の数が約五千人であって、女性や子どもを含む総数は当然それ以上であったと考えられる（cf. マタ 14:21：「女性たちと子どもたちを除いて」）。いずれにせよ、これら一連の記述の個々の点は非現実的であるが、それだけに、その時の状況の深刻さを際立たせ、結果的に後続の奇跡行為を強調する機能を果たしている。

　そこで、イエスが弟子たちに人々を「**五十人ずつ**」の集団に分けて座らせるように指示すると、弟子たちは言われた通りに彼らをその場に座らせた。κλισία は食事を共にする「**組**」（一団）を意味しており（Ⅲマカ 6:31；『ユダヤ古代誌』12:96 参照）、後のキリスト教会の聖餐式の状況を暗示しているのかもしれない。マルコにおいては、イエスが人々を組に分けて青草の上に座らせるように弟子たちに指示すると人々は（主体的に）百人、五十人にまとまって座ったと記されているのに対し（マコ 6:39–40）、ルカは弟子たちが皆をそのように「**座らせた**」（< κατακλίνω［新約ではルカにのみ 4 回使用］）と表現することにより、ここでも弟子たちの主体的行為を強調している（Nolland 1989:442 も同意見）。もっとも、14b 節以降はイエスが主導権を握っており、それに伴って、これ以降は「使徒たち／十二人」に代わって「弟子たち」という表記が用いられている（Wolter 2008:341）。

16 節

　そこでイエスは、五つのパンと二匹の魚を手に取り、天を見上げてそれらの食物を祝福し、細かく裂いて、群衆に配るために弟子たちに手渡した。「**天を見上げて**」（ἀναβλέψας εἰς τὸν οὐρανόν）は旧約的表現であり、七十人訳聖書に頻出する（創 15:5; 申 4:19; ヨブ 22:26; Ⅱマカ 7:28; さらにルカ 18:13 も参照）。ルカにおいてはまた、マルコやマタイとは異なり、祝福は神ではなく食物（パンと魚）に直接向けられ、その結果、増量の奇跡がもたらされたように表現されている。「祝福する」を意味するセム語的な εὐλογέω は本来目的語を欠くことから、このような表現はルカの誤解から生まれたのかもしれない（エレミアス 1974:280f; Fitzmyer 1983:768）。その一方で Marshall（1995:362）は、ここではパンそれ自体が祝福されて

いるのではなく、ルカ 24:30 と同様、パンに対する神への感謝の祈りが意味されていると主張している（Nolland 1989:443 も同様）。マルコにおいてはまた、（神への）祝福（賛美）の後、まずパンが裂かれて配られ、続いて魚が配られたと記されているのに対し、ルカではパンのみならず魚も同様に裂かれ、分配されたかのように記されており、その一方で、マタイは魚の分配には言及していない。なお、ヨハネ 6:11 とは異なり、共観福音書の物語ではイエスではなく弟子たちが分け与える役目を果たしているが、この点は後代の教会指導者の職務を暗示しているのかもしれない（Schürmann 1990:517f）。

　これらの計五つのイエスの一連の動作に関する記述は、主の晩餐、ひいては最初期のキリスト教会の聖餐式定式（22:19 並行参照）を思い起こさせる。もっとも、ここに記されている一連の行為は通常の食事の際にも見られるものであり、また、供食の対象は弟子たちではなく群衆であり、パンと共に供されるのはぶどう酒ではなく魚であり、さらに霊的な糧ではなく食欲を満たす肉の糧の増量が問題にされている等、多くの点で相違していることからも、両者は単純に関連づけられないであろう（Marshall 1995:361; Green 1997:364）。この箇所はまた、イエスがパンを取って祝福し、それを裂いて弟子たちに渡した、エマオ物語の食事の場面（24:30）を思い起こさせる。このエマオの食事を通して弟子たちは、イエスの存在を認識するが、この供食物語においても、食事の際のイエスの行動がイエスをキリストと証言するペトロの信仰告白へと導いている。

17 節

　最後に、パンの増量の奇跡がいつ（イエスが裂く際？、弟子たちが配る際？）、どのように遂行されたかについて記載されることはなく、すべての人が食べて満腹し、残ったパン屑が十二籠にもなったと述べられる。人々が「**満腹した**」（< χορτάζομαι [6:21; 15:16; 16:21]）という描写は、神の国の祝宴を示唆しており（6:20–21a; 12:37; 13:28–29; 14:15–24; 22:16, 18 参照）、荒れ野におけるマナの奇跡の物語や（出 16:8, 12）、増量の奇跡の結果、人々が食べきれずに残した様子を記すエリシャの物語（王下 4:44）を思い起こさせる。ルカはまた、マルコ 6:43 とは異なり、残った魚については言及しておらず（マタイも同様）、この物語における魚の意義は必ず

しも明らかでない。なお一部の研究者は、魚が終末の宴会におけるレビヤタンに関する預言的記述の反響として（IVエズラ 6:49–52; シリア・バルク 29:4; エチオピア・エノク 60:7–9, 24）、あるいは、初期キリスト教美術における魚のしるしへの暗示として理解されていった可能性を指摘している（Nolland 1989:442; カルペパー 2002:248）。

なお、「**十二籠**」は使徒の数に対応しており、それによって、人々に与えられるイエスの賜物を使徒たちが十分に所持していることが示唆されているのかもしれない（Schneider 1984:206f）。いずれにせよ、このように物語の末尾で十二の籠について言及されることにより、物語全体が「十二」という数（弟子と籠）によって枠付けられるが（Tannehill 1986:216f）、十二の籠は、全イスラエルのための食事の象徴的表現とも見なしうる（Nolland 1989:445, 447; Löning 1997:245）。

注目すべきことに、この奇跡行為に対する人々の反応は記されておらず、後続の記述では、これらの群衆はイエスを理解しなかったことが示唆され（9:18–19）、奇跡を見ても悔い改めなかったベトサイダの町に対して禍いの言葉が向けられている（10:13）。その意味でも、この奇跡は特に弟子たちに向けられており、イエスの力ある業と弟子たちの無力さとの対比によって改めてイエスの存在に目を向けさせると共に、イエスを通して彼らも力ある業をなしうることを指し示している（Marshall 1995:357）。

【解説／考察】

十二人の帰還後、イエスは五千人の前で供食の奇跡を行い、神の子としての自らの存在を改めて示している。この物語はまた、神の国の宣教と病人の癒しをイエスの宣教の本質として改めて示すと共に、イエスをモーセやエリヤ、エリシャ等の預言者と関連づけ、それらの預言者を凌駕する存在として描いている。これによりこの段落は、イエスの本質を問題にする直前のヘロデのエピソードから後続のペトロの信仰告白（9:18–20）へと橋渡しする機能をも果たしている。

また、十二人（弟子たち）の主体性を強調するルカにおいては、この供食の物語は、使徒としての彼らの働きを強調すると共に食事の共同体としての将来のキリスト教会のあり方を示している。特に注目に値するのは、

食べ物の欠乏という状況に直面してイエスが弟子たちに発した「あなたたちが彼らに食べ物を与えなさい」(13節)という言葉である。結果的にここではイエス自身が問題を解決していることからも、このときのイエスの意図は明らかではないが、いずれにせよ、将来的には自分たち自身で問題に対処するように弟子たちに求めているのであろう。その意味では、食料生産量は人類全体の必要量を十分に満たしているにも拘らず、世界の人口の20％もの人々が飢餓状態にある今日の世界に生きる私たちも、この種の問題に主体的に関わるように求められている。

4. ペトロのキリスト告白と第一回受難予告 (9:18–22)

【翻訳】

9:18 さて、彼（イエス）が一人で祈っていたとき、弟子たちは彼と共にいた。そこで彼は彼らに、「群衆は私を誰だと言っているのか」と尋ねて言った。19 そこで彼らは答えて言った。「『洗礼者ヨハネだ』〔と言っており〕、ほかに『エリヤだ』〔と言う人も〕、また『昔のある預言者が復活した』〔と言っている人もいます〕」。20 そこで彼は彼らに言った。「それでは、あなたたち自身は私を誰だと言うのか」。するとペトロが答えて「神のキリスト〔です〕」と言った。21 しかし彼は彼らを厳しく戒め、このことを誰にも話さないように命じて、22「人の子は多くの苦しみを受け、長老、祭司長、律法学者たちから排斥され、殺され、三日目に甦らされることになっている」と言った。

【形態／構造／背景】

十二使徒の派遣先からの帰還に続いてイエスによる供食の奇跡について語られることにより (9:10–17)、イエスの力ある業が再び示されるが、それに続くこの段落では、前出のヘロデのエピソード (9:7–9) と同様、イエスの本質をめぐる問いに焦点が当てられる。ルカは8:4から前段の供食

物語まで総じてマルコの記述（マコ 4:1–6:44）に従ってきたが、その直後のマルコ 6:45–8:26 に対応する記述はルカには見られず、編集的に削除されたと考えられる（大割落［本書 400 頁参照］）。もっとも、供食物語の重複（マコ 6:30–44; 8:1–10）を避けようとして削除したという説明は説得的ではなく、むしろ蓋然性が高いのは、ゲラサ地方での悪霊追放の記事（ルカ 8:26–39）を除いてイエスの活動をユダヤ地域に限定しようとしたという理由づけであり（マコ 7:24, 31 参照）、その他、この省略によって十二人の派遣から受難予告に至るまでキリスト論的主題をもつ記述でまとめようとしたという見解や（コンツェルマン 1965:96）、福音書全体の記述量を抑えるためという見解も（Schmithals 1980:111）打ち出されている。

　いずれにせよ、この「大割落」の結果、ルカにおいてはペトロのキリスト告白とイエスの受難予告が五千人の供食物語の直後に位置づけられ、ペトロの告白はその直前のヘロデの問いへの返答として機能することになり、さらには、供食物語以降の一連の記述は（9:10–27）、イエスの奇跡行為を目の当たりにして信仰を告白し、イエスに従ったペトロの召命物語（5:1–11）に対応する内容を持つことになる（H. Klein 2006:338, 340）。なお、イエスの本質をめぐる問いはここまでの段落においてもしばしば問題にされてきたが（5:21; 7:19, 49; 8:25; 9:9）、この段落において最初の頂点に到達し、後続の変貌の記述（9:28–36）において第二の頂点に達することになる。

　マルコにおいては、この福音書の最初の頂点をなすペトロのキリスト告白及びイエスの沈黙命令（マコ 8:27–30）とそれに続くイエスの受難予告（同 8:31–33）は、後者が καὶ ἤρξατο διδάσκειν αὐτούς（それからイエスは、……彼らに教え始めた）という表現によって導入されていることからも明確に区分されているが、ルカにおいては沈黙命令と受難予告が一文で構成され（21–22 節）、両者は緊密に結びついている（Nolland 1993:458 に反対）。さらに、受難予告に続くペトロの否定的発言とイエスの叱責（マコ 8:32b–33）を欠くルカにおいては、この箇所は後続の信従の要求の言葉（23–27 節）とも密接に結びついている。この箇所全体は以下のような構成になっている。

（1）序：状況設定（18a 節）
（2）ペトロのキリスト告白（18b–20 節）

(a) 自らの本質をめぐるイエスの問いと弟子たちの答え（18b–19 節）
　　　(b) さらなるイエスの問いとペトロの答え（20 節）
　（3）イエスの受難・復活予告（21–22 節）
　　　(a) 弟子たちへの沈黙命令（21 節）
　　　(b) イエスの受難・復活予告（22 節）

　この箇所は全体としてマルコ 8:27–33 及びマタイ 16:13–23 に並行している。特に末尾の 22 節（並行マコ 8:31; マタイ 16:21）については、ルカとマタイとの間に若干の弱小一致も確認され（ἀπό［マコ：ὑπό］及び τῇ τρίτῃ ἡμέρᾳ ἐγερθῆναι［マコ：μετὰ τρεῖς ἡμέρας ἀναστῆναι］）、それらはマルコの改訂版に由来すると考えられる。その一方で、《καὶ ἐγένετο ἐν τῷ＋不定詞句》というルカ的表現（Jeremias 1980:25–29 参照）で始まる導入部分（18a 節）はルカの編集句であろう（マコ 6:46 参照）。また、フィリポ・カイサリアという地名を含むマルコの状況設定部（マコ 8:27）やペトロの否定的発言及びイエスの叱責（同 8:32b–33）はルカには欠けているが、前者についてはフィリポ・カイサリアがユダヤ領域外に位置するという理由から、後者については後続の教会指導者としてのペトロのイメージと矛盾するために削除されたのであろう。なお、ペトロの信仰告白についてはヨハネ 6:66–69 にも対応箇所が見られ、トマス福音書〔語録 13〕にもこれと部分的に並行する記述が見られる。

　この箇所に記されているペトロのキリスト告白やイエスの沈黙命令、受難予告等の史実性については盛んに議論されてきたが、確実なことはわからない。イエスの生前に弟子によるキリスト告白がなされていた可能性は完全には否定できないが、その一方で、沈黙命令と受難予告、ペトロの拒絶とイエスの叱責（マコ 6:30–33）は、後代になって（マルコによって？）構成されたものと考えられる（ブルトマン 1987:92–95 参照）。

【注解】

18 節

　この箇所をイエス一行がフィリポ・カイサリア地方に赴く途上の出来事として語るマルコの導入句（マコ 8:27a）とは異なり、ルカはこの段落

を、イエスが「**一人で**」（κατὰ μόνας）祈り（マコ 6:46–47 参照）、弟子たちも「**彼と共にいた**」という状況設定のもとに書き始めている。また、フィリポ・カイサリアという地名を欠くルカにおいてはこの段落の場面設定は明らかにされていないが、ガリラヤ内部のベトサイダ付近の場所が想定されているのであろう（Fitzmyer 1983:774）。

18 節後半以降の部分は、マルコと同様、イエスと、ペトロら弟子たちとの対話によって構成されている。祈りを終えたイエスは弟子たちに自らの本質に関する群衆の見解を尋ねるが、この問いは後続のペトロのキリスト告白を準備し、ひいては受難する人の子に関するイエスの予告へと導いていく。ルカはマルコの「人々」（οἱ ἄνθρωποι）を「**群衆**」（οἱ ὄχλοι）に変えているが、ここでの群衆は、直前の段落で供食の奇跡の場に立ち会って食事に与った群衆（9:11, 12, 16 節）を指しているのであろう（Wolter 2008:344）。

19 節

イエスの問いかけに対して弟子たちは、まさにヘロデのエピソードにおいても言及されていたように（9:7–8）、群衆はイエスを（再来の）「**ヨハネ**」、「**エリヤ**」あるいは「**昔のある預言者**」と見なしていると答える。三つ目の見解に関して、マルコやマタイでは単に「預言者の一人」と記されているのに対し（マコ 8:28 // マタ 16:14）、ルカは「**復活した**」（ἀνέστη < ἀνίστημι）という表現を加えることにより、ヘロデのエピソードにおける証言（9:8）と逐語的に一致させている。この「復活」への言及は、後続の人の子の復活に関する記述を準備しているが、もっともルカは、後続のイエスの復活に関する箇所では、マルコの「復活する」（ἀναστῆναι = ἀνίστημι の不定法アオリスト形）に代えて「甦らされる」（ἐγερθῆναι = ἐγείρω の不定法アオリスト形受動態）を用いることにより（22 節 // マコ 8:31）、ここでの預言者の復活とは区別している。なお、マタイのみがエリヤに続いてエレミヤの名を記している（マタ 16:14）。

20 節

イエスは自らに関するそのような群衆の見解について直接言及せず、今度は「**あなたたち自身は**」（ὑμεῖς）と強調しつつ弟子たちの見解を尋ねる。

ここでは群衆と弟子たちとが明らかに区別されており、イエスを単なる預言者の再来と見なす群衆の見解が批判的に捉えられている。おそらくそれゆえに、弟子たちが五千人の供食の出来事を理解できずに心が鈍くなっていたとするマルコ 6:52 の記述はここでは省略されている。

そこでペトロが弟子を代表して答えるが、マルコ 8:29 では「あなたはキリストです」(σὺ εἶ ὁ χριστός) と述べられているのに対し、ルカにおいては簡潔に「**神のキリスト**」(τὸν χριστὸν τοῦ θεοῦ) とのみ記されている (cf. マタ 16:16:「あなたはキリスト、生ける神の子です」)。イエスをキリストと見なす理解については、すでに誕生物語における天使の言葉 (2:11:χριστὸς κύριος [主なるキリスト]) や聖霊のシメオンへの告知 (2:26:χριστὸς κυρίου [主のキリスト]) において言明されているが (さらに 4:41; 23:35; 使 2:36; 3:18; 4:26 参照)、ここで初めてそれが弟子によって表明されることになる。ここでルカは属格の「神の」(τοῦ θεοῦ) を付加することにより、キリストの神への帰属性、すなわち両者の親密な関係を強調しているが (使 3:18; 4:26; 黙 11:15; 12:10)、後続の記述 (21–22 節) との関連からも、ルカはこの近さを、神によって受難から守られるという意味ではなく、むしろ逆に神との結びつきにおいて受難の道を歩むという意味で理解している (Schneider 1984:209)。また、十字架につけられて殺されたイエスを神は主とし、キリストとしたという使徒行伝 2:36 の記述からも、この「**神のキリスト**」という表現には復活信仰の投影があると考えられる (三好 1991:314)。なお、マタイにおいてはこのあと、ペトロに対する幸いの言葉がイエスから述べられ、さらにペトロ (= 岩) の上に教会が建てられ、彼に天国の鍵が授けられるという旨のイエスの発言が続いている (マタ 16:17–19)。

21 節

そこでイエスは、弟子たちを「**厳しく戒め**」(ἐπιτιμήσας < ἐπιτιμάω [4:35, 39, 41 参照])、「**このことを誰にも話さないように**」命じた (παρήγγειλεν < παραγγέλλω [5:14; 8:56])。マルコにおいては「彼 (イエス) について」(περὶ αὐτοῦ) 話すことが禁じられているのに対し、ルカにおいては沈黙命令の対象は「**このこと**」(τοῦτο)、すなわち「神のキリスト」という称号に特化されており、この点はマタイも同様である (マタ 16:20:「彼がキリストであることを誰にも話さないように」)。また、ルカの文脈においては、この

沈黙命令は次節の受難予告と一文で構成されていることからも、受難予告とも直接関連づけられていると考えられる。すなわち、キリストという称号の本質は受難と緊密に関わっており、将来においてイエスが経験する受難、さらには復活を通してキリストとしてのイエスの本質が明らかにされるのであり（24:26 参照）、その前提なくしてキリストについて語られるべきではないというのである。その意味では、マルコにおける「メシアの秘密」に代わって、ルカにおいては「メシアの受難の秘密」が問題になっている（Grundmann 1961:189）。いずれにしても、ルカのイエスはペトロのキリスト告白自体を必ずしも否定的に評価しておらず、ルカは受難予告に対するペトロの反論と彼への叱責（マコ 8:32b–33）を省くことで、この点をより明確に示している。

22 節

　沈黙命令に続いてイエスは、人の子としての自らの受難と復活について予告する（9:43b–45; 18:31–34 参照）。すなわち、人の子イエスは「**多くの苦しみを受け、長老、祭司長、律法学者たちから排斥され、殺され、三日目に甦らされる**」（13:32; 18:33; 24:7, 21, 46; 使 10:40; Ⅰコリ 15:4 参照）。自らの受難・復活を予告するイエスのこの「**人の子**」発言は（6:5, 22; 7:34 参照）古い層に遡ると想定されるが、ルカにおいては神の救いの計画の必然性を示す δεῖ（必ず〜する）を用いて表現されている（13:33; 17:25; 22:37; 24:7, 26, 44; 使 1:16; 17:3）。

　ここでは人の子の運命が四つの不定詞を用いて表現されているが、最初の「**多くの苦しみを受け**」（πολλὰ παθεῖν）という表現は（17:25; 24:26, 46 参照）、第二、第三受難予告には見られず、その具体的内容は明らかではないが、おそらくイエスの受難に関わる全般的な意味で用いられているのであろう。この表現と苦難の僕（イザ 53:4, 11）や詩編の言葉（詩 34［LXX33］:20）との関連性も指摘されているが（Ernst 1977:296）、この点は必ずしも明らかではない。これに続く（長老、祭司長、律法学者たちから）「**排斥され**」（ἀποδοκιμασθῆναι）という部分も第二、第三受難予告には見られないが、この語がルカ 17:25 や同 20:17 及びその並行箇所（詩 118［LXX117］:22 参照）に用いられていることは、それが受難伝承の一要素であったことを示唆している（カルペパー 2002:254）。その一方で、第

二、第三受難予告に含まれている「引き渡される」（< παραδίδωμι）という語はこの第一受難予告には欠けている。なお、マルコにおいてはユダヤ人指導者層（長老、祭司長、律法学者たち）の各集団に定冠詞が付せられているのに対し、マタイと同様ルカは、冒頭の長老にのみ定冠詞を付すことによりこれらを一集団として捉えている。因みにマタイ版では、この「長老、祭司長、律法学者たちから」は直前の「多くの苦しみを受け」にかかっており、「排斥される」という語は見られない（マタ 16:21）。

イエスの受難は、マルコと同様にルカにおいても、ユダヤ人指導者層から排斥された後に「**殺され**」（ἀποκτανθῆναι）という表現に集約されている。マタイと同様ルカにおいても、マルコの「三日後に復活する」（μετὰ τρεῖς ἡμέρας ἀναστῆναι）に対して「**三日目に甦らされる**」（τῇ τρίτῃ ἡμέρᾳ ἐγερθῆναι）と、直前の動詞と同様、受動形で表現されているが（24:34 参照）、それによって、これらユダヤ人指導者層の行動が神の行為の対極に位置づけられ、他ならぬ神ご自身がイエスを甦らせるという点が強調されている。なお、「三日後に」（マコ 8:31）から「**三日目に**」（13:32; 18:33; 24:7, 21, 46 参照）への修正は、最初期のキリスト教会のギリシア語伝承においてはこの表現が頻繁に用いられていた（Ⅰコリ 15:4 参照）ためであろう（Fitzmyer 1983:781）。また、前述の δεῖ によってキリストに対する神の一連の行為の必然性が強調されているルカにおいては、「神のキリスト」としてのイエスのメシア性は復活の栄光へと至る受難の道の観点において理解されている（Schneider 1984:210）。

【解説／考察】

この段落において、ここまで幾度も言及されてきたイエスの本質をめぐる問いに関して、弟子の口を通して初めて一つの答えが提示される。ペトロのキリスト告白は、マルコにおいては物語における決定的転換点を示すものとして、マタイにおいては将来の教会建設の言葉へと繋がるものとして理解されるが、ルカの文脈においては、後続の沈黙命令及びイエスの受難・復活予告と緊密に結びつくことにより、イエスを受難・復活する神のキリストとして表現している。もっとも、このキリスト告白には弟子たちにおける信従が対応しており（9:23–27）、ルカの理解によると、それなく

してはこの告白は理解され得ないのである（Schneider 1984:210）。

　今日のキリスト者にとって信仰告白とは何であろうか。確かに教会の毎週の礼拝では、使徒信条が唱和され、信仰が告白されているが、往々にしてそれは礼拝式の枠組みに完全に収まって習慣化されており、必ずしも各自がその際に自らの信仰に対して自覚的になっているわけではない。むしろ私たちは、しばしば日常の只中において自らの信仰を問われる局面に直面する。キリスト教の信仰告白はまた、まさにペトロがイエスを神のキリストと告白したように、イエスとは何者かという問いと直接関わっているが、それと同時に自分とは何者かという問いとも密接に関わってくる。事実、私たちは自分自身の無力さ、限界に直面し、自らの弱さや罪深さを自覚した時に、信仰の告白へと導かれていくのである。もっとも、信仰を告白してもペトロがその告白の内容を十分に理解していなかったように、一度限りの告白が最終的な目的地点なのではなく、日々繰り返し告白していくことが求められているのであろう。

5. 信従の道（9:23–27）

【翻訳】

9:23 そして彼（イエス）は皆に言った。「もし誰かが、私の後からついて来たいと思うなら、自分自身を否み、日々自分の十字架を背負い、私に従いなさい。24 というのも、自分の命を救おうとする者はそれを失うが、私のために自分の命を失う者はそれを救うのである。25 というのも、人は、たとえ全世界を手に入れても、自分自身を失ったり損なったりしては、何の益になろうか。26 というのも、私と私の言葉を恥じる者は、人の子も、自分と父と聖なる天使たちの栄光を伴って来るときにその者を恥じるのである。27 しかし私は確かにあなたたちに言うが、ここに立っている人々の中には、神の国を見るまで決して死を味わわない者がいる」。

【形態／構造／背景】

　ペトロのキリスト告白及びイエスの受難・復活予告（9:18–22）によってイエスの本質について述べられた直後には、イエスへの信従を主題とするこの段落が続いているが、事実、イエスがキリストであることと弟子としてイエスに従うことは密接に関連している。また特に、受難予告直後のペトロの反論とイエスの叱責（マコ 8:32b–33 参照）を欠くルカにおいては、この段落はマルコ以上に緊密にイエスの受難予告と結びついており、イエスの受難と弟子の（受難の）信従との関係がより一層明確になっている。

　この段落は冒頭の序（23a 節）とイエスへの信従を主題とする五つの言葉（23b–27 節）から構成されている。最初の十字架の信従の言葉（23b 節）がこの段落全体の標題として機能しているのに対し、理由を示す接続詞 γάρ を伴う後続の三つの言葉（24, 25, 26 節）はこの原則的要求を根拠づけており、この内、第一、第三の言葉は《ὃς γὰρ ἄν ＋接続法》という表現で始まり、τί γάρ という語句で導入される第二の言葉を囲い込んでいる。最後の言葉（27 節）については、マルコの並行箇所では新たな段落を導入する表現（καὶ ἔλεγεν αὐτοῖς［また彼は彼らに言った］）によって始められているのに対し（マコ 9:1）、この移行句が省略されているルカの文脈においては、先行する箇所とより緊密に結合し、段落全体を締めくくる機能を果たしている。この箇所全体は以下のように区分できる。

（１）序：導入句（23a 節）
（２）信従に際する原則的要求（23b 節）
（３）原則的要求を根拠づける三つの言葉（24–26 節）
　　(a) 第一の根拠：命の救出と喪失（24 節）
　　(b) 第二の根拠：全世界の獲得と自分自身の喪失（25 節）
　　(c) 第三の根拠：イエスとその言葉を恥じる者（26 節）
（４）結び：神の国の間近な到来（27 節）

　この段落は全体としてマルコ 8:34–9:1 及びマタイ 16:24–28 に並行しているが、ルカはここでも基本的にマルコのテキストに従っている。個々の言葉については Q 資料にも並行（関連）記事が見られるが（23b 節：ルカ

14:27 // マタ 10:38［さらにトマス福 55:2 参照］、24 節：ルカ 17:33 // マタ 10:39 // ヨハ 12:25、26 節：ルカ 12:8–9 // マタ 10:32–33）、それぞれ異なる文脈に置かれていることからも、元来は独立していた個々の言葉がマルコによってまとめられたのであろう（ブルトマン 1983:142–144）。さらにルカとマタイとの間には、マルコ 8:35 の ἀπολέσει（ἀπόλλυμι［失う］の直説法未来三人称単数）に対する ἀπολέσῃ（同接続法アオリスト三人称単数［24 節／マタ 16:25］）の他、比較的多くのマルコの表現が共通して欠けている等（後続の注解部分参照）、少なからぬ弱小一致が見られるが、それらすべてが両福音書記者の独立した編集作業によるとは考えにくく、むしろ両者がマルコの改訂版を用いたことに起因するのであろう（H. Klein 2006:340 n. 1 参照）。

その一方で、ἔλεγεν δέ（そして彼は言った［新約用例 11 回中ルカに 9 回使用］）、《言述の動詞＋πρός＋対象を示す対格》（同 169 回中 149 回使用）等のルカ的表現を含む導入句（23a 節）はルカの編集句と考えられる。さらにルカは、マルコ 8:36 の τὴν ψυχὴν αὐτοῦ（自分の命を）を ἑαυτόν（自分自身を）で置き換えて ἀπόλλυμι（失う）を付加し（25 節）、自分の命を買い戻す代価に関する言葉（マコ 8:37 全体）を省略している。以上のことからも、ルカはここでもマルコのテキストをもとに、個々の言葉を緊密に結合させつつ自らのテキストを編集的に構成したのであろう。

【注解】

23 節

弟子たちに自らの受難の運命を予告した直後に、イエスは信従の覚悟について語り始める。信従についてはすでに二つの召命物語において（5:1–11, 27–32）、所有放棄との関わりにおいて述べられてきたが、ここでイエスは信従志願者に「**自分自身を否み、日々自分の十字架を背負い、私に従いなさい**」と要求している（14:27 参照）。イエスが弟子たちと共に群衆を呼び寄せて語ったと記すマルコ 8:34 とは異なり、イエスが「**皆に**」（πρὸς πάντας）語ったと記されているルカにおいては、語りかけられている対象は、マタイ 16:24 のように弟子に限定されているわけでも（Löning 1997:248; H. Klein 2006:341 に反対）、弟子以外の群衆に限定されているわけでもなく（Grundmann 1961:190; 田川 2011a:258 に反対）、マルコと同

様、弟子と群衆の双方に語られていると見なすべきであろう（Fitzmyer 1983:784; カルペパー 2002:255; Wolter 2008:346）。また、「私の後からついて来る」(ὀπίσω μου ἔρχεσθαι) という表現は、マルコ 8:34 の「私の後から従う」(ὀπίσω μου ἀκολουθεῖν) と同様、イエスに弟子入りしてつき従うことを意味しており、直後の ἀκολουθέω（従う）との重複を避けるために動詞を置き換えたのでなければ、具体的にイエスの道行きに同行するという意味合いを示そうとしたのであろう。なお、ここで用いられている「自分自身を否む」、「自分の十字架を背負う」、「従う」という三つの表現は相互に関連しており、最初の二つの表現（命令法アオリスト形）は最後の一般的表現（命令法現在形）の具体的内容を示している。

最初の「自分自身を否む」(ἀρνέομαι ἑαυτόν) という表現 (cf. マコ 8:34: ἀπαρνέομαι ἑαυτόν; さらにⅡテモ 2:13 参照) は自己に対する否定を意味しており、内容的には「自分の命を憎む」(μισεῖν τὴν ψυχὴν ἑαυτοῦ) という表現（ルカ 14:26 // マタ 10:37）に近い。もっとも、ここでは単なる自己否定ではなく、神との関係を度外視した非本来的な自己の否定が意味されており、一般的な意味での禁欲的理想と混同されるべきではない（ルツ 1997:636 参照）。

これに続く「自分の十字架を背負う」(αἴρω τὸν σταυρὸν αὐτοῦ) という表現は、元来「処刑場に赴く」ことを意味し、より広義には死の準備をすることを意味する（ルツ 1997:188–191 参照）。確かにこの要求は、イエスの十字架上での死と密接に関連しているが、ここで問題にされているのは信従志願者自身の十字架であり、彼ら自身が受難と死（殉教）を覚悟することが求められている。もっとも、ルカは「**日々**」(καθ' ἡμέραν) という表現を付加することにより（新約用例 17 回中ルカ文書に 11 回使用）、マルコにおいては差し迫った迫害状況の文脈で捉えられていたこの言葉を、日常的に克服すべき苦境の文脈で捉え直している。すなわちルカによると、信仰者はイエスゆえの苦難を日々その身に引き受けつつイエスにつき従って行くべきであり、ここではイエスへの信従は持続的な行為として表現されている。このことはまた、ルカが信従の要求を歴史的にではなく時代を超えて「透視的に」理解し、彼の時代（及び将来）の読者（教会）に向けて語っていることを示しており（Bovon 1989:482; Schürmann 1990:540）、冒頭の「**皆に**」という表現もこの点を裏付けている。なお、この十字架の

信従の言葉との関連で、イエスの十字架を背負ったキレネ人シモンがしばしば引き合いに出されるが（23:26）、彼は自分の十字架を背負ったわけではないので、両者の関連性は過大評価すべきではないであろう。

24 節

前節の原則的要求のあとにそれを根拠づける三つの言葉が続いているが、最初の言葉は対比的に構成された二つの部分から成り、命の救出と喪失について、その意図するところとは正反対の結果がもたらされるという逆説的真理が示されている。すなわち、「**自分の命を救おうとする**」試みはそれを失うという結果に帰し、その一方で、（イエスゆえの）命の喪失は命の救出をもたらすというのであるが（17:33; ヨハ 12:25 参照）、古代ギリシア・ラテン文献においても、出陣前の兵士への訓戒としてこれと同様の言葉がしばしば用いられている（Wolter 2008:348 参照）。注目すべきことに、ここでの ψυχή（命）は二重の意味で用いられており、各文節の前半部においては通常の肉体の命の意味で用いられているのに対し、後半部の「**それ**」は、肉体の命を越えた次元にあり、イエスとの繋がりにおいて生じる（神の前の）命が示唆されている。つまり、地上の命を救うために信従を断念する者は来たるべき審判において本来の命を失うことになり、それとは逆に、自らの地上の命をイエスのために放棄しようとする者、すなわち、殉教を覚悟してイエスに信従しようとする者は、逆に肉体の死を越える永遠の命に与ることになるというのである（Wolter 2008:348）。もちろん、自分の命を救おうとする思い自体が否定されているわけではなく、自らの力による自己救済の試みが否定されているのであり、その背景には神を命の主と見なす理解がある（Bovon 1989:484）。もっともルカの文脈においては、現実的な意味での殉教死は考えられておらず、自分本位の生き方に固執しようとする姿勢が問題視されている。

なお、マルコ 8:35 の「私と福音のために」（ἕνεκεν ἐμοῦ καὶ τοῦ εὐαγγελίου）という部分がルカにおいては「**私のために**」（ἕνεκεν ἐμοῦ）となっており（マタイも同様）、キリスト論的意味が強調されている（Schürmann 1990:544）。因みに、同様の表現が用いられているマルコ 10:29 についても、ルカの並行箇所（18:29）では「そして福音のために」（καὶ ἕνεκεν τοῦ εὐαγγελίου）という表現が欠けており（マタイも同様）、この点は「福

音」への言及を避けようとするルカの傾向と関連しているのかもしれない（Fitzmyer 1983:173f 参照）。

25 節

続く第二の言葉は「**たとえ全世界を手に入れても、自分自身を失ったり損なったりしては、何の益になろうか**」という修辞的な問いによって前節の言葉を根拠づけているが、この言葉の背後には「死に際して富は役立たない」という理解がある（ブルトマン 1983:144）。ルカはここで、マルコと共通する ζημιόω（損なう）の前に前出の ἀπόλλυμι（失う）を加えることにより、ἀπόλλυμι と σῴζω（救う）が対置されている直前の 24 節と緊密に接合させている。

この言葉は内容的に 24 節前半部と密接に関連しており、ここでの全世界を獲得しようとする試みは、前節の自分の命を救おうとする試みに対応しているが、ルカはここでマルコ 8:36 の τὴν ψυχὴν αὐτοῦ（自分の命を）を ἑαυτόν（自分自身を）に置き換えることによりその内容をより先鋭化している。すなわち、肉体の命を救っても、それが真の命の喪失に繋がるなら何の益にもならないように、全世界を獲得したとしても、それが自分自身の喪失をもたらすのであれば無意味だというのである。なお、「**全世界**」（ὁ κόσμος ὅλος）という表現は、商業文書においてしばしば ζημιόω（損なう）の対語として用いられる κερδαίνω（獲得する）と結びつくことにより「あらゆる地上の富」を意味している（Bauer 873）。その意味でも、ここでは地上の富と自分自身の命とが対比的に捉えられると共に、この世的な富の獲得の努力が否定的に捉えられている（6:24; 12:15 以下参照）。なお、マルコやマタイではこの直後に自分の命を買い戻す代価に関する言葉（マコ 8:37 // マタ 16:26b）が続いているが、ルカには見られず（詩 49:8–9 参照）、それにより次節と一層緊密に接合している。

26 節

第三の言葉も第二の言葉と同様、23b 節の原則的要求の内容を根拠づけており、さらに、24 節における自分の命を救おうとする試みが、イエスとその言葉を恥じることと関連づけられている。この言葉も元来は迫害状況が前提とされており、迫害下にあって自分の肉体の命を救おうとして

イエスを拒絶し、イエスとその言葉を恥じる者は、人の子もその再臨に際しては、最後の審判においてその者を恥じることになり、その人は裁かれるというのである。この言葉はまた、イエスを仲間と言い表す者と否認する者に関する言葉（ルカ 12:8–9 // マタ 10:32–33）と内容的に近く、元来は信仰告白を要求する文脈に置かれていたと考えられるが（Schürmann 1990:548）、ここでは 25 節と同様、その否定的側面についてのみ述べられる。ἐπαισχύνομαι（恥じる）は「否認する」を意味し、例えばパウロは、信じる者に救いをもたらす神の力である福音を恥としないと述べており（ロマ 1:16）、Ⅱテモテ 1:8 にも、信者は主を証しすることも（パウロが）主の囚人であることも恥じてはならないと記されている。また、人の子が「父の栄光を伴って聖なる天使たちと共に来るときに」（マコ 8:38）と記すマルコとは異なり、ルカにおいては「**自分と父と聖なる天使たちの栄光を伴って来るときに**」となっており、人の子自身の栄光についても言及される一方で天使たちの同伴については触れられていないが、事実、後出の記述においても、再臨に際してイエスは天使を伴っていない（ルカ 21:27 // マコ 13:26）。なお、マルコにおける「この不貞で罪深い時代に」（マコ 8:38）という修飾句はマタイと同様にルカにも見られない。

27 節

　以上の三つの言葉（24–26 節）が冒頭の十字架の言葉（23 節）と密接に関連しているのに対し、最後の 27 節の言葉はそれらの部分から内容的に独立しているが、それでもマルコ 9:1 の移行句（καὶ ἔλεγεν αὐτοῖς［そして彼は彼らに言った］）を欠くルカにおいては（マタイも同様）、両者は形式的に関連づけられている。「**しかし私は確かにあなたたちに言うが**」（λέγω δὲ ὑμῖν ἀληθῶς）という表現によって導入されるこの言葉は、「**ここに立っている人々**」のある者、すなわち信従の条件を満たす者は、「**神の国を見るまで決して死を味わわない**」と語っている（ヨハ 3:3 参照）。γεύομαι（味わう）はここでは「経験する」を意味し、それらの人々は今後も死なないというのではなく、彼らは生きている内に神の国を見るというのである。また、ここでの「**見る**」（ὁράω）は、「観察する」や「認識する」ではなく、「経験する」の意で用いられている。

　神の国の間近な到来について語るこの言葉は、終末遅延を前提とする

ルカの終末理解とは緊張関係にあり、その意味でも、確かにここでルカは、間近な終末待望を示唆するマルコの記述を受け継いでいるが、マルコとは異なる視点で神の国を捉えている。事実ルカは、マルコ 9:1 の「力にあふれて現れる」（ἐληλυθυῖαν ἐν δυνάμει）という表現を省略することにより（cf. マタ 16:28：「人の子がその国と共に来るのを見るまでは」）、将来の特定の時期における神の国の到来について語ろうとするマルコの理解を後退させ、むしろイエスの働き（現存）もしくは復活との関連における神の国の到来を示唆している（10:9, 11; 11:20; 17:21 参照）。すなわち、何よりイエスとの出会いにおける神の国の到来において、イエスにつき従って来た一部の信徒者たちは近い将来に神の国の救いを質的に経験できるのであり（Wolter 2008:350）、そのようにルカは、神の国の実質的な意味での到来は未来のことであるとしても、その本質はイエスの人格においてすでに現在化していると見なしているのであろう（コンツェルマン 1965:176f; Bovon 1989:486）。なお、一部の研究者はこの言葉を、三人の弟子たちがイエスの栄光を見た（9:32）とする後続のイエスの変貌の出来事に直接関連づけようとしているが（Schmithals 1980:113; Löning 1997:250）、ルカは明らかにこの言葉を変貌の記事から区別している。

【解説／考察】

　この段落では何より、キリストであるイエスに従うという主題が扱われている。そして、イエスに従おうとする者は、自分自身を否み、自らの十字架を背負い、イエスのために自らの命を放棄する覚悟が求められており、そうすることによってその命は逆説的に救われ、将来的に神の国を見ることになると述べられる。その意味では、イエスに従おうとする弟子たちの進むべき道は、イエス自身の歩む受難の道に対応している。

　この十字架の信従の要求は、ルカにおいては「日々」という表現が付加されていることからも、イエスの時代に限定されているわけではなく、ルカの時代の信徒たち、さらには今日の読者にも向けられている。すなわち、十字架につけられたイエスを告げ知らせようとするなら、私たちにも自らの献身を危うくしかねないあらゆる営みを断念して従って行く覚悟が求められる。その意味でも、イエスの弟子としての私たちの生き方は、私たち

自身のイエス理解を常に反映している（カルペパー 2002:257）。

6. イエスの変貌（9:28–36）

【翻訳】

9:28 さて、これらの話をしてから8日ほど経ったとき、彼（イエス）はペトロとヨハネとヤコブを連れて祈るために山に登った。29 すると彼が祈っているうちに彼の顔の様が変わり、そして彼の服は真っ白に輝いた。30 すると見よ、二人の男が彼と語り合っていたが、彼らはモーセとエリヤであった。31 彼らは栄光のうちに現れ、エルサレムで成就しようとしている彼（イエス）の旅立ちについて話していた。32 一方で、ペトロ及び彼と一緒にいた者たちは眠り込んでいたが、目を覚まして、彼（イエス）の栄光と彼と一緒に立っている二人の男を見た。33 そして彼ら（二人の男）が彼から離れて行く際、ペトロがイエスに言った。「師よ、私たちがここにいるのはすばらしいことです。そこで幕屋を三つ建てましょう。一つはあなたのため、一つはモーセのため、もう一つはエリヤのために」。ペトロは、自分が何を言っているのか、わからなかったのである。34 しかし彼がこのように言っているとき、雲が現れて彼ら（三人の天的存在）を覆った。そして彼らが雲の中に入って行ったとき、彼ら（弟子たち）は恐れた。35 すると、雲の中から「これは私の子、選ばれた者。これに聞け」と言う声が起こった。36 そしてその声が起こったとき、イエスだけが〔そこに〕いることがわかった。そこで彼ら（弟子たち）自身は沈黙して、その当時は自分たちが見たことを誰にも何も知らせなかった。

【形態／構造／背景】

ペトロのキリスト告白及びイエスの受難・復活予告（9:18–22）に続いて弟子たちの信従の道（9:23–27）について記された直後には、イエスが変貌する黙示的エピソードが続いている。このエピソードにおいて再びイ

エスの本質に焦点が当てられ、イエスが神の子として表明され、その神の子イエスへの服従が命じられるが、これにより、イエスの本質をめぐるルカ 9:9 以降の問いに対する一つの答えが提示されることになる。また、「これらの話をしてから」という冒頭句は、この段落をマルコ以上に緊密に直前の受難・復活予告及び信従の言葉に結びつけているが、「栄光」への言及（31, 32 節→ 9:26）やイエスの旅立ちに関する記述（31 節→ 9:22）もこの箇所を直前の段落に結びつけており、さらに後者についてはルカ 9:51 以下のイエスのエルサレムへの旅の記述を予示している。この段落はまた、受洗したイエスが祈っていた際に聖霊が降り、「あなたは私の愛する子、……」という声が天から起こるイエスの洗礼の記事（3:21–22）と密接に関わっており、ルカのイエスは、受洗の場面で宣教への準備をなし、変貌の場面でエルサレムにおける受難への準備をなしているとも見なしうる（Tannehill 1986:225）。なおコンツェルマンは、ルカの「洗礼物語はイエスのメシヤ意識の時を開き、変貌物語は受難意識の時という新しい段階を開く」（1965:98）と述べているが、洗礼物語においてはイエスのメシア意識は特に問題にされていない（Fitzmyer 1983:793）。

この段落全体は以下のように区分され、各構成単位は ἐγένετο δέ（28 節）及び καὶ ἐγένετο（29, 33, 35 節）という表現によって導入されている。なかでも 29 節と 33 節は《καὶ ἐγένετο ἐν τῷ + 不定詞句》という同一表現によって始められていることから、29 節以下は前半部（29–32 節）と後半部（33–36 節）に区分することも可能であろう（Löning 1997:251）。この物語にはイエスを含む三人の天的存在とペトロを中心とする三人の弟子たちが登場するが、最終的にはイエスに焦点が当てられている。

（1）序：状況設定（28 節）
（2）イエスの変貌とモーセとエリヤの出現（29–32 節）
　　(a) イエスの変貌（29 節）
　　(b) 三人の天的存在の対話（30–31 節）
　　(c) 弟子たちの目覚めと目撃（32 節）
（3）ペトロの提案と雲の出現（33–34 節）
（4）天からの声と弟子たちの反応（35–36 節）

この段落はマルコ 9:2–8 及びマタイ 17:1–8 に並行しており、ここでもルカはマルコを主要な資料として用いている。その一方で、ルカとマタイとの間には少なからず弱小一致が確認される（顔 [τὸ πρόσωπον] への言及 [29b 節／マタ 17:2]、マコ 9:3b の欠如、καὶ ἰδού [すると見よ。30a 節／マタ 17:3]、モーセ→エリヤの順序 [30b 節／マタ 17:3]、雲が出現する際の独立属格による描写 [34a 節：ταῦτα δὲ αὐτοῦ λέγοντος ... (しかし彼がこのように言っているとき) ／マタ 17:5：ἔτι αὐτοῦ λαλοῦντος ... (彼がなお語っているうちに)]、λέγουσα [35a 節／マタ 17:5] 等)。これらの一致点をすべて両福音書記者の編集作業に帰すことは難しく（Neirynck 1973:253–265; Bovon 1989:488f に反対）、マルコと異なる別個の資料の存在も想定しにくいことから（Grundmann 1961:191; Schramm 1971:136–139 に反対）、このテキストはマルコの改訂版に由来すると考えられる（Fitzmyer 1983:792; H. Klein 2006:345）。

ルカとマルコの間には上記以外にも様々な相違点が存在しており、イエスの旅立ちに関するエリヤとモーセとの対話及び弟子たちの描写（31–33a 節）の他、祈りに関する記述（28–29 節）や 34b、36b 節等はルカの挿入句と考えられる。また、マルコ 9:9–13 の下山の描写及び弟子への沈黙命令とそれに続く死者の復活とエリヤの到来に関する対話部分はルカには見られないが、ルカがマルコ 9:9 を知っていたことはルカ 9:36–37 からも明らかであり、おそらくルカは、預言者の甦りの表象を重視せず、洗礼者ヨハネをエリヤの再来とは見なさなかったためにこの箇所を省略したのであろう。この他、28 節の「8 日」（マコ：「6 日」）、33 節の ἐπιστάτα (師よ)との呼びかけ（マコ：ῥαββί）、35 節の「選ばれた者」(ὁ ἐκλελεγμένος)、さらには種々のルカ的表現（ἐγένετο δέ [28 節] 及び καὶ ἐγένετο [29, 33, 35 節]、ἐν τῷ + 不定詞 [29, 33, 34, 36 節]、人間の意の ἀνήρ [30 節]、δόξα [栄光。31, 32 節]、σὺν αὐτῷ [彼と一緒に] 及び βαρέω [重荷を負わせる。32 節]、εἶπεν ... πρός + 対格 [彼は～に言った。33 節]、καὶ αὐτοί [そして彼ら自身は。36 節] 等）はルカの編集句であろう（Fitzmyer 1983:792; Schürmann 1990:559 参照）。

以上のことからも、ルカは（改訂版）マルコを唯一の資料として用い、自らの福音書の他の箇所と関連づけながら大幅に編集の手を加えつつこのテキストを構成したと考えられるが、その際、三人の弟子たちがイエスの栄光を目にすることができたという点が強調されている（32 節）。また、ルカによって付加された幾つかのモチーフ（夜間における山上でのイエスの

祈り、エルサレムにおけるイエスの死の暗示、眠り込む弟子たち）は、この変貌物語を後出のゲツセマネ（オリーブ山）の祈りの場面（22:39–40）と関連づけているが、この物語が元来復活物語伝承の一部であったという主張（ブルトマン 1987:96 参照）は十分に根拠づけられない。なお、Ⅱペトロ 1:16–18 に関連記事が見られるが、福音書の記述との間に直接的な依存関係は認められない。その一方で、ペトロ黙示録 15–17 節の記述は共観福音書のイエスの変貌の記事に基づいている。

【注解】

28 節

段落冒頭の μετὰ τοὺς λόγους τούτους（これらの話をしてから）の λόγος は「出来事」とも解しうるが、ここではルカ 9:18 以降の一連のイエスの言葉（話）を指しているのであろう。また、前段からの時間的経緯に関して、マルコの「6 日」（マタイも同様）に対してルカは「**8 日ほど**」と記している（ヨハ 20:26 参照）。一部の研究者は、マルコがユダヤ式の数え方を用いたのに対してルカはローマの暦を採用したためと想定しているが（Grundmann 1961:192; Wiefel 1988:180）、「6 日後」は数え方によっては「8 日目」（1 週間後）とも解しうることを勘案すればそのような想定は不要であろう（H. Klein 2006:346 n. 16）。あるいは、7 日間、仮庵に住んで主の祭りを祝う仮庵祭（レビ 23:34–43）と関連しているのかもしれない（33 節の「幕屋」参照）。なお、出エジプト 24:16 には、シナイ山において 6 日間雲が山を覆い、7 日目に主は雲の中からモーセに呼びかけたという記述が見られ、マルコのテキストの背景にはこの記事があるものと考えられる。

ここでイエスは、三人の弟子（5:10–11; 8:51 参照）を連れて山に登るが、モーセも三人の仲間（アロン、ナダブ、アビフ）を連れて山に登っている（出 24:1, 9）。「**山**」（τὸ ὄρος）は啓示の場と見なされ、4 世紀以降のキリスト教伝承ではこの山は下ガリラヤ南隅のナザレ近くのタボル山（詩 89:13; ホセ 5:1）と同定されてきた。先行段落でフィリポ・カイサリア（マコ 8:27）に言及するマルコにおいてはヘルモン山という推測も成り立ち、Ⅱペトロ 1:18 はこの山を「聖なる山」と表現しているが、ルカはこの山

を特定しようとしていない（コンツェルマン 1965:98）。いずれにせよ、この山上という場面設定はイエスと神との出会いを準備している。

　ルカのみが「**祈るために**」と山に登った目的を明示しているが（9:18 参照）、ルカは他の箇所でもイエスが夜間に祈る姿を描いており（6:12; 22:39 以下）、32 節では弟子たちが眠り込む様子が描かれ、直後の段落は「翌日」という表現で始まっていることからも（9:37）、この変貌は夜間の出来事として描かれている（レングストルフ 1976:260; Schneider 1984:216, 218 他）。ルカのイエスはしばしば重要な局面で祈っていることからも（【トピック：ルカにおける祈り】[本書 147–48 頁] 参照）、この描写は重要な出来事が起こることを読者に予感させる。また、マルコにおける「ペトロ、ヤコブ、ヨハネ」という三人の弟子の名前の順序がルカでは「ペトロ、ヨハネ、ヤコブ」となっているが（8:51; 22:8; 使 3:1; 4:1, 13; 8:14 参照）、ルカの時代の教会においてはヤコブはもはや重要視されなかったためかもしれない（使 12:1–2 参照）。なお、ブルトマン（1987:98）は、元来の物語はペトロにのみ言及しており、他の二人の弟子の名前は後代の付加である可能性を指摘している。

29 節

　こうしてイエスが祈っている間に変貌の出来事が起こり、「**彼の顔の様**」は変化し、「**彼の服は真っ白に輝いた**」（エゼ 1:4, 7 参照）。注目すべきことに、イエスの姿が変わった（μετεμορφώθη）と記すマルコ 9:2 に対し、ルカは顔の変化についてのみ触れているが、それによって異邦人読者が異教の神話的変貌（例えばオウィディウスの『変身物語』）と混同するのを避けようとしたのかもしれない（Plummer 1989:251）。この顔の様子の変化は、イエスの本質の変化を示しているのでも神の顕現を表しているのでもなく、イエスと神との関係の近さを表現しているのであろう（Bovon 1989:495）。また、ルカにおいては「彼ら（＝弟子たち）の目の前で」（マコ 9:2）という表現が欠けており、弟子たちがイエスの変貌の出来事の証人であったかどうかは曖昧にされているが、この点は弟子たちが眠り込んでいたとする後続の記述（32 節）とも符合している。なお、イエスの顔の変化に関する描写は、神と語っている間にモーセの顔の皮膚が光を放っていたと記す出エジプト 34:29–35 を思い起こさせるが（Ⅱコリ 3:7, 13 も参照）、モーセ

の場合とは異なり、ここではイエス自らが神的な栄光を発していたとされる（32節；さらに9:26も参照）。白色は黙示的な色であり（黙2:17; 6:2; 20:11）、天使の衣服の色であると共に（24:4; 使1:10; 黙3:4–5; エチオピア・エノク71:1）神の色でもあり（ダニ7:9; エチオピア・エノク14:20）、さらに輝く白色は清浄を表している。

30節

そこにイエスと語り合う二人の人物（24:4; 使1:10参照）——モーセとエリヤ——が現れる。マルコにおいては「エリヤがモーセと共に現れて」（マコ9:4）と逆の順序で記されているが（もっともマコ9:5はルカと同順）、この点はマルコにおいては後続の部分（マコ9:11–13）で再びエリヤが言及されていることに対応しており、元来はエリヤのみが言及されていたのかもしれない。ここで彼ら二人が言及されている理由は明らかではなく、聖書には両者の組み合わせはここ以外に見られないが、おそらく彼らは聖書全体を意味する「律法と預言者」を象徴的に示しており（16:29–31; 24:27, 44; 使26:22–23参照）、さらには旧約の重要人物である彼らを引き合いに出すことによって、イエスが彼らに優る存在であることを示そうとしているのであろう。事実、旧約聖書全体はモーセ（＝律法）において始まり、エリヤに関する記述（マラ3:23–24）で結ばれている。なお、ヨセフスの『ユダヤ古代誌』4:326には、モーセの上に一団の雲が降りて来て彼は峡谷の中に姿を消したと記され、また列王記下2:11にはエリヤが嵐の中を天に上って行ったと記されており、両者とも死を経験しなかった人物として描かれている。

31節

ここでルカは、マルコの記述を越えてこの二人の様子について書き加えている。すなわち、二人は「**栄光のうちに現れ**」、エルサレムで成就するイエスの「**旅立ち**」（ἔξοδος）について語り合っていたという。「**栄光**」（δόξα）への言及（31, 32節）は彼らが天的存在であることを示し、ἔξοδοςという語は七十人訳聖書では多くの場合、モーセによる出エジプトの出来事を指しているが（ヘブ11:22参照）、死の意味でも用いられている（Ⅱペト1:15; 知3:2; 7:6参照）。その意味でも、ここでのἔξοδοςは第一義的に

イエスの死（13:33参照）の意味で解しうるが（Creed 1953:134; Schweizer 1986:104f; Schürmann 1990:558）、「**栄光**」への言及からも、イエスが十字架の死を越えて復活し、天に向かう旅立ち（24:26, 46参照）をも含意しており（Fitzmyer 1983:800; Wolter 2008:353）、さらには、ルカ9:51において始まるイエスのエルサレムへの旅路をも暗示している。

32節

ルカはさらに弟子たちの様子についても書き加えている。すなわち、ペトロをはじめとする弟子たちは当初は「**眠り込んでいた**」が、やがて目を覚まして、イエスの栄光と彼のそばの二人の人物を見た。その意味でも、マルコの場合とは異なり（マコ9:2参照）、ルカにおける弟子たちはここまでの出来事を目撃しておらず、イエスの旅立ちをめぐる三人の天的存在の対話も聞いておらず、ここで初めてイエスの栄光と二人の人物を目にすることになる。その一方で一部の研究者は、このとき弟子たちは完全に眠り込んでいたわけではなく、眠気で意識が朦朧とした状態であったと主張しているが（Bovon 1989:497f; Green 1997:383）、βεβαρημένοι ὕπνῳ（眠りで重くなっていた）という表現は（マタ26:43参照）、「眠気をもよおした」ではなく「深く眠り込んでいた」の意である（田川2011a:261f参照）。

またルカのみが、前節におけるモーセとエリヤを包む栄光に続いてイエス自身の「**栄光**」について触れている。この描写は明らかに復活あるいは再臨と関わっており（9:26; 21:27; 24:26参照）、ルカはここで、イエスの旅立ちが受難の死に終わるのではなく、復活に至ることを示唆している（Fitzmyer 1983:794）。また、ここで三人の弟子たちは、ルカ9:27で言及されていた意味において神の国を見たわけではないが、それでもイエスの栄光を見たという意味で彼らは神の国の秘義に触れたことが示唆されている（Fitzmyer 1983:795; Löning 1997:252）。

33節

そして、まさにこの二人の人物がイエスから離れて行こうとしたとき、ペトロはイエスに「**師よ**」（ἐπιστάτα［マコ：ῥαββί／マタ：κύριε］）と呼びかけ（5:5, 8; 8:24, 45, 49; 17:13参照）、自分たちが「**ここにいるのはすばらしい**」ことだと前置きした上で、イエス、モーセ、エリヤ、それぞれのた

めに「幕屋」(σκηνή) を建てることを提案する。ここでの幕屋の意味については、① 荒れ野における幕屋、② 仮庵祭における仮庵 (レビ 23:42–43; ネヘ 8:14–17)、③ メシア (キリスト) の終末論的幕屋 (ゼカ 14:19)、④ 来たるべき世界における永遠の住まい (16:9; ヨハ 14:2; エチオピア・エノク 39:4–9 参照) 等、様々な可能性が挙げられており、確定は難しい。

　このペトロの提案の真意は明らかではないが、二人が「**彼から離れて行く際**」というルカに特有の移行句は、ペトロがこれら三人の天的存在を地上に留めようと試みた可能性を示唆している (Schneider 1984:216; Schürmann 1990:559; Marshall 1995:385)。ペトロはまた、ここでイエスを他の二人と同等に扱っているが、いずれにせよ、彼の提案はイエスの「旅立ち」に言及する 31 節の内容と明らかに対立しており、他の二人を凌駕する存在であり、(すでに予告された) 死から復活に至るエルサレムへの道をこれから進んでいくべきイエスの本質をペトロが十分に理解していなかったことを示している。彼はまた、このような天的存在は人間の手によって造られたものに居住しないことも理解していなかった (使 7:48 参照)。実際、ペトロ自身も「**自分が何を言っているのか、わからなかった**」のであり、マルコがこのようなペトロの提案を彼の戸惑いと恐れに帰しているのに対して (マコ 9:6)、ルカはむしろその無理解が居眠りに起因するように印象づけようとしている (Ernst 1977:304f)。事実このようなペトロの提案は、彼がイエスの旅立ちに関するモーセとエリヤの対話 (31 節) を聞いていなかったことを裏付けている。

34 節

　このペトロの提案は、雲が現れて人々を覆うという直後の現象によって遮られる。雲は旧約において神の現存と栄光を象徴する存在として捉えられており (出 16:10; 19:9; 24:15–18; 33:9–10; 40:34–38 他参照)、この箇所はまた、雲が人々を覆い、神が雲の中から語りかけるシナイ山の出来事 (出 19:16–22) を思い起こさせる (さらに 3:22 参照)。もっとも、このとき雲が覆った対象 (αὐτούς) は明らかではない。モーセとエリヤはペトロの発言の際に離れて行こうとしていたと記されているが、36 節の「イエスだけが〔そこに〕いることがわかった」という記述が、その直前まで彼らがその場に存在していたことを示しているなら、イエスに加えてモーセ、エ

リヤの計三人の天的存在が含まれていることになる（Fitzmyer 1983:802; Wiefel 1988:181; Marshall 1995:387; なお Schweizer 1986:105 はモーセとエリヤのみを想定）。一方の弟子たちについては、確かに直後の「**彼らが雲の中に入って行ったとき、彼らは恐れた**」（ἐφοβήθησαν δὲ ἐν τῷ εἰσελθεῖν αὐτοὺς εἰς τὴν νεφέλην）という表現は、「**恐れた**」（ἐφοβήθησαν）の主語の「彼ら」のみならず、雲の中に「**入って行った**」（εἰσελθεῖν）の主語の「彼ら」（αὐτούς）も同様に弟子たちを指しているような印象を与え、弟子たちも雲に覆われたことを想定させる（Schürmann 1990:561; Eckey 2004:428f; Wolter 2008:354; 一方で Schneider 1984:216f; Green 1997:384 は弟子たちのみに限定）。しかしこの描写は、他の人々が雲に覆われていくのを見て弟子たちは驚いたと解することも十分に可能である（Marshall 1995:387）。さらに、「雲の中から」（ἐκ τῆς νεφέλης）聞こえた声を弟子たちが（雲の外で）聞いたと想定される点（35節）、ルカはマルコ 9:8 とは異なり、イエスが「彼ら（＝弟子たち）と共に」（μεθ' ἑαυτῶν）いたとは記しておらず、イエスと弟子たちを分離して捉えている点からも、弟子たちは雲の中ではなく外部にいたと見なすべきであろう。

　さて、そのようにして雲に覆われた三人の天的存在が雲の中へと入って行ったとき、弟子たちは恐れたと記されているが、その一方で、マルコにおいては弟子たちは雲の出現前のペトロの発言の際にすでに恐れており（マコ 9:6）、マタイにおいては彼らは雲の中からの声を聞いて恐れたと記されている（マタ 17:6）。

35節

　前節の視覚的現象に続いて聴覚的現象が起こり、雲の中から声が聞こえてくる（出 24:16）。この神の返答は、幕屋建設というペトロの提案を拒否し、イエスが神の子であり（詩 2:7 参照）、神が選んだ存在であることを表明し、それと共に彼に聞き従うことを要請する。この神の語りかけは、イエスの洗礼直後の神の言葉を思い起こさせるが（3:22）、その際の神の言葉は直接イエスに向けられていたのに対し、ここでは三人称で語られ、弟子たちに向けられている。ルカはまた、マルコの「愛する者」（ὁ ἀγαπητός）に代えて「**選ばれた者**」（ὁ ἐκλελεγμένος）を用いている（新約ではここのみ）。この表現は、七十人訳聖書ではしばしば神に選ばれた

イスラエルの民の意味で用いられるが、神の僕を「私が選び、喜び迎える者」と表現するイザヤ 42:1 とも共鳴し、近似するルカ 23:35 の表現 (ὁ ἐκλεκτός［選ばれた者］) は受難への道との関連を想定させる（Marshall 1995:388）。また、これに続く**「これに聞け」**（αὐτοῦ ἀκούετε）という指示は（cf. マコ 9:7：ἀκούετε αὐτοῦ）、将来的に現れるモーセのような預言者に聞き従うことを命じる申命記 18:15 に対応しているが（使 3:22 も参照）、ここで聞くように指示されているのは、何より直前のイエスの受難予告と弟子たちの信従に関するイエスの言葉（9:22–27）であったと考えられる（Tannehill 1986:223f）。いずれにせよ、ここではモーセとエリヤは背景に退き、イエス一人に焦点が当てられている。

36 節

　天からの声によってこの黙示的エピソードは唐突に閉じられ、そのときに雲も天的存在も姿を消し、イエスだけがそこにいることが明らかになる。これにより、天の声が明らかにイエスに関わっており、イエスのみが天と地とを仲介する存在であり、まさにモーセやエリヤを凌駕し、「律法と預言者」に代わって新しいイスラエルを現出する存在であることが示される。マルコにおいては、人の子が復活するまでは誰にも話さないように弟子たちに命じられているのに対し（マコ 9:9）、ルカにおいては沈黙命令は発せられず、三人の弟子たちはこの出来事について**「その当時は」**（ἐν ἐκείναις ταῖς ἡμέραις）、すなわちイエスの旅立ちの成就である復活（昇天）までは（自主的に）沈黙を守るが、この沈黙はある意味で彼らの無理解を示している（Löning 1997:253f）。

【解説／考察】

　ここでは、ここまでしばしば問題にされてきたイエスの本質をめぐる問いに対して一つの答えが提示されている。この物語は、イエスの変貌、天的存在の出現、雲の中からの神の声という三つの要素から構成されているが、最初のイエスの変貌の記述とそれに続く二人の天的存在によるイエスの「旅立ち」への言及を通して、エルサレムへの旅の箇所（9:51 以下）を先取りすると共に、神の子イエスの受難、復活、昇天が予示されている。

さらに最後の神自身の表明を通して、イエスが「律法と預言者」を暗示するモーセやエリヤに取って代わり、それを凌駕する神の子であることが認証され、人々が聞き従うべき唯一の存在であることが強調されている。なお、ペトロの提案は、イエスの旅立ちに関する彼ら弟子たちの理解が十分ではなかったことを示しているが、その一方で三人の弟子たちがイエスの栄光を目の当たりにしたという記述は（32節）、死ぬまでに神の国を見る者がいるとするルカ9:27のイエスの予告の部分的な成就とも見なしうるであろう。

弟子たちの幻視体験について語るこの黙示的テキストをどのように受け止めるべきかという問いは、奇跡物語の解釈と同様、現代の読者を悩ませる。この物語の意図を読み取ることに集中するなら、イエスの本質はその受難と復活の文脈において理解すべきであることがここには示されている。また、イエスたちのために三つの幕屋を建てようと提案したペトロの描写は、イエスをキリストと告白しつつも彼がイエスを実際には理解していなかったことを示しているが、このことは、今日のキリスト者もペトロと同様、未だ途上にあることを示している。

7. 悪霊に取りつかれた子どもの癒し（9:37–43a）

【翻訳】

9:37 さて翌日、彼らが山から下りると、大勢の群衆が彼（イエス）を出迎えた。38 すると見よ、群衆の中からある男が叫んで言った。「先生、私の息子を見てやってくださいますようあなたにお願いします。私の一人息子なのです。39 そしてご覧ください。霊が彼（息子）に取りつくと、彼は突然叫び出し、それ（霊）は彼を痙攣させて泡を吹かせ、彼を打ちのめして、なかなか彼から離れようとしません。40 そこで私はあなたのお弟子さんたちに、それ（霊）を追い出してくれるようにお願いしましたが、おできになりませんでした」。41 そこでイエスは答えて言った。「なんと不信仰で曲がった時代なのか。いつまで私は、あなたたちと共にいて、あなたたちに我慢しなければならないのか。あなたの息子をここに連れて来なさい」。

⁴² さて、彼（その息子）が近づいてくる途中、悪霊は彼を投げ倒し、激しく痙攣させた。そこでイエスは汚れた霊を叱り、その子どもを癒し、彼をその父親に返した。⁴³ᵃ それで人々は皆、神の偉大さに驚嘆した。

【形態／構造／背景】

　山上でのイエスの変貌について記す前段の黙示的エピソードによって神の子としてのイエスの存在が示されたが、この段落では舞台が山上から平地に戻り、悪霊に取りつかれた子どもが癒される物語を通して地上におけるイエスの力が改めて示される。ルカはエリヤの再来に関する下山する際のイエスと弟子たちとの対話（マコ 9:11–13）を省略することにより、この下山後の癒しの出来事を山上でのイエスの変貌の記述（ルカ 9:28–36）に直接結びつけると共に、両者の対照性を鮮明に浮き立たせている。この段落の直後には第二回受難予告（9:43b–45）が続いているが、マルコに見られるイエス一行の移動について記す移行句（マコ 9:30a）を欠くルカにおいては、そのまま次の段落に移行しており、その意味でもこの段落は、イエスの本質をめぐる二つの段落に囲い込まれている。この段落は以下のような構成になっており、マルコ版に比べて極めて簡潔に構成され、奇跡物語の典型的な様式に従っている。

（1）序：イエス一行の下山と群衆の出迎え（37 節）
（2）悪霊に取りつかれた子どもの父親の願い（38–40 節）
　　(a) 父親の嘆願（38 節）
　　(b) 子どもの症状（39 節）
　　(c) 弟子たちの不首尾（40 節）
（3）イエスの答えと悪霊追放（41–42 節）
　　(a) 今の時代に対するイエスの批判と父親への指示（41 節）
　　(b) 悪霊の抵抗（42a 節）
　　(c) イエスの叱責と癒し（42b 節）
（4）結び：人々の反応（43a 節）

　この段落はマルコ 9:14–29 及びマタイ 17:14–21 に並行しており、ルカ

はここでもマルコを主要な資料として用いている。このマルコのテキストについてブルトマン（1987:18f）は、イエスと弟子たちの対置を焦点とする第一の物語（マコ 9:14–20 に相当）と不信の者の信仰という逆説を叙述する第二の物語（マコ 9:21–27 に相当）に遡り、両者はマルコ以前に結合しており、弟子たちが悪霊追放をなし得なかった理由について語るマルコ 9:28–29 をマルコによる編集的付加と見なしている。しかしながら、ここはむしろ、統一的な物語（マコ 9:17–27）にマコ 9:14–16 及び同 9:28–29 が付加されていくことにより拡大していったと見なすべきであろう。

　一方で、ルカとマタイのテキストは、弟子たちと律法学者たちとの議論と群衆の殺到（マコ 9:14–16）、子どもの病気と信仰に関するイエスと父親との対話（同 9:21–24）、イエスによる悪霊追放（子どもの癒し）の詳しい描写（同 9:25–27）等のマルコの記述を欠いており、大幅に（全体の半分以上）切り詰められている。さらに、ルカとマタイの間にはその他にも多くの弱小一致が確認される（λέγων [38a 節／マタ 17:15]、οὐκ ἴσχυσαν [マコ 9:18] に対する οὐκ ἠδυνήθησαν [できなかった。40 節／マタ 17:16]、ὁ δὲ ἀποκριθεὶς αὐτοῖς λέγει [マコ 9:19] に対する ἀποκριθεὶς δὲ ὁ Ἰησοῦς εἶπεν [そこでイエスは答えて言った。41a 節／マタ 17:17]、καὶ διεστραμμένη [〜で曲がった。41b 節／マタ 17:17]、πρός με [私のところに。マコ 9:19] に対する ὧδε [ここに。41d 節／マタ 17:17]、παιδα/παῖς [子ども。42b 節／マタ 17:18]）。比較的多くの研究者はこれらの一致点を両福音書記者の編集作業に帰しているが（Fitzmyer 1983:806; Schneider 1984:218; Schürmann 1990:571; Marshall 1995:390）、特に両テキストにおけるマルコの記述の大幅な削減が両福音書記者それぞれの編集作業によるとは考えにくく、また、マルコ以外の（口頭）伝承の存在も想定しにくいことから（Schramm 1971:139f; レングストルフ 1976:263; Bovon 1989:507f に反対）、おそらく両者は（すでに大幅に短縮されていた）マルコの改訂版を用いたのであろう（Ennulat 1994:208–213; ルツ 1997:672f; H. Klein 2006:350）。

　なお、エリヤの再来に関するマルコの記述（マコ 9:10–13）を省いたルカは、段落冒頭の 37 節をマコ 9:9, 14 をもとに構成しているが、ここには多くのルカ的語彙が含まれていることからも（ἐγένετο δέ [新約用例 38 回すべてがルカ文書に使用]、ἑξῆς [次に。新約用例 5 回すべてがルカ文書に使用]、κατέρχομαι [下りる。新約用例 16 回中ルカ文書に 15 回使用]、συναντάω [出迎える。

同6回中4回使用〕等）、明らかに編集的に構成している。さらにこの段落は、先行するやもめの息子及びヤイロの娘の二つの蘇生の物語（7:11–17; 8:40–56）と内容的に密接に関わっており、前者とは、群衆の存在、憐れみの対象としての一人息子、息子の返還と人々の驚き等のモチーフを（Feldkämper 1978:147 参照）、後者とは、イエスを待つ群衆、καὶ ἰδοὺ ἀνήρ（すると見よ、男が）という表現（38節／8:41）、一人息子／娘の癒しを願い求める父親、παῖς（少年／少女）への言及等の要素を共有している。その意味でも、ルカはこれらのテキストをも念頭に置きつつ、この段落全体を編集的に構成したのであろう（Bovon 1989:507 n. 12）。また、弟子たちが悪霊追放をなし得なかった理由に関するイエスと弟子たちとの対話（マコ 9:28–29）がルカには欠けているが、おそらくルカは、この段落を後続の第二回受難予告とより緊密に結合させるためにこれを削除したのであろう（Schürmann 1990:571）。以上のことからも、ルカはマルコの改訂版を基本的な資料として用い、適宜それに編集の手を加えつつこの段落全体を構成したのであろう。

【注解】

37節

　この癒しの出来事をイエスの変貌の出来事と同日に起こったものとして描いているマルコやマタイとは異なり、ルカはこの癒しを（夜間の）変貌の出来事の翌日、一行が山から下りてきた直後の出来事として語っている。こうしてイエスが弟子たちと再び平地に降り立つと、十二弟子の選出直後の下山の場面（6:17）と同様、「**大勢の群衆**」が彼を出迎えるが（8:40も同様）、この中には山に同行したペトロ、ヨハネ、ヤコブ以外の弟子たちも含まれていたことが前提とされている（40節参照）。これに対してマルコにおいては、その三人以外の弟子たちが大勢の群衆に取り囲まれて律法学者たちと議論していたという設定になっている（マコ 9:14）。

38節

　すると、群衆の中から（19:39 参照）一人の男が叫んで、イエスに「**先生**」（διδάσκαλε）と語りかけ（7:40 参照）、悪霊に取りつかれている彼の息

子を見てくれる（＜ἐπιβλέπω [1:48 参照]）ように願い出た。マルコやマタイとは異なり、ルカはこの息子がこの父親の「**一人息子**」（μονογενής）であったと明記しているが（7:12; 8:42 参照）、この点は、マルコ 9:17 の「答える」（ἀποκρίνομαι）に対して「叫ぶ」（βοάω）という表現が用いられている点と併せて、父親の哀れさを強調すると共に、これからなされるイエスの癒しの業が憐れみに動機づけられていることを示している（7:13 参照）。

39 節

続いて父親はその子の症状について説明する。マルコにおいては、おしの霊（πνεῦμα ἄλαλον）に取りつかれているその子はものが言えず、この霊に取りつかれると地面に引き倒され、口から泡を出し、歯ぎしりして身体をこわばらせると描写されているが（マコ 9:17–18）。ルカにおいては、霊（πνεῦμα）に取りつかれるとその子は突然叫び出し、痙攣を起こして泡を吹き、長時間解放されないと記されている。これらの症状からその子の病はてんかん（慢性的脳疾患）と想定される（マタ 17:15 参照）。この病はすでに古代の医療文献において自然的疾病と見なされていたが（Lührmann 1987:274–279 参照）、古代社会においては往々にして超自然的な力（神的力や悪霊）によって引き起こされていると考えられ、「聖なる病」と称せられていた（プラトン『ティマイオス』85b;『法律』916a 等参照）。

40 節

さらにこの父親は、弟子たちに悪霊追放を頼んだが（ἐδήθην ＜ δέομαι [38 節参照]）不首尾に終わった事実も付け加える。このことは、派遣に際して、悪霊を支配し、病を癒す力と権能を与えられていたにも拘らず（9:1 参照）、（少なくともイエスと共に山に登った三人以外の）弟子たちにはそれがなし得なかったことを示しており、弟子たちの無理解（無力さ）を改めて示しているが（9:45a 参照）、その上でイエスに嘆願しようとするこの父親の姿勢は、多くの医者に癒してもらえなくても諦めることなくイエスに近づいてきた長血の女性の態度に近似している。この記述はまた、弟子のゲハジになし得なかった子どもの蘇生をエリシャが実行し、その子を母親に返したという列王記下 4:31–37 のエピソードを思い起こさせる。なお、弟子たちが悪霊追放をなし得なかった理由について、マルコにおいては後続の

箇所で、悪霊追放は祈りによらなければなし得ないとイエスが述べているのに対し（マコ9:29）、ルカにおいてはその理由は明らかにされていない。またマタイの対応箇所では、祈りの必要性に言及するマルコとは異なり、弟子たちの信仰の薄さがその理由として示され、さらに山を移す信仰に関する言葉（並行マコ11:23）が続いている（マタ17:19–20）。

41節

　これを聞いたイエスは、この時代を「**不信仰で曲がった時代**」（γενεὰ ἄπιστος καὶ διεστραμμένη）と評して嘆くが（cf. 申32:5 LXX：γενεὰ σκολιὰ καὶ διεστραμμένη［不正で曲がった時代］、さらに同32:20；フィリ2:15参照）、ルカのイエスはすでに7:31–35においても今の時代の人々への批判を言明している（さらに11:29–32, 49–51; 17:25; 使2:40参照）。この発言については各福音書記者が逐語的に一致して伝えており、この物語の核になる部分と考えられるが、注目すべきことに、マタイと同様ルカにおいては、マルコに由来する「不信仰で」（ἄπιστος）に、マルコにない「**曲がった**」（διεστραμμένη）という表現が加えられている。

　このイエスの発言は、弟子たちが悪霊追放をなし得なかったという記述の直後に続いているが、これは叱責の言葉として弟子たちに向けられているのか、それとも、群衆を含んだより広い対象に向けて語られているのか、必ずしも明らかではない。比較的多くの研究者は弟子たちに（のみ）向けられていると解しているが（Ellis 1987:144; Tannehill 1986:226; Schürmann 1990:570; Wolter 2008:358 他）、γενεά（時代、世代）という表現からも、弟子たちのみならず、群衆も含めて広くその時代のあらゆる人々に向けられていると見なすべきであろう（Creed 1953:136; Fitzmyer 1983:809）。その一方で、これらの対象の中に父親も含まれている（Plummer 1989:255; Marshall 1995:391）かどうかは明らかではない。また、それに続く「**いつまで私は、……あなたたちに我慢しなければならないのか**」というイエスの問いは、イスラエルの民を耐え忍ぶ神の姿を描くイザヤ46:4 LXX の記述（ἐγὼ ἀνέχομαι ὑμῶν［私はあなたたちに我慢する］）を思い起こさせるが、後続の第二回受難予告（9:44）との関連において理解すべきであろう。すなわち、人の子は近い将来、人々の手に引き渡されようとしており、間もなくこの世での活動を終えるイエスにはもう多くの時間は

残されていないのである。このように述べた後、イエスは父親に息子を連れて来るように命じた。

42 節

続いて、この批判的宣告とはまさに逆行する形で、この時代に対するイエスの憐れみ深い行為が実行される。すなわち、その子がイエスのもとに連れて来られる際、「悪霊」（τὸ δαιμόνιον）はその子を投げ倒して痙攣を起こさせるが、イエスは「汚れた霊」（τὸ πνεῦμα τὸ ἀκάθαρτον）をただ叱りつける（＜ ἐπιτιμάω［4:35, 39, 41; 8:24 参照］）ことによってその子どもを癒した。マルコにおける信仰をめぐるイエスと父親の対話（マコ 9:23–24）を含まないルカにおいては、この出来事は人間の信仰によってなされた奇跡としてではなく、やもめの息子の蘇生の物語の場合と同様（7:13）、ひとえに神の憐れみによる奇跡として描かれている。また、悪霊に対するイエスの叱責の言葉を含む悪霊追放前後の描写（マコ 9:25b–27）が省かれているルカにおいては、この癒しの場面が極めて簡潔に記され、イエスによる癒しが即座に行われたように描かれている（マタイも同様）。また、先行する段落でイエスが生き返った息子をその母親のやもめに返したように（7:15; 王上 17:23 参照）、ここでもイエスは癒されたその子を「父親に返した」と記されているが、このことはその子どもが完全に癒されたことを裏付けている。

43a 節

前述したように、マルコやマタイとは異なり、弟子たちが悪霊を追放できなかった理由に言及していないルカにおいては弟子批判のモチーフは幾分和らげられているが、その一方でルカのみが、イエスの癒しの行為に対する人々の肯定的な反応について記している。すなわち、群衆はその息子の病が癒されたことを知って「驚嘆し」（7:16 参照）、このイエスの癒しの行為を通して「神の偉大さ」を認識するのである。「偉大さ」（ἡ μεγαλειότης）は新約ではここ以外に使徒行伝 19:27 及び II ペトロ 1:16 にのみ用いられ、前者はエフェソの守護神アルテミスに、後者はキリストに関連づけられている。ここではイエスと神との緊密な関係が示されているが、その意味でも、人々はイエスの内に神の偉大な力が働いていることを認識し、驚いたのである。

【解説／考察】

　この段落においては、何より悪霊を凌駕するイエスの力が改めて示され（4:14; 5:17; 6:19）、それによって、直前のイエスの変貌の記述においても問題にされていた神の子イエスの本質が改めて示されている。その一方で、悪霊追放をなし得なかった弟子たちとイエスとの対比が強調されているが、この点は、後続の段落における弟子の無理解に関する記述へと繋がっていく（9:45）。さらにイエスの癒しの行為は、ルカにおいてはイエスの言葉、ひいては神の業との関連で捉えられ、マルコにおける信仰による癒し（奇跡）のモチーフは後退している。

　この時代に関するイエスの叱責の言葉（41節）の対象は弟子たちに限定されず、広く当時のあらゆる人々に向けられていると考えられるが、それだけに、今日の読者にも直接語りかけられていると見なしうる。また、ここでは弟子たちが、イエスから権能と力を与えられて派遣され、信仰を告白しながらも、なおイエスを理解せず、悪霊に取りつかれた子どもを助けることが出来ない無力な存在として描かれているが、このような描写は今日のキリスト教会に広がりつつある閉塞感とその将来の課題をも示唆しているように思われる。

8. 第二回受難予告（9:43b–45）

【翻訳】

9:43b さて、彼（イエス）が行ったあらゆることに皆が驚いていると、彼は自分の弟子たちに言った。44「これらの言葉をあなたたちの耳に納めておきなさい。すなわち、人の子は人々の手に引き渡されようとしている」。45 しかし彼ら（弟子たち）はこの言葉が理解できなかった。それ（その言葉）は彼らがそれを理解しないように彼らから隠されていたのである。また彼らは、恐ろしくてこの言葉について彼に尋ねられなかった。

【形態／構造／背景】

前段において力ある癒しの業を示した直後に、まさにそれとは逆行する形で、イエスはここで再び（9:22 参照）自らの受難を予告する。もっとも、イエスの死と復活に言及していないルカの記述は、マルコのように計三回の受難予告の一つとして明確に位置づけられておらず、他の同種の予告（12:49–50; 13:32–33; 17:25; 24:7 参照）の一つとも見なしうる。ここではまた、弟子たちの無理解がマルコ以上に強調されているが（45b 節）、後続の第三回受難予告の段落においても彼らの無理解に関するルカ独自の記述が見られる（18:34）。また、段落冒頭でイエス一行の移動について言及され、状況の変化が前提とされているマルコとは異なり（マコ 9:30a）、前段結部に続いて段落冒頭（43b 節）で再び「皆」の驚きに言及するルカにおいては、前段の癒しの場面がそのまま継続しており、力ある業をなす人の子の苦難という逆説的状況が一層強調されている。この段落は以下のように三つの部分に区分できる。

（1）序：人々の驚き（43b 節）
（2）イエスの受難予告（44 節）
（3）弟子たちの無理解（45 節）

この段落はマルコ 9:30–32 及びマタイ 17:22–23 に並行しているが、ルカはここでもマルコを唯一の資料として用いており、それ以外の資料の存在は考えにくい（Schramm 1971:132–136; Marshall 1995:393 に反対）。もっとも、マタイのテキストとの間の弱小一致（ἔλεγεν［マコ 9:31］に対する εἶπεν［彼は言った。43b／マタ 17:22］及び μέλλει ... παραδίδοσθαι［彼は引き渡されようとしている。44 節／17:22］等）は、両者が現行とは異なるマルコの改訂版を用いた可能性を示唆している（Ennulat 1994:192; H. Klein 2006:352）。その一方で、ルカ的語彙も少なからず見られることから（θαυμάζω ἐπί ...［～に驚く。2:33; 4:22; 20:26 参照］、ἐπὶ πᾶσιν οἷς［2:20; 24:25 参照］等、さらに H. Klein 2006:352 n. 2 参照）、ルカは冒頭部分をはじめ適宜編集の手を加えつつ、自らのテキストを構成したのであろう。

【注解】

43b 節

イエスが行った「**あらゆること**」、すなわち、前段で語られた癒し（悪霊追放）を含め、一連のイエスの力ある業に人々が驚いていたとき（43a 節参照）、イエスは弟子たちに語り始める。マルコにおいては、前段の癒しの出来事の後、イエス一行はその場を去って、カファルナウムに帰還すべく「ガリラヤを通って行った」（マコ 9:30a）と記されているが、このような移動に言及しないルカにおいては、この段落の舞台はガリラヤのままであり、事実、後出のルカ 24:6–7 では、イエスの受難予告がガリラヤでなされたことが前提とされている。さらに、イエスが人に気づかれるのを好まなかったという記述（マコ 9:30b）もルカには欠けている。

44 節

マルコとは異なり、ルカにおけるイエスの言葉は「**これらの言葉をあなたたちの耳に納めておきなさい**」という注意を促す前置きによって語り始められており（出 17:14 参照）、後続の受難予告の重要性をより一層強調している。一部の研究者は、「**これらの言葉を**」（τοὺς λόγους τούτους）というように複数形で記されていることから、その指示内容は直後の受難予告ではなく、イエスの業に驚いた人々の言葉と見なしており（Lagrange 1927:279; レングストルフ 1976:265f）、また Wolter (2008:359) は、接続詞 γάρ によって導かれる後続の受難予告は直前の要求を根拠づけているという理解から、「**これらの言葉**」をイエスのこの世での限定的な滞在を示すルカ 9:41 の叱責の言葉と見なしているが、ルカの文脈全体を勘案すれば、この表現はやはり後続のイエスの受難予告を指していると解すべきであろう。

具体的な受難予告の言葉について、ルカは「**人の子は人々の手に引き渡されようとしている**」と、マルコのように動詞の現在形（παραδίδοται < παραδίδωμι）ではなく、差し迫った未来を表す μέλλω（〜しようとしている）と不定詞（παραδίδοσθαι）を用い、かつ切り詰められた形で記しており、死と復活には言及していない。この短縮により、弟子たちの無理解が何よりイエスの受難に関わっていることが示されると共に、偉大な力によって人々を驚嘆させた「**人の子**」（ὁ υἱὸς τοῦ ἀνθρώπου）が「**人々の手に**」（εἰς χεῖρας ἀνθρώπων）引き渡されるという逆説的な状況が描かれることになる。なお、人の子を引き渡す（παραδίδωμι）主体については明記されていないが、受動態による文章構成はその主体が神であることを暗示しており、この引き渡しが神の救いの計画によるものであることを示している。

45 節

しかし弟子たちは、自らの受難の運命について示唆したこのイエスの「**言葉が理解できなかった**」。ルカにおいてはさらに、「**彼らがそれを理解しないように**」（ἵνα μὴ αἴσθωνται αὐτό）隠されていたと（18:34 参照）説明されているが、この ἵνα 節は目的のみならず結果の意味でも解しうる。また、「**隠されていた**」（ἦν παρακεκαλυμμένον）を神的受動の意で解し、弟子の無理解を神の計画によるものと見なすことも可能であるが（Schürmann 1990:573; Marshall 1995:394）、このような理解は、イエスが弟子たちに理解を求めようとしているルカの文脈（44a 節）にそぐわず、弟子たちへの神の国の開示に関するイエスの発言（8:10）とも矛盾することから、強調すべきではないであろう（Tannehill 1986:227; Green 1997:390; Wolter 2008:360）。いずれにせよ、彼らがイエスの受難の意味を理解するのは十字架と復活の後であるという点がここでは前提にされている（24:7, 16, 25–27, 44–47 参照）。

弟子たちは恐れのためにこの言葉について尋ねることができなかった。ここでは弟子たちの無理解が強調されていることからも、弟子たちは、受難の秘密についてすでに何らかの認識をもっていたために恐れたのではなく（Schneider 1984:221 に反対）、彼らの理解はそこまで達していなかったと考えるべきであろう。なお、マタイにおいては無理解のモチーフは見られず、弟子たちが非常に悲しんだと記されている（マタ 17:23）。

【解説／考察】

この段落において、イエスは再び自らの受難の運命を予告するが、敵対者の手に引き渡されようとしている人の子の描写は、前段で記されていたイエスの力ある業とはまさに対照的である。もっともルカは、イエスの受難予告そのものよりも、ここではむしろ弟子たちの無理解を強調している。

事実弟子たちは、イエスの変貌の意味を理解できず、癒しも実行できず、イエスの受難予告を理解することもできなかったが、このような彼らの無理解は直後の段落においてより明瞭に示されることになる。

　ところで、弟子たちは恐れのためにこの言葉についてイエスに尋ねることができなかったとあるが、このとき彼らは何を恐れたのだろうか。イエスの受難というおぞましい話をこれ以上詳しく聞かされるのを恐れたのか。それとも、不用意な質問をしてイエスに叱責されることを恐れたのだろうか。いずれにしても、弟子たちは恐れのために正しい理解には至らなかった。このことは、恐れがしばしば私たちを真実の理解から遠ざけていることを示すと共に、福音書の物語の中で繰り返される「恐れるな」という言葉の真意を指し示している。

9. 最も偉大な者（9:46–48）

【翻訳】

9:46 また、彼ら（弟子たち）の間で、彼らの中で誰が〔最も〕偉大であるかという議論が生じた。47 しかしイエスは彼らの心の考え（議論）を見抜き、一人の子ども〔の手〕を取り、その子を自分の傍に立たせて、48 彼らに言った。「私の名のゆえにこの子どもを受け入れる者は、私を受け入れるのである。そして私を受け入れる者は、私を遣わされた方を受け入れるのである。なぜなら、あなたたちすべての者の中で最も小さな者、その人が偉大だからである」。

【形態／構造／背景】

　前段ではイエスの受難予告を理解できない不甲斐ない弟子たちの姿が浮き彫りにされていたが、ここでは偉大さをめぐる彼らの議論を通して、弟子たちの無理解がより一層強調されると共に、最も小さな者こそが偉大であるという逆説的真理が示される。ルカにおけるイエスのガリラヤ宣教

の記述の末尾に位置するこの段落（46–48節）及び直後の段落（49–50節）においては、弟子たちの名誉欲（権力志向）と不寛容（偏狭さ）が問題にされるが、このような弟子たちの態度は、この世の権力に基づく地上の王国の建設をイエスに期待する彼らの誤解を示している。この段落は最も偉大な者をめぐる弟子たちの議論から始められているが、カファルナウム到着後に家の中でイエスが弟子たちに道中での議論について尋ねるマルコの描写（マコ9:33）とは異なり、ルカは前段と同様（9:43）、状況の変化を示すことなく直前の文脈を引き継ぐ形で弟子たちの議論について語り出しており、その意味では、前段、ひいては変容の記事（9:28–36）以降の箇所とも緊密に結びついている。この段落は、以下に示すように四つの部分に区分され、小さな者の受容を主題とする（2）と（3）が、偉大さについて語る（1）と（4）によって枠付けられる構造になっている。

（1）最も偉大な者をめぐる弟子たちの議論（46節）
（2）イエスの反応（47節）
（3）子どもの受容（48a–c節）
（4）真に偉大な者（48d節）

この段落はマルコ9:33–37及びマタイ18:1–5に並行しているが（さらにマコ10:42–44 // マタ20:25–27 // ルカ22:24–26も参照）、ルカはここでも基本的にマルコのテキストに依拠しつつ編集的に構成している。マルコの本文は元来、マルコ9:33–35（同10:35–45参照）と同9:36–37（同10:13–15参照）の二つの独立したテキストであったと考えられるが（ブルトマン1983:245–247参照）、ルカは導入部を簡略化し、「誰でも最初の者になりたい者は、すべての人の最後の者になり、すべての人の奉仕者になりなさい」（マコ9:35b）というイエスの最初の勧告を削除することにより、テキストをより統一的に構成している。もっとも、この省略は単なる簡略化ではなく、ルカにおいては、小さな者の受容に関する言葉（48a–c節）の直後に、省略されたマルコ9:35bの内容と部分的に重なる最も小さな者が偉大であるとする言葉（48d節）が付加されており（マタ18:4参照）、それによって偉大な者をめぐる冒頭の弟子たちの問いに対する答えが提示される。また、マタイとルカの間には少なからず弱小一致が見られ（マ

コ 9:35 全体及び同 9:36 の ἐναγκαλισάμενος αὐτό［その子を抱いて］の欠如、ὃς ἄν ... δέξηται［マコ 9:37］に対する ὃς ἐὰν δέξηται［48b 節／マタ 18:5］、マルコに見られない οὗτός ἐστιν μέγας／ὁ μείζων［48d 節／マタ 18:4］等）、これらの一致点の由来は明らかでないが、48d 節はルカの編集句と見なしうるであろう（Bovon 1989:518; Wolter 2008:360）。なお、マタイの並行箇所（マタ 18:1–5）は教会論を主題とするマタイ 18 章の導入部に置かれている。

【注解】

46 節

ルカはこの導入部分を、カファルナウムという地名の他、道中での弟子たちの議論に関するイエスの問いと弟子たちの沈黙に関する記述（マコ 9:33–34a）を削除する等、マルコのテキストを極度に切り詰めた形で構成している。因みにマタイの並行箇所では、「天の国」で最も偉大な者が問題になっており（マタ 18:1, 4）、弟子たちの間での議論については言及されておらず、弟子たちがこの主題について直接イエスに問いかけている。

イエスの受難予告を理解できず、恐れのために尋ねることもできなかった弟子たちは、そのことを意に介さず、今度は自分たちの中で「**誰が〔最も〕偉大であるか**」という議論を始める。μείζων は μέγας（偉大な）の比較級であるが、ここでは明らかに最上級の意で用いられており、後出の受難物語における主の晩餐の直後の場面でも、弟子たちの間で同様の議論が起こっている（22:24）。いずれにせよ、前段においてイエスの受難予告をしっかりと耳に入れておくように指示されていたにも拘らず、弟子たちは実際には何も理解しておらず、むしろ、自己顕示欲に関わる現世的な議論に引き込まれていった様子がここには描かれている。また、διαλογισμός（議論／考え）はしばしば否定的な意味で用いられており（2:35 参照）、このような問いへの彼らの関心は、イエスの弟子として選ばれた彼らの自意識に関わっているのであろう（Grundmann 1961:197）。

47 節

ルカのイエスは、弟子たちの心の中の「**考え**」（διαλογισμός）を即座に見抜き（5:22; 6:8 参照）、さらに、マルコの場合のように仕える者になる

ようにとの十二弟子への勧告（マコ 9:35）を差し挟むことなく、すぐさま「**一人の子ども**」の手を取って、自分の傍に立たせている。マルコにおいては、その子どもは弟子たち（十二人）の真ん中に立たされ、イエスに抱き上げられたと記されており（マコ 9:36）、描写が幾分異なっているが、いずれにせよ、当時のユダヤ社会において一様に軽んじられていた子ども（ミシュナ「アヴォート」3:10 参照）に対するイエスのこのような振る舞いは、最も弱い立場にある子どもをイエスが受け入れたことを示している（シラ 12:12 参照）。因みに Green（1997:391）は、ルカのテキストでは、先行する悪霊に取りつかれていた子どもの癒しの記事（9:37–43a）からの地理的・時間的移行について記されておらず、その段落では子どもを表す語が υἱός（9:38, 41）から（47, 48 節で用いられている）παῖς（9:42）に途中で変えられていることから、ルカがこの段落に登場する子どもをイエスに癒された子どもと同定している可能性を指摘している。

48 節

マルコと同様ルカにおいては、マタイとは異なり、「子どものようになりなさい」という旨のイエスの発言（マタ 18:3–4）は見られず（一方でマコ 10:15 // ルカ 18:17 参照）、子どもを呼び寄せた直後に、この子どもをイエスの名のゆえに受け入れる者はイエスを受け入れるのであり、イエスを受け入れる者はイエスを遣わした神を受け入れると述べられる。ここでは、子ども（a）、イエス（b）、神（c）の三者が［a／b → b／c］という形で関連づけられているが、マルコにおいては「このような子どもたちの一人」（ἓν τῶν τοιούτων παιδίων）というように「子ども」が一般化されているのに対し、ルカにおいてはイエスの傍に立つ「**この子ども**」（τοῦτο τὸ παιδίον）に特定され、さらに後半部の「私ではなく」という表現（マコ 9:37b）がルカには欠けており、二つの文章（48bc 節）の並行性が高められ、構造がより鮮明になっている。もっともこの一連の表現は、受容の対象として並列されている、「子ども」、「イエス」、「神」の三者相互の関連性を示しているに過ぎず、例えばラビ文献には遣わされた者と遣わした者とは同等であるという記述が見られるが（Bill. I:590 参照）、ここではイエスと神が同一視されているわけではない。なお、マタイの並行箇所にはこの言葉の後半部分が欠如している（もっともマタ 10:40 参照；さらにルカ 10:16；

ヨハ 13:20 も参照)。

　また、「**私の名のゆえに**」(ἐπὶ τῷ ὀνόματί μου) は「私の名に基づいて」／「私の名のために」という意味であり、最初期のキリスト教においてはこの表現はしばしば洗礼との関連において用いられたが、いずれにせよ、力ある業をもたらすイエスの権威との関連性を示している（9:49; 21:8; 24:47; 使 4:17, 18; 5:28, 40; 15:14 参照）。そのようにここでは、子どものようになることではなく、彼らをイエスの名のゆえに受け入れることが求められており、その意味では「偉大さ」をめぐる 46 節の問いには厳密には対応していないが、小さな存在である子どもを受け入れる者の偉大さが示唆されている。なお、一部の研究者は、ここで宿無しの孤児が想定されている可能性を指摘しているが（Eckey 2004:439; さらに Bauer 355 も参照）、推測の域を出ず、ここでは特に慈善行為が考えられているわけではない（Wolter 2008:361）。

　最後に、弟子たちの中で「**最も小さな者**」こそが偉大であると述べられるが（7:28 参照）、むしろこの言葉が、偉大さをめぐる 46 節の問いに対する直接の答えとなっている。すなわちここでは、無力で弱い者こそが真に偉大であるという逆説的真理が示されている。ルカはここで、「**あなたたちすべての者の中で**」という表現を付加しているが、彼の時代の教会メンバーのことを考えていたのであろう（Schweizer 1986:107; Kremer 1988:112）。もっともこの偉大さは、このルカの文脈では、直前に触れられた、小さな者を受け入れ、自らを低くする姿勢と関連づけられており（1:48, 52 参照）、その意味では、自分を低くして子どものようになる者が天の国で最も偉いとされるマタイの並行箇所（マタ 18:4）と内容的に近づいている。なお Fitzmyer (1983:817) は、ここでの μέγας（偉大な）が最上級の意で解される可能性を指摘しているが、その点は十分に根拠づけられない。

【解説／考察】

　この段落においては、小さな者、そしてその小さな者をも受け入れる姿勢を持つ者こそが偉大であるという教えが弟子たちに対して述べられているが、弟子たちはイエスの教えを理解できず、その後も無理解であり続け、

誰が最も偉大であるかという議論を繰り返していく（22:24）。このようなイエスの教えは、権力や地位を志向するルカの時代の教会の状況を反映していると考えられるが、同様の使信はそのまま現代の読者にも向けられている。

　事実、何らかの尺度で人間を評価し、序列化しようとする傾向は今日の社会においてより顕著に見られるようになってきている。しかしそれだけに、現代人の多くは他人の評価が常に気になり、何とかして自分の存在価値を認めさせようと自分の「偉大さ」を誇示することにやっきになっている。同様の状況はキリスト教会内にも見られ、信仰歴や所属教会の規模や知名度、あるいは社会的地位等がしばしばお互いを（否定的に）評価する指標になっている。しかし、そのように人間同士がお互いに優劣を競い合おうとすること自体の空しさをイエスはここで教えようとしているのであろう。

10. 逆らわない者は味方（9:49–50）

【翻訳】

9:49 そこでヨハネが答えて言った。「師よ、あなたのお名前を使って悪霊を追い出している者を見ましたので、私たちは彼に〔それを〕やめさせようとしました。彼が私たちと共に〔あなたに〕従っていないからです」。50 しかしイエスは彼に言った。「やめさせてはならない。あなたたちに逆らわない者は、あなたたちの味方なのだから」。

【形態／構造／背景】

　イエスのガリラヤ宣教の記述を締めくくるこの段落においては、イエスの名を使って悪霊を追放する部外者に対する弟子たちの態度が問題になっている。前段においては、弟子集団における自己顕示欲、名誉欲が批判されていたが、この段落では弟子集団外の他者に対する偏狭で不寛容な態度が問題視されている。このように、この段落と前段とはイエスが弟子たちの無理解を戒める点において共通しているが、マルコの「言った」（ἔφη）

に対する「答えて言った」($\dot{\alpha}\pi$οκριθείς ... εἶπεν)という冒頭の表現にも示されているように、ルカにおいては両者は形式的にも結びついており、さらに、この段落における不寛容な態度への批判は前段における受容の要求（9:47–48）と内容的に関連し、49節の「あなたのお名前を使って」(ἐν τῷ ὀνόματί σου)は48節の「私の名のゆえに」(ἐπὶ τῷ ὀνόματί μου)に対応している。

この段落は、共観福音書の中で弟子のヨハネが単独で登場する唯一の箇所であり、（1）ヨハネの発言（49節）と（2）イエスの返答（50節）の二つの部分に区分できる。このエピソードはまた、イスラエルの長老のエルダドとメダドが預言状態になったと聞いたヨシュアがモーセにやめさせるように訴えて拒絶されたエピソード（民11:24–30）と構造的に類似している。

この段落はマルコ9:38–40と並行しているが、マタイには並行箇所が見られず、ルカはここでもマルコのテキストを唯一の資料として用いている。直後のマルコ9:41（並行マタ10:42）はルカには見られず、また後続のマルコ9:42–50（並行マタ18:6–9）及び同10:1–12（並行マタ19:1–9）もルカのこの文脈には欠けているが、マルコ9:42はルカ17:1–2に、マルコ9:49–50はルカ14:34–35にそれぞれ並行している。ルカがここでマルコ9:42–50を省略した根拠としては、つまずきを主題とするその内容がルカの文脈における弟子の主題に合致していないためという理由や直後のルカ9:51–56の段落が内容的にこの段落（49–50節）に適合しているためという理由（Schürmann 1990:580）、さらには、マルコの記述を切り詰めようとしたという理由も考えられるであろう。ルカはこれ以降マルコの記述から離れ、旅行記事の大半を占めるルカ18:14に至る箇所をQ資料及びルカ特殊資料を用いて構成している（いわゆる「大挿入」）。

【注解】

49節

最も小さな者こそが真に偉大であるとするイエスの発言に続いて、ペトロに次ぐ第二の弟子であり（8:51; 9:28; 使1:13参照）、イエスの変容の場面にも（9:32）居合わせたヨハネが、イエスに「**師よ**」(ἐπιστάτα)と呼び

かけ、異なる主題について語り出す。ここでペトロではなくヨハネが語り手に設定されている理由は明らかではないが、直後の段落においては、ヤコブとヨハネが、サマリア人がイエスを歓迎しない様子を見て彼らを焼き滅ぼすことを提案しており（9:54）、そこでも彼の排他的な態度が描かれている（部外者に対するペトロの態度については使 8:9–24 参照）。いずれにせよ、ヨハネのこのような態度は弟子たちの無理解を改めて示している。

ヨハネによると、弟子たちの集団に属していない者が、イエスの名を使って（10:17; 使 3:6; 9:34; 16:18 参照）、すなわちイエスの権威によって悪霊を追い出していたので、弟子たちはそれをやめさせようとしたという。ここでは、その見知らぬ者によって悪霊追放が成功裏に行われていたことが前提にされており、その意味では、悪霊を支配する力と権能を与えられながら（9:1）、それをなし得なかった弟子たち（9:40）の不甲斐なさが改めて強調されている。すでにイエスの時代にこのような事態が生じていたとは考えにくいことから、ここではむしろ後代の教会の状況が反映されているのであろう（ブルトマン 1983:42; Marshall 1995:398; さらに使 19:13 参照）。ルカはまた、マルコにおける διδάσκαλε（先生）という語りかけを彼に特徴的な ἐπιστάτα（**師よ**）に変え（5:5; 8:24, 45; 9:33 参照）、マルコの「**私たちに従っていないから**」を「**私たちと共に〔あなたに〕従っていないから**」に修正している。後者の修正については、イエスと弟子たちが同列に置かれているかのような誤解を避けるためであったと考えられるが（Marshall 1995:399）、ルカのテキストでは、弟子集団の閉鎖性と共に、この見知らぬ悪霊追放者は弟子たちと共に従うことは拒絶したがイエスに従うこと自体は拒絶しなかったという点が示唆されているのかもしれない。もっとも、彼がイエスへの信仰を公言していた（Grundmann 1961:197; Eckey 2004:441）とか、あるいは、より広範な意味でのイエスの弟子集団に属していた（Green 1997:392 n. 135）と断言することはできないであろう。なお、このときヨハネは、イエスが彼らの行為を当然肯定してくれるものと期待していたと想定される。

50 節

ところがイエスは、この見知らぬ者の行為をやめさせないように指示し、逆らわない者は味方であると述べ、ある意味でヨハネら弟子たちの期待を

裏切っている。ルカはここでマルコの書き出しの表現（ὁ δὲ Ἰησοῦς εἶπεν）に πρὸς αὐτόν（彼に）を付加することにより（εἶπεν δὲ πρὸς αὐτὸν ὁ Ἰησοῦς［しかしイエスは彼に言った］）、対象がヨハネであることを明示すると共に、その名を使って奇跡を行った直後にその人の悪口は言えないという（やや消極的な観点から）イエスへの態度を根拠づける記述（マコ9:39c）を省略することにより、その見知らぬ悪霊追放者をむしろ擁護している。さらにルカは、「**私たち**に逆らわない者は、**私たち**の味方である」と一人称複数形で記されているマルコのテキストを「**あなたたち**に逆らわない者は、**あなたたち**の味方なのだから」と二人称複数形で書き換えることにより、前節（「私たちと共に〔イエスに〕従っていない」）に続いてここでもイエスと弟子たちとの区別を強調しているが、それによって後代の教会の状況を示唆しているのであろう。なお、この言葉がイエスに由来するのか、あるいは一般に流布していた格言等をイエスが使用したのかは明らかではない（キケロ『政治・法廷弁論』「リガーリウス弁護」33参照）。

確かにイエスは力と権能を十二弟子に付与したが（9:1）、力をもたらす御名の使用を必ずしも彼らに限定しておらず、弟子たちの集団の外部でも、イエスの名によって神の霊が働き、救いの力を行使しうることがここには示されている。そしてまた、ここでは部外者に対する開かれた態度と寛容さが求められているが、種々のキリスト教共同体相互間で確執が生じていたルカの時代のキリスト教会の状況が反映されているのかもしれない（フィリ1:15；Ⅰコリ3:5–9参照）。なお、部外者に対する寛容さを弟子たちに要求するイエスの言葉（50節）は、イエスの味方でない者は敵対する者だとして味方と敵対者とを峻別する後出の言葉（11:23 // マタ12:30）とは明らかに方向性を異にしている。もっとも、そこではイエスの言葉は弟子たちにではなく広く一般の聴衆に向けられており（Wolter 2008:363）、むしろ、どんな人も中立の立場に留まることはできないと言われていると解すれば、逆らわない者は味方であると述べる50節の内容と必ずしも矛盾しないであろう。あるいは、後者（50節）が他者に対する態度に関しての全般的なイエスの勧告であるのに対し、前者（11:23）はキリストへの献身を吟味するようにとの個々人への要求と見なすことも可能であろう（カルペパー2002:268）。なお、弟子たちに水を飲ませる者への報いに関するマルコ9:41の記述は、弟子たちの偏狭さを問題視するルカの文脈にそ

ぐわないために省略されたのであろう。

　この段落によってルカ 4:14 以降のイエスのガリラヤ宣教の記述は結ばれるが、後続のルカ 9:51 以降のエルサレムへの旅行記事は、熱心さゆえの弟子たちの排他性をイエスが戒めるエピソードによって始められており、双方の段落は内容的にも結びついている。

【解説／考察】

　見知らぬ者でも逆らわない者は味方であると述べるこの段落においては、弟子以外の者を肯定的に捉えることによって、十二人の特権を強調して自らの集団に属さない人々を排斥しようとする姿勢が戒められているが、ルカの文脈においては、当時のキリスト者に対して、異なるキリスト教集団への排他的な態度が戒められている。自分たちと異質な集団を排斥しようとする傾向は歴史上のあらゆる人間集団に共通して見られるものであり、反ユダヤ主義、十字軍、異端審問等の事例からも明らかなように、キリスト教会も決してその例外ではない。そしてまた、グローバル化した今日の世界においては、排他性の傾向がさらに加速しているように思わされる。このような排他的な姿勢の根底には、自分たちの集団を全体の中心に置いて、自らの立場を守ろうとする自己中心的な発想があるが、何よりもこのような特権意識を克服し、開かれた寛容な姿勢をもつことが求められている。

　この段落において、イエスのガリラヤ宣教の記述は締めくくられ、次節より弟子たちのイエスへの信従及び倫理的姿勢を主題とするエルサレムへの旅行記事が始まることになるが、その意味では、この段落は後続の箇所への橋渡しとしての機能をも果たしている。

参考文献

聖書

Aland, K et al (Hg) 2012. *Novum Testamentum Graece*. 28 Aufl. Stuttgart: Deutsche Bibelgesellschaft.

Aland, K et al (eds) 2014. *The Greek New Testament*. 5th ed. Stuttgart: Deutsche Bibelgesellschaft/ London: United Bible Societies.

Aland, K (Hg) 2007. *Synopsis Quattuor Evangeliorum*. 15 Aufl. Stuttgart: Deutsche Bibelgesellschaft.

Elliger, K & Rudolph, W (Hg) 1990. *Biblia Hebraica Stuttgartensia*. Editio funditus renovata. 4 Aufl. Stuttgart: Deutsche Bibelgesellschaft.

Rahlfs, A & Hanhart, R (Hg) 2006. *Septuaginta*. Editio altera. Stuttgart: Deutsche Bibelgesellschaft.

日本聖書協会（訳）1955［旧約］／1954［新約］.『聖書』日本聖書協会。［口語訳］

共同訳聖書実行委員会（訳）1987.『聖書　新共同訳』日本聖書協会。［新共同訳］

新改訳聖書刊行会（訳）2003.『聖書　新改訳』（第3版）日本聖書刊行会。［新改訳］

フランシスコ会聖書研究所（訳注）2012.『新約聖書』サンパウロ。［フランシスコ会訳］

新約聖書翻訳委員会（訳）2004.『新約聖書』岩波書店。［岩波訳］

岩隈直（訳）1983.『福音書』山本書店。［岩隈訳］

その他の一次文献

Lindemann, A & Paulsen, H (Hg) 1992. *Die Apostolischen Väter. Griechisch-deutsche Parallelausgabe*. Tübingen: Mohr Siebeck.

Lohse, E (Hg) 2001. *Die Texte aus Qumran. Hebräisch und Deutsch*. 4 Aufl. Darmstadt: Wissenschaftliche Buchgesellschaft.

Strack, H & Billerbeck, P 1922–28. *Kommentar zum Neuen Testament aus Talmud und Midrasch*, 6 Bde. München: C. H. Beck.　［Bill.］

荒井献（編）1998.『使徒教父文書』講談社学芸文庫。

荒井献・大貫隆（編）1997–98.『ナグ・ハマディ文書』全4巻、岩波書店。

エピクテートス 1978.『人生談義（下）』鹿野治助訳、岩波文庫。

セネカ 1989.『道徳論集（全）』茂手木元蔵訳、東海大学出版会。

大貫隆・筒井賢治（編訳）2013.『新約聖書・ヘレニズム原典資料集』東京大学

出版会。

ディオゲネス・ラエルティオス 1989.『ギリシア哲学者列伝（中）』加来彰俊訳、岩波文庫。

長窪専三・石川耕一郎（訳）2003.『ミシュナⅡ　モエード』（ユダヤ古典叢書）教文館。

長窪専三（訳）2010.『ミシュナⅣ別巻　アヴォート』（ユダヤ古典叢書）教文館。

日本聖書学研究所（編）1975–82.『聖書外典偽典』全7巻、別巻2冊、教文館。

日本聖書学研究所（編）[1963] 1999.『死海文書――テキストの翻訳と解説』山本書店。

プラトン [1952] 1990.『饗宴』久保勉訳、岩波文庫。

プラトン [1979] 1998.『国家』全2巻、藤沢令夫訳、岩波文庫。

プラトン 1993.『法律』全2巻、森進一・池田美恵・加来彰俊訳、岩波文庫。

ヨセフス 1999–2000.『ユダヤ古代誌』全6巻、秦剛平訳、ちくま学芸文庫。

ヨセフス 2002.『ユダヤ戦記』全3巻、秦剛平訳、ちくま学芸文庫。

ヨセフス 1982/85.『ユダヤ戦記』Ⅰ、Ⅱ・Ⅲ、土岐健治訳、日本キリスト教団出版局。

ヨセフス 1977.『アピオーンへの反論』秦剛平訳、山本書店。

ヨセフス 1978.『自伝』秦剛平訳、山本書店。

辞典類

Bauer, W 1988. *Griechisch-deutsches Wörterbuch zu den Schriften des Neuen Testaments und der frühchristlichen Literatur*, hrsg von K Aland und B Aland. 6 Aufl. Berlin/New York, NY: Walter de Gruyter.［Bauer］

Blass, F & Debrunner, A 1990. *Grammatik des neutestamentlichen Griechisch*, bearbeitet von F Rehkopf. 17 Aufl. Göttingen: Vandenhoeck & Ruprecht.［BDR］

Institut für neutestamentliche Textforschung und vom Rechenzentrum der Universität Münster (Hg) 1987. *Konkordanz zum Novum Testamentum Graece. Von Nestle-Aland, 26. Auflage und zum Greek New Testament*, 3 Aufl. Berlin/New York: Walter de Gruyter.

Kittel, G et al (Hg) 1932ff. *Theologisches Wörterbuch zum Neuen Testament*, 10 Bde. Stuttgart: Kohlhammer.［ThWNT］

Liddell, H G, Scott, R & Jones, H S 1996. *A Greek-English Lexicon*. 9th ed. Oxford: Clarendon Press.

バルツ、H & シュナイダー、G（編）1993–95.『ギリシア語新約聖書釈義事典』

全3巻、荒井献・マルクス, H G（監修）、教文館、原著 1980-83。

ルカ福音書の注解書

Bovon, F 1989. *Das Evangelium nach Lukas*, I (Lk 1,1-9,50). (EKK III/1) Zürich: Benziger/Neukirchen-Vluyn: Neukirchener.

Creed, J M [1930] 1953. *The Gospel according to St. Luke: The Greek Introduction, Notes, and Indices*. London: Macmillan.

Eckey, W 2004. *Das Lukasevangelium. Unter Berücksichtigung seiner Parallelen*, I (1,1-10,42). Neukirchen-Vluyn: Neukirchener.

Ellis, E E [1966] 1987. *The Gospel of Luke*. (NCBC) Grand Rapids: Eerdmans.

Ernst, J 1977. *Das Evangelium nach Lukas*. (RNT) Regensburg: Pustet.

Evans, C F 1990. *Saint Luke*. (TPI New Testament Commentaries) London: SCM/Philadelphia: Trinity.

Fitzmyer, J A [1981] 1983. *The Gospel according to Luke I-IX*. (AB 28) New York: Doubleday.

Green, J B 1997. *The Gospel of Luke*. (NICNT) Grand Rapids/Cambridge: Eerdmans.

Grundmann, W 1961. *Das Evangelium nach Lukas*. (ThHK 3) Berlin: Evangelische Verlaganstalt.

Johnson, L T 1991. *The Gospel of Luke*. (Sacra Pagina Series 3) Collegeville, MN: Liturgical.

Klein, H 2006. *Das Lukasevangelium*. (KEK) Göttingen: Vandenhoeck & Ruprecht.

Klostermann, E [1929] 1975. *Das Lukasevangelium*. (HNT 5) Tübingen: J. C. B. Mohr.

Kremer, J 1988. *Lukasevangelium*. (NEB 3) Würzburg: Echter.

Lagrange, M -J [1921] 1927. *Évangile selon Saint Luc*. (EtB) Paris: Gabalda.

Loisy, A 1924. *L'évangile selon Luc*. Paris: E. Nourry.

Löning, K 1997. *Das Geschichtswerk des Lukas*, I: Israels Hoffnung und Gottes Geheimnisse. Stuttgart/Berlin/Köln: Kohlhammer.

Manson, W 1930. *The Gospel of Luke*. (The Moffatt New Testament Commentary) London: Hodder & Stoughton.

Marshall, I H [1978] 1995. *The Gospel of Luke: A Commentary on the Greek Text*. (NIGTC) Grand Rapids: Eerdmans.

Müller, P -G 1984. *Lukas-Evangelium*. (SKK NT 3) Stuttgart: Katholisches

Bibelwerk.

Nolland, J 1989. *Luke 1-9:20*. (WBC 35A) Dallas: Word.

Nolland, J 1993. *Luke 9:21-18:34*. (WBC 35B) Dallas: Word.

Petzke, G 1990. *Das Sondergut des Evangeliums nach Lukas*. (ZKB) Zürich: Theologischer Verlag.

Plummer, A [1922] 1989. *Critical and Exegetical Commentary on the Gospel according to St. Luke*. (ICC) Edinburgh: T & T Clark.

Schmithals, W 1980. *Das Evangelium nach Lukas*. (ZBK 3.1) Zürich: Theologischer Verlag.

Schneider, G [1977] 1984. *Das Evangelium nach Lukas*, I. (ÖTK 3/1) Gütersloh: Mohn.

Schürmann, H [1969] 1990. *Das Lukasevangelium*, I. (HThK III/1) Freiburg/Basel/Wien: Herder.

Schweizer, E [1982] 1986. *Das Evangelium nach Lukas*. (NTD 3) Göttingen: Vandenhoeck & Ruprecht.

Talbert, C H 2002. *Reading Luke: A Literary and Theological Commentary on the Third Gospel*. Macon, GA: Smyth & Helwys.

Tannehill, R C 1986. *The Narrative Unity of Luke-Acts: A Literary Interpretation*, vol. 1: The Gospel according to Luke. Philadelphia: Fortress.

Wiefel, W 1988. *Das Evangelium nach Lukas*. (ThHK 3) Berlin: Evangelische Verlaganstalt.

Wolter, M 2008. *Das Lukasevangelium*. (HNT 5) Tübingen: Mohr Siebeck.

Zahn, T [1920] 1988. *Das Evangelium des Lucas*. (KNT 3) Leipzig/Erlangen: Deichert.

カルペパー, R A 2002.『ルカによる福音書』（NIB 新約聖書注解 4）太田修司訳、ATD・NTD 聖書註解刊行会、原著 1995。

三好迪 1991.「ルカによる福音書」高橋虔他監修『新共同訳　新約聖書注解 I』日本キリスト教団出版局、260–391。

モリス, L 2014.『ルカの福音書』（ティンデル聖書注解）岡本昭世訳、いのちのことば社、原著 1974。

レングストルフ, K H 1976.『ルカによる福音書』（NTD 新約聖書註解 3）泉治典・渋谷浩訳、ATD・NTD 聖書註解刊行会、原著 1968。

その他の二次文献

Albertz, R 1983. Die »Antrittspredigt« Jesu im Lukasevangelium auf ihrem alttestamentlichen Hintergrund. *ZNW* 74, 186–191.

Alexander, L 1993. *The Preface to Luke's Gospel: Literary Convention and Social Context in Luke 1.1-4 and Act 1.1*. (MSSNTS 78) Cambridge: CUP.

Anderson, H 1964. Broadening Horizons: The Rejection at Nazareth Pericope of Luke 4:16-30 in Light of Recent Critical Trends. *Interpretation* 18, 259–275.

Bartsch, H W 1960. Feldrede und Bergpredigt. Redaktionsarbeit in Luk. 6. *ThZ* 16, 5–18.

Bauer, J 1960. ΠΟΛΛΟΙ Luke 1,1. *NT* 4, 263–266.

Betz, H 1995. *The Sermon on the Mount: A Commentary on the Sermon on the Mount, including the Sermon on the Plain (Matthew 5:3-7:27 amd Luke 6:20-49)*. (Hermeneia) Minneapolis: Fortress.

Billerbeck, P 1964. Ein Synagogengottesdienst in Jesu Tagen. *ZNW* 55, 143–161.

Böcher, O 1979. Lukas und Johannes der Täufer. *SNTU* A4, 27–44.

Braumann, G 1960. Zum traditionsgeschichtlichen Problem der Seligpreisungen Mt V 3-12. *NT* 4, 253–260.

Braumann, G 1963/64. Die Schuldner und die Sünderin Luk VII. 36–50, *NTS* 10, 487–493.

Braumann, G (Hg) 1974. *Das Lukas-Evangelium. Die Redaktions -und kompositionsgeschichtliche Forschung*. Darmstadt: Wissenschaftliche Buchgesellschaft.

Brown, R E [1977] 1993. *The Birth of the Messiah: A Commentary on the Infancy Narratives in the Gospels of Matthew and Luke*. London: Geoffrey Chapman.

Brown, R E, Donfried, K P, Fitzmyer, J A & Reumann, J (eds) 1978. *Mary in the New Testament: A Collaborative Assessment by Protestant and Roman Catholic Scholars*. Philadelphia: Fortress.

Busse, U 1978. *Das Nazareth-Manifest Jesu. Eine Einführung in das lukanische Jesusbild nach Lk 4,16-30*. (SBS 91) Stuttgart: Katholisches Bibelwerk.

Cadbury, H J 1920. *The Style and Literary Method of Luke*. (Harvard Theological Studies VI) Cambridge: Harvard University.

Cadbury, H J 1922. Commentary on the Preface of Luke, in Foakes-Jackson, F J & Lake, K (eds), *The Beginnings of the Christianity*, vol. 2, 489–510. London: Macmillan.

Conzelmann, H [1963] 1972. *Die Apostelgeschichte*. (HNT 7) Tübingen: J. C. B.

Mohr.

Crockett, L C 1969. Luke 4:25-27 and Jewish-Gentile Relations in Luke-Acts. *JBL* 88, 177–183.

Davies, W D & Allison, D C 1988. *The Gospel according to St. Matthew*, I. (ICC) Edinburgh: T. & T. Clark.

Davies, W D & Allison, D C 1991. *The Gospel according to St. Matthew*, II. (ICC) Edinburgh: T. & T. Clark.

Dibelius, M [1919] 1959. *Die Formgeschichte des Evangeliums*. Tübingen: J. C. B. Mohr.

Dihle, A 1962. *Die Goldene Regel*. (SAW 7) Göttingen: Vandenhoeck & Ruprecht.

Drexler, H 1968. Die grosse Sünderin Lucas 7, 36-50. *ZNW* 59, 159–173.

Dupont, J 1969. *Les Béatitudes*, II. (EtB) Paris: Gabalda.

Dupont, J 1973. *Les Béatitudes*, III. (EtB) Paris: Gabalda.

Ennulat, A 1994. *Die »Minor Agreements«. Untersuchungen zu einer offenen Frage des synoptischen Problems*. (WUNT 62) Tübingen: J. C. B. Mohr.

Ernst, J [1985] 1991. *Lukas. Ein theologisches Portrait*. Düsseldorf: Patmos.

Feldkämper, L 1978. *Der betende Jesus als Heilsmittler nach Lukas*. St. Augustin: Steyler.

Feuillet, A 1959. Le récit lucanien de La tentation (Lc 4,1-13). *Biblica* 40, 613–631.

Fitzmyer, J A 1989. *Luke the Theologian: Aspects of His Teaching*. New York/ Mahwah: Paulist.

Frankemölle, H 1971. Die Makarismen (Mt 5,3-12; Lk 6,20-26). Motive und Umfang der redaktionellen Komposition. *BZ* 15, 52–75.

Foerster, W 1935. 'δαίμων κτλ.'. *ThWNT* II:1–21.

Foerster, W 1935. 'ἐχθρός κτλ.'. *ThWNT* II:810–815.

Frauenlob, T 2015. *Die Gestalt der Zwölf-Apostel im Lukasevangelium. Israel, Jesus und die Zwölf-Apostel im ersten Teil des lukanischen Doppelwerks*. (Forschung zur Bibel 131) Würzburg: Echter.

Gillmann J 1991. *Possessions and the Life of Faith: A Reading of Luke-Acts*. Collegeville, MN: Liturgical.

Gleich, J 2009. *Heilung eines Aussätzigen. Exeges Lk 5,12-16*. München: Grin.

Glombitza, O 1962. Der Zwölfjährige Jesus. Luk ii 40-52. Ein Beitrag zur Exegese der lukanischen Vorgeschichte. *NT* 5, 1–4.

Gnilka, J 1962. Der Hymnus des Zacharias. *BZ* 6, 215–238.

Gunkel, H 1921. Die Lieder in der Kindheitsgeschichte Jesu bei Lukas, in *Festgabe von Fachgenossen und Freunden A. von Harnack: zum siebzigsten Geburtstag dargebracht* (FS A. von Harnack), 43–60. Tübingen: J. C. B. Mohr.

Haenchen, E [1956] 1977. *Die Apostelgeschichte.* (KEK 3) Göttingen: Vandenhoeck & Ruprecht.

Haenchen, E 1961. Das 'Wir' in der Apostelgeschichte und das Itinerar. *ZTK* 58, 329–366.

Haenchen, E [1966] 1968. *Der Weg Jesu. Eine Erklärung des Markus-Evangeliums und der kanonischen Parallelen.* Berlin: Walter de Gruyer.

Hahn, F [1963] 1995. *Christologische Hoheitstitel. Ihre Geschichte im frühen Christentum.* (UTB 1873) Göttingen: Vandenhoeck & Ruprecht.

Harnack, A von 1906. *Lukas der Arzt. Der Verfasser des dritten Evangeliums und der Apostelgeschichte.* Leipzig: J. C. Hinrichs.

Harnack, A von 1931. Das Magnificat der Elisabet (Luk. 1,46-55) nebst einigen Bemerkungen zu Luk. 1 und 2, in *Studien zur Geschichte des Neuen Testaments und der alten Kirche*, I. (AKG 19), 62–85. Berlin/Leipzig: de Gruyter.

Hauck, F 1942. 'μακάριος κτλ.'. *ThWNT* IV:365–373.

Hauck, F 1959. 'πτωχός κτλ.'. *ThWNT* VI:885–915.

Hengel, M 1973. 'φάτνη'. *ThWNT* IX:51–57.

Herrenbrück, F 1990. *Jesus und die Zöllner. Historische und neutestamentlich-exegetische Untersuchungen.* (WUNT II/42) Tübingen: Mohr Siebeck.

Hill, D 1971. The Rejection of Jesus at Nazareth (Luke iv 16-30). *NT* 13, 161–180.

Hoffmann, P 1972. *Studien zur Theologie der Logienquelle.* (NTA NF 8) Münster: Aschendorff.

Hoffmann, P et al (Hg) 1973. *Orientierung an Jesus. Zur Theologie der Synoptiker* (FS J. Schmid). Freiburg: Herder.

Hoffmann, P 1994. Q 6,22 in der Rezeption durch Lukas, in Mayer, C, Müller, K & Schmalenberg, G (Hg), *Nach den Anfängen fragen* (FS G. Dautzenberg), 293–326. Giessen: Selbstverlag.

Hofius, O 1990. Fußwaschung als Erweis der Liebe. Sprachliche und sachliche Anmerkungen zu Lk 7,44b. *ZNW* 81, 171–177.

Horn, F W 1983. *Glaube und Handeln in der Theologie des Lukas.* (GTA 26) Göttingen: Vandenhoeck & Ruprecht.

Hotze, G 2007. *Jesus als Gast. Studien zu einem christologischen Leitmotiv im Lukasevangelium.* (Forschung zur Bibel 111) Würzburg: Echter.

Iersel, B van 1960. The Finding of Jesus in the Temple: Some Observations on the Original Form of Luke 2,41-51a. *NT* 4, 161–173.

Jeremias, J 1948. *Unbekannte Jesusworte.* Zürich: Zwingli-Verlag.

Jeremias, J 1966. Palästinakundliches zum Gleichnis vom Säemann. *NTS* 13, 48–53.

Jeremias, J 1980. *Die Sprache des Lukasevangeliums. Redaktion und Tradition im Nicht-Markusstoff des dritten Evangeliums.* (KEK Sonderband) Göttingen: Vandenhoeck & Ruprecht.

Johnson, L T 1977. *The Literary Function of Possessions in Luke-Acts.* (SBL. DS 39), Missoula, MT: Scholars.

Jonge, H J 1978. Sonship, Wisdom, Infancy: Luke ii, 41-51a. *NTS* 24, 317–354.

Jülicher, A 1910. *Die Gleichnisreden Jesu*, II: Auslegung der Gleichnisreden der drei ersten Evangelien. Tübingen: J. C. B. Mohr.

Karris, R J 1978. Poor and Rich: The Lukan Sitz im Leben, in Talbert, C H (ed), *Perspectives on Luke-Acts*, 112–115. Edinburgh: T & T Clark.

Kertelge, K 1970. *Die Wunder Jesu im Markusevangelium. Eine redaktionsgeschichtliche Untersuchung.* (SANT 23) München: Kösel.

Klein, G 1967. Die Berufung des Petrus. *ZNW* 58, 1–44.

Klein, G 1969. Lukas 1,1-4 als theologisches Programm, in *Rekonstruktion und Interpretation. Gesammelte Aufsätze zum Neuen Testament*, 237–261. München: Chr. Kaiser. (= in Braumann 1974:170–203)

Klein, H 1987. *Barmherzigkeit gegenüber den Elenden und Geächteten. Studien zur Botschaft des lukanischen Sondergutes.* (Biblisch-Theologische Studien 10) Neukirchen-Vluyn: Neukirchener.

Klein, H 2005. *Lukasstudien.* (FRLANT 209) Göttingen: Vandenhoeck & Ruprecht.

Klein, H 2014. *Zwei intertestamentarische Hymnen im Lukasevangelium. Benediktus und Magnifikat.* (SEThV 5) Wien: Lit.

Klein, P 1980. Die lukanischen Weherufe Lk 6,24-26. *ZNW* 71, 150–159.

Klostermann [²1927] 1971. *Das Matthäusevangelium.* (HNT 4) Tübingen: J. C. B. Mohr.

Kosch, D 1989. *Die eschatologische Tora des Menschensohnes. Untersuchungen zur Rezeption der Stellung Jesu zur Tora in Q.* (NTOA 12) Freiburg Schweiz: Universitätsverlag/Göttingen: Vandenhoeck & Ruprecht.

Kuhn, G 1923. Die Geschlechtsregister Jesu bei Lukas und Matthäus, nach ihrer Herkunft untersucht. *ZNW* 22, 206–228.

Laurentin, R 1964. *Structure et théologie de Luc I-II.* (Etudes Bibliques) Paris: Gabalda.

Laurentin, R 1966. *Jésus au temple. Mystère de Paques et foi de Marie en Luc 2,48-50.* (Études Bibliques) Paris: Gabalda.

Linnemann, E [1961] 1966. *Gleichnisse Jesu. Einführung und Auslegung.* Göttingen: Vandenhoeck & Ruprecht.

Leroy, H 1973. Vergebung und Gemeinde nach Lk 7,36-50, in Feld, H et al (Hg), *Wort Gottes in der Zeit* (FS K. H. Schelkle), 85–94. Düsseldorf: Patmos.

Lohfink, N 1990. *Lobgesänge der Armen. Studien zum Magnifikat, den Hodajot von Qumran und einigen späten Psalmen.* (SBS 143) Stuttgart: Katholisches Bibelwerk.

Lohse, E 1974. Lukas als Theologe der Heilsgeschichte, in Braumann 1974:64–90.

Lohse, E 1981. Das Evangelium für die Armen. *ZNW* 72, 51–64.

Lüdemann, G 1997. *Jungfrauengeburt? Die wirkliche Geschichte von Maria und ihrem Sohn Jesus.* Stuttgart: Radius.

Lührmann, D 1969. *Die Redaktion der Logienquelle.* (WMANT 33) Neukirchen-Vluyn: Neukirchener.

Lührmann, D 1972. Liebet eure Feinde (Lk 6,27-36/Mt 5,39-48). *ZThK* 69, 412–438.

Lührmann, D 1987. *Das Markusevangelium.* (HNT 3) Tübingen: J. C. B. Mohr.

Manson, T W 1949. *The Sayings of Jesus.* London: SCM.

Metzger, B M 1975. *A Textual Commentary on the Greek New Testament.* London: United Bible Societies.

Michel, O 1969. 'τελώνης'. *ThWNT* VIII:88–106.

Minear, P S 1974a. Jesus' Audiences, according to Luke. *NT* 16, 81–109.

Minear, P S 1974b. Die Funktion der Kindheitsgeschichten im Werk des Lukas, in Braumann 1974:204–235.

Mineshige, K 2003. *Besitzverzicht und Almosen bei Lukas. Wesen und Forderung des lukanischen Vermögensethos*. (WUNT II/163) Tübingen: Mohr Siebeck.

Mittmann-Richert, U 1996. *Magnifikat und Benediktus. Die ältesten Zeugnisse der judenchristlichen Tradition von der Geburt des Messias*. (WUNT II/90) Tübingen: J. C. B. Mohr.

Mußner, F 1975. καθεξῆς im Lukasprolog, in Ellis, E E & Gräser, E (Hg), *Jesus und Paulus* (FS W. G. Kümmel), 253–255. Göttingen: Vandenhoeck & Ruprecht.

Neirynck, F 1973. Minor Agreements Matthew-Luke in the Transfiguration Story, in Hoffmann, P et al (Hg) 1973: 253–265.

Neirynck, F 1974. *The Minor Agreements of Matthew and Luke against Mark with a Cumulative List*. (BEThL 37) Leuven: Leuven University Press.

Neumann, N 2010. *Armut und Reichtum im Lukasevangelium und in der kynischen Philosophie*. (SBS 220) Stuttgart: Katholisches Bibelwerk.

Nolland, J 1979. Classical and Rabbinic Parallels to "Physician, Heal Yourself" (Lk. IV 23). *NT* 21, 193–209.

Pesch, R 1969. *Der reiche Fischfang. Lk 5,1-11/Jo 21,1-14. Wundergeschichte – Berufungserzählung – Erscheinungsbericht*. (KBANT 6) Düsseldorf: Patmos.

Petracca, V 2003. *Gott oder das Geld. Die Besitzethik des Lukas*. (TANZ 39) Tübingen: Francke.

Pilgrim, W 1981. *Good News to the Poor: Wealth and Poverty in Luke-Acts*. Minneapolis: Augsburg.

Sahlin, H 1948. Die Früchte der Umkehr. Die ethische Verkündigung Johannes des Täufers nach Lk 3,10-14. *ST* 1, 54–68.

Sahlin, H 1949. *Studien zum dritten Kapitel des Lukasevangeliums*. Uppsala: Lundeqvistska/Leipzig: Harrassowitz.

Sanders, J T 1985. The Pharisees in Luke-Acts, in Groh, D and Jewett, R (eds), *The Living Texts: Essays in Honor of Ernest W. Sanders*, 141–188. Lanham: University of America.

Sato, M 1988. *Q und Prophetie. Studien zur Gattungs- und Traditionsgeschichte der Quelle Q*. (WUNT II/29) Tübingen: J. C. B. Mohr.

Scheffler, E 1993. *Suffering in Luke's Gospel*. (AThANT 81) Zürich: Theologischer Verlag.

Schmidt, K L [1919] 1964. *Der Rahmen der Geschichte Jesu. Literarkritische Untersuchungen zur Ältesten Jesusüberlieferung*. Darmstadt: Wissenschaftliche Buchgesellschaft.

Schmithals, W 1973/74. Lukas -Evangelist der Armen. *ThViat* 12, 153–167.

Schnelle, U [1994] 2012. *Einleitung in das Neue Testament*. (UTB 1830) Göttingen: Vandenhoeck & Ruprecht.

Schottroff, L 1996. *Lydias ungeduldige Schwestern. Feministische Sozialgeschichte des frühen Christentums*. Gütersloh: Chr Kaiser.

Schramm, T 1971. *Der Markus-Stoff bei Lukas. Eine literarkritische und redaktionsgeschichtliche Untersuchung*. Cambridge: CUP.

Schreiber, S 2009. *Weihnachtspolitik. Lukas 1-2 und das Goldene Zeitalter*. (NTOA 82) Göttingen: Vandenhoeck & Ruprecht.

Schulz, S 1972. *Q. Die Spruchquelle der Evangelisten*. Zürich: Theologischer Verlag.

Schürmann, H 1970. Die Verheissung an Simon Petrus. Auslegung von Lk 5,1-11, in *Ursprung und Gestalt. Erörterungen und Besinnungen zum Neuen Testament*, 268–273. (KBANT) Düsseldorf: Patmos.

Schweizer, E 1973. Formgeschichtliches zu den Seligpreisungen Jesu. *NTS* 19, 121–126.

Schweizer, E 1982. Zum Aufbau von Lukas 1 und 2, in *Neues Testament und Christologie im Werden*, 11–32. Göttingen: Vandenhoeck & Ruprecht.

Shin, Gabriel Kyo-Seon 1989. *Die Ausrufung des endgültigen Jubeljahres durch Jesus in Nazaret. Eine historisch-kritische Studie zu Lk 4,16-30*. Bern: Peter Lang.

Stählin, G 1973. 'φιλέω κτλ.'. *ThWNT* IX:112–144.

Stenger, W 1986. Die Seligpreisung der Geschmähten (Mt 5,11-12; Lk 6,22-23). *Kairos* 28, 33–60.

Strobel, A 1962. Der Gruss an Maria (Lc 1:28). *ZNW* 53, 86–110.

Strobel, A 1967. Das apokalyptische Terminproblem in der sogen. Antrittspredigt Jesu (Lk 4,16-30). *TLZ* 92, 251–254.

Stuhlmacher, P [2005] 2006. *Die Geburt des Immanuel. Die Weihnachtsgeschichten aus dem Lukas- und Matthäusevangelium*. Göttingen: Vandenhoeck & Ruprecht.

Tannehill, R C 1974. The Magnificat as Poem. *JBL* 93, 263–275.

Tatum, W B 1974. Die Zeit Israels. Lukas 1-2 und die theologische Intention der lukanischen Schriften, in Braumann 1974:317–336.

Theissen, G 1974. *Urchristliche Wundergeschichten. Ein Beitrag zur formgeschichten Erforschung der synoptischen Evangelien*. (Studien zum Neuen Testament 8) Gütersloh: Mohn.

Theissen, G [1979] 1989. *Studien zur Soziologie des Urchristentums.* (WUNT 19) Tübingen: J. C. B. Mohr.

Theissen, G [1989] 1992. *Lokalkolorit und Zeitgeschichte in den Evangelien. Ein Beitrag zur Geschichte der synoptischen Tradition.* (NTOA 8) Freiburg: Universitätsverlag/Göttingen: Vandenhoeck & Ruprecht.

Theissen, G & Merz, A 1996. *Der Historische Jesus.* Göttingen: Vandenhoeck & Ruprecht.

van Unnik, W C 1966. Die Motivierung der Feindesliebe in Lukas VI 32-35. *NT* 8, 284–300.

Vielhauer, Ph 1952. Das Benedictus des Zacharias (Luk. 1,68-79). *ZThK* 49, 255–272.

Violet, B 1938. Zum rechten Verständnis der Nazareth-Perikope Lc 4,16-30. *ZNW* 37, 251–271.

Völkel, M 1973. Der Anfang Jesu in Galiläa. Bemerkungen zum Gebrauch und zur Funktion Galiläas in den lukanischen Schriften. *ZNW* 64, 222–232.

Weinmann J 2007. *Exegese Lukas 7.36-50. Jesu Salbung durch die Sünderin.* München/Ravensburg: Grin.

Wilckens U 1973. Vergebung für die Sünderin, in Hoffmann, P et al (Hg) 1973:394–424.

Winter, P 1954. Magnificat and Benedictus: Maccabean Psalms?. *BJRL* 37, 328–347.

Wrege, H -Th 1968. *Die Überlieferungsgeschichte der Bergpredigt.* (WUNT 9) Tübingen: J. C. B. Mohr.

Zillessen, K 1966. Miszellen. Das Schiff des Petrus und die Gefährten vom anderen Schiff. *ZNW* 57, 137–139.

Zimmermann, H [1968] 1978. *Neutestamentliche Methodenlehre. Darstellung der historisch- kritischen Methode.* Stuttgart: Katholisches Bibelwerk.

荒井献 1985.「マリア観の諸相」『「同伴者」イエス』新地書房、183–222。

荒井献 1986.「理念としての貧者」『新約聖書とグノーシス主義』岩波書店、111–138。

荒井献 1988.『新約聖書の女性観』（岩波セミナーブックス 27）岩波書店。

荒井献 1994.『トマスによる福音書』講談社学術文庫。

荒井献 1999.『聖書のなかの差別と共生』岩波書店。

荒井献 2009.『イエス・キリストの言葉』岩波現代文庫。

荒井献 2014.『使徒行伝（中）』（現代新約註解全書）新教出版社。

荒井献 2016.『使徒行伝（下）』（現代新約註解全書）新教出版社。

イェルヴェル, J 1999.『使徒言行録の神学』（新約聖書神学 4）挽地茂男訳、新教出版社、原著 1996。

ヴェーダー, H 2007.『山上の説教——その歴史的意味と今日的解釈』嶺重淑・A. ルスターホルツ訳、日本キリスト教団出版局、原著 1985。

上村静 2013.「ルカはなぜパウロの最期を記さなかったか——ルカの歴史認識」『新約学研究』41、7–26。

エレミアス, J 1969.『イエスの譬え』善野碩之助訳、新教出版社、原著 1966。

エレミアス, J 1974.『イエスの聖餐のことば』田辺明子訳、日本キリスト教団出版局、原著 1967。

エレミアス, J 1978.『イエスの宣教——新約聖書神学 I』角田信三郎訳、新教出版社、原著 1971。

大貫隆 1993.『マルコによる福音書 I』（リーフ・バイブル・コメンタリーシリーズ）日本基督教団・宣教委員会。

大宮有博 2014.「皮膚病（レプラ）をめぐる社会人類学的考察——ルカによる福音書の奇跡物語によせて」日本聖書学研究所編『聖書的宗教とその周辺——佐藤研教授・月本昭男教授・守屋彰夫教授献呈論文集』（『聖書学論集』46）リトン、317–336。

小河陽 2017.『新約聖書に見るキリスト教の諸相』関東学院大学出版会。

加藤隆 1995.「ルカ福音書 5 章 1–11 節における社会思想」『聖書学論集』28、100–161。

加山久夫 1997.『ルカの神学と表現』（聖書の研究シリーズ 47）教文館。

木原桂二 2012.『ルカの救済思想——断絶から和解へ』日本キリスト教団出版局。

グリーン, J B 2012.『ルカ福音書の神学』（新約聖書神学 2）山田耕太訳、新教出版社、原著 1999。

クルマン, O 1999.『新約聖書における祈り』（聖書の研究シリーズ 54）川村輝典訳、教文館、原著 1997。

クロッサン, J D 1998.『イエス——あるユダヤ人貧農の革命的生涯』太田修司訳、新教出版社、原著 1994。

クロッサン, J D／ボーグ, M J 2009.『最初のクリスマス——福音書が語るイエス誕生物語』浅野淳博訳、教文館、原著 2007。

コンツェルマン, H 1965.『時の中心——ルカ神学の研究』田川建三訳、新教出版社、原著 1962。

犀川一夫 1994.『聖書のらい——その考古学・医学・神学的解明』新教出版社。

サフライ，S 1992.『イエス時代の背景——ユダヤ文献から見たルカ福音書』有馬七郎訳、ミルトス。
シュヴァイツァー，E 1978.『マタイによる福音書』（NTD 新約聖書註解 2）佐竹明訳、ATD・NTD 聖書註解刊行会、原著 1973。
シュトレッカー，G 1988.『「山上の説教」註解』佐々木勝彦・庄司眞訳、ヨルダン社、原著 1984。
ショットロフ，L／シュテーゲマン，W 1989.『ナザレのイエス——貧しい者の希望』大貫隆訳、日本キリスト教団出版局、原著 1978。
須藤伊知郎 2016.「社会史的研究」浅野淳博他『新約聖書解釈の手引き』日本キリスト教団出版局、80–96。
田川建三 1972.『マルコ福音書（上巻）』（現代新約聖書注解全書）、新教出版社。
田川建三 2011a.『新約聖書　訳と註 2 上　ルカ福音書』作品社。
田川建三 2011b.『新約聖書　訳と註 2 下　使徒行伝』作品社。
タルバート，C H 1980.『ルカ文学の構造——定型・主題・文学類型』加山宏路訳、日本キリスト教団出版局、原著 1974。
ツェラー，D 2000.『Q 資料注解』（聖書の研究シリーズ 57）今井誠二訳、教文館、原著 1984。
辻学 2016.「資料・様式・編集」浅野淳博他『新約聖書解釈の手引き』日本キリスト教団出版局、54–78。
土屋博 1992.『聖書のなかのマリア——伝承の根底と現代』（聖書の研究シリーズ 39）教文館。
ドッド，C H 1964.『神の国の譬』室野玄一・木下順治訳、日本キリスト教団出版局、原著 1935。
トロクメ，E 1969.『使徒行伝と歴史』田川建三訳、新教出版社、原著 1957。
中野実 2006.「イエスとレプラの清め——イエスにとってイスラエルとは？」『聖書学論集』38、31–90。
ハイスター，M S 1988.『ナザレのマリア』出村みや子訳、新教出版社、原著 1987。
原口尚彰 2011.『幸いなるかな——初期キリスト教のマカリズム（幸いの宣言）』新教出版社。
ハーン，F 2012.『新約聖書の伝道理解』勝田英嗣訳、新教出版社、原著 1963。
蛭沼寿雄 1988.『新約研究』No.264。
蛭沼寿雄 1989.『新約本文学演習　ルカ福音書（I）』新約研究社。
蛭沼寿雄 1990.『新約研究』No.291。
廣石望 2011.『信仰と経験——イエスと〈神の王国〉の福音』新教出版社。

ブルトマン, R 1983.『共観福音書伝承史 I』(ブルトマン著作集 1) 加山宏路訳、新教出版社、原著 1964。

ブルトマン, R 1987.『共観福音書伝承史 II』(ブルトマン著作集 2) 加山宏路訳、新教出版社、原著 1964。

ベイリー, K E. 2010.『中東文化の目で見たイエス』森泉弘次訳、教文館、原著 2008。

ヘンゲル, M 1994.『使徒行伝と原始キリスト教史』(聖書の研究シリーズ 41) 新免貢訳、教文館、原著 1979。

マリーナ, B J／ロアボー, R L 2001.『共観福音書の社会科学的注解』大貫隆監訳、加藤隆訳、新教出版社、原著 1993。

嶺重淑 2005.「新約聖書における祈り——その聴許の可能性をめぐって」『キリスト教と文化研究』7、25–43。

嶺重淑 2006.「少年イエスの物語——ルカ 2:41–52 の文脈と機能」『神学研究』53、15–27。

嶺重淑 2008.「イエスと律法学者——ルカにおける『教師』イエス像」辻学・嶺重淑・大宮有博編『キリスト教の教師——聖書と現場から』(山内一郎先生献呈論文集) 新教出版社、60–76。

嶺重淑 2012.『ルカ神学の探究』教文館。

三好迪 1987.『小さき者の友イエス』(現代神学双書 71) 新教出版社。

三好迪 1996.『ルカによる福音書——旅空に歩むイエス』(福音書のイエス・キリスト 3) 日本キリスト教団出版局。

村上信児 2007.「伝承史から探る塗油物語の起源——マタイ 22:6–13; マルコ 14:3–9; ルカ 7:36–50; ヨハネ 12:1–8」『聖書学論集』39、69–105。

森彬 2007.『ルカ福音書の集中構造』キリスト新聞社。

山口里子 2009.『新しい聖書の学び』新教出版社。

山口里子 2013.『いのちの糧の分かち合い——いま、教会の原点から学ぶ』新教出版社。

山田耕太 2008.『新約聖書と修辞学——パウロ書簡とルカ文書の修辞学的・文学的研究』(聖書学・論文双書 3) キリスト教図書出版社。

吉田新 2012.『バプテスマのヨハネ』(聖書の研究シリーズ 66) 教文館。

ルツ, U 1990.『マタイによる福音書 (1–7 章)』(EKK 新約聖書註解 I/1) 小河陽訳、教文館、原著 1985。

ルツ, U 1997.『マタイによる福音書 (8–17 章)』(EKK 新約聖書註解 I/2) 小河陽訳、教文館、原著 1990。

ロロフ, J 2011.『イエス——時代・生涯・思想』嶺重淑・A. ルスターホルツ訳、

教文館、原著 2007。

あとがき

　当初の予定より一年近く遅れてしまったが、何とか本書を完成させることができ、今は安堵の思いで一杯である。2010年にルカ福音書注解（全三巻）の執筆依頼をいただいて以来、宗教改革500周年にあたる2017年10月までにその第一巻を刊行することを目標に奮闘努力してきたつもりであるが、筆者自身の力不足もあり、それを果たすことはできなかった。もちろん言い訳にしかならないが、特に大学執行部のメンバーになった2014年度以降、出席する会議が格段に増えたことに加えて、平日のみならず休日も学内外の行事等に頻繁に駆り出されるようになり、研究時間の確保が極めて難しくなったという事情もあった。しかしそれだけに、曲がりなりにもこうして刊行にこぎつけることができたことを何より幸いに思っている。

　筆者自身は、大学院の修士論文でルカ15章11節以下の「放蕩息子の譬え」を題材として取り上げて以来、今日に至るまでルカ福音書を主要な研究対象にしてきた。ルカ福音書との付き合いはすでに四半世紀を越えたが、ルカ研究を始めた当初より、将来的にルカ福音書の注解書を執筆したいという希望を抱き続けてきた。その後、スイスのベルン大学に留学し、マタイ福音書の研究者として著名なウルリヒ・ルツ教授のもとでルカ文書の富理解に関する博士論文の執筆に専念したが、その間、EKKマタイ注解（全四巻）の最終巻の執筆のために十数回にわたってルツ先生宅で開催されたマタイ研究会に参加する機会に恵まれ、学術的注解書の完成に至るまでのプロセスを間近で体験することができ、注解書執筆への意欲が一層高められた。そして今、長年の夢であったルカ福音書注解の執筆が半ば現実のものとなり、自分自身のライフワーク、そして生きがいになっていることに心より感謝する次第である。

さて、本注解の執筆に当たり、読者としてまず想定したのは、教会の牧師をはじめとする礼拝説教者である。そして、日本語で記された学術的なルカ注解が皆無に等しいという現状にあって筆者が目指したのは、ルカ注解の決定版というよりは叩き台である。具体的には、最新の目新しい学説を提示することよりも、伝統的で中立的な立場からの各テキストの穏当な理解を提示することを目標に据えた。その意味では、本書は取り立てて特色がない注解書であるが、類書が皆無という状況においては、そのような注解書こそが必要と筆者自身は考えている。

本書の完成に至るまでには、多くの方々のお世話になった。まずは本注解シリーズの監修者、とりわけ読みづらい原稿全体を丁寧に閲読し、様々な問題点を指摘するとともに専門家の立場から多くの有益なアドバイスを与えてくださった西南学院大学の須藤伊知郎教授と立命館大学の伊東寿泰教授に心から謝意を表したい。筆者はまた、京都の日本聖公会ウイリアムス神学館で「新約釈義」の授業を隔年で担当しているが、2011年度以降は、春学期の授業の中で執筆中のルカ注解の原稿を紹介し、受講生から感想や意見を聞く機会をもってきた（2011年度：1:5–2:52、2013年度：3:1–6:11、2015年度：7:1–8:56、2017年度：6:12–49及び9:1–50）。この授業が筆者の注解執筆作業のペースメーカーとなり、また、熱心な受講生との対話を通して多くのことを教えられたが、このような機会を与えられたことに感謝したい。そして何より、今回編集を担当してくださった日本キリスト教団出版局の土肥研一氏には、原稿本文のみならず、聖書の引用箇所やギリシア語の表記をそれこそ「一点一画」に至るまで丁寧にチェックし、多くの改善点を提案していただいた。本書の完成に至るまで親身になって付き添ってくださった氏に心から御礼を申し上げたい。この他にも多くの方々のお世話になったが、この場で一人一人の名前を挙げることができないことをお許し願いたい。

本書は三巻からなるルカ注解の第一分冊に過ぎず、道のりはまだまだ遠いが、一日も早く完成できるように努めていきたい。因みに、本書に続く第二分冊（ルカ9:51–19:27）については2025年の刊行を目標としている。筆者自身の現状を考えると、かなり無謀な目標のようにも思えるが、自らへの叱咤激励の意味も込めて、敢えて高い目標をこの場で表明しておきたい。

あとがき

　なお、私事にわたり恐縮であるが、本書を昨年2月に地上での生涯を終え、天に召された父、嶺重知(みねしげさとる)に献げたい。父は日本基督教団の牧師として50年近く牧会に従事したが、筆者の研究生活を長年にわたって陰から支援してくれた。生前の父に本書を見せることは叶わなかったが、本書を通して、一人でも多くの読者にルカ福音書の魅力を伝えることができるなら、筆者にとってこれ以上の喜びはない。

2018年1月17日
阪神・淡路大震災から23年目の日に
嶺重　淑

みねしげ　きよし
嶺重　淑

1962 年兵庫県生まれ。

早稲田大学第一文学部卒業（史学科西洋史学専修）、関西学院大学神学部卒業、同大学院神学研究科博士課程前期課程修了、同後期課程単位取得退学（新約聖書学）、スイス・ベルン大学プロテスタント神学部にて Dr. Theol.（神学博士号）取得。日本基督教団泉北栂教会担任教師、関西学院大学神学部教員を経て、現在、関西学院大学人間福祉学部教授（大学宗教主事）、ウイリアムス神学館非常勤講師。

単著：

Besitzverzicht und Almosen bei Lukas. Wesen und Forderung des lukanischen Vermögensethos (Mohr Siebeck, 2003, Wissenschaftliche Untersuchungen zum Neuen Testament II 163)、『聖書の人間像——人類の古典に学ぶ』（キリスト新聞社、2009 年）、『キリスト教入門——歴史・人物・文学』（日本キリスト教団出版局、2011 年）、『ルカ神学の探究』（教文館、2012 年）、『クリスマスの原像——福音書の降誕物語を読む』（かんよう出版、2017 年）。

共著：

関西学院大学キリスト教と文化研究センター編『聖書の解釈と正典——開かれた読みを目指して』（キリスト新聞社、2007 年）、嶺重他編『よくわかるクリスマス』（教文館、2014 年）他。

翻訳：

H. ヴェーダー『山上の説教——その歴史的意味と今日的解釈』（共訳、日本キリスト教団出版局、2007 年）、J. ロロフ『イエス——時代・生涯・思想』（共訳、教文館、2011 年）、W. R. テルフォード『マルコ福音書の神学』（共訳、新教出版社、2012 年）他。

NTJ 新約聖書注解
ルカ福音書　1章〜9章50節

2018 年 4 月 25 日　初版発行　　　　　　　Ⓒ 嶺重淑　2018

著者　嶺　重　淑
発行　日本キリスト教団出版局
〒 169-0051　東京都新宿区西早稲田 2-3-18
電話・営業 03（3204）0422、編集 03（3204）0424
http://bp-uccj.jp

印刷・製本　精興社

ISBN 978-4-8184-0992-7　C1316　日キ販
Printed in Japan

日本語で書き下ろす聖書注解シリーズ

VTJ 旧約聖書注解
Vetus Testamentum Japonicum

NTJ 新約聖書注解
Novum Testamentum Japonicum

2017年、マルティン・ルターの宗教改革が始まって**500年**という節目を迎えた。キリスト教が拠って立つ聖書を一般信徒の手に返したという意味で、宗教改革はまさに画期的な出来事であった。それによって、プロテスタント教会のみならず、カトリック教会においても幾多の新しい流れが生まれ、新しい時代が準備されていった。

聖書には新しい時代を拓く力が宿っている。

私たちはそう信じ、宗教改革から500年を経た今日、**日本語で書き下ろされた聖書注解シリーズの刊行**という旅路へ踏み出す。

5つの特長
1. 日本語で書き下ろされており、読みやすい
2. 原典の文書・文体・文法・語彙の特徴がわかる
3. 聖書各書の歴史的・文化的・社会的背景がわかる
4. 先入観に支配されず、聖書が提起している問題を理解できる
5. 聖書の理解を通して、現代社会への深い洞察を得ることができる

2017年 日本キリスト教団出版局より 刊行開始！

VTJ 旧約聖書注解

監修者　月本昭男／山我哲雄／大島 力／小友 聡

五書
- 創世記　　　月本昭男
- 出エジプト記　鈴木佳秀
- レビ記　　　山森みか
- 民数記　　　竹内 裕
- 申命記　　　大住雄一

歴史書
- ヨシュア記　　魯恩碩
- 士師記　　　山吉智久
- サムエル記　　勝村弘也
- 列王記　　　山我哲雄
- 歴代誌　　　山我哲雄
- エズラ記・ネヘミヤ記　守屋彰夫

預言書
- イザヤ書　　　大島 力
- エレミヤ書　　大串 肇
- エゼキエル書　北 博
- ホセア書　　　大島 力
- ヨエル書　　　金井美彦
- アモス書　　　小林 進
- オバデヤ書　　左近 豊
- ヨナ書　　　　水野隆一
- ミカ書　　　　金井美彦
- ナホム書　　　左近 豊
- ハバクク書　　左近 豊
- ゼファニヤ書　左近 豊
- ハガイ書　　　樋口 進
- ゼカリヤ書　　樋口 進
- マラキ書　　　樋口 進

諸書
- ルツ記　　　　加藤久美子
- エステル記　　高橋優子
- ヨブ記　　　　月本昭男
- 詩編1～72編　飯 謙
- 詩編73～150編　石川 立
- 箴言　　　　　加藤久美子
- コヘレト書　　小友 聡
- 雅歌　　　　　小友 聡
- 哀歌　　　　　左近 豊
- ダニエル書　　守屋彰夫

NTJ 新約聖書注解

監修者　須藤伊知郎／伊東寿泰／浅野淳博／廣石 望／中野 実／辻 学

- マタイ福音書　　須藤伊知郎
- マルコ福音書　　挽地茂男
- ルカ福音書　　　嶺重 淑
- ヨハネ福音書　　伊東寿泰
- 使徒行伝　　　　今井誠二
- ローマ書簡　　　浅野淳博
- 第1コリント書簡　村山盛葦
- 第2コリント書簡　廣石 望
- ガラテヤ書簡　　浅野淳博
- フィリピ書簡　　伊藤明生
- 第1、第2テサロニケ書簡　焼山満里子
- フィレモン書簡
- エフェソ書簡　　山田耕太
- コロサイ書簡　　保坂高殿
- 第1、第2テモテ書簡・テトス書簡　福嶋裕子
- ヘブライ書簡　　中野 実
- ヤコブ書簡　　　東よしみ
- 第1、第2ペトロ書簡・ユダ書簡　辻 学
- 第1、第2、第3ヨハネ書簡　三浦 望
- ヨハネ黙示録　　遠藤勝信

VTJ／NTJの特設ホームページをぜひごらんください！
http://bp-uccj.jp/publications/tokusetsu/

本注解書シリーズの特長や監修者のコメント、『VTJ 旧約聖書注解』『NTJ 新約聖書注解』の見本原稿など、豊富な内容を掲載。

日本キリスト教団出版局　〒169-0051 東京都新宿区西早稲田2-3-18　TEL 03-3204-0422　FAX 03-3204-0457
ホームページ http://bp-uccj.jp/　Eメール eigyou@bp.uccj.or.jp